民國歷史與文化研究

十五編

第 6 冊

「她」之審判：鄭毓秀形象研究與年譜考編

孫永亮 著

花木蘭文化事業有限公司

國家圖書館出版品預行編目資料

「她」之審判：鄭毓秀形象研究與年譜考編／孫永亮 著 -- 初
版 -- 新北市：花木蘭文化事業有限公司，2022〔民 111〕
序 4+ 目 2+256 面；19×26 公分
（民國歷史與文化研究　十五編；第 6 冊）
ISBN 978-986-518-925-9（精裝）
1.CST：鄭毓秀 2.CST：律師 3.CST：傳記 4.CST：中國
628.08　　　　　　　　　　　　　　　　111009773

ISBN-978-986-518-925-9

9 789865 189259

民國歷史與文化研究
十五編　第 六 冊　　　　　　　　ISBN：978-986-518-925-9

「她」之審判：鄭毓秀形象研究與年譜考編

作　　者　孫永亮
總 編 輯　杜潔祥
副總編輯　楊嘉樂
編輯主任　許郁翎
編　　輯　張雅淋、潘玟靜、劉子瑄　美術編輯　陳逸婷
出　　版　花木蘭文化事業有限公司
發 行 人　高小娟
聯絡地址　235　新北市中和區中安街七二號十三樓
　　　　　電話：02-2923-1455／傳真：02-2923-1452
網　　址　http://www.huamulan.tw 信箱 service@huamulans.com
印　　刷　普羅文化出版廣告事業
初　　版　2022 年 9 月
定　　價　十五編 14 冊（精裝）新台幣 42,000 元　　版權所有・請勿翻印

「她」之審判：鄭毓秀形象研究與年譜考編

孫永亮　著

作者簡介

孫永亮，男，1993 年生，黑龍江雞西人。中國政法大學法律史專業博士生，瑞士比較法學研究所（Swiss Institute of Comparative Law）聯合培養，南開大學法學碩士、南開大學法學學士、南開大學歷史學學士。論文曾獲第九屆張晉藩法律史學基金會徵文一等獎、南開大學法學院第二屆「學術徵文大賽」三等獎、南開大學 2013 ～ 2014 年度「百項工程」三等獎等。參與教育部重點基地重大課題 1 項、主持中國政法大學博士創新實踐課題 1 項，在《史學月刊》發表論文 1 篇。研究方向為中國法律史，尤致力於法社會史、法文化史等領域。

提　要

　　鄭毓秀（1891 ～ 1959），小字蘇梅，廣州新安（今深圳寶安）人，中國近代第一位法學女博士、第一位女律師及第一位地方法院女院長，在近代革命、司法、外交、教育等領域建樹頗多。自曝光於公眾視野，鄭毓秀正面形象經歷了由構建到崩潰的曲折變化。1933 年的侵佔案作為其中轉折，使得這位集多重身份於一體的律政女星，一變而為法律界、婦女界與國民黨的罪人。在司法機關偵查、審判其犯罪行為的同時，報刊媒體與社會公眾亦通過輿論進行道德「審判」，製造她「從律欺婦」與「偏狹好訟」的污名，並把性別批判作為彰顯司法公正的有效途徑。在此之下，對鄭「審判」發生了由侵佔到瀆職侵佔、由違法到違法失德的雙重變向，其形象的轉捩重塑表達出法制現代化背景下，政治、法律與性別要素於個體生命中的複雜互動。隨著革命與黨政對個體生命的介入，鄭毓秀的憲法學觀念表達出「法以附政」的濃厚政治化傾向，並促使她在司法活動中全力支持國民黨司法黨化運動。受傳統內生社會秩序影響，鄭毓秀的法治觀念不是片面追求正式法律干預所帶來的「普適性」的西式正義，而是專注於追求一種處於社會關係中的「人」的正義，遵循情理之治，從而使她自覺擔負起某些道德義務。由信仰西式法治到堅持執律原情，是鄭毓秀法律實踐觀念的重大轉捩，並成為她法律形象由正轉負的內在原因。

該書是中國政法大學「2019 年研究生創新基金」博士創新實踐項目「法制現代化的女性書寫：鄭毓秀法律思想與實踐研究」（2019BSCX03）的成果之一。

她——若隱若現的女法律人群體

侯欣一

　　法律職業原本是一個男性獨佔的職業。清末民初，國內洞開，肇始於西方的男女平等觀念和現代法律制度幾乎同時傳入古老的中國。至此，中國的法律職業群體中始有了女性的身影，鄭毓秀就是其中最為風光的弄潮兒：

　　她是中國第一位女法學博士，第一位執業的女律師，第一位女性地方審判廳、檢察廳廳長，第一位政法大學女校長，第一位女性省級政府政務委員，《中華民國民法典》的起草者之一；此外，她還一度活躍於國際外交舞臺。毫不誇張地說，民國初年中國法治生活中的大小事件幾乎都能找到她的身影，活躍於此時的法、政、學、商各界名流的生命軌跡中無不留下她的痕跡。

　　傳統中國，女性是男性的附屬品，只能以美貌、以犧牲自我取悅於男性而青史留名。鄭毓秀則不同，她是以革命黨、職業女性和貴婦人的三重形象出現在國人面前。於是，甫一亮相，便引起人們的興奮和好奇。民國時期的報人金雄白有段話說得的極為準確：未見之前，「以為鄭毓秀在法國時期能如此的活躍，能如此地受到人們的樂與交接，無疑定是辯才無礙、風韻不凡的絕世佳人。當她任職之初，我就立即專程去訪問了她。她那時住在法租界馬斯南路一所舊式洋房中，與梅蘭芳的居處為近鄰。一見面，就使我感到了意外，形態上已是一個中年婦女，身材既不窈窕，姿容了無美感，肌理又粗黑多痣。以這兩位近鄰而論，梅蘭芳無愧於稱為男性中的美男子，而鄭毓秀則是十分平庸的一位貴婦人。」

　　一個相貌平庸的貴婦人能夠在男性主打的法界叱吒風雲，鄭毓秀的存在無疑具有極高的價值和意義。拋開鄭毓秀的性格和個人努力不談，其法政貴婦人形象的形成，首先與她的身世有著一定的關係。鄭毓秀出身於名門，十

五歲加入同盟會，從事最危險的暗殺活動，是著名的革命黨人。後留學法國，取得法學博士學位；丈夫魏道明亦為留法博士，民國時期的國民黨要人。鄭毓秀緣此與政界和上流社會交往頻繁；其次是她對自己性別角色的自省。仔細觀察鄭毓秀的活動，不難發現，大凡能夠提高女性社會地位的事，她都帶頭積極參與和推動。上海地方審判廳舉辦「總理紀念周」，她發言，強調「推事所講之三民主義，為公平主義，確切不移，對於女界，且多勉勖，應代表本廳女同志聲謝。夫做事必有機會，望吾女同志由此益謀進展，勿錯過此做事之機會。」以此鼓勵其他女性同胞。

最後，鄭毓秀法政貴婦人形象的形成，也是那個轉型時代刻意型塑的結果。這種型塑既來自於她所隸屬的國民黨，也有整個社會對新鮮氣息和現代法治的期許。一九二七年鄭毓秀被任命為上海地方審判廳廳長，有人堅決反對。隨即即有國民黨人公開聲明，「查本黨黨綱第十二條之設、即係保護女權之發展起見。查鄭女士學問經驗，為法界之泰斗，並為吾黨忠實之女同志，今黨中僅有一鄭女士，為司法官吏。為女子參政前途計，應請廳長收回成命，臨電不勝遑急之至。」一九二八年作為律師的鄭毓秀受理了一起離婚訴訟案件：女方因丈夫對婚姻不忠，委託她起訴離婚。有媒體對鄭毓秀的辦案過程做如下報導，「鄭勸其稍安毋躁，翌日因於寓廬設宴，款待其夫婦，因而為和事老焉。女夫感其誠，因而從命，自是不在涉足金粉場中，閨房之樂，甚於畫眉，鄭設宴所費達二十四金，此種絕對義務律師，求諸今日，更有幾人？」文字滿足了國人對家庭關係和睦的理想，更與唯利是圖的傳統訟師形成了鮮明的反差。

革命黨、律師法官和貴婦人三者的奇妙結合使鄭毓秀在極短的時間內成了無數年輕知識女性心目中的偶像，成了古老中國進步和現代性的象徵，點綴著那個一切皆有可能的時代。然而，近現代中國，革命如滾石下山，一場接著一場，今天的革命者明天就可能被打翻在地；類似於法官律師等新式職業的學問究竟如何也非一般人能夠判斷，包括她的博士論文是否有人代筆學界也不乏各種傳聞；她的高調生活方式，即「貴婦人」的形象在某些人眼裏更是無異於社交場上的「交際花」。但平心而論，在那個風雲際會的時代，這一切都是不可或缺的元素。

然而，既然是「注意」和「刻意」的結果，就勢必存在著潛藏的風險。1933年，一場突如其來的貪腐彈劾，以及法院的通緝讓她措手不及。彈劾的動機是

出於黨爭政爭還是其他無從判斷，彈劾的內容也一時真偽難辨，但彈劾和通緝卻足以令其法律名流的形象崩塌。她真實地感受到了做名人難，做名女人更難的中國式問題。鄭毓秀不得不黯然離場，遠走他鄉，最後客死異邦。

近現代中國，歷史進程大開大合，轉瞬之間鄭毓秀便成了歷史的過客，她留下的空間很快就被史良等新人所填補。但鄭毓秀的離場卻給後人留下了一個嚴肅的問題：女性法律人究竟應該以什麼樣的角色和形象立身於法律職業群體之中，以及如何避免使女性法律人成為某種意識形態的點綴。這樣的問題同樣適用於其他的職業群體。

感謝本書的作者將鄭毓秀從歷史的塵埃中打撈出來，並賦予了新的意義。本書並非一部典型意義的人物傳記，也非一般意義上的性別史，它以鄭毓秀法政名流之形象為關注點，條分縷析，多層次地再現這一形象的塑造和坍塌過程，拓展了傳統法制史的研究領域。這種寫作是一項難度極大的工作，切入點巧妙還是其次，僅資料的搜集和甄別，工作量之大即極為驚人。此外，正文之後附有鄭毓秀生平，以編年體的形式翔實地再現了鄭毓秀不平凡的一生，給讀者留下了諸多的思考空間。

本書的作者是學界新人，還在求學。本書由作者的碩士論文修繕完成。作為他的碩士研究生指導教師，我願意向讀者推薦此書。斯為序。

侯欣一

2022 年 2 月

目次

第一部分：「她」之審判：鄭毓秀形象轉捩的文本研究

引　言

第一節　題目緣起與研究現狀

　　近代戰爭為社會兩性帶來深重苦難的同時，也催化了「天朝的崩潰」。隨著專制傳統崩解，法治觀念普澤，越來越多的女性個體以積極或消極方式參與到社會變革行列中，深遠作用於法制現代化的理念、路徑與實效。其中，從事律師、法官的知識女性往往因婦女運動的時代意涵而備受關注，夾帶性別視向的媒體語言屢現報端，除了塑造她們適切公眾訴求的文本〔註1〕形象，還展露出這一過程中政治、法律等歷史因素交織作用的複雜暗湧。

　　鄭毓秀即是此類女性中的典型。1891年，她出生於廣州寶安的官貴望族，少女時即投身革命，辛亥鼎革之際往來京津運送炸彈，參與刺殺良弼、袁世凱。二次革命失敗後，鄭毓秀為避緝捕赴法求學，獲得巴黎大學法學博士。1926年歸國執律於滬，轉年出任上海地方審判廳廳長、江蘇省政府委員，並與魏道明〔註2〕結婚，作為近代歷史上首位女律師、法官與立法委員，鄭毓秀

〔註1〕本文查考和分析的文本資料不包含文學文本，範圍上包括關涉鄭毓秀的自傳、檔案、報刊等史料。

〔註2〕魏道明（1901～1978），字伯聰，江西德化（今九江）人。巴黎大學法學博士，1926年歸國，與鄭毓秀在上海法租界合辦律所。1927年12月出任南京國民政府司法部次長、代理部長，1928年任司法行政部部長，1930年任南京特別市市長。1933年高友唐彈劾鄭毓秀侵佔案發，陪伴妻子避逃海外。1935年銷案歸國，擔任《時事新報》、《大陸報》、《大晚報》總經理。抗戰爆發後，任行政院秘書長。1941年出任國民政府駐法大使，1942年轉駐美大使。抗日勝利後，任立法院副院長，1947年成為首任臺灣省政府主席。1949年後赴巴西、

—3—

曾在律政舞臺上紅得透頂，被稱為中國的「鮑西婭」〔註3〕。不料，1933年監察委員高友唐〔註4〕指控侵佔犯罪的一紙彈劾，將其推上輿論批判的風口浪尖。質辯無果而遭到法院通緝的鄭毓秀，最後落得逃匿避審、聲名狼藉的下場。人生經此轉折，鄭氏再難作為。1949年國民黨在大陸潰敗後，夫婦二人轉赴巴西、美國，結果經商失敗，晚境淒涼。十年後因癌變不治病逝美國，葬於洛杉磯。

　　活躍於民國律政的臺前幕後，鄭毓秀執業駁雜、交際廣闊，形成了數量極為豐富的歷史文本，形式包括自傳、報刊、專著、講演以及函電等。基於此，研究者從不同角度著手，對鄭毓秀展開了初步探討，目前的學術成果主要分為兩類，史實的考校與制度性研究。

　　就前者而言，研究者通過文獻的梳理校正，力求客觀還原鄭毓秀的本來面貌。如趙晨欣《鄭毓秀的傳奇一生》〔註5〕，作者採取傳統的時序邏輯，以敘事寫人的方式論述鄭毓秀「四個階段」的人生經歷，考證了她的諸多史實。胡曉進《自傳之外的鄭毓秀》〔註6〕則補足了鄭氏自傳中並未著墨的「博士論文捉刀案」、「彈劾案」及「訴鐵報案」，對於深入研究鄭毓秀其人具有很高的參考價值。此外，臺灣學者蔡登山《探尋胡適日記中的鄭毓秀》〔註7〕及王慧姬《近代中國第一位女法學博士暨律師鄭毓秀》〔註8〕也進行了涉鄭史料的片

　　　　美國等地經商失敗，1954年返居臺北。1963年出任臺灣駐日「大使」，1966年任「外交部」長。1978年5月逝於臺北。

〔註3〕鮑西婭是莎士比亞戲劇《威尼斯商人》中的經典人物，其貴族孤女、法庭善辯與足智多謀的人文主義形象，與鄭毓秀在家世、職業、性格等方面有相仿之處。

〔註4〕高友唐（1881～1935），早年從湖北自強學堂法文班畢業，清末時曾任學部員外郎。辛亥鼎革後，任《民立報》編輯，與于右任交好。1931年2月開始擔任南京國民政府監察院監察委員，以不畏權貴著稱，除鄭毓秀外，亦曾彈劾海軍部長陳紹寬、外交部長王正廷及安徽省主席陳調元等。（小湘：《關於高友唐》，《越國春秋》，1933年3月第九期）關於其出身及名號，就其本人所述，係清漢軍鑲黃旗人，原籍遼寧鐵嶺（《高氏更正函》，《越國春秋》，1933年3月第九期），《申報》稱其原名繼宗（《監察院監委之履歷》，《申報》，1931年2月13日，第九版）。

〔註5〕趙晨欣：《鄭毓秀的傳奇一生》，華中師範大學碩士學位論文，2016年。

〔註6〕胡曉進：《自傳之外的鄭毓秀》，《書屋》，2017年第4期，第32頁。

〔註7〕蔡登山：《民國的身影：重尋遺落的文人往事》，桂林：廣西師範大學出版社，2009年版，第224頁。

〔註8〕王慧姬：《近代中國第一位女法學博士暨律師鄭毓秀》，《僑光學報》，1997年10月，第13～43頁。

段性考證。值得一提的是，作家唐冬眉撰寫的《穿越世紀蒼茫——鄭毓秀傳》〔註9〕雖然也進行了史實敘述，卻是以歷史文學的書寫方式展開，許多史料未彰的歷史細節被作者以生動的想像和描寫加以填充，雖然有助於讀者瞭解傳主，卻疏離了歷史客觀性的研究標準，故而該作在嚴格意義上並非研究鄭毓秀的正統學術作品。

　　制度性研究則在史料之上，著手分析涉鄭歷史事件背後某種法政制度的運作原理。此類研究較少，最具代表性的是李嚴成《民國時期的律師懲戒制度與實踐——以鄭毓秀律師的退會處分為中心》〔註10〕，文章以1931年上海律師公會給予鄭毓秀退會處分的事件為引子，探究民國律師公會的懲戒權能及具體的程序運作，這種制度性的研究視角值得借鑒與探討。

　　可見，相比於鄭毓秀在法制現代化進程中「顯赫一時」的地位與影響，現有研究呈現了十分薄弱的態勢，不特缺少一個整體性的史實考證（譬如敘事詳盡的年譜），更匱乏對其個體進行制度性、思想上的研究與探討。這也是本文嘗試彌補之處。

第二節　以形象為研究視角的思路與框架

　　近代女性法律職業者的形象變化是一個富有探究價值且十分有趣的課題。受國內社會史研究不斷深入的影響，法律史學界早已注意到過往制度研究的範式對於「人」這一主體的忽視——立於法制中的「人」是鮮活的歷史個體，其「言行舉止」反映出的社會潛意識對法律文化的影響不可不察。而從現有成果看，單純以「人」為研究對象的作品往往囿於解讀其個體思想的範疇，對於那些沒有傳達出「重要」法律思想、而又切實參與並深刻影響了法制現代化過程的「他」或「她」者來說，我們似乎缺乏一種能將其個體生命與制度性變革有機結合、進而合理研究與探討的邏輯和方法。

　　以鄭毓秀形象變遷為楔子，是筆者結合鄭毓秀個人經歷及文本特點，在思考上述缺憾時作出的一次嘗試。一方面，從其個體經歷來看，處於公眾視野下的鄭毓秀形象發生了由革命英雌、律師精英、黨化法官、女權代表的正

〔註9〕唐冬眉：《穿越世紀蒼茫——鄭毓秀傳》，中國社會出版社，2003年版。
〔註10〕李嚴成：《民國時期的律師懲戒制度與實踐——以鄭毓秀律師的退會處分為中心》，《社會科學戰線》，2016年第11期，第111頁。

面形象，向貪污包攬、欺婦欺夫、民賊惡婦、偏狹好訟等負面形象轉捩的變化過程。中國社會對鄭毓秀的「審判」並不拘泥於法庭，而是借助報刊媒體之手，將司法審判轉化為道德審判，繼而發酵出一場不以事實為依託、曠日持久的「批判狂歡」。1933年形象的重大轉折，展現了法制現代化浪潮中治理方式不調激化社會矛盾並最終作用於鄭毓秀個體生命的複雜過程，對其個體形象的剖析可以從側面審視法治、黨治與傳統社會的複雜互動。

　　另一方面，從史料內容來看，以鄭毓秀為書寫、敘述和傳播對象的歷史文本大多涵涉性別視角，社會公眾對其法政行為的諸多審視是構築在女性形象之上的，這一點在報刊材料中尤顯突出，卻被以往研究者所忽略。可以說，借由性別史觀查考鄭毓秀的文本形象〔註11〕是一個具有可行性與學術價值的創見，也為研究鄭毓秀的形象變遷，尤其是為解讀1933年形象轉捩現象提供了一個必須的切口與進路。

　　材料與目標既備，本文嘗試以兩條線索展開研究，即鄭毓秀自我言說中的形象定位與社會審視下的形象架構。通過對比的方法，分析鄭毓秀形象的塑成與解構，並探究這一歷史現象背後暗流湧動的法制進程。

〔註11〕關於運用歷史文本進行性別史學研究的可能與意義，參見侯傑：《文本分析與中國近現代性別史研究》，《鄭州大學學報（哲學社會科學版）》，2009年第2期，第130頁。

第一章 「法」與「不法」：中國社會對鄭毓秀的形象審視

　　就鄭毓秀氏一生行為來說，彼展其交際的手腕，以迎合任何社會的人物。始借某元老的力量，取得政治上的實權，自國民政府成立以來，即以一人之身，操縱司法：上自司法院長，司法部長，皆在其掌握中，下至法院院長推事書記官，非先得其同意，無從任命，以致欲在司法界謀一官半職者，只要得其歡心，即便唾手可得……繼則借所謂上海名人的掩護，尊之為師，故雖作奸犯科，亦無人敢動其毫末。鄭氏既有「法」的力量和「非法」的力量，人們聞其嚇嚇大名，若不羨之，便即畏之，誰敢側目而視？〔註1〕

　　這是 1933 年鄭毓秀被以侵佔罪彈劾後，報刊爭競批判的一隅。曾經受人尊敬，集法學博士、律師及法官多重身份於一體的律政女星，在公眾的憤怒、媒體的批判及法院的通緝下，一變而為法律界、婦女界與國民黨的罪人，成為一時的社會焦點。這一形象轉折如何能在短短數月內「一發而不可收拾」？這是需要探究的關鍵。

第一節　中國的「鮑西婭」：女性法律形象的合法化訴求

　　20 世紀初，隨著資產階級民主思想傳播，中國的婦女解放思潮漸入佳境，

〔註1〕柏：《時事述評：鄭毓秀案》，《時代公論（南京）》，1933 年 1 月 27 日第 44
　　　期，第 4 頁。

不僅在廣度上涉及到幾乎全部的社會領域，且在深度上，由強調兩性的社會義務到要求女性的獨立人格，婦女爭取權利成為時代風尚〔註2〕，在此之下，於某些領域首拓婦女權利或證明婦女能力者往往成為女界乃至社會各界推崇的對象。自進入中國報刊媒體視野，鄭毓秀對婦女身份、權利與地位的諸多開拓均由報界披露，「首位女法學博士」、「首位女律師」、「首位女立法委員」、「首位女審判廳長兼檢察廳長」，這些一般婦女難以企及的身份在形成其「女界之明星」〔註3〕形象的同時，更因被冠以法律職業的標籤，而為婦女解放開拓了一種形式與實質上的「合法」要素，率先以個體形象回應了婦女對法律地位的訴求。如時人曾為其繪製漫畫（見圖1），並配詩褒揚〔註4〕：

粵峰毓秀，乃誕英雌。盈盈十三，東瀛驅馳。女權運動，首發奇姿。法京負笈，其學孜孜。和會巴黎，榮膺代表。游說寰球，強權誓掃。博士律師，女中佼佼。首任法官，鬚眉傾倒……

圖1　鄭毓秀圖詠

漫畫借助略行誇張的表達手法，呈現出鄭毓秀在婦女運動中的「佼佼」地位，詩句益加介紹，彰顯她在法學領域進行的諸多開拓。詩畫因應，共同為受眾塑造了一位迎合其心理需求的女性法律精英形象。

從諸多報導來看，在1933年以前，鄭毓秀形象的塑造大致符合歷史的線性邏輯，即以「女博士」為高起點，隨著律師、法官等職業活動的不斷披露而逐漸豐盈，最終固化為女權運動的進步典型。

〔註2〕呂美熙、鄭永福：《中國婦女運動：(1840～1921)》，鄭州：河南人民出版社，1990年，第11頁。

〔註3〕《女界之明星：鄭毓秀女士》，《婦女雜誌（上海）》，1921年第7卷第5期，第11頁。

〔註4〕詩、圖均參見漢英、魏王：《人言：名人圖詠：鄭毓秀》，《人人週報（上海）》，1947年7月19日，第1卷11期，第2頁。

一、博學知法：女博士的形象塑造

投身革命，善於交際且研讀法學的鄭毓秀為支持婦運者交口稱讚，她在國內外的活動被報刊大量宣傳。20 世紀 20 年代初，此類報導開始不斷出現，諸如《鄭毓秀女士之談話：對於女子參政運動之主張》〔註5〕、《鄭毓秀女士熱心教育》〔註6〕、《鄭毓秀論國際聯盟與中國》〔註7〕等，經過演繹和傳播，在 1926 年鄭毓秀歸國以前，「接受法學高等教育」、「擅長政治交際」、「熱衷婦女權利」、「為國爭取榮譽」已經成為她的典型標籤。

而真正使鄭毓秀在同時代一眾進步女性中脫穎而出的，是 1925 年夏，她以法文論文《比較憲法：中國憲法之趨勢》〔註8〕通過答辯，獲得法國巴黎大學法學博士學位，成為「中國女子肄習法律得博士學位第一人」〔註9〕。這一消息傳回國內，引發了很大轟動。據與其同為留法女學生的後輩周蜀雲回憶，「某一天，我忽然在報紙上看見一則比平時登得更顯著、介紹得更詳細、稱頌當時青年才俊文辭更多的『鄭毓秀博士』歸國消息，同時也刊出了她的一張照片，在風氣初開的女權運動尚在婦女界奔走呼號的那個時代裏，真是一件轟動社會的大新聞。大家看著頭戴博士帽的鄭毓秀女博士照片，都很驚羨，一時成為青年學生及社會上的知識分子隨時隨地談論的對象。尤其在五十年前，對於我們見識淺

〔註5〕《鄭毓秀女士之談話：對於女子參政運動之主張》，《婦女雜誌（上海）》，1920年第 6 卷第 4 期，第 6 頁。

〔註6〕《鄭毓秀女士熱心教育》，《申報》，1920 年 8 月 15 日，第十版。

〔註7〕愚公：《法國特約通信：鄭毓秀論國際聯盟與中國》，《新聞報》，1924 年 6 月23 日。

〔註8〕Soumé Tcheng, *Le mouvement constitutionnel en Chine: étude de droit compare*, Paris: Société anonyme du Recueil Sirey, 1925.此書最早於 1927 年以中文在國內出版，1937 年再版（參見鄭毓秀：《中國比較憲法論》，上海：世界書局，1927 年。及鄭毓秀：《中國比較憲法論》，上海：世界書局，1937 年）。有傳聞稱該論文係王寵惠代筆，鄭在巴黎時的法文秘書凌其翰回憶稱「鄭毓秀曾獲巴黎大學法學博士學位。其實她的法文程度很糟，博士論文是由王寵惠捉刀，再由中國駐法使館秘書謝東發翻譯成法文的」（凌其翰：《我的外交官生涯——凌其翰回憶錄》，中國文史出版社，1993 年版，第 2 頁），胡適亦這樣認為（曹伯言整理：《胡適日記全集 5（1928～1930）》，安徽：安徽教育出版社 2001 年版，第 809 頁），時報《快活林》曾刊「或謂鄭氏畢業論文，係倩（請）人庖代者，雖言之鑿鑿，或非事實。」（巍巍：《隨夫赴臺之鄭毓秀》，《快活林》，1947 年 6 月 30 日，第 66 期，第 5 頁）。

〔註9〕《團體消息：鄭毓秀魏道明兩律師在東華宴請各界》，《申報》，1926 年 9 月24 日，第十七版，孫紹康語。

小的女孩子來說，更是從心坎裏生出一種驚喜的感覺。」〔註10〕可見，法學博士學位的獲得，不僅在中國社會中增強了鄭毓秀的知名度，使她備受羨慕與敬仰，也促進了其「博學知法」積極形象的構造，成為進步女性的標杆與榜樣。

二、中國「鮑西婭」：女律師職業精英代表

歸國後的鄭毓秀將律師作為自己法律職業的開端。在 1927 年 7 月《律師章程》頒布以前，國內律師業一直沿用 1912 年《律師暫行章程》，其中規定女子不能充當律師〔註11〕，有鑑於此，鄭毓秀向上海法租界會審公廨提出從業申請，於 1926 年 6 月 4 日宣誓，成為「中國女界業律師在法公堂出庭第一人」〔註12〕。在報刊看來，這不僅是個人的職業追求或婦女榮譽，更對於收回租界法權、保護國民權益有著重大意義，「上海法界公廨，其所以異於公共公廨者，係得在安南西貢再訴，此其制度，不啻視法租界為其殖民地，而八十餘年以來，素無中國律師加入，女士不以為然，面法領事陳說理由，雄辯滔滔，領事亦為之屈服，不待考慮，遂允所請」，因而是「為律師界放異彩，為同胞爭光榮」〔註13〕。值得注意的是，這些形態生動的描寫不能排除是報刊為了滿足某種需要而進行的杜撰，在愛國主義話語下，媒體有意營造出了一種有別於重現真實的「擬態環境」〔註14〕，使得支持鄭毓秀的律師職務在某種程度上就是支持國家民族，受此影響，社會公眾對鄭毓秀做出律師職業精英的評價，並非完全基於她執行律師業務的實績，更有媒體對她爭取從業行為的正面宣傳。

〔註10〕秦孝儀主編：《革命人物志（第 16 集）》，中央文物供應社，1977 年版，第 303～306 頁。

〔註11〕兩章程分別查見《命令》，《政府公報》，臺北：文海出版社，1971 年影印版，第 109～113 頁；蔡鴻源：《民國法規集成（第五冊）》，合肥：黃山書社，1999年版，第 203－216 頁。1927 年《律師章程》雖為北洋政府司法部頒布，但為南京國民政府所沿用，直至 1941 年《律師法》的頒布，參見王申：《中國近代律師制度與律師》，上海社會科學院出版社，1994 年第 1 版，第 50 頁。

〔註12〕《鄭毓秀吳凱聲二博士膺選》，《申報》，1926 年 6 月 5 日，第十三版。鄭毓秀獲准擔任的是具有出庭辯護資格的大律師（barrister-at-law），不同於一般的業務律師（solicitor），參見"From day to day: Miss Soumi Cheng", *The North-China Daily News (1864~1951)*, June 8, 1926, p.8.

〔註13〕《女律師鄭毓秀博士過津訪談記》，《北洋畫報》，1926 年 10 月 20 日，第 30期，第二版。

〔註14〕這種擬態環境是根據真實情況進行有選擇的加工重構，參見沃爾特·李普曼：《公共輿論》，閻克文、江紅譯，上海：上海人民出版社，2002 年，第 12、13 頁。

在媒體引導公眾，形成對鄭毓秀律師形象積極評價的同時，公眾也誘使媒體做出了更加符合這一形象的報導。現代傳播學認為，公眾與媒體之間存在著某種「使用與滿足」的關係，即相應社會環境下，受眾心理的基本需求會轉化成對媒體的期待，而媒體為了更好的存續，也會捕捉這些需求，最終形成公眾對媒體的反誘導〔註15〕，報刊對鄭毓秀律師業務進行有選擇的披露，恰能體現出公眾心理對女性法律精英形象在某些方面的特殊追求。

首先，報刊著重披露鄭毓秀的從律效果，以滿足公眾（尤其是婦女）對女性能夠勝任律師——打破該職業男性獨佔的期待。由於精通法學法語又擅長辯論交際，鄭毓秀往往能轉圜審判局勢，反敗為勝，據報刊描述，「鄭第一次出庭係代表馬超俊所辦之崑崙釀酒公司之白蘭地商標訟，鄭雄言善辯，卒告勝訴，馬與鄭退出法庭時，戲語謂『鄭博士第一炮便是旗開得勝』。鄭由此律務臻臻日上，興隆無替焉」〔註16〕，而從她承辯開始不到四個月時間裏，「在法公堂已有數件出庭，結果無不勝利」〔註17〕，故有「包贏官司」的稱號〔註18〕，這樣的成果使得公眾嘖嘖稱奇。由於鄭毓秀出身晚清官僚家庭，具備學識修養又善於法庭辯論，因而成為與《威尼斯商人》中彰顯人文主義的經典女性形象——鮑西婭進行類比的人物，被外國人稱為「中國的鮑西婭」〔註19〕，這種類比更加鞏固了她的律師職業精英形象。

從律效果之外，報刊還偏向於刊載鄭毓秀承辦的「華洋之訴」與婦女涉訟類案件。以滬上主流報紙為例，1926年至1933年初〔註20〕，《申報》、《新

〔註15〕使用與滿足理論（Uses and Gratifications）最早由美國社會學家伊萊休‧卡茨（Elihu Katz）提出，其基本模式為「社會因素＋心理因素—媒介期待—媒介接觸—需求滿足」的因果鏈，已經成為現代新聞傳播學的經典理論。參見 Jane Trowbridge: "Review: The Uses of Mass Communications: Current Perspectives on Gratifications Research. by Jay G. Blumler, Elihu Katz", *American Journal of Sociology*, Vol. 81, No. 6 (May, 1976), pp.1546-1548.以及 Walter Weiss: "Review: The Uses of Mass Communications: Current Perspectives on Gratifications Research. by Jay G. Blumler, Elihu Katz", *The Public Opinion Quarterly*, Vol.40, No.1(Spring, 1976), pp.132-133.

〔註16〕《鄭毓秀第一炮旗開得勝》，《中外春秋》，1947年第29期，第5頁。

〔註17〕《鄭毓秀幫辦魏道明正式出庭》，《新聞報》，1926年9月30日，第四版。

〔註18〕楊昌溪：《高友唐彈劾鄭毓秀評議》，《青年戰線（南京）》，1933年1月21日，第6期，第2～4頁。

〔註19〕"CHINA'S PORTIA" DISBARRED, Illegations Against Miss Soumi Cheng, *The North-China Herald and Supreme Court & Consular Gazette (1870-1941)*, August.4, 1931. p.156.

〔註20〕鄭毓秀曾兩次執業律師，第一次為1926年6月4日至1927年3月24日，

聞報》和《大公報》刊載鄭毓秀承辦的全部律務共計 83 件，除受聘法律顧問而登報公告（廣告）的 49 件外，尚有涉訟案件 23 件及其他法律事務 11 件。涉訟案件中，婦女為委託人的就有 9 件，占比達 39.13%，華洋訟案 3 件，占 13.04%；在其他法律事務中，受國人組織委託向法租界當局交涉的事務 3 件，比例為 27.27%。〔註21〕有趣的是，除了偏向披露涉外、涉婦案件，報刊更著意描繪鄭毓秀辦案的某些細節，在凸顯她積極履行職務的同時，也滿足公眾對於法律業務中女性行事風格的窺探。如 1928 年的一篇報導中，描寫了她處理一起離婚委託的情況：女方因丈夫對婚姻不忠，委託鄭毓秀起訴離婚，「鄭勸其稍安毋躁，翌日因於寓廬設宴，款待其夫婦，因而為和事老焉。女夫感其誠，因而從命，自是不在涉足金粉場中，閨房之樂，甚於畫眉，鄭設宴所費達二十四金，此種絕對義務律師，求諸今日，更有幾人？」〔註22〕這一介乎事實描述與主觀想像之間的文字表達，滿足了男女兩性對家庭關係和睦的理想，同時表現出公眾評價「好律師」的內心標準——不僅不能以訴訟為目的，還要對兩造盡力承擔一種符合倫理標準、務求結果完滿的道德義務。在受到離婚委託時，報刊筆下的鄭毓秀不求興訟得利，反而自費調解，使她不僅擺脫了傳統訟師的劣名，更被塑造為力踐傳統道德規範，維護家庭倫理關係的賢者。綜上，在內疲外困的社會環境中，報刊著意表現鄭毓秀爭取婦女權利，保護國人利益的法律行動，除真實報導外，還通過辦案細節的想像與描摹，滿足公眾對女性律師在履行法律職務與踐行道德義務上的形象追求。

三、擁蔓三民主義：女法官的革命與黨化氣質

1927 年 3 月，北伐戰爭克及上海，國民黨組建上海市臨時革命政府，著手接掌司法系統，撤換司法長官。憑藉早年加入同盟會投身革命、熟稔上海法界的資歷和人脈，鄭毓秀被任命為上海地方審判廳長，同年 5 月 10 日，兼代上海地方檢察廳長，成為近代以來首位任職地方廳司法長官的女性。〔註23〕

因受任上海地方審判廳廳長而停止律務；第二次為 1929 年 8 月 20 日至 1933
年 3 月 9 日，因「鄭楊案」發避逃離滬，並申請退出上海律師公會。

〔註21〕 若再行細分，在婦女為委託人的 9 件涉案報導中，婚姻權糾紛 5 件，婦女繼
承權 2 件，名譽權 1 件，不動產出租權 1 件。參見附錄二《申報》、《新聞報》、
《大公報》披露鄭毓秀承辦律務情況表。

〔註22〕 珊珊：《鄭毓秀一雙妙聞》，《國聞畫報》，1928 年第 4 期，第 1 頁。

〔註23〕 《官界消息：地方廳審檢兩長委定》，《申報》，1927 年 3 月 23 日，第十一版。
《臨時市政府昨開執行委員會》，《申報》，1927 年 3 月 24 日，第九版。《公

這是鄭毓秀「初次做官」﹝註 24﹞，由於社會身份由法律服務轉為司法治理，公眾難以與之發生直接接觸，報媒披露與宣傳幾乎成為公眾認知與塑造她法官形象的惟一管道。

在構建法官形象時，報刊首先著意賦予其「革命」氣質，置諸法官身份，將鄭毓秀對司法兩廳的改革引入公共空間，並冠之「黨化」以吸引耳目，《申報》記錄了這些革新場面：

將審、檢兩廳廳牌由大門之側移置廳前東首鐵棚門旁水門汀柱上，以壯觀瞻。且於□□門□□，橫懸布匾一幅，上書「保障人權」四字，而以前檢廳門首所懸之煌煌官樣布告，因有官僚習氣，昨已命令一併撤除。廳中一切苛政，概行免除，以示階級平等。因此檢廳氣象頓覺一新。﹝註 25﹞

鄭博士統管審檢兩廳後，其兩廳內部組織已完全黨化，廳內遍貼總理遺像遺囑，觸目皆是。廳外四周牆壁亦滿貼標語，詞句警惕，甚為觸目，氣象為之一新。﹝註 26﹞

除關注靜態外觀的革新，報刊更多次報導鄭毓秀對司法兩廳秩序與儀式的重建，如接收上海地方審判廳時，「命在第一法庭上布置禮堂，中供中山先生遺像，交叉國旗、黨旗，率領各推事書記官等職員齊集法庭，向總理遺像行一鞠躬，靜默五分鐘」﹝註 27﹞，兼代檢察廳長及在兩廳主持總理紀念周、紀念總理誕辰等全體活動時，均先行禮畢，再開始進行。﹝註 28﹞鄭毓秀在這些儀式上之周全，得到時任國民革命軍第二路總指揮部情報股長李公樸的稱讚：「其他機關之紀念周人數減少，惟本廳紀念周仍十分踴躍，於以見司法獨立之精神、鄭廳長主持之毅力與諸同志辦公之勤懇」。﹝註 29﹞

雖然在上海政權交替之時，國民黨大規模推行黨化已屬尋常，但這些司法黨化行為出於鄭毓秀之手，對於她法官形象的塑造有特殊意義。由迪爾凱姆社會象徵學衍生出的心理學闡釋認為，各種儀式行為和象徵符號旨在喚醒、

電》，《申報》，1927 年 5 月 10 日，第六版。《地檢廳長由鄭毓秀暫兼》，《新聞報》，1927 年 5 月 11 日，第三版。另據報載，鄭毓秀能夠出長審判廳與王寵惠的推薦有很大關係。

﹝註 24﹞ 《鄭毓秀接任檢察廳長兼職》，《新聞報》，1927 年 5 月 18 日，第三版。

﹝註 25﹞ 《鄭毓秀就地檢廳長後之新猷》，《申報》，1927 年 5 月 19 日，第十版。

﹝註 26﹞ 《檢廳人員昨又有更動》，《申報》，1927 年 5 月 20 日，第十版。

﹝註 27﹞ 《地方廳鄭孫兩廳長昨日就職》，《申報》，1927 年 3 月 25 日，第十版。

﹝註 28﹞ 《各機關情形：地方法院之慶祝》，《申報》，1927 年 11 月 13 日，第十四版。

﹝註 29﹞ 《地方審檢兩廳紀念周》，《申報》，1927 年 8 月 23 日，第十四版。

激發（或者壓抑、轉移）社會群體的某種集體意識和情感，在政治生活中，這種象徵功能影響到群體內成員之間、群體與象徵系統以及群體與社會的心理互動與作用過程，從而產生一種凝聚力和價值承諾〔註 30〕，報刊通過細緻披露黨化儀式，描繪法院外觀，不斷彰顯作為廳長的鄭毓秀謹念總理遺囑，擁護「以黨治國」，信仰三民主義的政治觀念，並在公共空間內營造出滬上司法「兩廳內部設備上及事務上均有極大之改良，廳內各部分秩序井然，有整潔嚴肅氣象」〔註 31〕的宣傳效果。這樣就使得鄭毓秀的法官形象不再僅僅侷限於案件、法庭以及司法系統之內，而是轉移到動態的公共空間，引發多方關注和參與，形成了社會公眾頗與實際情況相疏離的二次評價。在就任廳長後，鄭毓秀職業身份不僅由私轉公，而且跨越一般審判案件的法官，直接越居為司法領導，使得其個人形象與法院形象，甚至政黨司法形象息息相關，對於她法官形象的維護自然地帶有政治需要。而借由媒體傳播，莊重儀式與民主外觀的描寫賦予鄭毓秀「革命」與「黨化」的法官氣質，並以此為象徵，在政黨與社會公眾的互動關係中，處處傳達出審判公平公正、保障人身權利以及維護社會穩定的價值承諾。在此複雜的互動與作用過程中，鄭毓秀擁護三民主義，堅持「政治正確」的女性法官形象得以鞏固。

四、排斥負面評價：女權形象的比較與固化

伴隨博士、律師、法官等身份的交疊變易，「博學知法」、「律務精英」、「革命黨化」的女權形象逐漸鞏固，成為鄭毓秀的典型標籤。有趣的是，鄭毓秀作為婦女爭取社會權力地位的代表，在多數人腦海中形成刻板印象，只要女性一旦有參政或從事法律職業等行為，便會被視作同鄭毓秀一樣的進步，被刻意類比，以表達欽佩之情。例如 1927 年一篇女學士陳維受任法院推事的報導中，作者類比道：「吾國女子在司法界服務者，除鄭毓秀院長外，當推陳女士」〔註 32〕。1929 年在刊載女學生羅遲慧赴滬專攻法科的消息時，報刊評價：「以女士之如是好學不倦，宜其有人稱之謂『鄭毓秀博士第二』也」〔註 33〕。以及 1928 年 11 月 7 日，鄭毓秀受任南京國民政府立法院立法委員，同

〔註 30〕〔英〕亞伯納・柯恩：《權力結構與符號象徵》，宋光宇譯，金楓出版社，1987年，第 6 頁。

〔註 31〕《審檢兩廳之新氣象》，《申報》，1927 年 6 月 6 日，第十版。

〔註 32〕《陳維女士任皖省最高法院推事》，《申報》，1927 年 11 月 14 日，第十四版。

〔註 33〕《婦女生活：幾位未來之女律師》，《申報》，1929 年 7 月 14 日，第二十九版。

屆中僅宋美齡與鄭兩名女性，時人報稱：「立法院中與蔣宋美齡，各占一席。然宋以蔣故，鄭則純恃其法學，雖無貴婿，而有才名，亦婦女界中之難得人才也」等等〔註34〕。除以人類比，更有以物比附者，如「鄭固古今之女傑也，交遊多屬貴人，故所藏珍品亦富，其中堪稱稀世珍寶者，為正老山大人參一枝……行見物以人傳，人以物傳，人參女傑，相得益彰矣。」〔註35〕在中國傳統敘事中，人參通常被賦予稀有珍貴、療病奇效的意象，兩相比附，同樣凸顯她當世罕貴的女傑形象，且人參雖貴，能被鄭毓秀收藏，反而成為了人參之幸，在作者看來，人參亦足以因此流芳百世。

類比之外，在某些女性及婦女組織看來，鄭毓秀個人職務的任免甚至關涉婦運前途，1927 年 4 月江蘇省審判廳長張君度曾決定撤換鄭毓秀〔註36〕，時於國民革命軍東路軍任職的陳逸雲即致電為其挽職：「查鄭女士學問經驗，為法界之泰斗，並為吾黨忠實之女同志，今黨中僅有一鄭女士為司法官吏，為女子參政前途計，應請廳長收回成命。」〔註37〕中國婦女協會亦對此事「殊

〔註34〕 大公：《鄭毓秀博士的小名》，《北京畫報》，1929 年第 2 卷第 54 期，第 1 頁。此類報導還有許多，即使在鄭毓秀身陷侵佔案後，仍然不絕，如「蜜斯張的談鋒很健，無論蒼蠅之微，宇宙之大，一上了伊的口，便說得頭頭是道，可惜伊不是法律家，要是，我想一定比鄭毓秀紅上幾倍（趙詠梅：《張小姐》，《申報》，1934 年 12 月 4 日，第十三版）；「在我國法海名流中，人莫不知有鄭毓秀博士，而不知同期遊學法國者，尚有許純也」（《許崇清有妹與鄭毓秀齊名》，《針報》，1946 年第 63 期，第 1 頁）。

〔註35〕 寗公：《鄭毓秀之大人參：一尺餘長枝幹雄偉》，《上海新聞》，1931 年第 1 期，第 15、16 頁。

〔註36〕 《上海地審廳長已委定》，《申報》，1927 年 4 月 23 日，第十四版。及《鄭地審廳長暫不交卸》，《申報》，1927 年 4 月 24 日，第十四版。另《字林西報》及副刊《北華捷報》亦對該事件有所記載，見"From day to day: Miss Soumi Cheng", *The North-China Daily News (1864~1951)*, April 25, 1927, p.10 及 "YESTERDAY it was reported that Miss Soumi Cheng", *The North-China Daily News (1864~1951)*, April 26, 1927, p.1 張君度（1892～1955），又名張裕懷，永福蘇橋鎮人。民初畢業於廣西法政專科學校，1926 年到 1929 年先後任北伐軍第七軍及東路軍軍法處長、江蘇省高等審判廳長。王鑒（Wang Chien），字君乾，廣西人（另一說廣東籍），歷任山西、直隸等省高等審檢職務及各地方廳長。此項任命由時任江蘇省高等審判廳長張君度簽發。時王氏業已來滬，並派書記官鄧培義等到廳接洽移交，但為鄭毓秀拒絕。

〔註37〕 《電請高等廳收回免鄭成命》，《申報》，1927 年 4 月 30 日，第十四版。陳逸雲（1908～1969），字山椒，女，東莞茶山陳屋村人。畢業於廣東大學（今中山大學）法科系，曾任國民黨廣州黨部幹事兼《國民日報》記者，並參辦中華女子參政協會。1927 年隨軍北伐時任國民革命軍東路軍前敵總政治部黨務科長。

以為異」，並質問江蘇審判廳「以何因緣，遽予免職」，同樣以維護女子參政前途為由請其撤回決定〔註38〕。可見，鄭毓秀不僅在公眾心中具備知名度，其積極參政、執行律務、出任法官等行為通過報刊媒體的披露宣傳，已經使人物形象定型。

值得注意的是，除正面類比之外，還有一些鄭毓秀女權形象的消極乃至負面評價，在諸多讚頌話語中顯得格格不入。例如作者藉由其知名度的某些象徵意義，委婉表達對社會現實的不滿：「我對於紫羅蘭個人及她的技藝完全是好感與同情，尤其是在這不死不活的社會裏有這麼一朵可愛的花來裝點門面，實在是現世紀中國婦女界的一個最大的光榮，比較起來鄭毓秀女士得著法國法學博士，我以為也沒有這麼的榮耀」〔註39〕。此外，有人認為鄭毓秀為爭取權力地位而過於趨炎附勢，這表現在她與勤學女子師範學校校長朱劍霞的交往中：「這位姓鄭的，原來和校長是很好的朋友，但這位姓鄭的抖了（即發達了，作者註），便校長冷淡了。校長很鄙薄他太勢力，也不願以和他住來咧。我從此就很佩服朱劍霞女士，是一位有氣節，講信義的君子」〔註40〕。在寥寥負面評價中，最多的一類集中於批評其官僚做派——不能為工農婦女爭取實際權益：「鄭毓秀女士，是留洋多年，在巴黎號稱『社交之花』的法學博士，而且現在已經作了女法官了。可是，我沒有看到她們給我們些什麼好處！還只有我們上海的女工，靠著自己的組織，獲得了相當的利益，解除了不少的痛苦！」〔註41〕，「以她們想到『教育平等』，『婦女參政』，『遺產繼承』就算是進步的了不得了，那裡還說得出代表最大多數的貧苦的被壓迫的婦女的利益的話呢！」〔註42〕，以及鄭毓秀在上海發起組織的女子理髮店雖為提倡婦女職業，但「價錢實在貴得厲害」，不是一般平民所能光顧〔註43〕等。

在鄭毓秀女權形象逐漸固化的趨勢下，公眾對女性法律形象的合法化訴求得到滿足，這些負面評價或被當作一笑談資，或了無回應不見下文，雖被大量正面報導掩蓋，卻隱約透露出這種由報刊媒體披露宣傳並強勢塑造的正

〔註38〕《中國婦女協會挽留鄭毓秀》，《新聞報》，1927年5月1日，第三版。

〔註39〕《紫羅蘭在奧迪安獻藝之第一日》，《申報》，1928年10月18日，第二十四版。

〔註40〕柱宇：《鄭毓秀與朱劍霞》，《駱駝畫報》，1928年第28期，第2頁。

〔註41〕MY女士：《我也來談談「重」、「輕」問題》，《大公報（天津版）》，1927年9月21日，第五版。

〔註42〕芳影：《大題小作的共鳴》，《大公報（天津版）》，1927年9月28日，第五版。

〔註43〕K：《女光公司叫花子雞》，《大公報（天津版）》，1928年1月17日，第八版。

面形象下蟄伏的「倒戈」危機。

第二節　法界「妖孽」：法律形象的崩潰與再塑

　　1929 年 8 月，鄭毓秀辭去主要公職後返回上海重執律業，個中原因或為積勞成疾，不堪公務〔註44〕。與此同時，歷經 1927 年的宣傳高峰後，滬上主流報媒對她的熱切關注也逐漸退潮，以《申報》、《新聞報》和《大公報》載關涉鄭毓秀消息的數量變化為例〔註45〕：

圖1　申、新、公三報刊載涉鄭消息數量變化折線圖

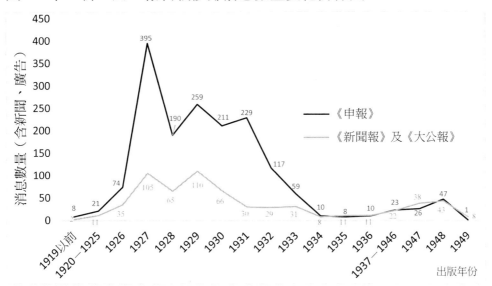

　　從數據變化看，自 1926 年回國後，三報對鄭毓秀關注度不斷提高，並於

〔註44〕《上海專電：鄭毓秀辭立法委員》，《大公報（天津版）》，1929 年 8 月 20 日，第三版。《鄭毓秀已辭立法委員專任律師職務》，《申報》，1929 年 10 月 6 日，第十四版。立法院後以王用賓補鄭缺，繼任《民法》起草委員職務，見《院令：國民政府立法院訓令：第五四一號》，《立法院公報》，1930 年 2 月 11 日，第 15 期，第 5 頁。在自傳中，鄭毓秀歸國後同樣表達了因需要陪伴母親及身心疲憊，而意欲「遠離政治事務核心」的想法，並由此婉拒了國民政府駐法大使之職，參見鄭毓秀：《不尋常的玫瑰枝：鄭毓秀自述》，賴婷婷譯，中國法制出版社，2018 年版，第 157、158 頁。

〔註45〕該數據由筆者統計，三報電子版資料來源為，《申報》部分：http://www.dhcdb.com.tw/SP/；《大公報》部分：http://192.168.129.38/tknewsc/tknewskm?@@631048414#；《新聞報》部分：http://www.cnbksy.com/。查於 2018 年 3 月 20 日。

1927 年達到峰值。除 1928 年因其公務出國〔註46〕而略有下降外，在 1933 年以前，報導量總體呈先持穩後漸降的趨勢。除了鄭本人減少公務活動導致報導減少之外，不能忽視九一八事變以來國內報刊關注視野的轉移——中日關係上升為主要話題，與之相較，婦女運動等問題的熱度有所降低。作為鄭毓秀正面形象的主要塑造者，報刊的積極話語逐漸衰減，為向來屬於「非主流」負面評價的存續和發酵提供了更多公共空間。

事實上，在「鄭楊案」爆發以前，公眾對鄭毓秀精英律師形象的質疑已經顯露苗頭。1930 年上海律師「連環」名譽糾紛案暴露出偽證、詐財等諸多污名行為，惡化了這一職業在公眾心目中的形象，形成了「上海律師甚多敗類」的說法。〔註47〕在此背景下，1931 年 7 月，發生了羅步洲向上海律師公會投訴鄭毓秀怠行律務一事，公會派員調查後認為內容屬實〔註48〕。值得關注的是，在律師公會討論此案時，曾提出兩種處置辦法以供票決，一為僅提付懲戒，二為懲戒之餘並予以退會處分，結果竟是多數在席律師贊成懲罰更為嚴厲的後者〔註49〕。此事公之於眾，使得向負盛名的鄭毓秀面臨形象危機，雖然該處分後被江蘇省高等法院首席檢察官王思默裁令撤銷〔註50〕，但仍成為她嗣後深陷彈劾時飽受詬病的依據之一，並隱約影射出對鄭興評的暗中變向。

一、從震驚到憤怒：懲治貪腐的需要

九一八事變發生後，中日問題迅速上升為主要社會話題，同時引發了公

〔註46〕鄭毓秀於 1928 年 2 月 25 日赴歐，同年 7 月 27 日抵滬，此次赴歐受南京國民政府之命考察西方政法制度及作政治宣傳。參見《鄭毓秀年譜詳編》1928 年部分。

〔註47〕李嚴成：〈「上海律師甚多敗類」：從一起名譽糾紛看民國律師形象〉，《近代史研究》，2018 年第一期，第 149 頁。

〔註48〕此事原係 1927 年羅步洲被控反革命罪，1929 年由特種法院移交江蘇省高等法院審理判刑後，羅即聘請李時蕊、徐元誥與鄭毓秀三律師擔任上告，並委託李時蕊與鄭當面接洽，交付鄭公費一千元且立有收據，鄭就該案與李商磋後，再未承擔任何相關律務。1930 年 9 月間，羅步洲兩次致函鄭毓秀律所請求退還公費，未得結果（上海律師公會常務委員會：《上海律師公會報告書》，1931 年第 29 期，第 165～170 頁）。

〔註49〕《上海律師執監會議決三律師退會案》，《申報》，1931 年 7 月 24 日，第十四版。

〔註50〕劉懋初：《江蘇上海地方法院檢察官第四○號指令》，《上海律師公會報告書》，1932 年第 30 期，第 67、68 頁。王思默：《江蘇高等法院檢察處宣示書》，《上海律師公會報告書》，1932 年第 30 期，68、69 頁。

眾對國內政治革新問題的探討。有研究表明，《申報》和《大公報》在討論中日問題的高峰後，還出現了一個明顯的討論國內政治問題的高峰，報刊通過闡述政治訴求，刺激了一股民間政治參與的熱潮〔註51〕，其中揭露和懲辦貪官成為關注焦點。面對日益加深的民族危機，「國難當頭」成為中國社會中普遍形成的危機情緒，在秉持愛國主義話語的社會公眾看來，「國難之所以嚴重如今日，固然是因為外人侵略之凶很，但我國內政的腐敗，綱紀蕩然，國力民力，都消耗不堪，所以外人才會乘虛而入」，貪官污吏作為「民賊」，與外敵、漢奸同是釀成國難的主要原因，其罪行更是一種對國家的「背叛」〔註52〕。

1933 年 1 月 13 日，《申報》刊載《高友唐彈劾鄭毓秀文》，將鄭毓秀、楊肇熀等司法官員侵佔公款一案（以下簡稱「鄭楊案」）披露於公眾視野〔註53〕，輿論一時鼎沸，繼而在社會上引發了批判鄭毓秀乃至國民政府政治、司法腐敗的熱潮。此案原係 1931 年夏秋之間，高友唐受監察院派遣，赴滬調查 1927年上海地方審判廳（後改為上海地方法院）公款受人侵佔一事，多次核查後發現該院當事人存取款項簿有塗改痕跡，「一款重支」達二十二起，受侵佔額計二萬二千五百零二元一角四分四釐，除此之外，鄭卸任時並未向楊移交該院與銀行往來帳簿，且二者在任期間存於銀行的公款利息亦未見增長，因此高友唐指控鄭毓秀與楊肇熀及鄭任內的書記官長鈕傳椿、會計主任鄭慧琛（鄭毓秀胞妹、楊肇熀繼妻）通同舞弊，共犯侵佔罪，而楊繼任後不加清查，更有包庇犯罪並湮滅證據的嫌疑。

〔註51〕 周明暢：《九一八事變後的報界輿論及其政治訴求——〈申報〉〈大公報〉〈中央日報〉三報社論比較研究》，華中師範大學碩士學位論文，2014 年。

〔註52〕 冷眼：《鄭毓秀贓案》，《鞭策週刊》，1933 年 5 月 5 日，第 3 卷第 3 期，第 1、2 頁。

〔註53〕 《高友唐彈劾鄭毓秀文》，《申報》，1933 年 1 月 13 日，第八版。據記載，1932年高友唐即已完成該彈劾文並上呈監察院，時任院長于右任曾令田炯錦、劉成禺、周覺三委員進行覆查，調查報告書認為證據確鑿當付懲戒，同年 9 月19 日，監察院將「鄭楊案」原彈劾文一件、原審查報告一件及物證交代冊三本，移送中央公務員懲戒委員會，此時該案並未造成公開影響，直至 1933 年由《申報》率先披露後，才廣為人知（參見《委員高友唐彈劾文》，《監察院公報》，1932 年第 16 期，第一五四至一五九頁）。另有報刊稱「彈劾案發動於一年餘前雖至今日而始公布，但不得謂為失去時效」亦可佐證（柏：《時事述評：鄭毓秀案》，《時代公論（南京）》，1933 年 1 月 27 日第 44 期，第 2～4 頁）。彈劾書是否由高友唐本人向《申報》提供已未可知，但其目的在於將「鄭楊案」曝光於社會公眾，借輿論之力擴大影響。

　　在彈劾書中，除列舉犯罪事實提交證據外，高友唐還特別著墨於上海公眾對鄭毓秀的不滿，試圖借輿情民意揭露其操縱審判、榨取錢財的罪惡行徑：「伏查鄭毓秀對於詞訟案件，一手包辦，為所欲為，始則以白為黑，繼竟無中生有。民事不能拘押，則以假扣押恐嚇之；刑事不問虛實，但有控告，則以拘押恐嚇之，均為詐財或脅迫和解之工具。其所詐之財，聞已在數百萬元。推檢中雖不乏自好之士，稍持正誼，即立予左遷，故苟且者無不俯首聽命受其指揮，法院一時有『博士電話到，推事嚇一跳』之謠，乃紀實也」。在高氏看來，「上海人民因受鄭毓秀惡勢力所摧殘，傾家蕩產者不知若干人，負屈自殺者不知若干人，社會之道德陵夷，法院之人格掃地，皆鄭毓秀楊肇熉等所釀成」，故亟應依法予以嚴懲〔註54〕。

　　憑藉《申報》的廣泛受眾，加之彈劾文證據鑿鑿，言辭憤慨，具有很強的煽動效果，「鄭楊案」甫一公開，便迅速傳播，被諸多報刊爭相轉載〔註55〕，而「大概稍知道上海司法界之情形者，讀畢此文無不稱快」〔註56〕。得知此事的鄭毓秀「不勝詫異」，立即於1月15日同在《申報》頭版頭條登文，就侵佔罪等諸端指控質問高友唐〔註57〕，成為一時的社會焦點。時承「故宮盜寶案」揭發不久，輿情洶洶之下，這些高調質問還未得高友唐回應，便已經激怒公眾，批評話語不斷。同為滬上律師的吳邁評論稱：「鄭楊質問高公之內容，雖然頭頭是道，言之成理，極盡辯難之能事，然與一般輿論，實多大相剌謬之處。諺云：『好事不出門，醜事傳千里』。又云：『小人掩其不善，而著其善……高固不可以生反向而自餒，鄭楊似亦僅可省卻大量廣告費，捐助東北義勇軍矣」，上海《中華週報》記者在吳邁語後寫道：「鄭毓秀……自

〔註54〕關於這部分指控，高友唐均未提交明確證據予以佐證。

〔註55〕如《二周大事匯述：監委高友唐彈劾鄭毓秀等》，《中央週報》，1933年1月16日第240〜241期，23〜25頁。《貪污史料：二、鄭毓秀貪贓》，《旁觀》，1933年1月21日，第9期，第33〜36頁。《監委高友唐彈劾鄭毓秀楊肇熉之原文》，《法律評論（北京）》，1933年1月22日，第10卷16期，第39〜41頁。

〔註56〕謙：《讀彈劾鄭毓秀文》，《中華週報（上海）》，1933年1月21日，第60期，第30頁。

〔註57〕逸輯：《鄭毓秀楊肇熉彈劾案》，《循環》，1933年第3卷第3期，第14頁。《鄭毓秀質問監委高友唐》，《申報》，1933年1月15日，第一版。《楊肇熉質問監委高友唐》，《申報》，1933年1月15日，第一版。及《鄭毓秀質問高友唐：監委不能彈劾非公務員》，《大公報（天津版）》，1933年1月16日，第三版。《鄭毓秀質問監委高友唐》，《新聞報》，1933年1月15日。

然也質問得很漂亮。但世間極平常的道理，往往不適用於我國，所以政府之上有所謂太上政府，總統之上有所謂太上總統，都是我國玩過的把戲」〔註58〕。對鄭毓秀的諸多批評不斷彙集，形成了一種輿論先於證據，批判早於審判的特殊「懲戒景觀」，這樣就使得對鄭毓秀涉嫌侵佔的認定不再僅僅侷限於真憑實據，還增加了具有「正當性」的輿情民意，例如1月27日的一篇時評中批判鄭毓秀「包攬詞訟」時提到：「我人雖不能一一舉出實證……但詢及法曹中人及上海跑街，皆能繪聲繪影的說出，此已成為公開的秘密，無待置辨的了」〔註59〕。

1933年2月，中央公務員懲戒委員會對「鄭楊案」審查完畢後，交最高法院檢察處偵辦，檢察長鄭烈下令將鈕傳樁（時於南京擔任司法院秘書）先行逮捕羈押，24日該案由最高法院指定江寧地方法院管轄。〔註60〕3月30日，江寧地方法院首席檢察官孫紹康以鄭楊等人涉嫌侵佔、湮滅證據兩罪向該院提起公訴。〔註61〕利用法律維護正義是社會公眾的基本訴求，法律成為

〔註58〕謙：《讀彈劾鄭毓秀文》，《中華週報（上海）》，1933年1月21日，第60期，第30頁。

〔註59〕柏：《時事述評：鄭毓秀案》，《時代公論（南京）》，1933年1月27日第44期，第4頁。

〔註60〕《鄭毓秀楊肇熉彈劾案》，《申報》，1933年2月24日，第六版。《鄭毓秀案法院認真辦理》，《申報》，1933年3月1日，第九版。及《鄭毓秀舞弊案》，《大公報（天津版）》，1933年3月4日，第六版。《貪污史料：一、鄭博士貪污有據》，《旁觀》，1933年3月10日，第13期，第30、31頁。《最高法院檢察長鄭烈報告：對易培基呈文之駁覆（續）》，《大公報（天津版）》，1933年10月30日，第四版。

〔註61〕《鄭毓秀案今日提正式公訴》，《大公報（天津版）》，1933年3月31日，第三版。《江寧法院檢察官對鄭案提公訴》，《申報》，1933年4月1日，第八版。《鄭毓秀案已提起公訴，犯刑法三五七條》，《大公報（天津版）》，1933年4月1日，第四版。《鄭毓秀案檢察處公訴：鄭鈕吞沒案款數萬，楊鄭相繼共同舞弊》，《申報》，1933年4月2日，第十一版。《貪污史料：一、鄭博士瀆職侵佔檢察官提起公訴》，《旁觀》，1933年4月11日，第16期，第31~34頁。及《鄭毓秀案起訴書·江寧地方法院檢察處起訴書（訴字第六七二九號）》，《法律評論（北京）》，1933年4月16日，第10卷28期，第35~38頁。起訴理由略為，該案被告鄭楊等假借職務便利共同侵佔公務上之管有物，依《中華民國刑法》（即1928年「舊刑法」）第四十二條「共犯」及第三百五十七條「侵佔」第一項，處侵佔罪，由於侵佔行為係陸續實施，故依《司法院院字第六六五號解釋》及刑法第七十五條，以「連續犯」論。楊肇熉除侵佔罪外，犯刑法第一百七十五條「湮滅證據罪」，因該條最重刑罰為一年以下有期徒刑，且事在民國二十一年三月五日以前，依《大赦條例》第一條及《刑事訴

媒體批判鄭毓秀的主要依據。1928 年《中華民國刑法》第三百五十六條規定
侵佔罪為「意圖為自己或第三人不法之所有而侵佔自己持有之他人所有物
者」，根據第三百五十七條規定：「對於公務上或業務上所持有之物，犯前條
第一項之罪者，處六月以上五年以下有期徒刑，得併科三千元以下罰金。」
也就是說，構成公務侵佔犯罪，在客觀層面上須有侵佔所掌管公物的行為，
主觀層面有實施侵佔的犯意。在起訴書中，鄭毓秀假借上海地方審判廳廳長
的職務便利多次「一款重支」，與鈕傳椿等共同侵佔公款，完全符合上述規定，
因而更加成為報刊媒體口誅筆伐的對象。公眾的言論中彰顯了公平與正義感，
要求法律給予鄭毓秀應有的懲罰，「像鄭毓秀這種人，一旦拿獲之後，當然更
要明正典刑，以申國法，吾們等著瞧罷。」〔註62〕

在一片喊打聲中，以法立身的鄭毓秀並未靜待司法審判，以還其「是非
大白」，反而早在案件偵訊階段就選擇了秘密逃匿，離滬避審〔註63〕，及至 5

訟法》第二百四十三條第三款予以免罪。其餘罪名依刑訴法第二百五十三條
第一、兩項予以公訴。

〔註62〕 森森：《鄭毓秀的大舞弊案》，《天津商報畫刊》，1933 年第 7 卷第 37 期，第
1 頁。

〔註63〕 鄭避逃海外之時間路線均無準確記載，將報刊記載歸類整理，可大致歸納出
三種符合邏輯的說法：其一，「由港赴法說」，即 2 月 7 日由新關碼頭乘英輪
拉爾德羅號赴港（一說以組織大滬銀行事為藉口），2 月 10 日抵港，在請求
胡漢民幫助無果後，9 月 14 日由港秘密赴歐（參見《婦女消息：鄭毓秀赴
港》，《女聲（上海 1932）》，1933 年第 1 卷 10 期，第 19、20 頁。《鄭毓秀昨
抵香港》，《申報》，1933 年 2 月 11 日，第九版。梅：《黨政文化秘聞：鄭毓
秀之行蹤》，《社會新聞》，1933 年 2 月 28 日，第 2 卷 20 期，第 275、276 頁。
《貪污史料：一、鄭博士貪污有據》，《旁觀》，1933 年 3 月 10 日，第 13 期，
第 31 頁。瑤草：《鄭毓秀鴻飛海外》，《大亞畫報》，1933 年 8 月 17 日，第 394
期，第 2 頁。《鄭毓秀定期赴歐》，《大公報（天津版）》，1933 年 9 月 11 日，
第三版。及《鄭魏赴法：今日離港》，《大公報（天津版）》，1933 年 9 月 14
日，第三版。《鄭毓秀秘密赴歐》，《申報》，1933 年 9 月 16 日，第十二版。
《中外婦女近事：鄭毓秀赴港》，《婦人畫報》，1933 年第 1 期，第 20 頁。《黨
政文化秘聞：鄭毓秀真真出洋》，《社會新聞》，1933 年 9 月 24 日，第 4 卷 28
期，第 436 頁）；其二，「赴熱帶說」，出自鄭致上海法政學院辭職函（據傳為
抵菲律賓時致電）中所稱，二月便起程赴馬尼拉養病，（《上海法政學院院長
鄭毓秀因病辭職，張忠道被推為代理院長》，《申報》，1933 年 3 月 10 日，第
十四版。大白：《鄭毓秀青春難獨守》，《北洋畫報》，1933 年第 947 期，第 2
頁。及《時事：上海法政學院院長鄭毓秀因病辭職》，《女鐸》，1933 年第 21
卷第 12 期，第 80 頁。磊磊：《名人軼事之六：鄭毓秀倒貼魏道明》，《戲世界
（上海）》，1944 年 3 月 24 日，第 4034 期，第 1 頁）；其三，「先赴熱帶後返
香港說」，即先逃菲律賓發自述文（該文見大白：《鄭毓秀青春難獨守》，《北

月 12 日被江寧地方法院正式通緝時，已經不知所蹤〔註 64〕。自鄭毓秀逃匿之後，輿論忿然，曾有諷刺詩出現報端：

公案重翻奈若何，通明上奏綠章多。嫦娥應悔偷靈藥，瞞著人天度絳河。〔註 65〕

報刊媒體除揭露罪行外，還開始圍繞鄭毓秀的私人生活與行事作風，進行了大量揭秘性、諷刺性與演繹性共存的報導，同樣引導社會公眾做出評價，導演一場盛大的批判狂歡。作者們將鄭毓秀作為審視的對象，細細描繪她的過往性格與衣食住行，而且經常通過描寫具體的意象來表達對鄭毓秀的看法，如「（鄭）公館每晚必賭，麻醬牌究撲克皆備，賭客皆為其幕下客。每賭勝負必超萬金」〔註 66〕，「他的家，常有許多摩登男女進出，天天打牌」〔註 67〕，「每日用度異常闊綽，如旅館非一等不住，前之大華今之華懋，均為博士常臨之所。據聞每日用度常在百元以上，故社會上許多人一月所得，猶不及女士一日之費用也」〔註 68〕，「都說她的住宅，在馬斯南路，華棟連雲，瑰樓望月，那種闊氣，不容說了。而內容的一切設備，卻有些像上海灘上的臺基一般，許多要人們一到那裡，真有『樂不思蜀』之概」〔註 69〕等等。除此之外，更有許多報導對其逃匿後的生活進行了細緻摹撰，以滿足讀者想像：「貪官鄭毓秀因通緝逃港，初到香港，不敢露面，後得胡漢民夫人關說，得與胡漢民

洋畫報》，1933 年第 947 期，第 2 頁），後至香港（實：《快刀：鄭毓秀努力新國民黨之復興運動》，《中國革命》，1933 年 11 月 25 日，第 2 卷 18 期，第 31～32 頁）。此外，有報稱鄭於 4 月 9 日抵北平者（《鄭毓秀到平》，《大公報（天津版）》，1933 年 4 月 10 日，第四版），因其時鄭被江寧地方法院票傳不到，已被通緝，故顯係誤報，此校。

〔註 64〕 《鄭毓秀等依法通緝》，《新聞報》，1933 年 5 月 12 日，第二張。

〔註 65〕 《遊仙詩：鄭毓秀侵吞公款事發稱病潛赴南洋》，《申報》，1933 年 3 月 27 日，第二十版。綠章即青詞，為道士祭天時所寫奏章表文，因用朱筆寫在青藤紙上，故名。此處將民國政府比做天庭，監察委員彈劾書擬為綠章，以形成一種「敬祈」與「揭醜」這兩種目的不同，卻均聽命於上的反差；把鄭毓秀比作偷吃靈藥，一日登天的嫦娥，且為避免罪責偷偷逃逸，諷刺了政治當局的昏聵無能與鄭毓秀的不知廉恥與罪有應得。

〔註 66〕 柏：《時事述評：鄭毓秀案》，《時代公論（南京）》，1933 年 1 月 27 日第 44 期，第 2～4 頁。

〔註 67〕 皓翁：《流芳遺臭：貪污瀆職的鄭毓秀》，《禮拜六》，1933 年 8 月 26 日，第 518 期，第 3 頁。

〔註 68〕 《鄭毓秀博士之每日用度》，《攝影畫報》，1933 年第 9 卷，第 8 期，第 8 頁。

〔註 69〕 森森：《鄭毓秀的大舞弊案》，《天津商報畫刊》，1933 年第 7 卷第 37 期，第 1 頁。

接近，由是在淺水灣大酒店開六間大房，生活極其豪奢，日集香港紳商宴會，每博之勝負，動以萬計，聞送胡女汽車及胡妻禮物，竟費港銀十萬」〔註70〕，「恐四十歲老娘倒繃孩兒，乃連夜出洋，作逃逋海外之計……最不幸者為一到香港便鬧臭風潮，使老面皮亦羞於見人。所以在港一住四月，毫無出路，滬法院探知鄭已在港，有問港政府交涉引渡訊，鄭為此乃只能真真出洋，在十四日搭意郵赴意，行動完全秘密，與當年風頭相較，未免自覺黯然」，以及「現在她卻逃到法國，和魏道明過『老姊姊』、『小弟弟』的甜蜜生活去了……卻苦壞那位書記官長鈕傳椿鈕先生，獨嘗鐵窗風味，不知他想起了鄭院長在法國住洋房，吃大菜，抱著小弟弟跳舞的那種快活情形時，發生一種什麼感想呢？」〔註71〕鄭毓秀之惡，不僅使自己難逃輿論制裁，也影響了與她過從甚密的友人，「不特鄭個人身敗名裂，即從前和他勾結的一班狗黨，也匿跡銷聲了。」〔註72〕

然而事實上，對於她私密的生活作風，報界不可能全程跟蹤觀察〔註73〕，因而不能排除細緻入微的描寫是媒體為了滿足批判訴求而進行的有意杜撰。報刊媒體依據現實的政治環境以及道德與價值評判的需要，在出離真實的描寫中創造了另一個擬態環境，從而對鄭毓秀形象進行了有選擇性的加工重構：「貪贓枉法」、「奢華無度」、「恬不知恥」成為其必備要素。報刊的公開指責，向公眾展示了鄭毓秀所犯的罪行，不僅如此，它的作用還在於以公共空間為場域，掀起對她的另一重審判，促使其正面形象徹底崩潰，以表達對正義的追求。事實上，報刊媒體作為一種貌似客觀、公正的傳播手段，本應持中平

〔註70〕 實：《快刀：鄭毓秀努力新國民黨之復興運動》，《中國革命》，1933年11月25日，第2卷18期，第31、32頁。

〔註71〕 石忱：《短評·鄭毓秀逍遙法外》，《法律雜誌》，1933年12月30日，第2～3期，第23頁。

〔註72〕 皓翁：《流芳遺臭：貪污瀆職的鄭毓秀》，《禮拜六》，1933年8月26日，第518期，第3頁。

〔註73〕 1928年，有記者曾向鄭友李石曾家一閽人處詢問其住所，前往探訪時發現並非鄭宅，直呼「大上其當」（好人：《鄭博士之住處》，《國聞畫報》，1928年第58期，第1頁）；1930年《時代》畫報特約記者張若谷記述：「我到馬斯南路鄭女士的寓所，先後去過五次，最初幾次，碰著鄭女士的秘書彭君，據說，鄭女士有病，在醫院休養。後幾次，據說：為了籌備大華飯店化裝跳舞會，及歡迎法國公使宴會，事忙不能見客，最近又去了一次，則鄭女士又到南京立法院去了」（張若谷：《鄭毓秀論中國女人》，《時代》，1930年第2卷第1期，第27、28頁）。可見作為外人能夠實際考察鄭毓秀私密的家庭生活並不容易。

正，但由於報人不可避免地帶有一定的社會性，便或多或少影響甚至決定了報刊媒體的價值判斷，也就是說，「新聞本身不侷限於對真實的判斷，它也包含了價值觀，或者說，關於傾向性的聲明。」〔註74〕因而，在對鄭毓秀進行批判的過程中，報刊媒體不僅將批評貪贓的言論選擇性地彙集起來，供讀者閱讀，也主動參與了正義性建構，不斷表明自身的立場，以發揮輿論效應、影響公眾，從而將單純的司法審判引渡到帶有複雜民族情緒的道德批判中，共同塑造了鄭毓秀不僅罪大惡極（不法），而且道德敗壞（失德）的負面形象。

這也就不難理解此類報導在隨後數月裏呈現出的兩個明顯趨勢：一方面，案情表述由真實漸趨誇張，鄭毓秀形象被推向妖魔化的極端。從起訴書來看，有據可控的侵佔數額為二萬三千餘元（另有銀行銀息三十二兩九錢九分）〔註75〕，而在報導中則出現了「私自動用公款十二萬元」〔註76〕，「賄案達千萬元」〔註77〕以及「這是一個貪贓幾百萬千萬的重大案子」〔註78〕的說法，並由此將「鄭楊案」稱為「我國司法界破天荒之空前大舞弊案」〔註79〕。鄭毓秀作為主犯，則因「把司法界擾得沸反滔天」〔註80〕而被冠以「中國國民政府成立以來之妖孽」〔註81〕、「中國司法界的女怪物」〔註82〕、「當代人妖，天地戾氣鬱結而成」〔註83〕的標籤，備受公眾唾罵。其二，報刊媒體開始重新審視和評價鄭毓秀過往的法律行為，認為她曾經的多重身份是以政治地位

〔註74〕〔美〕沃納‧賽佛林、小詹姆斯‧坦卡德：《傳播理論：起源、方法與應用》，郭振之等譯，北京：華夏出版社，2000 年版，第 358 頁。

〔註75〕《鄭毓秀案起訴書‧江寧地方法院檢察處起訴書（訴字第六七二九號）》，《法律評論（北京）》，1933 年 4 月 16 日，第 10 卷 28 期，第 35～38 頁。

〔註76〕布父：《字紙簍‧鄭毓秀案所得之教訓》，《人民週報》，1933 年 3 月 10 日，第 60 期，第 12 頁。

〔註77〕磊磊：《名人軼事之六：鄭毓秀倒貼魏道明》，《戲世界（上海）》，1944 年第 4034 期，第 1 頁。

〔註78〕冷眼：《鄭毓秀贓案》，《鞭策週刊》，1933 年 5 月 5 日，第 3 卷第 3 期，第 1、2 頁。

〔註79〕《鄭毓秀舞弊案》，《大公報（天津版）》，1933 年 3 月 4 日，第六版。

〔註80〕梅：《黨政文化秘聞：鄭毓秀之行蹤》，《社會新聞》，1933 年第 2 卷第 20 期，第 275、276 頁。

〔註81〕實：《快刀：鄭毓秀努力新國民黨之復興運動》，《中國革命》，1933 年 11 月 25 日，第 2 卷 18 期，第 31、32 頁。

〔註82〕石忱：《短評‧鄭毓秀逍遙法外》，《法律雜誌》，1933 年 12 月 30 日，第 2～3 期，第 23 頁。

〔註83〕炎：《這一周：鄭毓秀行賄》，《中央時事週報》，1933 年 5 月 13 日，第 2 卷第 18 期，第 3 頁。

干涉司法獨立，目的是為貪贓謀利提供捷徑。例如稱鄭毓秀 1927 年身兼法政四職（上海地方審判廳廳長、檢察廳廳長、江蘇省政府委員、律師），「在中國法律上絕對不能由一人兼任，而鄭毓秀竟一人兼任之……有左右司法全局之魔力」〔註 84〕以及「以律師地位操縱法官」〔註 85〕等等，其中的很大部分也同樣是媒體對鄭毓秀形象的有意歪曲〔註 86〕。事實上，鄭毓秀身兼法政職務不全然是她個人因素所致，1927 年 3 月，在新舊政權更替，一切推行「黨化」的上海，任何公共治理均不可避免地服務於政治目的，司法概不能外，這是國民革命所致，也是國民黨「分共」政策的具體要求〔註 87〕。而從中國近代司法獨立的發展進路來看，鄭毓秀出任司法長官，恰恰時值國民政府由「革命式司法獨立」到「專制下司法獨立」的轉捩期，前者最大的特點在於司法附著政治，並被賦予實現政治革命目標的使命，後者則體現出在黨、政、軍合一的南京國民政府統治之下，「黨治」、「軍治」和個人獨裁專制色彩對立法與司法活動的濃厚浸淫。〔註 88〕在此「以黨治國」的政治原則下，司法黨化被不斷強調，作為地方司法長官的鄭毓秀又怎麼能「獨善其身」，做到司法「從外殼到價值」的真正獨立呢？社會公眾對鄭毓秀身兼法政數職的原因選擇了直接忽略，而是選擇性、批判性地認為她是憑藉個人政治手段包攬司法，罪不可恕。知名作家如郁達夫、林語堂將此案納入諷刺作品中，鄭毓秀成為「應

〔註 84〕 《貪污史料：一、鄭博士貪污有據》，《旁觀》，1933 年 3 月 10 日，第 13 期，第 30、31 頁。實際上，鄭並非同時身兼四職，見 1927 年各條。

〔註 85〕 《高友唐謂鄭毓秀曾以十萬元行賄》，《法律評論（北京）》，1933 年 5 月 14 日，第 10 卷 32 期，第 15 頁。

〔註 86〕 1927 年 3 月，鄭毓秀在接任上海地方審判廳長後就立即登報停止了律師職務，事務所也交由魏道明負責（《鄭毓秀律師啟事》，《申報》，1927 年 3 月 25 日，第一版）。且 1929 年 7 月間，鄭毓秀辭立法委員（參見《上海專電：鄭毓秀辭立法委員》，《大公報（天津版）》，1929 年 8 月 20 日，第三版。《鄭毓秀已辭立法委員專任律師職務》，《申報》，1929 年 10 月 6 日，第十四版），8 月 20 日才於滬重執律務（《鄭毓秀律師事務所啟事》，《申報》，1929 年 8 月 20～23 日，分別第二、七、七、九版。及《鄭毓秀執行律師職務》，《申報》，1929 年 8 月 20 日，第十四版。《鄭毓秀博士執行律師職務》，《新聞報》，1929 年 8 月 20 日，第四張第十四版。），二者之間相隔了至少半年。

〔註 87〕 事實上，「四一二」反革命政變發生不久，鄭毓秀即被國民黨上海市黨部聘為黨化教育委員會委員。參見《國民黨消息：市黨部第四次聯席會議》，《申報》，1927 年 4 月 21 日，第十版。

〔註 88〕 韓秀桃：《近代中國對司法獨立的價值追求與現實依歸》，《中國法學》，2003 年第四期，第 166、167 頁。

當營救的對象」〔註89〕以及「漢子不如娘兒們」〔註90〕的典例被用來譏諷時政，可見「鄭是社會罪人」已經在一定範圍內成為共識，而極少有人思考或調查背後的原因。

在這場批判狂歡中，報刊媒體還通過維護與稱讚高友唐，來反襯鄭毓秀的「不法」形象，藉以表達對政治革新、司法公正的訴求：「在佩服他的勇氣之餘，使人不得不回想到數月前彈劾江西省主席熊式輝和海軍部長陳紹寬的往事，故無論這位監察委員彈劾的事實是否確實，但監察委員數目眾多，求其能盡監察責任的人實在是只有高友唐一人（中央日報社評曾稱高之彈劾文如諸葛亮之出師表，尚為中國慶幸得人）」〔註91〕，尤其是高友唐5月初對記者發表談話，稱其在滬調查時，鄭毓秀曾先以六萬元，後以十萬元向他行賄以求了案，被他果斷拒絕了，更引起報刊「須知中國官吏亦有不受錢者」的讚歎〔註92〕，也由此鄭毓秀便又罪加一等。

高潮歷盡，低谷隨之。經歷1933年的輿論熱潮後，鄭毓秀逐漸淡出中國公眾視野，其不法形象也不再成為關注焦點。從審判程序來看，自「鄭楊案」

〔註89〕 郁達夫：《營救鄭毓秀博士的提議》，《論語》，1933年2月1日，第10期，第13、14頁。文中為「營救鄭毓秀」提出了兩點「建議」：一，「馬上下一個『應毋庸議』行政命令，來取消法律的起訴」；二，「請王寵惠、魏道明兩博士，組織一調查團，如李頓爵士之調查滿洲一樣，先來調查事實，然後再據法理來研究應否得罪之類的事情」。二者均譏諷了政府官僚互相包庇，行政干涉下司法與法律的無能。

〔註90〕 林語堂：《讓娘兒們幹一下吧！》，《申報·自由談》，1933年8月18日，第十七版。林語堂在文中提出「政治地位的性別轉換」這一設想，借「漢子不如娘兒們」的詼諧表述，傳達對時政的失望與諷刺。但他並不是完全信任女性，其所舉之女性名人中，富春樓老六被譽為「花國大王」，其名妓身份是對中國傳統女性道德的踐踏，而鄭毓秀恰在此時身陷侵佔案逃逸海外，使這一設想的「底氣」也尤顯不足，故多存諷刺意味。同月21日，魯迅同在「自由談」中發文，對林加以駁斥，認為「所以現在世界的糟，不在於統治者是男子，而在這男子在女人地統治。以妾婦之道治天下，天下那得不糟！」似有意忽略了林語堂文中的諷刺意味（虞明：《娘兒們也不行》，《申報·自由談》，1933年8月21日，第十九版）。

〔註91〕 楊昌溪：《高友唐彈劾鄭毓秀評議》，《青年戰線（南京）》，1933年1月21日，第6期，第2～4頁。

〔註92〕 《鄭毓秀案定期審理，高友唐稱續獲證據甚多，鄭託人示意願行賄了案》，《大公報（天津版）》，1933年5月9日，第三版。《貪污史料：一、鄭毓秀重金行賄》，《旁觀》，1933年5月21日，第20期，第27、28頁。關於鄭向高行賄以求銷案之事，未見直接證據，僅有高之談話為孤證，其真實性待考。

提起公訴後，因嫌犯逃匿、關鍵證人不齊，法院審期一延再延。1935 年 3 月 24 日，彈劾人高友唐因腦溢血突發去世〔註 93〕，不久之後，江蘇高等法院與江寧地方法院公布了新的調查結果，認為侵佔實施時鄭毓秀因在南京兼職而未能發覺，待後任查出時舞弊者已逃，故「以全部之證據，證明該案之責任，在於主辦之職員，而與鄭毓秀完全無關」，該案中涉鄭部分由原審檢察官撤回起訴。自此，歷時兩年之久的鄭毓秀侵佔公款案最終以「法院判決不受理」了結歸檔。〔註 94〕除有少數報刊對此發出「漸近曙光之中國司法前途，不啻又置一黑暗之陰影」〔註 95〕的慨歎外，並未再掀起更大的波瀾。

二、從律欺婦：性別新聞的產生與批判

在 1933 年的批判浪潮中，報刊媒體基於鄭毓秀干涉司法、涉嫌侵佔以及逃避審判等「不法」行為進行批評演繹，破而後立，重塑了一個醜惡的民賊形象。與此同時，公眾並沒有忽視鄭毓秀在男女兩性與社會身份之間不斷「越界」的事實，除了從法律角度批判其罪行，也圍繞她在律政兩界中獨具的性別特徵展開討論，這其中不僅蘊含著對法治公正的追求，更體現出鮮明的性別立場。由此，媒體有意或無意地借助性別視角，審視鄭毓秀的政治、法律行為，報導了數量可觀的「性別新聞」〔註 96〕。

「鄭楊案」發以前，媒體對鄭毓秀的性別敘事限於其倡導女權的行為言論及為滿足公眾窺視而製造的兩性新聞。就前者而言，在記載其引領婦運的諸多報刊中〔註 97〕，以《婦女雜誌》最具代表性，《婦女雜誌》是一份旨在「合我

〔註 93〕《高友唐逝世》，《大公報（天津版）》，1935 年 3 月 26 日，第四版。

〔註 94〕《鄭毓秀案大白：審理多次證明無關，檢察官撤回公訴，法院判決不受理》，《新聞報》，1935 年 7 月 9 日，第三張第十一版。《鄭毓秀案：法院判決不受理》，《申報》，1935 年 7 月 9 日，第六版。

〔註 95〕白：《一周簡評：鄭毓秀案》，《上海黨聲》，1935 年 7 月 27 日，第 1 卷 26 期，第 1、2 頁。

〔註 96〕性別新聞從廣義來看即「具有性別敏感的新聞」（或稱「社會性別議題」），這一新聞的製作需要媒體從業者發揮個人的創造力，對報導對象和報導範圍進行性別審視。參見張敬婕：《製作出性別敏感的新聞是否可能？——基於對北京市 10 家媒體機構 40 位媒體從業者的深訪》，《現代傳播》，2016 年第二期，第 67～71 頁。本文中「性別新聞」指有意刻畫鄭毓秀的性別特徵，以性別視角觀察她各種行為的新聞報導。

〔註 97〕除《婦女雜誌》外，鄭毓秀女權言論與行動散見於《婦女共鳴》、《拒毒月刊》、《女鐸》、《女群》、《女子國學報》等，分別參見鄭毓秀：《發刊詞》，《婦女共鳴》，1929 年第 1 期，第 1 頁。鄭毓秀：《家庭日（十月三日）》，《拒毒月刊》，

全國婦女界二萬萬之心思才力，互換德智，以求有益於吾國」〔註98〕的刊物，除了專文引述鄭毓秀對婦女參政的看法，還認為「其主張與女子將來地位頗有關係」〔註99〕。而在兩性新聞中，記者則多借助傳聞途說，通過描繪和評議其男女私情以引人注目、增加銷量。如鄭毓秀博士學成以前，曾回國邀集有志女生赴法求學〔註100〕，行至四川受到川東道尹黃復生的接待，一時便有二人謠傳，「（鄭）早年在滬，與革命黨人李石曾、黃復生等住返甚密，並有戀黃之心……及後黃氏回返川任川東道伊，鄭毓秀乃追隨川中，並以苦心告黃」〔註101〕，報刊對此評議道：「那時大約黃道尹與她往還甚密——其實這也是地主應盡之禮，不足希奇。然而一般蜀犬吠日，未見世面的川人，就喧傳一種鄭黃將？？的謠諑。」〔註102〕1926年，滬上報刊亦曾一度傳出她與王寵惠締結婚約的消息：「王亮疇博士時亦旅法，適感離鸞，因公使陳籙之介紹，與女士訂婚焉」〔註103〕，「博士配博士，可謂珠聯璧合」〔註104〕。然而這些流言終告無果，鄭毓秀也成為公眾口中「可驚可敬」的「獨身主義者」〔註105〕。可見，媒體挑選或具革命資歷，或富學識聲譽的男性充作其「配偶」，是立足於傳統

1927年第14期，第32、33頁。《鄭毓秀博士在市民拒毒大會演說》，《拒毒月刊》，1927年第15期，第1頁。《鄭毓秀女士放洋消息》，《女鐸》，1928年第16卷第11期，第51頁。《鄭毓秀創辦國際通信社》，《女鐸》，1929年第17卷第12期，第72、73頁。鄭毓秀：《言所欲言》，《女子國學報》，1912年第1期，第66頁。

〔註98〕《發刊辭二》，《婦女雜誌（上海）》，1915年第1卷第1期，第35頁。

〔註99〕《鄭毓秀女士之談話：對於女子參政運動之主張》，《婦女雜誌（上海）》，1920年第6卷第4期，第6頁。

〔註100〕定東君：《關愛蓮女士》，《圖畫時報》，1926年12月12日，第331期，第一版。及《鄭毓秀女士之談話：對於女子參政運動之主張》，《婦女雜誌（上海）》，1920年第6卷第4期，第6頁。關愛蓮即1920年前後受鄭邀集赴法留學的女生之一。

〔註101〕鏗：《愛黃復生而不得：鄭毓秀的苦悶時期》，《文飯》，1946年9月21日，第24期，第4頁。

〔註102〕石江：《鄭毓秀與黃復生》，《駱駝畫報》，1928年第13期，第2頁。

〔註103〕炯炯：《男女博士訂婚記：王寵惠鄭毓秀兩先生》，《上海畫報》，1926年第96期，第1頁。

〔註104〕履冰：《男女博士訂婚消息：王寵惠與鄭毓秀》，《新聞報》，1926年1月28日。

〔註105〕石江：《鄭毓秀與黃復生》，《駱駝畫報》，1928年第13期，第2頁。有研究表明，民國時期女子獨身現象不僅體現了知識女性對傳統男權的突破，也在一定程度上實現了對啟蒙知識界女性社會角色規劃的超越。參見王棟亮：《民國時期知識界對知識女性獨身問題的思考》，《安徽史學》，2018年第5期，第43頁。

文化中同類聯姻（或謂「門當戶對」）擇偶度量〔註106〕的結果，除了凸顯鄭毓秀「英雌」、「女傑」的社會地位，更透射出女性性別特徵在其政法形象構架中起到不可替代的作用，並為嗣後集中爆發的性別批判題注進路。

彈劾文公布以後，借批評貪腐的熱潮，媒體筆鋒陡轉，以鄭毓秀女性身份為凝視對象，通過誇張擬態賦其以美醜之別：「鄭氏向富於男性風度，對於男女界限，向無拘束，言貌則一副大眼大嘴，粗肥的線條，審美者望之卻步」〔註107〕。鄭毓秀「風流成性」、「不守婦德」的言行被媒體重點關照，成為描撰其性別特徵的必要因素，如「任上海地方審判廳長時，與廳中職員某，有深切之秘密關係，上海小報，為之撰一聯曰：『上海夫婦地方法院，南洋兄弟煙草公司』，伊聞之，亦恬不以為怪也」〔註108〕，「雖然沒有和人正式結婚，但許多人傳說他去年生過一個孩子，現在送給某家養育，老處女的招牌，是掛不起了的」〔註109〕，「她自己的風流史，被人們述說的，更不知有多少，這樣聲名狼藉的人，竟敢在青天白日之下，舞弊到數千萬元」〔註110〕等。

媒體針對鄭毓秀的性別特徵展開口誅筆伐，首先將重點放在她對女性的欺壓上，揭露和批判其在女性社群內部的階層之惡。在報導中，鄭毓秀往往呈現出借律師及法官職務之便侵害女性合法權益，從而圖財謀色的醜惡特徵。例如出於女性身份的親和力，鄭毓秀執業律師時曾接受了多位婦女的離婚請託，在這些業務中，調解是其最常用手段，被她稱之為「非正式的法庭」〔註111〕。然而，恰因調解多施於庭外，其公正性很大程度上由鄭本人信譽作為擔保〔註112〕，且關涉當事人隱私難以出言澄清，該種從律手段被媒體捕捉加工，

〔註106〕 在傳統中國社會，「門當戶對」是隔代式擇偶制度的重要原則之一。參見陸益龍：《「門當戶對」的婚姻會更穩嗎？——匹配結構與離婚風險的實證分析》，《人口研究》，2009年第2期，第81頁。

〔註107〕 治山樵：《王寵惠與鄭毓秀的關係》，《風光》，1946年第2期，第1頁。

〔註108〕 磊磊：《名人軼事之六：鄭毓秀倒貼魏道明》，《戲世界（上海）》，1944年3月24日，第4034期，第1頁。

〔註109〕 皓翁：《流芳遺臭：貪污瀆職的鄭毓秀》，《禮拜六》，1933年8月26日，第518期，第3頁。

〔註110〕 森森：《鄭毓秀的大舞弊案》，《天津商報畫刊》，1933年第7卷第37期，第1頁。

〔註111〕 鄭毓秀：《不尋常的玫瑰枝：鄭毓秀自述》，賴婷婷譯，中國法制出版社，2018年版，第146頁。

〔註112〕 民國時期調解的一個重要變化是逐漸脫離法定的訴訟審判程序，而在正式的訴訟程序外發揮著作用。參見劉昕傑：《以和為貴：民國時期基層民事糾紛

最終成為對鄭性別批判的主要來源：「記得有廣東某女子，因受夫虐待，與夫興訟，請他為律師，他沒有出庭。知道某女子之丈夫是有錢的，於是請某氏到家譚（談）判，一見如故，即邀某氏雀戰，某氏翩翩年少，又是好色之徒，於是在群雌粥粥中，過其浪漫生活。鄭勸某女子不要與夫興訟，免傷夫妻情感，某女子因是耗去三百兩律師費，而丈夫又常往鄭家流連忘返，一氣而吐血了。」〔註113〕通過對案件調解細節的杜撰，媒體捏合其女性身份與律師形象，並以倫理道德為批判視點，一面描繪鄭毓秀利用律師身份中飽私囊、滿足淫慾的罪惡形態，一面塑造當事女性無辜受辱、人財兩失的悲慘結局，於對比中，鄭毓秀成為對男性惡欲加以引誘利用，勾引有婦之夫的「惡婦」，生動彰顯了她在女性群體內部之惡。再如「她在胡漢民掌立法院時，提出了女子繼承權，白天通過，晚上她去上海，明天掛出律師的牌子，後天為盛氏兒女們打爭產的官司，平分了盛氏女兒爭到的遺產，再後天與盛氏的兒女們賭錢，贏得了其餘的一半。」〔註114〕在媒體看來，鄭毓秀攫取政治與法律地位，表面上是為婦女爭取權利，實則是出於利己的目的，操縱立法司法對婦女多加迫害。由此，通過對事實的臆造扭曲，報刊不惜筆墨地向公眾展現其為滿足私欲而欺壓婦女的卑鄙形象，一手造成了鄭毓秀「從律欺婦」的罪名。

在以男性權力主導媒體立場的現實情境下，鄭毓秀之惡不僅在於她僭越傳統婦德、欺壓女性群體，還在於對男性強勢地位的衝擊與顛覆。這體現在描繪鄭毓秀貪腐手段的文字中，媒體一方面強調她利用女性性別優勢迷惑男性，攫取政治權力，如「鄭毓秀一女子耳，徒以手腕靈活，多金工媚，遂能遍結當朝之名公鉅子，貴賤隨心，貪污違法，無所不至，此實當代人妖」〔註115〕；另一方面，借由一般社會男性甘願被其控制而喪失人格的「實情」，襯托鄭毓秀對男性群體欺壓之重與淫威之害，指出「無數昏迷男子，受其指揮，服從命令，博士之博，真非平常摩登女子所能企及？」〔註116〕更有報刊借機在她

中的調解》，《山東大學學報（哲學社會科學版）》，2011 年第 4 期，第 39 頁。

〔註113〕 皓翁：《流芳遺臭：貪污瀆職的鄭毓秀》，《禮拜六》，1933 年 8 月 26 日，第 518 期，第 3 頁。

〔註114〕 實：《快刀：鄭毓秀努力新國民黨之復興運動》，《中國革命》，1933 年 11 月 25 日，第 2 卷 18 期，第 31、32 頁。

〔註115〕 炎：《這一周：鄭毓秀行賄》，《中央時事週報》，1933 年 5 月 13 日，第 2 卷 第 18 期，第 3 頁。

〔註116〕 皓翁：《流芳遺臭：貪污瀆職的鄭毓秀》，《禮拜六》，1933 年 8 月 26 日，第 518 期，第 3 頁。

與王寵惠的關係上大做文章，稱「鄭利用王的地位，有求必應則有之」，作者刻意迴避了鄭毓秀的學識才干與革命資歷，認為鄭能擔任上海地方審判廳長完全仰賴王寵惠的推薦〔註117〕，從而譏諷國民黨政要對其女性強權的屈服，批評律政腐敗。

在此之上，「欺婦欺夫」的鄭毓秀成為報刊媒體炮製性別批判以引導社會輿論的眾矢之的，其「惡婦」形象逐漸塑成。在公眾看來，鄭毓秀欺壓男性和女性，既利用財色等不法手段對男性權力構成威脅，又倚仗律政職務之便在女性群體內部形成階層和權勢上的壓迫，僭越了正常的社會性別關係。這些性別新聞一方面彰顯和固化其醜惡面貌，助力於過往正面形象的崩坍，另一方面也通過性別視角的審視和批判，營造出鄭毓秀由表及裏、由法律至道德、由律政職業到性別身份的全面的行為越界與價值背叛。值得注意的是，「惡婦」形象幾乎是與民賊形象同時相伴產生的，構築二者的描述往往被作者合併運用於一篇報導中，實則互為表裏，涇渭難分。根據媒體語言學研究，以報刊為載體的新聞受文字這一語言媒介的制約尤大，故而「語言的平民化使傳統媒體更易得到社會大眾的關注」〔註118〕。相比於晦澀的法律條文與莊肅的司法審判，以性別語言塑造鄭毓秀的「惡女人」形象更加貼近生活，能夠填補一般社會大眾對其罪行的認知匱乏，形成了一種借由熟稔「失德」進而理解「違法」的有效傳播方式，在某種程度上，這是「法律—立法」二元性的基層體現：國家立法作為「外部規則」，其傳播繼受事實依賴於德與禮教等中國傳統社會「自生自發社會秩序」所形成的「內部規則」〔註119〕，故而，作為鄭毓秀民賊形象的必要補充，「惡婦」形象在媒體的性別批判中應勢而生，但與已往純粹為吸引閱讀而製造的兩性新聞不同，其落腳點仍在於滿足社會公眾

〔註117〕治山樵：《王寵惠與鄭毓秀的關係》，《風光》，1946年第2期，第1頁。

〔註118〕張琳：《報紙新聞語言的變化與規範路徑——基於新媒體的視角》，《出版廣角》，2017年第19期，第52頁。關於媒體的語言媒介問題，參見李傑：《媒體新聞語言研究》，北京：中國傳媒大學出版社，2009年，第4～8頁。

〔註119〕參見哈耶克：《自由秩序原理（上）》，鄧正來譯，北京：生活·讀書·新知三聯書店，1997年版，第196頁。鄧正來：《法律和立法的二元觀——哈耶克法律理論的研究》，《中外法學》，2000年第1期，第3頁。這種二元論也體現在晚清上層社會的「禮法之爭」中，具化為「中國國情論」和「普適經驗論」的碰撞，並與禮教派的說辭不謀而合。參見李擁軍：《法律與倫理的「分」與「合」——關於清末「禮法之爭」背後的思考》，《學習與探索》，2015年第9期，第68頁。

追求政治革新、維護司法公正的迫切追求。

三、從政御夫：形象重構與身體敘事

隨著 1935 年對鄭侵佔指控的撤銷，鄭毓秀民賊形象失去了法律的正當性支撐，其影響漸趨式微。有趣的是，與民賊互為補充的「惡婦」形象卻因更加深入人心而得以存續。且由於鄭毓秀事業遭創行動謹慎，其隱秘的社交行為難以被媒體捕捉，「惡婦」形象便逐漸延展至家庭生活的敘事體系中，使鄭毓秀與丈夫魏道明的婚姻關係一同被納入公共場域，受到社會大眾的審視評判。

在二人婚姻關係曝光以前，魏氏被媒體視作屈從於金錢美色的無恥之徒備受嘲弄〔註 120〕。據鄭毓秀自傳，她與魏道明係 1927 年 8 月秘密成婚，並未公開〔註 121〕。媒體不明真相，在批判貪腐時對二者關係益加諷刺猜測，如「鄭氏八面玲瓏，不久，乃出資購得海格路范園內六五二號住宅一所，為魏氏公餘來滬寓居之處，鶼影雙雙，形同夫婦」〔註 122〕，「因為他們同居了很久很久自然感情要相當濃厚，但是他倆究竟是怎麼個關係呢？又沒有夫妻的名義」〔註 123〕。媒體認為二者未婚同居悖拗道德倫常，而魏道明又是意欲攀附權貴有失男性人格，故而遭到彈劾的鄭毓秀逃離上海後，魏道明能一直伴其左右同樣是出於醜惡的目的。雖然彈劾案發不久之後即流傳出二人婚訊，但在媒體看來，這並非出於純潔的感情，反是利益的苟合，「聞鄭年來在政治舞臺活動，或有所獲，即逍遙海外，亦不失為『富家婆』，今魏道明先生能獲『富家婆』垂青，誠可謂幸運兒矣！」〔註 124〕鄭魏二人的男女關係一時成為滬濱談資，上海街頭興起了打油詩：「便宜最是魏家兒，美女黃金兩得之」〔註 125〕。在男性敘事者眼中，與惡女人鄭毓秀有親密關係的魏道明屈服於其女性威權，不僅難逃民賊嫌疑，更為法律和社會所不容。

〔註 120〕 1933 年案發前，鄭毓秀在年齡地位、黨內資歷、社會聲名上均高於魏道明，故有此說。

〔註 121〕 關於婚禮的舉行地點，鄭毓秀自傳中回憶是在上海的鄉間，黃天邁憶述為杭州，存在差異。但可以肯定的是，婚禮只有雙方親人參加，並未對外公開。

〔註 122〕 魏巍：《隨夫赴臺之鄭毓秀》，《快活林》，1947 年 6 月 30 日，第 66 期，第 5 頁。

〔註 123〕 孔生：《鄭毓秀博士的御夫術》，《內幕新聞》，1948 年 11 月 1 日，第 2 期，第 12 頁。

〔註 124〕 大白：《鄭毓秀青春難獨守》，《北洋畫報》，1933 年第 947 期，第 2 頁。

〔註 125〕 磊磊：《名人軼事之六：鄭毓秀倒貼魏道明》，《戲世界（上海）》，1944 年 3 月 24 日，第 4034 期，第 1 頁。

　　1933 年以後，隨著鄭毓秀淡出公共視野與魏道明職務屢次升遷，鄭魏二人的政治地位「此消彼長」。雖然鄭毓秀基本捨棄了律政事業而專職主婦，但她的女性形象卻始終為媒體津津樂道。1941 年魏道明接替胡適繼任國民政府駐美大使，鄭毓秀陪同赴美，5 年後二人歸國時，記者感歎道：「她自從結婚以後，就和魏大使一塊兒住在華盛頓好幾年，不但在國內無聲無息，就是在美國交際場中也不大聽到她的活動，她是變了一種性質，實行在家庭裏做主婦」〔註 126〕，「鄭女博士自與魏道明氏實行結婚後，乃不復見其在政治上有所活動，蓋已一變其『女政治家』之作風，而為『賢妻良母』矣……識鄭女士者頗為驚異不置，何以其一動一靜，前後判若兩人耶？」〔註 127〕回歸理性的公眾逐漸接受了鄭毓秀的「改邪歸正」與安分守己，對其往年女權形象的讚譽呈現出復萌的態勢，如 1945 年《女群》雜誌的一篇文章中讚譽她為「中國婦女運動的領導者」，認為其反抗舊禮教，投身革命的人生經歷「是一篇中國近代史詩」，而得以與冰心、丁玲相提並論。〔註 128〕

　　然而好景不長，抗日戰爭勝利後，因捲入國民黨內派系權力鬥爭，部分媒體舊事重提，在沿用性別視角撰寫批評新聞以外，又利用鄭毓秀的個性與身體敘事，製造她「從政御夫」的惡名。1947 年 5 月，魏道明受南京國民政府委派出任首屆臺灣省政府主席，前往穩定「二二八」事件後動盪不安的臺灣政局〔註 129〕。鄭毓秀作為主席夫人，被上海婦女會推選為理事（後任理事長）〔註 130〕，這為其重返政治舞臺提供契機。在臺北接受《新民報》採訪時，

〔註 126〕禹鼎：《鄭毓秀不忘舊交》，《吉普叢書》，1946 年 7 月 9 日，第 1 期，第 6 頁。

〔註 127〕天聰：《鄭毓秀博士重來海上》，《快活林》，1946 年 6 月 8 日，第 19 期，第 4 頁。

〔註 128〕方茉：《鄭毓秀博士》，《女群》，1945 年 12 月 6 日，第 4 期，第 13、14 頁。

〔註 129〕《魏道明今由滬飛臺，臺省府明日正式成立》，《大公報（上海版）》，1947 年 5 月 15 日，第二版。《魏道明赴臺履新，臺北各界慶祝省府成立》，《申報》，1947 年 5 月 15 日，第一版。《魏道明昨抵臺》，《大公報（重慶版）》，1947 年 5 月 16 日，第二版。《魏道明蒞臺記，臺北十五日航訊》，《申報》，1947 年 5 月 19 日，第七版。亞洲社、中國社：《臺灣新疆人事更迭：新任臺灣省政府主席魏道明暨夫人鄭毓秀女士，五月十五日飛抵臺北留影。》，《藝文畫報》，1947 年第 1 卷第 12 期，第 5 頁。1947 年臺灣「二二八」事件後，南京國民政府四月下旬宣布改組，隨即撤銷臺灣省行政長官的制度，組織省政府，任命魏為首任臺灣省政府主席。

〔註 130〕《市婦女會改選理監，婦女建設協會昨日成立》，《大公報（上海版）》，1947 年 5 月 18 日，第五版。《市婦女會改選理監》，《申報》，1947 年 5 月 18 日，

鄭毓秀毫不掩飾她推進臺灣婦女運動的抱負與思路〔註131〕，《滬光》、《人人週報》、《海潮週報》等滬上報刊紛紛轉載其履歷，除了重現「近代女傑」的形象，更增添了「女中丈夫」、「夫以妻貴」的性別特徵〔註132〕。同年9月，在國民黨預「行憲」背景下，從政心切的鄭毓秀登記參選上海市第一屆立法委員〔註133〕。恰在此後不久，有國民黨黨務派背景〔註134〕的上海小型報紙《鐵報》即率先發難，在其連載通訊《今日的臺灣》中將批判矛頭直指魏鄭關係，稱鄭毓秀具有左右臺灣政治經濟與職官任命的實權，已然成為「垂簾聽政」的「太上主席」〔註135〕，並意圖阻礙競選〔註136〕，其影響不斷發酵，終致輿

第四版。《滬婦女會理事長由鄭毓琇（秀）繼任，鄭博士刻在臺灣》，《法聲》，1947年6月16日，第85期，第1頁。上海市婦女會於1940年成立，主辦滬上婦女工作。

〔註131〕 《臺灣婦運：新民報記者訪鄭主任委員毓秀記》，《新運婦女指導委員會九周年紀念特刊》，1947年，第65、66頁。

〔註132〕 分別參見《鄭毓秀女中丈夫：曾反對舊式婚姻，終於締婚魏道明》，《民治週刊》，1947年6月1日，第1卷11期，第8頁。《夫以妻貴的鄭毓秀女中大夫》，《海潮週報》，1947年6月30日，第55期，第6頁。小方：《鄭毓秀大事活動》，《滬光》，1947年7月12日，革新第11期，第6頁。漢英、魏王：《人言：名人圖詠：鄭毓秀》，《人人週報（上海）》，1947年7月19日，第1卷11期，第2頁。

〔註133〕 《上海競選達三十人》，《申報》，1947年9月3日，第四版。《國民黨員參加競選，本市已有九十三人》，《申報》，1947年9月21日，第四版。

〔註134〕 《鐵報》主編為毛子佩，國民黨黨員，抗日戰爭時在滬進行地下工作，曾受敵寇拘捕與酷刑，1947年擔任國民黨上海市黨部委員兼處長、上海《鐵報》發行人，亦與鄭同為1948年國民政府上海立法委員區域選舉候選人。據報載，毛為「CC系」（黨務派）成員（《鐵報罵鄭毓秀》，《自由》，1948年第5期，第27、28頁），因「CC系」對一向親蔣的鄭、魏（魏道明於報界被看作「太子系」紅人，鄭魏一直與孫科交好，且對蔣介石也一向親附，見《魏道明操守清廉，鄭毓秀生財有道》，《珠江報》，1948年12月18日，新29期，第2頁）可能存有不滿，加之該系有爭奪立法委員作為勢力基礎之考量，故對鄭之參選多加為難（據研究，1948年民國「行憲」是蔣介石集團內部權力鬥爭演變的結果，「CC系」本是蔣介石集團內一大派系，後來卻發展為以立法院為基地挑戰蔣之權威，參見張皓：《蔣介石與CC系在〈中華民國憲法〉下的權力之爭》，《歷史檔案》，2008年5月15日，第二期）。

〔註135〕 《鄭毓秀控鐵報》，《大公報（上海版）》，1947年12月3日，第四版。《臺主席魏道明夫人控告鐵報妨害名譽，滬地檢處定後日偵訊》，《大公晚報》，1947年12月16日，第一版。

〔註136〕 1948年1月14日，在鄭毓秀刊登競選廣告的同時，《鐵報》正式發文阻礙，並在《申報》、《新聞報》登廣告，其目的昭然。參見《我們需要鄭毓秀這樣的立委嗎？》，《申報》，1948年1月14日，第一版。《我們需要鄭毓秀這樣

論譁然。12 月初，鄭毓秀委託律師，向上海地檢處控告《鐵報》發行人毛子佩及撰稿記者吳崇文（筆名文獻）「妨害名譽罪」〔註 137〕，《大公報》等持續關注和披露此事，使得鄭毓秀「訴《鐵報》案」一時盛議滬濱。僅從案件事實看，據地檢處派員調查的結果，《鐵報》所載鄭毓秀操縱臺幣與法幣匯率（曾一次性向滬匯出臺幣二十億）、壟斷臺灣木材貿易牟利以及遷移前臺北賓館陳列之四尺高紅珊瑚一株據為己用三事〔註 138〕並無任何物證，1948 年 7 月 6 日，上海地方法院判處吳崇文有期徒刑兩月及罰金、登報致歉等，吳氏成為「上海市小型報記者因誹謗報導而被判徒刑之第一人」。〔註 139〕相較於案件本身，由其引發的性別批評對鄭毓秀的形象重塑影響更大，雖不能在規模上與侵佔案時相提並論，但仍舊形成了繼其之後的第二次批判聲浪。

報刊媒體以《鐵報》言論為批判基礎，率先透過性別視角對鄭毓秀「垂簾聽政」的不法行徑進行剖析與貶斥。《大公報》作專文評論：「我們站在婦女的立場，希望『誹謗』案成立，我們還希望鄭女士以及和鄭女士一樣做著夫人、太太的婦女們要幫助丈夫，干涉丈夫，他如果為狼，得設法使之為狗，狼是猛獸，要吃人，也吃人的家畜；狗馴良，且忠於主人，保護主人並及於他的財物；假如真要做一個時代的婦女，不妨更努力使之為人。人獸之間總有鴻溝，人與人當中才沒有軒輊，一切問題才得公開討論，公開解決。」出言諷喻魏道明在臺灣行「虎狼」〔註 140〕之政的同時，又揆筆鋒道：「不過，在掀簾

的立委嗎？》，《新聞報》，1948 年 1 月 14 日。《鐵報罵鄭毓秀》，《自由》，1948 年第 5 期，第 27、28 頁。《鄭毓秀將被拘傳》，《大地週報》，1948 年，第 99 期，第 3 頁。

〔註 137〕《鄭毓秀控鐵報》，《大公報（上海版）》，1947 年 12 月 3 日，第四版。《本市簡訊》，《申報》，1947 年 12 月 4 日，第四版。《臺主席魏道明夫人控告鐵報妨害名譽，滬地檢處定後日偵訊》，《大公晚報》，1947 年 12 月 16 日，第一版。

〔註 138〕《臺主席魏道明夫人控告鐵報妨害名譽，滬地檢處定後日偵訊》，《大公晚報》，1947 年 12 月 16 日，第一版。

〔註 139〕該案由檢至審及判的全程，分別參見《新聞報》1947 年 12 月 3 日、12 月 11 日、12 月 19 日，1948 年 3 月 27 日，分均第四版；《大公報（上海版）》1947 年 12 月 4 日（第五版）、12 月 19 日、12 月 25 日，1948 年 2 月 20 日、3 月 27 日、4 月 23 日、5 月 16 日、6 月 30 日、7 月 7 日，分均第四版；《申報》1947 年 12 月 4 日、12 月 19 日、12 月 25 日，1948 年 1 月 6 日、1 月 28 日、2 月 20 日、3 月 27 日、5 月 16 日、6 月 30 日，分均第四版。

〔註 140〕「虎狼」比喻，出自魏道明 1947 年 12 月初在臺灣省參議會第四次大會作施政總報告時所說：「有的在那裡說，從前陳長官（陳儀）是一個老虎，我是

出場之先，還須反轉身來照照梨花寶鏡，如果自己本身還有問題，則出場之後，不能成為幫手，反倒成了幫兇。這樣，即使沒有垂簾聽政，也學了慈禧老太太的行徑了。」〔註141〕文章借義反諷，既指責鄭毓秀沒有自知之明，又批評她干涉丈夫政務而與之成了一丘之貉。

在此之上，揣測鄭毓秀得以干政的緣由成為媒體分析此事的焦點，置諸家庭生活的敘述體系，男性敘事者筆下的鄭毓秀因在婚姻關係中過於強勢而導致她與丈夫男女地位上的失衡，「魏道明與鄭毓秀，筆者曾於新聞片中一瞻風采，魏之身材較鄭為矮，魏似甚顢頇，而鄭則高頭大馬，滿臉橫肉，予曾斷謂魏必懼內，果爾鄭假省政府名義禁止鐵報之臺省發行，以私人身份與鐵報涉訟」〔註142〕。除形象外，夫婦的行事風格亦是一斂一放，「鄭博士一忽兒臺灣，一忽兒上海，一忽兒南京，行蹤飄忽，忙得不可開交，以視魏主席，反為之暗然失色。」〔註143〕借由性別敘事與從政方式的對比，二人的家庭生活開始飽受詬病，「惡婦」形象餘燼復燃，鄭毓秀也被媒體賦予了謀夫、欺夫、御夫的罪名。「魏道明在臺灣卻由不得他，因為在他的上面還有著一個太上皇后，這位太上皇就是他的太太鄭毓秀博士……從一般臺灣人的口裏，傳聞裏，和報紙上可以窺知鄭毓秀在臺灣的確能夠控制一切——至少她能控制魏道明一個人。為什麼呢？鄭博士是法國留學生，而且學的又是法學和政治，當然主張以法治國，但鄭博士是個女流，而且又不是什麼政治舞臺上的要角，所以就感覺英雄沒有用武之地，不過鄭毓秀頗懂得學以致用的學說，所學的既不能用之邦國，於是只好用之家庭，因此就產生了一個最有效的『御夫術』來。」〔註144〕在評論者眼中，法律與政治知識的習得僅僅成為鄭毓秀「從政御夫」的工具，是她操縱丈夫乃至於臺灣政局的有效手段，這些律政經驗非

　　　　一個豺狼」，「陳長官是不是一隻老虎，我是不是一隻豺狼，諸位當然早有諸位的見解，我不願意有所解釋。至於狼是不是比老虎貪心更厲害，這還要等動物學家來研究和決定」等語（陳耀錦：《鄭毓秀控鐵報評述》，《大地週報》，1947年12月，第89期）。

〔註141〕士心：《談「垂簾聽政」》，《大公報（天津版）》，1947年12月16日，第六版。

〔註142〕毛錐子：《鄭毓秀毛子佩廣告之戰》，《大地週報》，1948年第94期。

〔註143〕《鄭毓秀鴻運亨通》，《民治週刊》，1947年10月19日，第2卷8期，第3頁。

〔註144〕孔生：《鄭毓秀博士的御夫術》，《內幕新聞》，1948年11月1日，第2期，第12頁。

但無治於國，在鄭毓秀手中，反倒成為女子欺壓丈夫（即「御夫術」）與禍亂政治的幫兇。於是在部分媒體看來，「從政御夫」與「垂簾聽政」的鄭毓秀成為與中國歷史上因女性擅權妄政形象而備受批駁的慈禧相類比的人物，如「她在臺灣垂簾聽政，大有西太后老佛爺的風味」〔註145〕，「垂簾聽政學慈禧，氣焰囂張看一雌」〔註146〕，以及「有人把鄭毓秀比做漢朝的呂后或清末的慈禧」〔註147〕。這種敘述在兩方面體現了類比：其一，二者個性醜惡，均失於婦德；其二，慈禧控制載湉與鄭毓秀「御夫」相似，同樣表現了女性對男權正統的欺壓。媒體對清亡民立之後公眾厭惡慈禧的普遍情緒〔註148〕加以利用，並將之轉嫁於鄭毓秀形象之上，造成了很大的污名，雖然鄭毓秀斥鉅資宣傳並最終在上海區域立法委員的競選中得償所願〔註149〕，但很快又傳出「立委太后」的惡稱〔註150〕。

與此同時，部分媒體試圖借助身體敘事，在女性個體特徵的枝末表達中尋求鄭毓秀個性之惡的佐證。性別裝束與神態變化，往往代表著女性不同的情感寄託，然而也常常因為人物的具體行為被外界予以不同的解讀。報刊對鄭毓秀衣著神態的描述，在「訴《鐵報》案」發生前後存在著明顯變化。成訟前不久，有記者在採訪其女權主張時記錄道：「魏夫人身著紫蘭色黑花旗袍，臉上流露著笑容，一雙明亮的大眼睛，她的談鋒很健，同時有著一股親切之感」〔註151〕。涉訴之後，則如「鄭委員喜濃妝豔抹，工於打扮，發作髻形，而髮髻之大，則有如直徑十四寸菜盆，幾覆其後頸之半，衣玄色軟

〔註145〕大弓：《匕首：老佛爺鄭毓秀》，《一四七畫報》，1947年第17卷第8期，第2頁。

〔註146〕陳耀錦：《鄭毓秀控鐵報評述》，《大地週報》，1947年12月，第89期。

〔註147〕孔生：《鄭毓秀博的御夫術》，《內幕新聞》，1948年11月1日，第2期，第12頁。

〔註148〕這很大程度上是因其甲午戰敗、扼殺維新與利用義和團釀成八國侵華的罪行造成了她與民主革命、共和政體的對立，成為專制皇權的代表。參見姜鐸：《用兩點論評價慈禧——評徐徹著〈慈禧大傳〉》，《史學月刊》。1995年第3期，第117頁。

〔註149〕1948年1月28日晚八時，鄭毓秀以152275票（第二名）當選上海市區域立委。參見《立委選票提早檢清》，《大公報（上海版）》，1948年1月29日，第四版。《立委區域選舉計票總揭曉：王新衡當選第一》，《申報》，1948年1月29日，第四版。

〔註150〕媚：《「立委太后」鄭毓秀》，《時事新聞》，1949年第11期。

〔註151〕《臺灣婦運：新民報記者訪鄭主任委員毓秀記》，《新運婦女指導委員會九周紀念特刊》，1947年，第65、66頁。

絨之長外套，露綴有圖彩之旗袍下擺於外，穿玄色縷（鏤）空牛皮高跟鞋，滬俗所謂『空前絕後』式者，行跑時沉重有力，踏地作聲，驟如陣風，與人談話時，目眼及面部作各種表情，某君曾私諡之為『立委太后』。」〔註152〕等，出現了醜化傾向。除此之外，她的某些行為習慣也被用來歪曲修飾，以符合媒體價值評判中鄭毓秀形象應有的性別表達。為凸顯其生活奢靡，有報刊「揭秘」稱：「在臺灣，『垂簾聽政』的鄭毓秀，對於飲食非常考究，平時不吃臺灣的白飯與麵包，於是滬臺班的客機中，時常有鄭毓秀的御用麵包，並且一定要法國式的小麵包，所以，替她承辦『運糧』的要員，一定要到她指定的店中去買法式麵包，因為滬臺間飛機是天天有的，所以鄭博士在臺灣，也不至有『斷糧』之慮」〔註153〕，「（鄭）更長袖善舞，豪華的賓館中『座上客常滿』，連旅行社的圓山招待所亦住滿『主席的客人』」〔註154〕，「每天須從上海往臺灣運法式麵包供餐，更可謂與西太后媲美」〔註155〕，「陳儀的私生活，是現在的要人中最節儉的一個，堂堂名主席的日本太太，卻拿了小菜籃跑小菜場，這與魏道明夫人鄭毓秀女士的豪華，不竟相差天壤」〔註156〕；為凸顯其政治野心，媒體將她的身體疾病歸因於仕途不順，「鄭毓秀女士最近血壓高至一百七，八十度，已赴草山靜養……但血壓之高，原因或不盡在於忙碌；有人說：『此次大法官的提名，鄭女士未與其列，因此頗為鬱鬱』」〔註157〕等等。這些飽含主觀想像的文字表達對於讀者來說無疑具有相當大的吸引力，不僅能夠滿足他們越過「高牆」一探鄭毓秀真容的願望，而且比仰賴真憑實據的司法審判更能夠坐實鄭毓秀在女性道德上的罪名，不容否認的是，報刊媒體之外，社會公眾的參與在鄭毓秀形象重塑中亦起到了重要作用。

在「從政御夫」的多重性別描寫中，鄭毓秀「雌老虎」的醜惡個性得到彰顯；於身體敘事中，報刊媒體對鄭毓秀進行了偏離正常女性特徵的描述，

〔註152〕媚：《「立委太后」鄭毓秀》，《時事新聞》，1949年第11期。

〔註153〕《鄭毓秀的御用麵包》，《民治週刊》，1947年12月14日，第2卷10期，第7頁。

〔註154〕金瑞：《寒流來了！》，《大公報（香港版）》，1949年1月14日，第七版。

〔註155〕大弓：《匕首：老佛爺鄭毓秀》，《一四七畫報》，1947年第17卷第8期，第2頁。

〔註156〕《魏道明操守清廉，鄭毓秀生財有道》，《珠江報》，1948年12月18日，新29期，第2頁。

〔註157〕《鄭毓秀的血壓》，《海濤》，1948年9月2日，新2期，第2頁。

處處向社會公眾傳達出她在性別身份中不斷「越界」的行為，很大程度上阻礙了其正面形象的重塑。

四、訟則終凶：健訟與性別特徵的勾連

在鄭毓秀起訴毛子佩、吳崇文侵害名譽的最初數月，《鐵報》曾連續刊發批評鄭之文章，被滬上新聞界戲稱「廣告之戰」〔註158〕。值得注意的是，其中部分文章在指責鄭毓秀「垂簾聽政」的同時，還置重點於她選擇向法院起訴的行為本身，批評其「健訟」、「好訟」的舉動與性格，最典型體現是梁岱庵所作的譏鄭詩——《訟則終凶吟》〔註159〕：

垂簾聽政學慈禧，氣焰囂張看一雌。興訟由來當膳食，起家本自仗官司。

口碑無不嗟治績，會籍曾經除律師。勸爾且醒包攬夢，須知情勢異當時。

該詩將鄭毓秀 1931 公會除籍、1933 年避罪海外兩事入句，諷刺其聲名不堪卻仍舊欲行包攬法政之舉。在第二句中，「興訟」為食與「官司」起家作為她的「罪狀」之一，被作者以詩前小注的形式加以闡釋，足見其重視：「訟則終凶，古有明訓，雖健於訟者，亦未必能定操勝券；蓋時代瀕臨民主前夕，司法獨立，未可由任何人左右也。善泅者溺於水，可引以為戒；世獨有健訟者，詩以箴之」〔註160〕。從語義看，注文表達了雙層含義，其一，認為「訟終凶」的言判作為古訓，在民國社會中仍有重要的借鑒意義，其原因在於訴訟結果的不可預期性——「善泅者溺」〔註161〕，健訟未必勝訟，健訟者也可能多行不義，自食惡果；其二，作者將國民黨「行憲」作為實現政治民主與司法獨立的標誌，以為由此可以真正達到訴訟的公正公平。

這無疑體現出傳統厭訟思想的遺存及其與近代權利法治話語的微妙調和。一方面，因人口膨脹與中國傳統政治體制（尤指專制制度、行政兼理司法及公共權力私有化）難以自洽等原因，厭訟思想在專制社會末期已逐漸淪

〔註158〕毛錐子：《鄭毓秀毛子佩廣告之戰》，《大地週報》，1948 年第 94 期。

〔註159〕陳耀錦：《鄭毓秀控鐵報評述》，《大地週報》，1947 年 12 月，第 89 期。及《鐵報譏鄭詩：訟則終凶吟》，《大地週報》，1948 年，第 99 期，第 3 頁。

〔註160〕陳耀錦：《鄭毓秀控鐵報評述》，《大地週報》，1947 年 12 月，第 89 期。及《鐵報譏鄭詩：訟則終凶吟》，《大地週報》，1948 年，第 99 期，第 3 頁。

〔註161〕語出《淮南子‧原道訓》，原句為「夫善遊者溺，善騎者墮，各以其所好，反自為禍。是故好事者未嘗不中，爭利者未嘗不窮也。」旨在告誡人不可有所恃，恃易生變，毋恃則久安。參見〔漢〕劉安：《淮南子》，開封：河南大學出版社，2010 年版，第 134 頁。

為缺乏事實效力的道德說教〔註162〕，據地方志考證的結果，清代江南地區的民間健訟已經成為了普遍事實〔註163〕。及至近代，隨著西方法治觀念的東漸與現代審判機關的設立，作為對人情鄉治社會有很大依賴性的傳統觀念，厭訟的影響力進一步弱化，與之相較，權利與法治話語成為輿論主流；另一方面，從厭訟產生的原因看，受限於中國近代的社會動盪，訴訟的高經濟成本〔註164〕、審判人員素質參差不齊以及政治干涉司法等問題尚難解決，且在國民黨派系「恩庇—侍從主義」的威權體制〔註165〕下，公眾固然擺脫了純粹人治，但仍未步入完善法治，很難對司法公正保持信任，這是承繼於專制社會的厭訟思想仍可存續的直接原因。

回歸詩句本體，這種調和的語言邏輯在對鄭批判中是如此實現的：作者（或者說由其代表的民意）立於正義、合法的輿論高處，以之視下，鄭毓秀憑藉政治手段（如「從政御夫」）干涉司法公正，這是她作為健訟者卻能常常勝訴的根本原因，而一旦這種不法手段為「行憲」後的司法獨立所剷除，那麼鄭毓秀便會因興訟、健訟而自食惡果了。誠然，這也只是批判者的美好願望，事實上，1948 年由蔣介石控制的「行憲國大」成為了國民黨主導下的「一黨憲政」，除了暴露出其政黨內部危機，更體現了對民主理念的背離〔註166〕，不可能實現憲治下的司法獨立。

〔註162〕 據研究，清代官方通過塑造和宣揚訟師「貪利」的模式化形象，對民間助訟之人進行整體污名化，試圖警示民眾遠離這一「危險」群體，以減少訴訟案件，減輕區域性訴訟壓力（尤陳俊：《清代訟師貪利形象的多重建構》，《法學研究》，2015 年第 5 期，第 177 頁）。另有清史學者對「反訴訟社會」論進行研究後，認為這是上層統治者的政治理想，也佐證了這一點（吳佩林：《清代地方社會的訴訟實態》，《清史研究》，2013 年第 4 期，第 29 頁）。

〔註163〕 侯欣一：《清代江南地區民間的健訟問題——以地方志為中心的考察》，《法學研究》，2006 年第 4 期，第 152 頁。

〔註164〕 從民國司法的區域研究看，訴訟成本高是造成訴訟案件數量減少的重要原因。參見楊彥增：《民國時期黔東南民族村寨村民的民事訴訟成本》，《蘭臺世界》，2014 年第 7 期，第 141 頁。

〔註165〕 「恩庇—侍從」模式借鑒自美國人類學家詹姆斯·斯科特（James C.Scott）的「侍從」論。在這種關係中，擁有較高政治、經濟地位的個人是庇護者，其利用自己的影響和資源向侍從一方提供保護與恩惠，侍從者則以包含個人服務在內的支持與協助作為回報，該模式已經成為臺灣學者研究國民黨內部非正式性派系結構的典型學說，參見陳星：《庇護主義視角下的民進黨派系問題》，《臺灣研究》，2012 年第 1 期，第 38 頁。

〔註166〕 參見鄭率：《1946～1947 年蔣介石行憲籌備活動述論》，《史學集刊》，2018 年第 3 期，第 69 頁。

1948 年末，南京國民政府決定改組臺灣省政府，任命陳誠接替魏道明，續任臺灣省政府主席。在媒體看來，魏道明的驟然下臺是鄭毓秀興訟帶來輿論非議的結果，這成為鄭毓秀「訟則終凶」的實證，「倘鄭女士不向法院控訴鐵報，也許魏道明在臺的壽命，可以多延長三個月至六個月時間，訟案既興，各方注目，中樞為了重視臺灣，乃不得不重行考慮適當的主臺人選，語云：訟終凶，鄭女士之好訟，竟自食其果，惜哉！」〔註167〕

有趣的是，性別視角同樣被運用於「訟則終凶」的批判話語中，構成了健訟與女性性別特徵相勾連的獨特景觀：「鄭之措置，殊為失當，報紙攻擊，置之不理可也，何必興師動眾，弄得勢成騎虎，欲罷不能，實智者之所不為者，亦充分顯示出女人之偏狹心理。」〔註168〕報刊描繪下的「訴《鐵報》案」，是給涉訟兩方均造成巨大損失的「雙輸」結果，鄭毓秀通過正當法律途徑維護自己的名譽權，非但沒有得到輿論支持，反而成為媒體對其進行性別攻擊的第二來源：健訟行為源於鄭毓秀「包攬」心態下的有恃無恐，故相較於訴訟結果的兩敗俱傷，鄭毓秀個人名譽的維護也就微不足道，而被有意忽視。從案件的整體看，選擇訴訟手段反而成為其女性自私自利和狹隘心理的充分體現，非智者所為。

綜上，自 1920 年代始至 1949 年止，鄭毓秀律師、法官等職業的女性形象經歷了構架、崩塌與再塑的曲折變化，1933 年的侵佔案在引發正反捩變的同時，也造成了她民賊與惡婦的典型特徵。以形象的變遷為線索，不難觀察到貫穿於鄭毓秀個體生命中的政治（革命）、法律與性別要素在時刻進行的複雜互動：借勢婦女解放的歷史潮流，女性性別賦予了鄭毓秀從參政、執律中獲取名望的天然優勢，也造成了她「從律欺婦」、「從政御夫」、「偏狹好訟」的形象污名；遊走於政界與法界之間，擁護司法黨化形成了她的精英法官氣質，干涉司法獨立又造成了她「包攬官司」的罪行。1933 年及後，報刊媒體幾乎始終將鄭毓秀視為規訓和整治的重點，對她的罪惡行徑、性別特徵、身體形態展開審判和批評，成為公眾表達憤怒、彰顯正義的途徑。個中原因，不僅在於她「貪污侵佔」、「干涉司法」的惡劣行徑，也在於鄭毓秀打破性別壁壘，挑戰男性權威的同時也「欺壓女性」。這種規訓和整治既有政治意涵，也極具性別意義，說明女性在政治生活與法律活動中的思想與行為不僅是其個人的

〔註167〕《魏鄭毓秀與鐵報之訟》，《大地週報》，1948 年 1 月，第 92 期。
〔註168〕毛錐子：《鄭毓秀毛子佩廣告之戰》，《大地週報》，1948 年第 94 期。

主觀抉擇，還有男性的背後推動，以及與男性互動等性別意涵，更牽涉到民主與法治等大是大非問題。由此，社會公眾對鄭毓秀「法」與「不法」的評價，不單涵涉了狹義法條，更包容了「德」與「不德」的廣義規範，施予鄭毓秀這一極為特別的個體之上，最終形成了複雜多元的價值「審判」。

第二章　自我言說：革命對個體的 介入及法治理念之變

　　自鄭毓秀進入公共視野，媒體與公眾關注她複雜經歷的同時，也把性別批判作為彰顯政治革新、司法公正的有效途徑，根據社會需要製造著想像中的鄭毓秀，塑造出法律、道德雙重審判下逐漸類型化的鄭毓秀形象。事實上，在媒體與公眾塑造其形象的同時，鄭毓秀也通過自我言說製造著自己，表達其個體的多層側面，在展現出非凡特質的同時，也折射出政治、法律與性別在其身份交疊變易中產生的重重影響，呈現了她獨特的性別與法律觀念。

第一節　「木蘭」叛逆：革命與男性特質的塑造

　　1891 年，正當清王朝內憂外患之際，鄭毓秀出生於廣州寶安的官貴大族，父親長期在京為官，家族事務概由祖母掌持，在威嚴的族長制下，缺乏父愛的鄭毓秀與母親最為親近。就讀私塾兩年後，渴求一家團聚的鄭毓秀隨母乘船，經香港轉赴北京，由此在京津兩地學習和生活。這種幼年的環境轉徙對鄭毓秀接受的教育及行為模式有著深遠的影響。

　　普通心理學認為，父母按照自己的意願和方法教育孩子，能使他們逐漸形成某些人格特質。[註1]在自傳中，母親的個性對鄭毓秀影響至深。幼年時，鄭毓秀便常常觀察到母親家庭生活的不幸，於內常受祖母訓誡且與父親久隔情疏，於外則限於禮教，缺乏知己而無從疏散苦悶心緒[註2]。在鄭毓秀

〔註1〕彭聃齡主編：《普通心理學》，北京師範大學出版社，2001 年版，第 449 頁。
〔註2〕鄭毓秀：《不尋常的玫瑰枝：鄭毓秀自述》，賴婷婷譯，中國法制出版社，2018 年版，第 4、14 頁。

看來，母親希望自己的女兒不再重蹈覆轍以陷入悲苦的舊軌，「雖然她（鄭母）外表看起來膽小，也沒有受過現代世界的教育，但她總是不停地激勵我，要我為自己奮鬥」〔註3〕，而「奮鬥」則不可避免地要求女兒去反叛陳規舊禮。在抵抗裹腳、寫信退婚等幾次重大衝突中，鄭毓秀成為家族的「另類」，被懷疑不是鄭家子。〔註4〕雖然迫於祖母的壓力，鄭毓秀數次不得不作出妥協，但反叛的欲望卻愈發濃烈。

這種反叛意識形成的另一明顯佐證，體現在七歲時母親講述的「木蘭故事」之中。據自傳，鄭毓秀回憶的木蘭形象富有極生動的語言和細節表達，例如代父從軍前，木蘭曾道：「父親，對您而言，我既是女兒也是兒子。現在我應該代替您從軍，保衛國家。」〔註5〕對木蘭形象的個體化解讀體現了雙重內涵，一方面，崇拜木蘭形象是母女二者的思想繼受——「木蘭的故事其實反映了她（鄭母）原本擁有的夢想，後來她把這個夢想傳承給我」〔註6〕，木蘭口中「保衛國家」的豪情壯志事實上彰述了鄭毓秀實現社會價值的自我追求。另一方面，從性別敘事視角看，木蘭由「當戶織」的懵懂少女最終成為「策動十二轉」的男性英雄，「安能辨我是雌雄？」下男女莫辨的強烈性別意識，帶給鄭毓秀「既是女兒也是兒子」的身份感知，從根本上分軌於中國傳統婦女「三從四德」的性別慣式。與此同時，在自傳語言中，木蘭「孝」的經典內涵被明顯削弱，而女子通過轉變性別身份實現建功立業的反叛特質與男性氣概卻被不斷強調，不僅使得鄭毓秀認為講述木蘭故事的母親在「骨子裏是個革命家」〔註7〕，也影響了她自身的行為模式。

到北京後，為擺脫性別困擾、能夠隨父親出街走動，鄭毓秀開始改換男裝，「父親讓我穿上短褲和寬鬆的上衣，頭髮也被剪短了，輕易地便被誤認為是個小男孩」，而父親意識到她與其他女孩的「不同」，待她亦如同對待「他最喜歡的兒子」一樣，除了讓其旁聽政事，還許進入西方學校讀書。〔註8〕對於十歲左右的少女而言，易裝與西方知識的習得不僅實現了鄭毓秀對幼年反叛意識的

〔註3〕鄭毓秀：《不尋常的玫瑰枝：鄭毓秀自述》，第4頁。

〔註4〕鄭毓秀：《不尋常的玫瑰枝：鄭毓秀自述》，第7頁。

〔註5〕鄭毓秀：《不尋常的玫瑰枝：鄭毓秀自述》，第2頁。

〔註6〕鄭毓秀：《不尋常的玫瑰枝：鄭毓秀自述》，賴婷婷譯，中國法制出版社，2018年版，第5頁。

〔註7〕鄭毓秀：《不尋常的玫瑰枝：鄭毓秀自述》，第4頁。

〔註8〕鄭毓秀：《不尋常的玫瑰枝：鄭毓秀自述》，第14、24～27頁。

依歸，更在一定程度上模糊了她對中國社會「男女有別」身份角色分工的認同。在此之後的生活中，鄭毓秀待人接物便時常以男性自居，「不喜人稱為女士，亦不喜稱女博士」〔註9〕，因在兄弟姊妹中行二，還讓別人叫她「二叔」〔註10〕。在婚姻生活中因性格過於強勢，丈夫魏道明曾被友人暗中嘲笑，如陳克文在日記中寫道：「院裏同事因魏是鄭毓秀的面首，所以背地裏都以胡四爺呼他」〔註11〕。可見，易裝男性的早期經驗通過犧牲掉一部分傳統女性特質，形成了鄭毓秀對某些男性特質的依賴，並最終塑造出一種裏挾男性氣概的獨特個性。

　　男性特質的取得是鄭毓秀反叛傳統女性身份、獲得某些自主權利的手段與途徑。即使回歸女性群體之中，這種反叛意識仍然被有意彰顯。在少女時期，鄭毓秀藉由奇裝異服表達自己背離傳統的與眾不同，自傳中反思道：「那時我留著現代的西式髮型，回想起來那個髮型還真是不好看……穿著我認為最新潮、時髦的服裝。我的服裝可能也很糟糕，就像一個外國人努力穿上中國服飾那般滑稽可笑，我選了個糟糕透頂的西式造型。還戴了一頂過分華麗的帽子，帽緣加上了各式各樣的裝飾物……即使在室內，儘管別人苦勸不已都無法說服我把帽子摘下來」〔註12〕。而生活習慣上，學生時代的鄭毓秀「愛上麵包，奶油以及吐司，並學習使用刀叉，取代筷子」，「人生中第一次做運動」在她看來是「最具革命性」的事。〔註13〕於狂熱追求西方文化的行為中，鄭毓秀得以從傳統中國女群的同質性中逃逸。

　　父母教育以外，個人的社會身份從文化中習得，與外界文化環境的溝通和互動塑造起社會價值認定下對自我身份的認同。〔註14〕1898年9月21日，百日維新以失敗告終。自上而下的溫和改良說愈發唱衰，暴力革命開始得到國人的廣泛重視，由1895年廣州起義至1900年惠州之役，孫中山發現：「回顧中

〔註9〕 云：《曲線新聞》，《北洋畫報》，1932年第15卷第733期，第2頁。

〔註10〕 蔡孟堅：《懷念魏道明先生——從王亮老談魏說起並敘述海外生活及再婚返國重登政壇等經過》，《傳記文學》，第39卷第5期，1981年11月，第71頁。

〔註11〕 陳克文著、陳方正編：《陳克文日記》，臺北：中研院近代史研究所，2012年11月版，第54頁。

〔註12〕 鄭毓秀：《不尋常的玫瑰枝：鄭毓秀自述》，賴婷婷譯，中國法制出版社，2018年版，第25頁。

〔註13〕 鄭毓秀：《不尋常的玫瑰枝：鄭毓秀自述》，賴婷婷譯，中國法制出版社，2018年版，第26頁。

〔註14〕 張朋：《近代女性社會主體身份的自我建構——以康同璧為個案研究》，《淮北煤炭師範學院學報（哲學社會科學版）》，2009年第6期，第80頁。

國之人心，已覺與前者有別矣。當初次之失敗也，舉國輿論莫不目予輩為亂臣賊子，大逆不道，咒詛謾罵之聲，不絕於耳……惟庚子失敗之後，則鮮聞一般人之惡聲相加，而有識之士且多為吾人扼腕歎惜……前後相較，差若天淵。」〔註15〕1905 年 8 月 20 日，中國同盟會在東京成立，推翻滿清專制的革命思想在民族危機日漸加劇、清王朝風雨飄搖之時深入傳播於社會各層。革命黨人勇敢正義形象的出現及其表現出的抗爭精神〔註16〕令富有反叛意識、以花木蘭為榜樣欲圖「建功立業」的鄭毓秀產生強烈的嚮往之意。藉口留日求學尋跡同盟會，鄭毓秀很快成為革命黨中為數不多的女性成員。這種「一拍即合」絕非偶然造成，在革命黨人看來，鄭毓秀的官貴家世與女性身份足以為革命活動提供掩護與便利。而更重要的是，鄭毓秀自幼養成的反叛意識與革命精神具有某種同質共鳴，自傳中不止一次作出相近的表述，「我的人生樣貌從孩童時期就形成了：一個反抗家裏的叛逆孩子，成年（差不多算成年）後去搞革命……孩童時期的激進主義（意即：好端端一個女孩卻總是不聽話）延續到後來更變本加厲」〔註17〕，「由於天生反骨，我已經做好準備，吸收早期的革命精神」〔註18〕。革命思想飽含的國族認同使她意識到「我必須為自己的國家工作」，在其看來，處於激烈動盪時代的中國，「舊王朝必須死去」，而「希望自己是跟隨新想法的那一端」。〔註19〕對於渴求參政又無處施展的鄭毓秀來說，參加革命意味著獲取一種社會身份和活動自由，且借由二者反抗意識的契合，鄭毓秀得以在其社會身份與個體身份的互動中最大程度實現自我的價值追求。

參加革命是鄭毓秀遵從「冰封而且潛伏在內心的感覺」〔註20〕作出的自發行為，在此之後，革命運動無形中將鄭毓秀塑造成服務於政治鬥爭的「英雄」角色。從日本回國後，為防止父親對她的革命活動起疑，不得不在家中

〔註15〕《孫中山全集（第六卷）》，中華書局 1985 年版，第 235 頁。

〔註16〕對辛亥革命的敘述進行「在場性」與「歷史性」研究，可以發現 20 世紀初中國文學誕生了具有「英雄」意義的革命黨人形象，並經由大眾傳播迅速擴大影響。鄭毓秀正是在聽聞革命黨人（尤孫中山）的事蹟後，產生追隨之意並前往日本的。參見豐傑：《民國文學中的辛亥革命敘事（1912～1949）》，南京師範大學博士學位論文，2015 年 5 月，第 1 頁。

〔註17〕鄭毓秀：《不尋常的玫瑰枝：鄭毓秀自述》，賴婷婷譯，中國法制出版社，2018年版，第 5 頁。

〔註18〕鄭毓秀：《不尋常的玫瑰枝：鄭毓秀自述》，第 34 頁。

〔註19〕鄭毓秀：《不尋常的玫瑰枝：鄭毓秀自述》，第 35 頁。

〔註20〕鄭毓秀：《不尋常的玫瑰枝：鄭毓秀自述》，第 36 頁。

「繼續扮演一個愛好藝術的女孩」〔註21〕。謀炸袁世凱、良弼的一系列暗殺行動中，鄭毓秀利用官家小姐的身份往來京津運送炸藥二十餘次。〔註22〕1913年宋教仁被刺，鄭毓秀自告奮勇赴京暗殺袁系政要，為此曾數度化裝，變易身份，扮成女傭。〔註23〕1919年6月27日晚由她製造的「玫瑰花枝事件」〔註24〕，因成功阻止陸徵祥在巴黎和會上簽字而聞名一時。

　　在鄭毓秀利用性別優勢追求革命成果的過程中，持有女性特質與身份的傳統倫理認知和女性行為模式被有意犧牲，讓位於「無論付出何種代價，都要努力協助讓中國成為一個共和國」〔註25〕的革命追求，在與鄭毓秀交往過的女性看來，她「舉止有些像男人。性格急躁，動輒就怒」〔註26〕。幼年習得的男性特質與新的使命達成統一，偏男性化的行為作風不僅在一定範圍內賦予鄭毓秀選擇自主人生、有意識地掌握個人命運的權利，還使得其掙脫舊有社會性別觀念和習俗的反叛行為借助革命救國這一特殊的歷史機遇，得到社會的正名與認可，從而實現個人價值或地位的提升。如運炸彈一事被吳鐵城稱讚：「並圖秦椎之擊，勇氣也不讓男兒」〔註27〕。1919年12月5日，徐志摩留美時得見由巴黎和會返國途中的鄭毓秀，聽她演講拒簽經過時記道：「此君濃眉高額，雄喉殺眼，真女丈夫佩真群英之儔匹也」〔註28〕等等。

〔註21〕鄭毓秀：《不尋常的玫瑰枝：鄭毓秀自述》，賴婷婷譯，中國法制出版社，2018年版，第44頁。

〔註22〕據自傳，鄭毓秀稱運送炸藥「大約有三個月的時間，平均一個星期兩次」。鄭毓秀：《不尋常的玫瑰枝：鄭毓秀自述》，第53頁。

〔註23〕鄭毓秀：《不尋常的玫瑰枝：鄭毓秀自述》，第75~91頁。

〔註24〕巴黎和會部分代表及留法學生為保山東主權不落入日本之手，於凡爾賽和約簽訂前日晚聚於陸徵祥寓所外，鄭毓秀折斷一截玫瑰粗枝假充手槍，逼迫陸的秘書岳昭燏交出了簽約的相關檔，又稱「玫瑰代槍」事件。參見鄭毓秀：《不尋常的玫瑰枝：鄭毓秀自述》，賴婷婷譯，中國法制出版社，2018年版，第113~118頁。該事亦見於顧維鈞：《顧維鈞回憶錄（第1分冊）》，中國社會科學院近代史研所譯，中華書局1983年5月版，第207頁。

〔註25〕鄭毓秀：《不尋常的玫瑰枝：鄭毓秀自述》，賴婷婷譯，中國法制出版社，2018年版，第36頁。

〔註26〕董竹君：《我的一個世紀（增訂版）》，生活·讀書·新知三聯書店，2013年版，第294頁。

〔註27〕吳鐵城：《吳鐵城回憶錄》，臺北：三民書局股份有限公司，1981年1月，第59頁。

〔註28〕徐志摩：《徐志摩未刊日記（外四種）·留美日記（1919）·十二月五日（己未十月十四日辛卯）星期五》，虞坤林整理，北京圖書館出版社，2003年1月版，第145、146頁。

　　對於自己叛逆個性的養成，鄭毓秀十分坦然，一方面她承認傳統女性道德培育的必要，「傳統社會對女性實行道德教育是多麼自然而適切，這是整個社會策劃的結果。概念合理，也符合了傳統的中華文化」。另一方面她並不甘於接受這樣的角色設定，「我不能、也不會生長成傳統女子的模樣，我感覺自己在這個承上啟下的時期裏，扮演著一個特殊的角色，過渡期的時代已經開始」〔註29〕。在與友人蔡孟堅的太太朱瑞頤交往中，鄭毓秀「一向表示她曾追隨總理冒險革命，她是巾幗丈夫，一如男子漢」〔註30〕，可見，早年革命經歷帶來的榮譽和滿足感使鄭毓秀陶醉，而革命塑造的男性特質與反傳統意識則作為「建功立業」的必備素質，伴隨和影響了她的一生。

第二節　法以用政：鄭毓秀與司法黨化

　　鄭毓秀最初活躍於黨政革命、暗殺行動之時，正是孫中山疾呼「天賦人權」與「主權在民」思想，推行憲政共和、代議制民主的時期。1912年民國建立以後，軍事鬥爭的暫時止息帶來了革命初捷、共和步入正軌的假象，鄭毓秀一度失去了目標，「我感覺自己像是一艘無舵的船，漫無目的地四處漂流」〔註31〕，而在此時接受友人留學西歐的建議，無疑是出於找回自我價值、繼續革命任務的考量。據自傳，作為孫中山忠實的追隨者，鄭毓秀及部分黨人以為共和政體建立的第一步驟（即「軍法之治」）已經「成功」，正要進入下一階段（即「約法之治」）〔註32〕，在其看來，為了「執行政治指導的工作，讓人民瞭解民主政府的義務」，「我們——也就是『火炬手』——必須接受更高的教育，擁有更寬廣的眼界，如此一來，日後我們才有資格教育、領導人民適應新的政體」〔註33〕。「二次革命」中的暗殺任務失敗後，鄭毓秀僥倖脫身，

〔註29〕鄭毓秀：《不尋常的玫瑰枝：鄭毓秀自述》，賴婷婷譯，中國法制出版社，2018年版，第27頁。

〔註30〕蔡孟堅：《懷念魏道明先生——從王亮老談魏說起並敘述海外生活及再婚返國重登政壇等經過》，《傳記文學》，第39卷第5期，1981年11月，第71頁。

〔註31〕鄭毓秀：《不尋常的玫瑰枝：鄭毓秀自述》，賴婷婷譯，中國法制出版社，2018年版，第68頁。

〔註32〕這種想法來源於1906年中國同盟會《軍政府宣言》對革命程序的三個分期：軍法之治、約法之治、憲法之治。參見中國國民黨中央宣傳部編：《建國大綱重要宣言‧中國同盟會宣言》，1931年7月，第106頁。

〔註33〕鄭毓秀：《不尋常的玫瑰枝：鄭毓秀自述》，賴婷婷譯，中國法制出版社，2018年版，第68、69頁。

旋即赴法，開始了研習西方法政的學業生涯。

　　鄭毓秀的負笈歐洲，是以「回國後運用所學，服務國家」為出發點和最終目標的。作為革命者，「追求更高的學識涵養」〔註34〕得用於革命事業與憲政共和的基本追求，故而對法學的研習自始至終帶有服務於黨政的工具性，「我主修法律，因為覺得法律訓練最適合我，能讓我貢獻祖國。可以預見的是，由君主體制走向民主體制的中國，會需要法律專業的學生，協助民主政府運作，如此一來，將能保障人民擁有其不可奪取之權利，並且能以最自由的方式發表意見。」〔註35〕在巴黎的數年間，鄭毓秀「總是強烈渴望能回到中國，置身於混亂情勢之中」〔註36〕，為了滿足參政欲，她常常招待旅法的革命黨人及留學生，借由其言論瞭解國內政勢。李晉回憶道：「她的巴黎寓所，不啻為留學生之『家』……旅法革命領袖及旅遊政要，率多往還款待，來者不拒」〔註37〕，訪客則經常在鄭公寓的房間裏坐上一整晚，「談的全是政治」〔註38〕。

　　而從其為數不多的學術作品來看，鄭毓秀雖然取得了法學博士學位，卻遠非學院派的法學家，拘泥於服務革命黨政之目的，法學教育的實用性與法律工具主義傾向是鄭毓秀法學思想的主要特徵。在其 1924 年遞交答辯的以「中西憲政比較」為主題的博士論文中，政治變革被視作中國憲法發展的重要節點，「幼稚之中華民國已成立十餘年矣，在此時期中飽嘗世變，此政治生命之變遷……但吾人所述者僅止於與短命之憲法演進史有直接關係之變故耳」〔註39〕，於革命和政治語境下對比中西憲法制度以後，文末結論認為，「如決議（關涉憲法解釋者）與當時政治潮流相反，憲法會議與其從事之憲法正式解釋，無寧以真實之修正為上策矣」〔註40〕，即認為憲法的修訂應當遵從於致力共和之革命政權（國民黨），表達出「法以附政」的濃厚政治化傾向。

〔註34〕鄭毓秀：《不尋常的玫瑰枝：鄭毓秀自述》，第 69 頁。

〔註35〕鄭毓秀：《不尋常的玫瑰枝：鄭毓秀自述》，第 98 頁。

〔註36〕鄭毓秀：《不尋常的玫瑰枝：鄭毓秀自述》，第 131 頁。

〔註37〕李晉口述、秦嶺雲筆錄、蔡登山編著：《民國政壇見聞錄·第五章·由王寵惠、鄭毓秀談到孫蕚齊》，臺北：獨立作家出版社，2014 年版，第 56 頁。

〔註38〕鄭毓秀：《不尋常的玫瑰枝：鄭毓秀自述》，賴婷婷譯，中國法制出版社，2018 年版，第 96 頁。

〔註39〕鄭毓秀：《中國比較憲法論》，世界書局，1937 年版，第 20 頁。

〔註40〕鄭毓秀：《中國比較憲法論》，第 122 頁。

　　1926 年 4 月，鄭毓秀學成歸國，對於北京政府法務部的職邀持勢觀望，並利用自己上海租界律師的身份與人脈暗中保護國民黨員，促成革命。轉年初，北伐軍攻克上海，鄭即接掌地方審判廳長，正式進入國民黨司法圈子內部。在「革命」、「黨治」喧攘鼎沸的語詞環境中，審廳的司法黨化成為鄭毓秀面臨的首要問題，在此不得不略加溯及。民國建立後，以憲政為旗號的軍閥統治（如袁、張復辟）與派系政鬥（如曹錕賄選）使得民初被寄予厚望的西方憲政理念飽受質疑、漸趨衰落，革命黨治思想得到重視與發展。倡導護憲而數次失敗的孫中山在晚年的思想發生變化，為建立國民黨黨治政權，轉向了「以黨治國」與「革命民權」學說，司法黨化值此濫觴，至北伐前後由徐謙首次揭櫫，掀起了從司法觀念、司法機關和人員、法律法規三方面推行的國民黨化的司法革新大潮，在根本上改變了已往「司法不黨」與「司法獨立」的憲政舊說。司法權作為五大治權之一，開始為國民黨所獨攬。〔註41〕鄭毓秀 1913 年暫別國內革命、赴法求學之時，西方憲政思想仍被視為救國良藥，待十餘年後歸國執律之際，黨化思想已經成為國民黨內司法生態的實際主導。在她出任上海地方審判廳長的數月內，雖則徐謙早已失勢，但作為「總理遺教」的司法黨化仍然被繼承下來，並在 1927 年以後得到王寵惠的發展和鞏固。

　　對於司法黨化，鄭毓秀全心支持。1927 年 4 月加入國民黨在上海組建的黨化教育委員會後，她積極領導滬上審、檢兩廳的司法黨化，開展了諸多「革新」。除之前述及的法院外觀的符號化，鄭毓秀認為黨化精神亦當作用於法官思想的革新，「蓋國民革命軍所到之處，人民思想自然隨之一新，司法官亦莫不然，故現今司法之精神，當與前有別也。」〔註42〕開始著手於兩廳司法官的黨化教育。在任職演講〔註43〕中，鄭毓秀開宗明義：

　　現在服務之人，固不論是否原係本黨同志，只須信仰三民主義，從事革命工作，惟在「以黨治國」原則之下對於先總理之主義，應徹底瞭解，尚望諸同人多方研究。

　　鄭毓秀認為，司法官深入瞭解「總理遺教」，認可「以黨治國」，便於推動司法黨化與保障革命成果。據《申報》記載：「鄭廳長為發揚三民主義起見，

〔註41〕參見李在全：《法治與黨治：國民黨政權的司法黨化（1923～1948）》，社會科學文獻出版社，2012 年版，第 28～118 頁。

〔註42〕《地審廳長鄭毓秀之談話》，《新聞報》，1927 年 4 月 2 日，第四版。

〔註43〕《鄭毓秀接任檢察廳長兼職》，《新聞報》，1927 年 5 月 18 日，第三版。

特規定每次（總理）紀念周由兩廳諸推事、書記官輪流擔任講演，借便切磋而資觀感。其第一次演講由鄭廳長親自出席，聽者均為動容」〔註44〕雖然鄭毓秀對兩廳司法官與行政職員均未作「入黨」要求，但實際上仍有「不安於位而紛紛自告辭退」的舊人，鄭毓秀隨即任命了一批國民黨員擔任廳政要職，如鈕傳椿兼理兩廳書記官長、鄭慧琛任會計主任等等〔註45〕，增加了職員內部的黨員比例，足見其推行司法黨化之用心。

除此之外，在審判適用的法條、規範上，鄭毓秀亦堅持改用國民黨頒布的新法。1927年4月國聞通信社的一篇採訪中，鄭毓秀以篤定的口吻說：「在北方壓力之下之法院，對於民事向應用北京大理院判例，今革命軍抵此，當然不受此條文之拘束，吾人應盡先應用之律，當為國民政府之法令，其無法令規定者，引用習慣，習慣不詳，應用法理，刑事方面則除與國民政府法令有牴觸者外，暫行新刑律可以參用」〔註46〕，藉以完成司法黨化對法律適用的革新。

概言之，作為留學巴黎、主研西方憲政精神（司法獨立為基本原則）的法學博士，鄭毓秀對反其道而行的司法黨化並無片言批評與絲毫牴觸，反而積極投身其中並勉力推進。個中原因，除了其「法以附政」的工具主義傾向，不應忽視她由少女時期便開始形成的價值追求——借革命之力在中國建立真正的共和政體。在1927年公開發表的《新中國與世界》〔註47〕一文中，鄭毓秀直言這一目標（即「新中國」）的實現必須依託於國民黨：

（丁）新中國的組織——國民黨——國民革命——國民會議

良好的材料既備，便要著手建設，所謂組織，便是建設的行動，於是先由同盟會而改組為國民黨，由國民黨而努力於國民革命，由國民革命而開國民會議，途徑分明手續清楚，新中國成立的經過，便這樣的歷歷可指，決不依賴外力的，也決不是貪天之功，僥倖一逞的。黨務方面，現在將有第四次

〔註44〕《審檢兩廳之新氣象》，《申報》，1927年6月6日，第十版。

〔註45〕《鄭毓秀就地檢廳長後之新猷》，《申報》，1927年5月19日，第十版。

〔註46〕《地審廳長鄭毓秀之談話》，《新聞報》，1927年4月2日，第四版。及《地方審判廳長鄭毓秀談話》，《申報》，1927年4月2日，第十五版。

〔註47〕《鄭毓秀最近之著作（續）》，《新聞報》，1927年12月5日，第二張第二版。此文僅見連載於《新聞報》，分四期全部錄入，是鄭對於近代中國社會趨勢與世界發展、政治哲學觀點的集中表述，全文分八部分：宇宙的進化、世界的進化、三種世界、新世界的成功、新中國的意義、新中國的狀況、新中國對於世界的貢獻和請求、結論。

中央執行委員會的召集，從此黨務有所統率，所謂惡化和腐化者，都在清除之列，實踐到「以黨治國」的地步。

　　而司法黨化作為鞏固國民革命成果的具體要求，亦是國民黨「以黨治國」的重要部分，持此追求的鄭毓秀，恰恰是以一個革命者與國民黨黨員的身份（而非學院派的憲法學家或保持中立的司法官）自覺參與其中的，在她看來，出任地方司法長官，「亦不外乎本革命之精神，努力為國」〔註48〕，由此，無論法學知識的應用抑或兩廳黨化的推進，都被納入到革命任務、賦予了政治目的，從而決定了鄭毓秀在開展司法工作時，「目下除有法令外，須從權者，必擇善而取」〔註49〕的「法以用政」的思路與方法。

　　值得注意的是，在1926年的一次宴會致辭中，鄭毓秀曾面向中外賓客表達了自己對法治精神的追求：「鄙人歸國以來，目擊國事蜩螗，無窮悲慨。然此為國家由人治入法治不可避免之過渡現象，一旦法治精神充分實現，中國何嘗無望？是在能使舉國人民了然於公民應負之職責及法治之原則耳，此鄙人對於法律救國之感想」〔註50〕，似乎更符合其憲法學者的身份。也許在她看來，司法黨化亦是法律救國的過渡手段，而非與法治國家的最終目標相牴觸，又或許她對法治的堅持嗣後產生了鬆動。至於這是她真正的想法，還是為革命活動所做的掩護之詞，限於史料的侷限，我們尚無從得知。但可以肯定的是，鄭毓秀對司法黨化的推行並不必然表明她捨棄了法治，當其博士畢業論文於1927年在國內首次出版時，鄭毓秀自序道：「將來國是定後，不論其政治之趨向如何，仍當釐定憲法，可以斷言」〔註51〕。面對革命的現象，接受黨治的概念，加入司法黨化大潮是鄭毓秀在特殊歷史時期做出的個體抉擇。

第三節　合、離之爭：女律師的情理妥協

　　1926年9月15日，鄭毓秀與魏道明在上海法租界的律所正式開業。作

〔註48〕《鄭毓秀接任檢察廳長兼職》，《新聞報》，1927年5月18日，第三版。

〔註49〕《地審廳長鄭毓秀之談話》，《新聞報》，1927年4月2日，第四版。

〔註50〕《團體消息：鄭毓秀魏道明兩律師在東華宴請各界》，《申報》，1926年9月24日，第十七版。

〔註51〕鄭毓秀：《中國比較憲法論·1927年3月12日自序》，世界書局，1937年版，第 I 頁。

為中國第一位女性律師，主張男女平權的鄭毓秀尤其重視婦女法益的保護，「我心裏有股強烈的使命感，想幫助女性朋友」〔註52〕。在諸多案件中，受理的第一件女性離婚委託對她影響至深，一位李姓婦女因懷疑丈夫與表親有染，且每夜晚歸、態度冷淡，故瞞著家人到律所哭訴，請求鄭毓秀幫助她起訴離婚。自傳中詳細述及了鄭、魏二人就處理此案進行的對話〔註53〕：

鄭：你覺得怎麼樣？那個可憐的女人，她丈夫這麼羞辱她，我想她應該離的成。

魏：你在詢問我法律上的建議嗎？

鄭：當然啦，這只是法律上的問題，還會有什麼問題呢？

……

魏：離婚案件簡單好辦，是這整件事情的重點嗎？

鄭：我知道了。你現在看這件事的觀點已經不是個律師，而是個男人，你站在她丈夫那一邊。

魏：重點不是站在男人或女人那邊，這關係到我們事務所的原則。我們要怎麼處理離婚案件？難道我們只因為很簡單，就要幫助我們的客戶打離婚官司嗎？或者我們應該站在人性的角度為他們著想，盡可能拯救更多的家庭與婚姻？

……

在這場爭論中，鄭毓秀認為，法律規定離婚是對婚姻關係中處於弱勢地位婦女的最後救濟，依靠法律程序（離婚訴訟）才能真正保護女方的權利與婚姻自由。魏道明則持異議，他認為離婚委託中律師有義務維護男女雙方的幸福，對於中國的家庭婦女而言，離婚未必是更好的保護，故直接訴諸法律程序之先，應嘗試以和解的方式穩固家庭、融洽婚姻。案件的解決採取了魏式，鄭毓秀觀察到：「魏博士開始像個父親一樣和他們談話。他告訴他們打離婚官司有什麼缺點……不如由他來擔任公正的裁判，他們各自重申對彼此的抱怨，他會提出結論」，最後的結果是夫妻「看著彼此，雙雙落淚」〔註54〕，

〔註52〕鄭毓秀：《不尋常的玫瑰枝：鄭毓秀自述》，賴婷婷譯，中國法制出版社，2018年版，第143頁。

〔註53〕該案詳見鄭毓秀：《不尋常的玫瑰枝：鄭毓秀自述》，賴婷婷譯，中國法制出版社，2018年版，第139～146頁。

〔註54〕鄭毓秀：《不尋常的玫瑰枝：鄭毓秀自述》，賴婷婷譯，中國法制出版社，2018年版，第145、146頁。

案件以和解告終。

　　鄭、魏二人的合、離之爭投射出多重寓意，鄭毓秀的法律治理觀念也由此發生變向。案件受理之初，鄭毓秀提出的「能不能離」，是在法律規則內部思考女方證據是否足備，訴求能否得到法院支持等純粹技術性問題，事實上隱含了一項理論預設：正式法律制度能夠合理保障女性權利，依靠法律程序可以得到正義的結果。而魏道明拋出的「應不應離」，則把爭論焦點移轉到理論預設上來，質疑離婚訴訟踐行的法律正義是否適用於該案的具體情形。二者的分歧恰恰在於，正式的法律干預與傳統的情理說和哪種更適於解決本案中婦女的離婚糾紛並保護她的權利？對此疑問所持的不同解答，揭露出隱藏於該案背後的更加深刻的法治問題——純粹的法律治理（抑或正式法律的運作邏輯）能否給中國社會中的個體帶來如同西方一般普適的制度正義？〔註55〕

　　從結果來看，這次離婚案的辦理，使得受過西方法學正統教育的鄭毓秀徹底改變了過去熟習的對法律治理的一般性看法，「我不得不佩服魏博士如此深思熟慮，他考慮的不僅是這個案子表面上的問題」〔註56〕，不再片面追求正式法律干預所帶來「普適性」的簡單法律正義，而是在魏道明的影響下，專注於追求一種處於社會關係中的（區別於西方法文化中假定的分離的、原子式的）「人」的正義〔註57〕，從而自覺擔負起某種道德義務。此後處理離婚糾紛時，鄭毓秀開始將女性置於社會角色之中加以思考，認為在中國社會，

〔註55〕有趣的是，1926年鄭魏的合、離之爭與當代學者蘇力提出的「秋菊的困惑」有著極為相似的問題指向。「秋菊」的問題在於，根據「普適權利」構建的當代中國正式法律制度無法容納和回應秋菊的「討說法」；而鄭毓秀所憑藉的離婚訴訟，也同樣無法給予魏道明「促進該婦女家庭美滿、夫妻幸福」的要求以稱心答覆。氏著將法律治理置於中國社會背景之下，得出「任何法律制度和司法實踐的根本目的都不應當是為了確立一種威權化的思想，而是為了解決實際問題，調整社會關係，使人們比較協調，達到一種制度上的正義」的看法，與魏氏在處理此案中的思想及做法有不謀而合之處。參見蘇力：《法治及其本土資源》，中國政法大學出版社，1996年版，第23～37頁。

〔註56〕鄭毓秀：《不尋常的玫瑰枝：鄭毓秀自述》，賴婷婷譯，中國法制出版社，2018年版，第143頁。

〔註57〕美國法學家阿蘭・斯通（Alan A.Stone）認為，這種立足本土社會中的「人的正義」（human justice）難以在正式法律制度中得到解決。參見陳顧：《秋菊的困惑與解惑——「法律與文學」研究在中國》，《開放雜誌》，2019年第1期，第153頁。

家庭是「情感、經濟、甚至是政治上，最強有力的組織」，對於女性而言更是如此，故此改變了以往運用法律工具幫助婚姻不幸的婦女們「爭取自由」的單純願景。「借由此案，我們決定未來案件的處理流程，並繼續展開這種非正式的法庭，至少有百分之七十的案件以和解告終，並展現感人的團圓畫面。魏博士和我深受許多案件感動，我自己也常常很想哭。」〔註58〕

在此之後，「道德」、「良心」、「情理」等字眼開始出現於鄭毓秀關涉法制的言論中。如1927年7月的一則採訪〔註59〕，鄭毓秀提出國內司法也應當引進陪審制度，並倡言其價值：

蓋法律實係極嚴之物，凡遇刑事審訊，審判官處執法如山之地位，不容有迴旋之餘地。此種困難，必時常感受，然人民之犯罪，有時並非出自本心，係受環境之逼迫，遇法無可貸情有可原之處，即借陪審制之效用，以緩和法律之嚴峻。

此外，在參與民法草案的編寫時，她認為立法委員除「比較西方國家中高階的法律系統」外，「亦有責任保留已習慣數世紀的習俗、傳統與道德原則」，吸納「我國傳統習俗內的精華」。〔註60〕1929年9月18日，鄭毓秀向《新聞報》闢謠自己並未接辦陳以一案時說：「類如該案之案，予因良心上之主張，絕對不願接辦也」。〔註61〕可見，鄭毓秀的法治觀念並非對西方理論的全盤接納，在回歸中國社會以後，面對內生於傳統的秩序土壤，其學院式的、「為權利而鬥爭」的法治思維發生變化，開始與情理、道德等法律以外、社會以內的文化因素互動和交融，達成一種妥協下的平衡。

誠如自傳所說：「現代世界以無法抗拒的力量引領我走過去，沒有什麼能

〔註58〕鄭毓秀：《不尋常的玫瑰枝：鄭毓秀自述》，賴婷婷譯，中國法制出版社，2018年版，第146頁。

〔註59〕《鄭毓秀談陪審制度》，《新聞報》，1927年7月13日，第四張第四版。

〔註60〕鄭毓秀：《不尋常的玫瑰枝：鄭毓秀自述》，賴婷婷譯，中國法制出版社，2018年版，第160頁。

〔註61〕《鄭毓秀談北平療疾經過》，《新聞報》，1929年9月19日，第四張第十四版。陳以一，曾任青島特別市政府外交科長，該案始於陳被考試院長戴季陶以「變造護照、詐欺未遂」罪名向國民黨總部控告，拘押到寧並移送江寧地方法院審理，及後不久，戴以證據不足為由向法院遞交聲明，一審法院仍判陳徒刑一年二個月。《申報》曾刊鄭於九月初受陳以一委聘為上訴審辯護律師（《陳以一上訴高院》，《申報》，1929年9月7日，第十二版；《陳以一上訴案開庭情形》，《申報》，1929年9月8日，第十二版）。從鄭受訪時所澄清及1929年9月7日江蘇高院開審時並無鄭到庭辯護之史實看，此確係誤傳。

阻止我達到目標」〔註62〕，為了在中國建立西式的現代法政體制，無論犧牲女性特質參加暗殺，抑或負笈巴黎研習憲法，為革命而戰是貫穿於鄭毓秀個體生命的永恆主題。值得深思的是，回歸本土以後，受到黨化的政治環境與內生社會秩序的雙重影響，推動司法黨化、遵循情理之治在一定程度上體現了鄭毓秀法律觀念的轉捩。在法以用政、合離之爭等一系列事件中，不難發現隱含於其言行中的法治理路之變——不再單純追求法制的普適正義，黨治、德治被納入到治理思路中來。

可以說，隨著革命與黨政對個體生命的介入，鄭毓秀的憲法學觀念表達出「法以附政」的濃厚政治化傾向，並促使她在司法活動中全力支持國民黨司法黨化運動。受傳統內生社會秩序影響，鄭毓秀的法治觀念不是片面追求正式法律干預所帶來的「普適性」的西式正義，而是專注於追求一種處於社會關係中的「人」的正義，遵循情理之治，從而使她自覺擔負起某些道德義務。由信仰西式法治到堅持執律原情，是鄭毓秀法律實踐觀念的重大轉捩。這些法治以外因素的不調與濫用，潛藏於嗣後國民黨的治理危機中，成為1933年鄭毓秀法律、道德形象全面崩潰的內在原因之一。

〔註62〕鄭毓秀：《不尋常的玫瑰枝：鄭毓秀自述》，賴婷婷譯，中國法制出版社，2018年版，第27頁。

第三章 形象因何陷墮：恥感內照與形象構陷

　　鄭毓秀的形象變化是一個耗時彌久的歷史過程，在不同的語境與時空中，報刊媒體、社會公眾以及鄭毓秀本身都成為了形象的塑造者。借由敘述、傳播和演繹，三者書寫出大量的歷史文本，推動了形象的變易及重構。依託於此，社會審視與自我言說在鄭毓秀個體的多重層面形成對照，為我們研究人物形象的定位和演變，尤其是解釋 1933 年形象倏捩問題，提供了可循的蹊徑。

第一節 法治破壞：內外危機中的反面典型

　　推動司法黨化是北伐大潮下鄭毓秀執行革命任務的自覺行為。1927 年前後的黨化活動，確實有利於強化國民黨政權的統治力，在混亂的政局中部分解決國人的秩序需求，以動員民眾參與革命鬥爭。鄭毓秀回憶：「（北伐）作戰行動很成功，迅速告捷……旗開得勝的原因，不僅是陸軍的作戰技巧和士氣，更是因為當地人民認同他們的理想。我頭一次曉得，這場戰爭使用了政治作戰的方式，效果卓越、廣泛」[註1]。然而，在「暴雨疾風」過後，革命本身的任意性、專斷性以及其所帶來的過激行為迅速糾纏於公共治理，黨化行動釋放出的權力失控，為黨、政、軍甚至於民眾團體干涉司法提供了一條

〔註 1〕鄭毓秀：《不尋常的玫瑰枝：鄭毓秀自述》，賴婷婷譯，中國法制出版社，2018
　　　年版，第 147 頁。

捷徑，以至於在革命熱情退潮以後，其破壞法治的惡果逐漸顯露出來，1929年以胡適、羅隆基為代表的人權派發起對黨治政權的抗議即集中反映出此種社會情緒的不滿〔註2〕。同時，在由革命奪權轉型到國家治理的過程中，國民黨內部的派系爭鬥與地方實力派軍紳的公然反抗都削弱了司法的治理效果。易勞逸認為，自1927年以後的十年間，「國民黨沒有能夠解決國家在政治、經濟和社會等方面的種種困難。」〔註3〕政治經濟的失調，使得無法擺脫黨、政、軍事機關挾控的司法機制在運行中「失去了軸心」，不僅沒能有效保障公正與人權，反而受政治影響滋生出眾多司法腐敗。〔註4〕種種司法「怪象」頻生，其結果是引起民眾對法治的信仰危機，並突出表現於法官及司法者群體在公共領域內的形象醜化〔註5〕。上海報人朱惺公在1933年提筆諷刺道：「在現在這個政治不清法治不明的時代，對於『官場』，除了戴著紅綠眼晴糊糊塗塗媽媽虎虎的當西洋鏡般的看一下，實在他們的內幕也戳不得穿！並且戲法雖明知是假，更沒有一人敢去戳他們的穿！」〔註6〕

　　檢視內部法政腐壞之餘，外部侵略導致民族危機的社會影響亦難忽視。「基於民族主義立場，一部中國近代史，幾乎算得上是『恥感』的歷史」〔註7〕，九一八事變以來國人視向之變前已備述，源發於外侮的恥感轉向內照，政治貪污、司法腐敗等一系列「家醜」、「國醜」尤為大眾痛恨，貪官污吏被斥作與「漢奸」並列的「民賊」。據郁達夫回憶，在1933年鄭楊案公開的前幾個月，「山東江蘇，各有幾個貪了七八百元贓的知事槍斃了」，「在廣東，也有幾個調查日貨委員會的委員，為受了幾百元的賄被槍決了」〔註8〕，足見民意洶洶之下貪腐用刑之嚴厲。

〔註2〕李在全：《法治與黨治：國民黨政權的司法黨化（1923~1948）》，社會科學文獻出版社，2012年版，第167~173頁。

〔註3〕〔美〕易勞逸著，王建朗等譯：《毀滅的種子：戰爭與革命中的國民黨中國（1937~1949）》，江蘇人民出版社，2009年版，原序第1頁。

〔註4〕張仁善：《司法腐敗與社會失控（1928~1949）》，社會科學文獻出版社，2005年版，第419~421頁。

〔註5〕江照信：《中國法律「看不見中國」——居正司法時期（1932~1948）研究》，清華大學出版社，2010年版，第67頁。

〔註6〕朱惺公：《惺公評論集》，機杼出版社，1933年版，第64頁。

〔註7〕張仁善：《論中國司法近代化進程中的恥感情結》，《江蘇社會科學》，2018年第4期，第132頁。

〔註8〕郁達夫：《營救鄭毓秀博士的提議》，《論語》，1933年2月1日，第10期，第13、14頁。

　　回歸於這樣的歷史場域中，探因鄭毓秀個體形象的轉捩，即是要回答她是如何（或如何得以）成為公共視野下這些負面形象之群的典型代表的。一方面，投身司法黨化給鄭毓秀帶來了女性法官第一人的榮光，黨治打破了司法獨立的邊域，使她得以於政、法兩界左右逢源。事實上，在 1927 年上海審、檢兩廳廳長任期內，鄭毓秀還身兼江蘇省政府委員、國民革命軍東路軍婦女運動委員會委員等軍、政官職，常常往返寧滬之間，參與法政機要。〔註 9〕而從交際網絡來看，她在上海各界交遊之廣達到了令人驚詫的程度，獲有「交際之花」的稱號〔註 10〕，姑且以業為類，略表如下：

表 2　南京國民政府初期鄭毓秀交往名人撮要（1927～1933）〔註 11〕

姓　名	籍　貫	職位／社會地位	親疏程度
魏道明（伯聰）	江西九江	司法部次長、司法部代理部長、司法行政部部長、南京特別市市長	密切（夫妻）
王寵惠（亮疇）	廣東東莞	司法部長、司法院院長、法學家	密切（同籍摯友）
楊肇熉（仲瑚）	四川潼南	上海地方法院院長、上海特區法院院長	密切（妹婿）
李煜瀛（石曾）	河北高陽	國民黨元老	較好（辛亥時領導）
蔡元培（孑民）	浙江紹興	大學院院長、司法部部長、監察院院長、國民黨中央監察委員會主席	較好（私交）
胡漢民（展堂）	廣東番禺	立法院院長	較好（提名立法委員、赴法考察多電報往來）

〔註 9〕參見《鄭毓秀年譜詳編》1927 年諸條。

〔註 10〕磊磊：《名人軼事之六：鄭毓秀倒貼魏道明》，《戲世界（上海）》，1944 年 3 月 24 日，第 4034 期，第 1 頁。

〔註 11〕人物關係來源：《徐永昌回憶錄》，團結出版社，2014 年版，第 250 頁；《徐永昌日記》，臺北中研院近代史研究所，1991 年版；《胡適日記全集》，臺北聯經，2004 年版，第六冊 255、315、417、445 頁，第八冊 153 頁；《藍敏先生訪問記錄》，臺北中研院近代史研究所，1995 年版，第 112、114、121 頁。其餘參照《鄭毓秀年譜詳編》。人名資料來源：熊月之主編：《上海名人名事名物大觀》，上海人民出版社，2005 年版；徐友春主編：《民國人物大辭典》，河北人民出版社，1991 年版；陳玉堂編：《中國近現代人物名號大辭典（全編增訂本）》，浙江古籍出版社，2005 年版；馬軍編：《中國近現代史譯名對照表》，上海書店出版社，2016 年版。

遂得特區（公共租界）法院院長。我因此不與他往來。」〔註13〕這種於司法界以外廣事交遊的行為招惹了諸多非議，流傳於街頭巷尾的婦孺談資最終成為了鄭毓秀操縱司法之說的「鐵證」。事實上，鄭毓秀並非不知此事，在1927年8月15日審檢兩廳舉辦的總理紀念周上即回應道：「最可恨者為造謠生事之輩，例如本席由寧來滬，實屬常事，而造謠者，或即以此為謠諑根據。希望本廳諸同志，各自努力工作，無為浮言所惑」〔註14〕，雖然她嚴諭職員不可向報館透露兩廳機密〔註15〕，但並未對自己的行為做出收斂與反思。

另一方面，受本土社會內生秩序的影響，鄭毓秀側重人情事理的思考方式逐漸促成了她法制以外的行事手段，執業律師時憑藉自己的私交優勢處理案件即為其中典例。據黃天邁記述，滬上律所創辦以後，鄭魏二人曾對法租界工部局秘書、法國人夏朋進行拉攏，並通過介紹一位上海女子與其結婚形成了雙方的密切關係，以供給二人執律的便利。由此「大律師不必出庭，訴訟由幫辦律師處理，用魏鄭之名，盡夠應付一切。」〔註16〕作為「天字第一號的紅人」，鄭毓秀的名聲在上海司法界成為了一種資源，求其幫助者甚眾，以至於有「生不願封萬戶侯，但願一職女英雌」〔註17〕之說。然而也恰恰是鄭毓秀的這些法外之舉，在日後被認作包攬官司的罪行，落為了彈劾者的有力話柄。

身兼法政數職，交往良莠不齊，執律慣用人脈，凡此種種，在形成鄭毓秀煊赫聲望的同時，也使得其個體愈發滿足了為官貪腐、司法不公等國民黨黨治政權負面形象的全部要素。在國恥內照的公眾情緒下，以追求政治清廉、司法公正為基本訴求的輿情民意裹挾對政治當局的不滿與憤怒，藉由監察委員高友唐之一彈，最終引爆了公共場域內一次規模盛大且影響深遠的批判狂歡。可資佐證的是，批評鄭毓秀貪腐的諸多話語均形成了一個共同特點——批判對象往往由鄭楊個案擴張到黨政、法治等國家治理層面，作者們試圖深挖該案暴露出的制度性問題。如《青年戰線》的一篇評論寫道：「鄭毓秀在前

〔註13〕曹伯言整理：《胡適日記全集》第六冊，臺北聯經，2004年版，第418、445頁。

〔註14〕《各機關紀念周匯志》，《申報》，1927年8月16日，第十四版。

〔註15〕《審檢廳嚴禁洩露案件消息》，《申報》，1927年8月15日，第十四版。

〔註16〕黃天邁：《鄭毓秀與魏道明——夫婦同是一代風雲人物》，《中外雜誌》第46卷第6期，1989年12月，第14頁。

〔註17〕朱惺公：《惺公評論集》，機杼出版社，1933年版，第64頁。

數年有『包贏官司』的綽號，在她保護下勝訴的人雖是高興，但在經濟上的損失卻是得不償失。中國近來也自詡為法治的國家，但法治只是官吏和法官律師藉以剝削人民的工具罷了」，進而分析官吏與法官「有錢必要，無污不貪」的原因在於司法經費的不足，以至「法官為了生活，非貪污簡直不能維持」。〔註18〕一向倡導婦運的《女聲》雜誌亦撰文稱：「在這貪官污吏當權的男人世界裏，身負監察之責的人，要是講公道的話，就應該一一檢舉出來，示諸國人，一律予以嚴厲的法律制裁。否則若是對於正在勢頭上的貪官污吏，置之不問，而偏偏和一個已失了惡勢力做後盾的女子來計較，則未免犯了『欺弱怕強』的嫌疑吧……假使婦運的結果，只不過替中國政治舞臺上增添幾個女的貪官污吏，那麼，乾脆的說，我們也情願馬上把『婦運』收盤起來，沒有繼續進行的必要了。」〔註19〕可見對鄭批判被媒體賦予了針砭時弊的議政功能。

第二節　形象構陷：批判聲浪中的兩個變向

　　若單純從證據法學的視角分析，不難發現《高友唐彈劾鄭毓秀文》所提供的證據種類十分有限（如上海地方審判廳交代冊三本、當事人存取款項簿等書證），即使在江寧地方法院檢察處重行偵查後，也僅僅增補了用以證實其侵佔行為的上海中國銀行開具審廳財政利息之提款支票。〔註20〕事實上，高氏著悲憤之墨提出鄭毓秀「包攬官司」、「操縱審判」及一系列破壞司法與侵害民權的瀆職控訴，除證明力不足的傳聞證據（法庭以外的舉報言論）以外，並無任何其他賴以憑藉的實證。

　　雖然在法庭之內，檢察處的對鄭公訴戾止於侵佔罪之控——本質上是對司法體制內行政犯罪的指控，但報刊媒體卻紛紛將批判重點置於鄭毓秀「操縱」、「包攬」等並無實據的司法本體性犯罪〔註21〕的醜惡行徑，使得其罪名

〔註18〕楊昌溪：《高友唐彈劾鄭毓秀評議》，《青年戰線（南京）》，1933 年 1 月 21 日，第 6 期，第 2～4 頁。

〔註19〕伊蔚：《短評：彈劾鄭毓秀案》，《女聲（上海 1932）》，1933 年，第 1 卷第 9 期，第 1 頁。

〔註20〕《鄭毓秀案起訴書·江寧地方法院檢察處起訴書（訴字第六七二九號）》，《法律評論（北京）》，1933 年 4 月 16 日，第 10 卷 28 期，第 35～38 頁。

〔註21〕司法事務不同於司法行政事務，二者在性質上有所區別。參見施鵬鵬：《司法行政事務管理與司法權的獨立運行——法國模式及其批判性思考》，《江蘇社會科學》，2016 年第 5 期，第 159 頁。

在無形中逐漸擴張，並最終導致了社會審視下鄭毓秀形象由侵佔到瀆職侵佔的第一個變向。如有報刊稱：「鄭氏為律師，表面上由公務人員退而為非公務員，實則在彼任院長時期，僅以司法行政當局及審判者之威權和資格，以操縱訴訟，及為律師後，則兼『辯護權』而有之，舉凡原告被告，皆入其彀中；表面上是退，實際上是退而進的」，再如「他與他的幾位所謂法國派的朋友，結成小組，操縱司法界，黑幕重重」。二者支撐這些罪行的憑據則出奇的一致——「法曹中人及上海跑街皆能繪聲繪影的說出」或者「久已人言嘖嘖」。〔註22〕與之相較，更多的報導則在證據上未立片言。除此之外，為了引發讀者的批判共鳴，部分媒體痛斥鄭毓秀瀆職罪行的語詞中屬雜了不少書寫者的想像，一批「揭秘」性質的評議被創造出來（如報刊對鄭逃離上海後的際遇揣測），在對案件真實的逐漸疏離中，鄭氏「禍亂法治」的形象深入人心並最終定型。

　　在對鄭毓秀形象進行社會審視層面的研究中，已經發現報刊媒體推動其形象轉捩中的第二個變向，即由違法到失德之變，這一過程不再贅述，在此僅以一案為例進行比較性的研究。鄭毓秀以律師身份接受婦女離婚委託的案例，在不同文本中呈現出了迥異的差別，第一次見述是《國聞畫報》於1928年刊載的一篇短文〔註23〕：

　　鄭與魏道明博士合組律師事務所時代，有一雙伉儷。因事齟齬，女因請求離婚。其夫固服務於物品交易所者，鄭叩以離婚理由，女以其夫縱情花月對。鄭勸其稍安毋躁，翌日因於寓廬設宴，款待其夫婦，因而為和事老焉。女夫感其誠，因而從命，自是不在涉足金粉場中，閨房之樂，甚於畫眉，鄭設宴所費達二十四金，此種絕對義務律師，求諸今日，更有幾人？

　　而此類案例的再次見刊，恰恰發生於1933年對鄭的群潮批判中，作者行文道〔註24〕：

　　記得有廣東某女子，因受夫虐待，與夫興訟，請他為律師，他沒有出庭。知道某女子之丈夫是有錢的，於是請某氏到家譚（談）判，一見如故，即邀某氏雀戰，某氏翩翩年少，又是好色之徒，於是在群雌粥粥中，過其浪漫生活。

〔註22〕柏：《時事述評：鄭毓秀案》，《時代公論（南京）》，1933年1月27日第44期，第4頁。皓翁：《流芳遺臭：貪污瀆職的鄭毓秀》，《禮拜六》，1933年8月26日，第518期，第3頁。

〔註23〕珊珊：《鄭毓秀一雙妙聞》，《國聞畫報》，1928年第4期，第1頁。

〔註24〕皓翁：《流芳遺臭：貪污瀆職的鄭毓秀》，《禮拜六》，1933年8月26日，第518期，第3頁。

鄭勸某女子不要與夫興訟，免傷夫妻情感，某女子因是耗去三百兩律師費，而丈夫又常往鄭家流連忘返，一氣而吐血了。

比較二者可以發現，文本書寫者評價鄭毓秀形象時採用的標準無二，均為一種倫理性的道德原則。而造成評價結果「雲泥之判」的原因，完全在於描述事實的真偽差異。據前者載，此事出於與鄭有一度密切交往的《大陸報》記者俞子英口述，而後者則並未交代來源。在鄭毓秀 1943 年出版於紐約的英文自傳中，鄭魏對婦女離婚委託辦理方法的合、離之爭更加貼近前文的事實表述，也在一定程度上證明了其更具真實性。雖然無法斷言後者屬完全捏造，但無論真相如何，可以肯定的是，在鄭毓秀形象轉捩過程中，用於添補法律以外社會空間的道德批判的確存在著對以往歷史評價的異變和扭曲。

涉鄭道德批判的另一維度是性別審判。從早年的人生經歷看，通過革命實現個人社會價值的理想使鄭毓秀犧牲掉一部分女性特質，最終塑造出偏男性化的強勢個性。在 1933 年以後，這樣的性別特質成為了她備受批判的起點和來源，報刊媒體對鄭毓秀「從律欺婦」、「從政御夫」惡女人形象的塑造，正是基於她的個性與行為僭越了正常的社會性別關係，形成對男性權力和女性權利的挑戰（擺佈「昏迷」男性、詐欺弱勢女性），以男性為主導的媒體認為這也是造成她在男女道德等方面毫無原則，繼而肆意違法犯罪的原因。「鄭毓秀是一個女子，而且是一個留學生。論理女子的感情尤其是受過新教育的女子，感情應該高尚純潔，何至於如軍閥政客一般，也去貪贓枉法」〔註25〕，「鄭氏以一女兒之身……包攬訟詞，無惡不作，滬上人士皆受其愚弄，因為破家敗財產者指不勝屈，彼鄭氏者豈特司法界之罪人，亦女界之罪人也」〔註26〕，「鄭毓秀一女子耳，徒以手腕靈活，多金工媚，遂能遍結當朝之名公鉅子，貴賤隨心，貪污違法，無所不至，此實當代人妖」〔註27〕。在媒體眼中，「情感」、「婚姻」這些令一般良家婦女三緘其口、拘謹羞赧的話題，反而成為了鄭毓秀滿足政治野心、換取非法利益的籌碼和工具，於是藉由對女性道德界限的掙脫，不知羞恥為何物的鄭毓秀終於突破了法律的底線，成為法律

〔註25〕冷眼：《鄭毓秀贓案》，《鞭策週刊》，1933 年 5 月 5 日，第 3 卷第 3 期，第 2 頁。

〔註26〕布父：《字紙簍·鄭毓秀案所得之教訓》，《人民週報》，1933 年 3 月 10 日，第 60 期，第 11～14 頁。

〔註27〕炎：《這一周：鄭毓秀行賄》，《中央時事週報》，1933 年 5 月 13 日，第 2 卷第 18 期，第 3 頁。

作紙，道德執筆之下，不特男性應當防範，女性亦當引以為戒的眾矢之的。

第三節　歷史悲劇：對「鄭毓秀陷阱」的提出與思考

作答前述鄭毓秀形象為何陷墮、如何陷墮的問題，筆者更多是採一種社會史的方法，圍繞鄭毓秀進行個體性分析及展開論述的。然而鄭毓秀作為近代法政人物中一位極為特殊的女性代表，其形象變化指涉出了多元的社會矛盾與歷史問題，在探究其形象轉捩的構陷機制之餘，更應該對這些問題作以宏觀的總結和研究。

晚清以降的法制現代化，總的來說是一個脫胎於宗教文化的西方法律文明逼迫著華夏倫理共同體向法律共同體轉型的過程。近代與戰爭同來的，是西式的公法秩序與法律正義的普世姿態。在接納此種法律體系、並以此經緯近代中國法律思想與法治形態的進程中，現代化法制得以在中國建立與展開。治理思維與制度的改弦更張，面臨的首要問題便是中國社會傳統規則與歐洲公法秩序的扞格不鑿。

「現代性的話語俘虜了 20 世紀初期中國的改革者，為了達到符合現代性而必須具有的標杆所做出的努力，在取得成績的同時，導致了充滿悖論的結果」〔註 28〕傳統德治與外來法治的治理矛盾外化，造成了司法變革中社會個體與群體接連不斷的挫折與磨難，陳志讓直言：「法和統在近代中國基本上是衝突的，不可調和的。衝突發生的時候，護法的人要護法，衛道的人要衛道。護法和衛道都靠軍—紳集團的人，這幾乎等於派罪犯當警察。」這種不調導致的結果是人們對法治的懷疑以及憲政思潮在 1922 年以後的衰落。〔註 29〕為了實現憲政體制，便不得不進行革命，為了凝聚和強化革命力量，便不得不依賴政黨，於是此後數年間，「中國已由法治遞嬗於黨治」〔註 30〕，「從前是約法無上，此後將為黨權無上；從前談法理，此後將談黨紀」〔註 31〕，黨治與法治的矛盾與爭論由此產生，在革命結束以後，黨化對法治的破壞激化了

〔註 28〕徐小群：《現代性的磨難：20 世紀初期中國司法改革（1901～1937）》，楊明、馮申譯，中國大百科全書出版社，2018 年版。

〔註 29〕陳志讓：《軍紳政權——近代中國的軍閥時期》，三聯書店，1980 年，第 112 頁。

〔註 30〕謝振民：《中華民國立法史（上）》，張知本校訂，中國政法大學出版社，1999 年版，第 193 頁。

〔註 31〕李劍農：《最近三十年中國政治史》，臺灣學生書局，1930 年版，第 531 頁。

司法內外的諸多矛盾。

　　法與統的不調，法治與黨治的衝突，是中國法制在勉力調適、趔趄向前的現代化進程中避無可避的問題，並且作為一種歷史境遇，在介入鄭毓秀的個體生命時，給後者造成了形象陷墮的苦果：國民革命時期帶來崇高名譽的司法黨化行為，倏然間轉變成破壞司法獨立的把柄；執律滬上遵循傳統治理習慣的人情手段，驟時捩化為戮權失德的罪行。可以說，鄭毓秀形象變易的過程，體現出這些歷史問題激發的社會矛盾在得不到有效解決時，便以犧牲典型個體的方式排解公眾情緒、謀求自我緩和的一種「揚湯止沸」式的調節模式，我們不妨稱之為形象的「歷史陷阱」。

　　在一個具有文化認同感的社會裏，當國家和民族的命運成為日常生活中無法避免的議題時，這個文化集體所產生的文本將會以國家寓言的方式投射其政治意涵，反映出整個文化與社群的政治潛意識。〔註 32〕受外強魚肉凌辱而形成的民族恥感，在 1931 年日軍侵華以後不斷內照，通過報刊媒體對黨政司法亂象的嘲諷、醜化，宣洩出公眾或憤怒，或無奈的危機情緒。在描摹鄭毓秀形象的文本中，書寫者將這樣的民族情感和歷史認知融入文本，使得鄭毓秀的人生經歷發生了從「事件」到「歷史事件」再到「歷史故事」的轉變，呈現出歷史人物與文本書寫者、接受者、傳播者之間錯綜複雜的關係。查考1933 年諸多文本對鄭毓秀施加的形象批判後不難發現，批評者們並沒有一個始終如一的客觀評價標準，並且為了引發恥感共鳴，行文措字逐漸疏離於原本的真實，最終成為了塑造其形象捩變的「文本陷阱」。

　　回顧自己的革命經歷時，鄭毓秀曾作了一個巧妙的類比：「一個在富裕環境下成長的男孩，到了二十二三歲依舊是個男孩，但如果那個男孩在十八歲時遇上了戰爭或革命，很快地，他的態度便會蛻變成一個能肩負起責任的男人」〔註 33〕，這是她的自喻。革命不僅顛覆了人們在和平時代中形成並恪守的生活準則，也使原本的社會性別秩序與兩性關係均受到一定的影響。鄭毓秀直言：「我的情況大概是跳過某段時期（女孩的青春期）……由於時代背景的關係，我很自然地就會投入政治議題，參與暴動、刺殺，以及革命等

〔註 32〕〔美〕弗雷德里克・詹姆遜：《政治無意識》，王逢振、陳永國譯，中國社會科學出版社，1999 年，第 25、26 頁。

〔註 33〕鄭毓秀：《不尋常的玫瑰枝：鄭毓秀自述》，賴婷婷譯，中國法制出版社，2018年版，第 43 頁。

行動」〔註34〕，叛逆傳統形成了她對某些男性特權的依賴，投身革命最終塑造了其獨特的男性化風格。在形象初構時，鄭毓秀的性別特徵便開始被公眾廣為關注及討論，及至形象轉變中，大量的「性別新聞」藉由對鄭毓秀打破性別壁壘、挑戰男性權威的同時也欺壓女性等「失德」行為的臆造和「揭秘」，針對其性別特徵與身體形態等展開了新一輪審判，從而推動和塑成了男性主導的公眾話語下，鄭毓秀婦德有失、不知羞恥的「惡女人」形象，構成了一種「性別陷阱」。

基於此，為涵涉歷史的陷阱、文本的陷阱與性別的陷阱三者，筆者提出「鄭毓秀陷阱」的概念構想，用以描述在中國法制現代化的歷史背景下，傳統、法治、黨治不調的社會矛盾對革命者或法律職業者等具備公眾形象的女性個體造成的形象危機，為分析社會中個體的形象問題提供可加思考的三重維度。不過需要注意的是，這一陷阱的形成不僅在於社會矛盾等外力作用，更是歷史與個人共相鋪設的結果，鄭毓秀的行為與個性對負面形象的適切是其跌入形象陷阱的主要原因。

由此，在早已鋪設的重重「埋伏」中，處於風口浪尖的鄭毓秀百口莫辯，選擇了避審逃逸。可即使躲過了法院的通緝，卻始終無法從公眾的憤怒與媒體的批判中尋得徹底的解脫。司法黨化也好，人情手段也罷，面對輿論指控的巨大壓力，「毫無證據」的反駁已屬蒼白無力，「革命正義」成為了由此起家的鄭毓秀堅持無罪的救命稻草。「毓秀服務社會國家，向以主持公道正義為宗旨，奔走革命二十餘年，累歷艱危，生命在所不惜」〔註35〕。然而時移世易，革命資歷不能洗脫其「違法失德」的罪惡，曾報以極大熱情服務的國民黨也拋棄了她，為塑造以黨治國下持法公正的形象與平息民憤，《中央日報》發文與鄭劃清了界限：「最高法院以此事開司法界舞弊之破天荒，非從嚴審判不可，現鄭毓秀、楊肇熉、鄭慧琛等，雖聞風逃逸，但已嚴令通緝，務獲到案法辦。」〔註36〕由此鄭毓秀心灰意冷，回歸家庭，其人生中最重大的形象轉折亦隨之塵埃落定。

〔註34〕鄭毓秀：《不尋常的玫瑰枝：鄭毓秀自述》，賴婷婷譯，中國法制出版社，2018年版，第43頁。

〔註35〕《鄭毓秀質問監委高友唐》，《申報》，1933年1月15日，第一版。

〔註36〕《鄭毓秀案司法當局決嚴辦，鈕傳椿也已羈押》，《中央日報》，1993年3月1日，第二張第三版。

第四章　總結及餘論

　　受國內社會史研究不斷深入的影響，法律史學界早已注意到過往制度研究的範式對於「人」這一主體的忽視——立於法制中的「人」是鮮活的歷史個體，其「言行舉止」反映出的社會潛意識對法律文化的影響不可不察。而從現有成果看，單純以「人」為研究對象的法律史作品往往囿於解讀其個體思想的範疇，這樣產生的一個問題是，對於那些沒有傳達出「重要」法律思想、卻又切實參與並深刻影響了法制現代化過程的「他」或「她」者來說，我們似乎缺乏一種能將其個體生命與制度性變革有機結合、進而合理研究與探討的邏輯和方法。而日益展現出動態、多元研究特點的社會史學恰恰可以為這類問題提供視角上的啟發，即法律史與社會史研究的結合不僅在理論上有探討的價值，在個案研究中亦有方法上的指導意義。以鄭毓秀形象變遷為楔子，便是筆者結合鄭毓秀個人經歷及文本特點，在思考上述問題時作出的個案嘗試，在說明以下問題時均以此為例。

　　以社會史觀作參照，首要是將法律現象作為社會現象中的一種，做整體性研究。瞿同祖先生認為：「法律與社會現象是不可分割的，法律是社會中的一種制度，不能離開社會，研究法律必須放到社會中去」〔註1〕，在法律與社會制度關係的表述上，一個更為精到的理解是：「法律制度作為社會制度的子系統，其靜態的狀況反映了一定時期內的社會狀況，而其動態的變遷則反映了社會的變遷，因為法律制度是在社會的經濟、文化、意識形態和政治的環境中存在和發展的。」〔註2〕在鄭毓秀研究中，不難觀察到貫穿於其個體生命

〔註1〕王建：《瞿同祖與法律社會史研究》，《中外法學》，1998年第4期，第17頁。
〔註2〕付海晏：《中國近代法律社會史研究》，華中師範大學出版社2010年版，第9頁。

中的政治（革命）、法律與性別要素在時刻進行的複雜互動：借勢婦女解放的歷史潮流，女性性別賦予了鄭毓秀從參政、執律中獲取名望的天然優勢，也造成了她「從律欺婦」、「偏狹好訟」的形象污名；遊走於政界與法界之間，擁護司法黨化形成了她的精英法官氣質，干涉司法獨立又造成了她包攬官司的罪行。1933 年及後，報刊媒體幾乎始終將鄭毓秀視為規訓和整治的重點，個中原因不僅在於她「貪污侵佔」、「干涉司法」的違法行徑，也在於鄭毓秀打破性別壁壘，挑戰男性權威的同時也欺壓女性。這種規訓與整治既牽涉到法治公平等司法問題，也極具性別意義，說明女性在法律活動中的行為評價存在著男性的背後推動。由此，社會公眾對鄭毓秀「法」與「不法」的評價，不單涵涉了狹義法條，更包容了「德」與「不德」的廣義規範，施予鄭毓秀這一極為特別的個體之上，最終形成了複雜多元的價值「審判」。

尤須注意的是，將法律史與社會史作個案研究的結合，應當警惕弱化「法律」與「法文化」作用與價值的傾向。學者林端在闡述法與社會關係時總結出兩種法律社會學方法：其一為「發生的法律社會學」（Genetische Rechtssoziologie），即法律作為應變項是如何由社會起源與產生的；其二為「操作的法律社會學」（Operationale Rechtssoziologie），探討法律作為自變項如何影響社會中其他因素的發展。〔註3〕法律史學者張仁善在提出法律社會史概念時強調，雖然採用社會史的視角，但研究的目的仍是驗證法律。〔註4〕在鄭毓秀個案中，公眾對其形象的批判，根源於她涉嫌侵佔的違法犯罪行為以及避審逃逸體現出的對司法的蔑視，從這一方面看，可以說鄭毓秀形象的文本研究，亦是其個體法律形象的文本研究，體現出作為歷史境遇的法制現代化在介入鄭毓秀個體生命時展現出的諸多矛盾。

就鄭毓秀個人際遇而言，叛逆禮教、投身革命、易裝暗殺、負笈海外、歸國出仕，涉案逃逸，諸多經歷集於這位出身晚清官宦之家的女性一體之上，造成了其形象的複雜多變。這決定了涉鄭研究在具備宏富學術探討價值的同時，也增加了視角與方法的困難。誠然，文本不能反映完整的歷史事實，文本研究的侷限性使得無論從何種角度透視、建構鄭毓秀的形象，都是不完善的。然而可以肯定的是，自幼年叛逆個性的養成與投身革命之後，鄭毓秀進

〔註3〕林端：《儒家倫理與法律文化》，中國政法大學出版社 2002 年版，第 420 頁。
〔註4〕張仁善：《禮·法·社會——清代法律轉型與社會變遷》，天津古籍出版社 2001
　　　年版，第 358 頁。

入、參與並影響了中國法制現代化的過程。

從社會審視來看，處於公眾視野下的鄭毓秀形象發生了由革命英雌、律師精英、黨化法官、女權代表的正面形象，向貪污包攬、欺婦欺夫、民賊惡婦、偏狹好訟等負面形象轉捩的變化過程。對比其自我言說，1933 年形象重大轉折的發生，一方面是鄭毓秀積極推行黨化治理、突破司法界限交際與採用法外人情手段等個體行為的結果，另一方面也是法、統不調，黨治與法治衝突等法制現代化磨難的具化體現。在形象變化中，報刊媒體、社會大眾起到了決定性的作用，基於黨化引發的治理問題與民族危機下的外恥內照，對鄭的侵佔審判走出法庭，其罪行在公共話語中發生了由侵佔到瀆職侵佔，由違法到違法失德的雙重變向，對她性別特質的批判體現出女性形象轉捩背後的男性推動與兩性互動。

將鄭毓秀個體的形象變化放置於社會歷史的經緯中，同樣可以發現一種「現代性的時間奇觀」〔註5〕——在外緣現代化滲入既有社會時，西方的現代時間與中式的傳統時間進行了制度與文化上的空間拼接，造成了難以彌合的裂縫。當傳統面對現代、法治理念面對本土人情、司法秩序面對革命語境、當個人面對社會、制度面對生活時，鄭毓秀的形象問題不特反映出她自己的矛盾，也投射出群體的、社會的乃至歷史的矛盾。借助「鄭毓秀陷阱」闡發出歷史、文本、性別的三個維度，可以更加深入思考和探索暗藏於個體與群體文本畫像背後的社會問題與歷史規律。

形象的文本分析僅是研究鄭毓秀的視角之一，限於該主題，筆者不能對她本身作面面俱到的敘述，故總結之餘，仍有概述鄭毓秀的社會貢獻、以謀求人物完整形象之必要。除革命以外，鄭之貢獻還有諸多可彰之處：

其一，對司法的貢獻。雖然黨化帶來諸多問題，但鄭毓秀並非沒有堅持一定的法治原則，如 1927 年 7 月 19 日，於南京參加江蘇省政府第二十六次政務會議時提出了「救濟冤囚，改良獄政，以保私權而維人道」的提案〔註6〕：

〔註5〕 此說源於龍泉司法檔案階段性成果評審會對羅錚強《羅建功的訴訟史》的討論，參見饒佳榮：《法與史的碰撞：對書稿〈羅建功的訴訟史〉的「審判」》，澎湃新聞 2018 年 7 月 16 日報導，https://www.thepaper.cn/newsDetail_forward_2265458，查於 2019 年 1 月 2 日。

〔註6〕 《蘇省政府廿五、廿六次會議紀要》，《申報》，1927 年 7 月 21 日，第九版。及《鄭毓秀改革獄政案原文：省政府會議通過》，《新聞報》，1927 年 7 月 23 日，第二張第三版。

（一）孫逆時代處壓迫民權虐政之下，各縣或法院所為之有關於壓迫民權之判決，其送監執行之囚犯，應由各縣或各法院斟酌情節輕重，迅速分別處理釋放以維民權。

（二）孫逆時代非司法機關送監執行之人犯，應由各縣或各法院重為審判，迅速分別處理釋放。

（三）監獄懲罰減食之規定，有虧人道，應迅予廢除。

該提案經過決議通過，在江蘇各級法院推行，一定程度上起到了維護獄政秩序、保障人權的作用。

其二，對憲政研究的貢獻。鄭毓秀的博士論文綜合對比了民國約法與英、美、法、意等國憲制，指出了釋憲權規定的缺陷，如「解釋憲法之權，分任之機關愈多，則其困難亦愈甚」、「憲法會議之形正式解釋憲法，完全不能與中國憲法所浸淫之司法最高權原則相關和」等，尤其是在違憲審查制度（文中稱「憲法之司法檢察」）的比較中，認為約法並未規定設立特殊法庭處理違憲訴求，相當於把這一重要權能下放至基層法院，容易引起司法秩序的混亂，「實為危險之舉」，富有創建性。文中引用了詹姆斯·布萊斯、狄驥、歐里安等公法學家的理論與思想，闡釋了諸如 1803 年「馬賽法官對馬悖事件」（即馬伯里訴麥迪遜案中馬歇爾法官對司法審查權的精妙解理）等案例的啟發，不失為一篇佳作〔註7〕，並在譯成中文出版國內後得到了時人好評：「鄭博士之書，助三民主義而造時勢者也」，「吾於是歎女界今乃有傳作」。〔註8〕

其三，對外交宣傳的貢獻。1928 年 2 月 25 日，鄭毓秀奉國府之命赴法考察，外媒認為此次出訪具有開創意義，「迄今為止中國從未有過向外面的世界告知其本國問題的實踐」〔註9〕，鄭與法國政要往來晤談，加深了中法關係。同年 5 月，濟南慘案發生，鄭與李石曾、魏道明等在巴黎大力宣傳濟案實情，對揭露日本侵略面目、獲取國際同情與聲援出力甚多。〔註10〕

其四，對法學教育的貢獻。自 1927 年 11 月起，鄭毓秀擔任上海法政大

〔註7〕鄭毓秀：《中國比較憲法論》，世界書局，1937 年版，第 32、48、120 頁。

〔註8〕丹翁：《鄭毓秀博士書書後》，《上海畫報》，1927 年，第 302 期，第 2 頁。

〔註9〕MISS SOUMI CHENG FOR FRANCE, Departure To-day as Head of a "Good Will" Mission, *The North-China Daily News (1864~1951)*, Feb.28, 1928.

〔註10〕參見《鄭毓秀年譜詳編》1928 年諸條。鄭毓秀的正義言論還引起了日方重視，參見『支那の女──鄭毓秀』「日支問題研究會『日支』（日支問題研究會、一九二八）四十四頁。」

學（後上海法政學院）校長七年之久，期間積極革新校務、邀聘名師，以及
從法國採購圖書、贊助優秀畢業生赴法留學等，在上海培養出了一批法政人
才。〔註11〕

　　其五，對社會公益的貢獻。鄭毓秀廣事交際並非毫無益處，事實上，豐
富的人脈資源在她舉辦的賑濟水災、支持抗日等籌款活動上均發揮了重要作
用，「鄭博士交遊廣闊，所延攬之名媛，化裝跳舞，異常可觀。登高一呼，遂
得閨閣名媛海上名流者欣然加入」〔註12〕。這些公益活動為數不少，規模較
大的諸如 1927 年中華婦女慰勞北伐傷病軍士遊藝會、1930 年 10 月籌賑東北
水災化裝跳舞會等，報刊稱其「熱心公益，久為全國人士所佩仰」，扶病仍堅
持籌賑更顯「恫瘝在抱」〔註13〕，可見其舉辦公益獲得了良好的社會評價。

　　「坦白說，我算是生在一個幸運的時代——清末時期」〔註14〕，鄭毓秀
的生命體悟或如狄更斯的那句名言。縱觀其一生，歷史塑造了她引領革命的
種種特質，也為其精心構設了重重陷阱，在法制現代化進程的折衝之際，鄭
毓秀不得不黯然退場。「法」或「不法」？「德」或「不德」？自傳中未著點
墨的 1933 年，或足以引發後人對法治理念的思索。

〔註11〕參見《鄭毓秀年譜詳編》。
〔註12〕《滬上曾未有過之化裝跳舞遊藝大會》，《新聞報》，1930 年 10 月 9 日。
〔註13〕《中外大事記·要人近訊·鄭毓秀扶病籌振》，《興華》，1930 年第 27 卷第 39
　　　　期，第 42 頁。
〔註14〕鄭毓秀：《不尋常的玫瑰枝：鄭毓秀自述》，賴婷婷譯，中國法制出版社，2018
　　　　年版，第 18 頁。

第二部分：鄭毓秀年譜考編

附錄一　鄭毓秀 [註1] 年譜詳編 [註2]

鄭氏家族：

鄭氏宗祠位於深圳市寶安區西鄉街道辦，全稱為「鄭氏五大房宗祠」，被寶安、香港、東莞、中山等地鄭氏家族視為總宗祠，因為祠堂大門前有一對

[註1] 關於用名，筆者統計鄭毓秀在不同時期所用名見於文獻者有：蘇梅、Cheng Yu-hsiu、Miss Soumay Tcheng、Dr.Soumay Tchen、Miss Chêng Yü-hsiu、Miss Soume Cheng。另有日文名譯作テイクシユウ，見東亞問題調查會編：《最新支那要人傳》，朝日新聞社，1941 年版，第 158 頁。關於其英文名「蘇梅」（Soumay）的來源，一種說法是據其父執同鄉某君所言，本係「蘇妹」二字，是鄭毓秀的小名，「粵俗稱幼女為妹，蓋以乳名為號也」，參見大公：《鄭毓秀博士的小名》，《北京畫報》，1929 年第 2 卷第 54 期，第 1 頁。炯炯：《男女博士訂婚記：王寵惠鄭毓秀兩先生》，《上海畫報》，1926 年第 96 期，第 1 頁。

[註2] 本年譜由筆者獨立完成，史實校對附於腳注內。在 2019 年 1 月本文完成以前，僅有唐冬眉整理的《鄭毓秀年譜》（產耀東主編：《深圳市西鄉街道志》，中國文史出版社，2009 年版，第 659～668 頁），內容上不夠嚴謹且不細緻（如欠缺 1933 年對鄭影響重大的「侵佔案」及多處語焉不詳，類似大事記），所用資料不夠詳實（缺乏報刊、口述史料、外文史料的運用）等，對於研究鄭毓秀這一聲名顯赫，身份駁雜，交際廣闊且有重要國內外影響的近代法政人物多有不便，故筆者除少量參用該文外，幾乎全部重新考校和撰寫，能考出者盡力細緻到日，每條腳注內均有引證來源，自傳與其他史料及各史料間衝突者，在每條前冠以「＊」，並在其腳注內列明筆者考校意見，必要歷史背景交代於「（）」內。本譜所用史料主要包括：其一，鄭毓秀的兩本自傳：Van Vorst Bessie (McGinnis): *A Girl From China (Soumay Tcheng)*, New York: Frederick A.Stokes Company, 1926.與 Wei Yü-hsiu (Chêng): *My Revolutionary Years: The Autobiography of Madame Wei Tao-Ming*, New York: Charles Scribner's Sons, 1943.（為便注釋，年譜中分別簡稱為英文自傳 1、英文自傳 2）自傳 1 的漢譯本於 1927 年連載於上海《生活》週刊第三卷，參見鄭毓秀：《鄭毓秀女士

三米多高的石獅子，又稱「石獅子祠堂」。〔註3〕

　　鄭毓秀的祖父鄭姚早年在香港經商，成為寶安巨富。華中地區水患時出資賑災，御賜「樂善好施」匾額。協助地方重建，被稱為「大善人」，清廷賜官北上進京，因不適官場逢迎，乃辭官在京津地區經營房地產。鄭姚還出面主持重修了西鄉墟正街。光緒四年（1878 年），他倡議重修鄭氏宗祠，並創建綺雲書室，供村中子弟讀書。綺雲書室位於寶安區西鄉街道的樂群社區，建成於清光緒十一年（1885 年），建築佔地 3600 多平方米，是深圳歷史上最大的私人書室建築，可見當年鄭氏家族對教育的重視。鄭姚晚年，投資失敗，不復當年榮光。

　　鄭毓秀的父親是鄭姚的四子鄭秉義，隨父北上進京於戶部任官。

　　鄭秉義原配劉氏婚後初無子女，依照當時習俗，將鄭姚家族二房次子鄭啟昭過繼鄭秉義，此後，劉氏生下二子二女。因此，族譜上鄭秉義有了三子

自述》，彭望芬譯，《生活（1925）》，1927 年第 3 卷。自傳 2 的漢譯本為鄭毓秀：《不尋常的玫瑰枝：鄭毓秀自述》，賴婷婷譯，中國法制出版社，2018年版。（與原本對應，年譜中分別簡稱為譯本自傳 1、譯本自傳 2）由於英文自傳 2 除包含英文自傳 1 的內容外（二者幾乎一致），又補充了 1926 年至1943 年之間的經歷而更為充分，且譯本自傳 2 相較於譯本自傳 1，翻譯更忠實原文，故除考證需要，本年譜多運用自傳 2 進行撰寫；其二，報刊，如《申報》、《字林西報》及上海地方報刊等；其三，地方志，如深圳市文物管理辦公室編：《廣東省縣域歷史文化資源：深圳卷》，文物出版社，2009 年版；其四，審判志、名人錄（中、日）、史檔彙編，如滕一龍主編：《上海審判志》，上海社會科學院出版社，2003 年版。日支問題研究會編：《支那の女——鄭毓秀》，載於《日支》，日支問題研究會，第 44～53 頁，1928 年 9月；其五，時人日記、回憶錄及口述史料，包括胡適、徐志摩、譚延闓、徐永昌日記，傅秉常、于潤生、藍敏的口述史料（均已由臺北中研院近代史所出版），以及顧維鈞、董竹君、朱伯奇、凌其翰的回憶錄等；其六，文學文本與影像史料，如陳辟邪：《海外繽紛錄》，瀋陽：春風文藝出版社，1997年版（該小說 1927 年連載於《商報》）。陳春隨（即陳登恪）：《留西外史》，新月書店，1928 年 10 月版（該小說 1927 年春連載於《時事新報》副刊《青光》，未完輟筆，人物「周美靈」即是鄭毓秀的化名），以及李克威編劇：《我們的法蘭西歲月》，2012 年 6 月 26 日在 CCTV1 播出。鄭毓秀的扮演者為柯藍，其形象出現於第 5、15、17、24、25 集，播放網址：http://tv.sohu.com/s2012/wmdflxsy/；其七，現有研究成果，如趙晨欣：《鄭毓秀的傳奇一生》，華中師範大學碩士學位論文，2016 年。唐冬眉：《穿越世紀蒼茫——鄭毓秀傳》，中國社會出版社，2003 年 1 月版等。故而，本年譜的參考資料涵蓋了關涉鄭毓秀的著作、詩文、書信、講演、發刊詞、函電、批示、小說、漫畫等較為全面的史料形式與內容。

〔註3〕鄭毓秀自述，〔法〕B.凡・沃斯特筆錄，劉中國、柳江南譯：《來自中國的少女》，廣東經濟出版社 2020 年版，第 30 頁。

二女。分別為鄭啟昭、鄭少嵐、鄭啟聰、鄭雪案、鄭毓秀。許多文章介紹，鄭毓秀之父親乃鄭姚第三子鄭文治，實誤。〔註4〕

1891年〔註5〕，清光緒十七年，辛卯，零歲〔註6〕

約三月至四月間〔註7〕，出生於廣東省廣州府寶安縣（又稱新安縣）鄭家祖宅。〔註8〕

〔註4〕鄭毓秀自述，〔法〕B.凡·沃斯特筆錄，劉中國、柳江南譯：《來自中國的少女》，廣東經濟出版社2020年版，第5頁。

〔註5〕關於出生年份，不同史料記錄存在差別。據筆者所查共見3種：其一為1891年，多見於人物辭典，為當前多數研究者採用，如石源華：《中華民國外交史辭典》，上海古籍出版社，1996年版，第429頁；其二為1894年，見於20世紀30、40年代中、日編纂的名人錄，如樊陰南：《當代中國名人錄》，上海良友圖書印刷公司，1931年版，第413頁。Who's Who in China, *The China Weekly Review*, 1936, p41.以及東亞同文會外務省情報部編：《現代中華民國滿洲帝國人名鑒》，1937年版，第406頁等；其三為1896年，見於英文自傳2，p.3，及譯本自傳2，第3頁。筆者採用第一種（即1891），原因在於，據自傳，鄭於1908年由北京前往吉林營救其兄長（參見鄭毓秀自述，〔法〕B.凡·沃斯特筆錄，劉中國、柳江南譯：《來自中國的少女》，廣東經濟出版社2020年版，第106頁），而其母稱其當時只有十六歲（參見鄭毓秀自述，〔法〕B.凡·沃斯特筆錄，劉中國、柳江南譯：《來自中國的少女》，廣東經濟出版社2020年版，第97頁），故可推知其出生年應該為1891年，且該出生年份可以與其敘述的早年經歷自洽，找不到有悖時序邏輯的反例。而據鄭、魏的好友所述，由於魏道明（1901年生）比鄭毓秀小十歲，結婚時為免流言，鄭將年齡改小5歲，之後鄭即自稱1896年出生（參見蔡孟堅：《懷念魏道明先生──從王亮老談魏說起並敘述海外生活及再婚返國重登政壇等經過》，《傳記文學》第39卷第5期，1981年11月；黃天邁：《鄭毓秀與魏道明──夫婦同是一代風雲人物》，《中外雜誌》第46卷第6期，1989年12月，第14頁。），故筆者以1891年為鄭毓秀出生年份。

〔註6〕本年譜計齡按國際通用方式，即周歲制（出生時零歲，以後每年生日當日始稱滿一周歲）。設公元年份為N（1891≤N≤1959），鄭毓秀周歲齡Y的計算方式為：在N年3月24日（估測的出生日期）以前，Y=N～1892；在N年4月7日及以後，Y=N～1891。一應史料中提及的日期，若無特別說明或考證為農曆者，均以西曆計，確實為農曆者換算為公曆計。為便計齡，本年譜中各項年後所附的年齡值為該年4月7日及以後的周歲齡，如1892年記為「一歲」，以此類推。

〔註7〕關於出生日期，自傳、傳記或檔案均無準確記述，筆者查見《申報》曾載鄭友人為其賀壽所題詩，見報時間為1930年3月24日，故可估測鄭生日在1892年3月24日左右。參見看雲樓：《為李桂芬女史題紅牡丹即以壽鄭毓秀博士》，《申報》，1930年3月24日，第十一版。

〔註8〕今廣東省深圳市寶安區西鄉鎮樂群村。參見深圳市政協文史資料委員會編：《深圳文史（第6輯）》，海天出版社2004年版，第27頁。產耀東主編：《深圳市西鄉街道志》，中國文史出版社2009年版，第615頁。

鄭家完全是一個典型的中國式大家族，居住在同一個屋簷下的，除了鄭毓秀父母、兄弟姊妹之外，還有老祖母、伯伯、叔叔、嬸嬸、堂兄弟、堂姊妹等六十多口。此外還有四十多個傭戶。〔註9〕

1897年，清光緒二十三年，丁酉，六歲

為保護小傭人而頂撞祖母，後因礙於母親顏面被迫順從。因好動、叛逆而抵抗纏足，最終成功。〔註10〕

1898年，清光緒二十四年，戊戌，七歲

聽母親講花木蘭〔註11〕。入綺雲書室私塾，記誦儒家經典。〔註12〕對「七夕節」留下了深刻印象，學會刺繡等。依照傳統，認某「自梳女」（即把頭髮像已婚婦一樣自行盤起，以示終身不嫁的婦女）為教母。〔註13〕

1900年，清光緒二十六年，庚子，九歲

與母親乘船從廣州出發，途經香港，參觀設在香港碼頭的英國海關大樓、賽馬會、工廠、建築，接觸外國人，駐留三周後，復乘船抵天津，換乘火車至北京與父親團圓。在北京城內女子學校讀書，認真研讀中國古代經典作品與歷史。〔註14〕與父親參觀衙門。

1902年，清光緒二十八年，壬寅，十一歲

隨父在北京城內四處走動，出門乘坐馬車，常裝扮為男孩，剪短頭髮，穿一件長絲綢外套，皮靴，頭上戴著一頂瓜皮小帽。傭人董五隨同保護。〔註15〕常和父親晚上夜宵漫談，瞭解戶部衙門及清政府的內部組織與各省治理。受父親影響，認為「要想治理好國家，一個官吏首先必須是個正派人。」〔註16〕

〔註9〕鄭毓秀自述，〔法〕B.凡·沃斯特筆錄，劉中國、柳江南譯：《來自中國的少女》，廣東經濟出版社2020年版，第3頁。

〔註10〕譯本自傳2，第6頁。

〔註11〕譯本自傳2，第1頁。

〔註12〕綺雲書室由鄭姚於光緒十一年修建，今位於廣東省深圳市寶安區西鄉樂群社區屋下村東，是深圳地區歷史上最大的私人書室建築。參見譯本自傳2，第15頁。產耀東主編：《深圳市西鄉街道志》，中國文史出版社2009年10月，第539頁。

〔註13〕鄭毓秀自述，〔法〕B.凡·沃斯特筆錄，劉中國、柳江南譯：《來自中國的少女》，廣東經濟出版社2020年版，第44頁。

〔註14〕譯本自傳2，第10～17頁。

〔註15〕鄭毓秀自述，〔法〕B.凡·沃斯特筆錄，劉中國、柳江南譯：《來自中國的少女》，廣東經濟出版社2020年版，第62頁。

〔註16〕鄭毓秀自述，〔法〕B.凡·沃斯特筆錄，劉中國、柳江南譯：《來自中國的少女》，廣東經濟出版社2020年版，第73頁。

1903 年，清光緒二十九年，癸卯，十二歲

在飯館中聽父親與同事討論公事，萌生政治興趣，並不自覺對革命產生印象，漸生出國深造的想法。曾每日下午和母親坐轎訪友。〔註17〕

1904 年，清光緒三十年，甲辰，十三歲

十二月，祖母帶大量傭人從廣東祖宅搬到北京，與鄭一家同住。〔註18〕

1905 年，清光緒三十一年，乙巳，十四歲

上半年，被祖母安排與兩廣總督增祺某子訂婚。〔註19〕

五月間，鄭家接收男方的聘禮，納徵完成。〔註20〕

下半年，未婚夫請期，鄭託其兄寫信告知，要求他赴歐美完成學業，或至少入京師大學堂讀書後方願與之結婚，被拒絕。鄭親自寫信給未婚夫：「你為何不娶個比較適合你的女人？我要去美國或歐洲完成學業，這看起來不符合你對婚姻的計劃」，「娶個容貌美麗、配得上你的女子，在你為職務貢獻時，她也能從旁協助」，「我尊重、欽佩你的責任感。事實上，你不願和自己的父母分開，這證明了你是多麼善良孝順。同樣地，你對朝廷委任的職位表現出絕對的奉獻精神。我不會，也不願慫恿你對這兩件事有不同的看法。但有一點你很容易理解——我也有自己的責任和義務要履行，首先我要對自己的未來負責。我必須坦率地告訴你，我的目標是到美國或歐洲去完成自己的學業。事實上，我在這方面的願望是如此之強烈，以至於我不知道要多久才能完成學業，但肯定要花很長的時間。作為一介貴胄之子，你最好娶個如花似玉、知書達理的大家閨秀，而我不想成為你的累贅。娶一個配得上你的年輕漂亮姑娘吧，我的路就在我腳下，就在我眼前，無比清晰，我不會停下腳步，也不

〔註17〕譯本自傳 2，第 17～19 頁。

〔註18〕譯本自傳 2，第 19 頁。

〔註19〕關於鄭毓秀的未婚夫，兩本英文自傳的原文描述均為"a certain young man whose father was Governor of Canton"，分別參見英文自傳 1，p.66.英文自傳 2，p.23；譯本自傳 1 作「在廣東做官很有財勢的人家」（第 3 卷第 78 頁），譯本自傳 2 作「他父親是廣東總督」（第 20 頁）。另據《由王寵惠談到鄭毓秀》一文也提到鄭毓秀在國內有位曾姓丈夫，參見《由王寵惠談到鄭毓秀》，《藝文志》第 34 期，1968 年 7 月。增祺（1851～1919），字瑞堂，滿洲鑲白旗人，1909 年任廣州將軍，1910 年 10 月 29 日因袁樹勳病免而兼署兩廣總督，直至 1911 年 4 月 14 日卸職，參見錢實甫編：《清代職官年表（第二冊）·總督年表》，中華書局出版社 1980 年版，第 1504 頁。故而「廣東總督」的譯法不足嚴謹，當為「兩廣總督」，該婚約男方的具體姓名未能考出。

〔註20〕譯本自傳 2，第 21 頁。

會回頭。」〔註21〕結果引得家族蒙羞，但最終得以退婚。〔註22〕

入讀天津女子寄宿學校——中西女塾教會學校，又名天津崇實中西女中，學習英語及現代知識，留西式髮型、學西式餐桌禮儀，每天長途慢跑，說服校長免其每週日例行的禮拜儀式。〔註23〕所在班級的四十名女生來自美、英、中，英語授課。

1907 年，清光緒三十三年，丁未，十六歲

兄長在吉林任職期間挪用公款投資造成虧空，不得已典當珠寶從北京赴吉林為其解圍。從天津崇實中西女中結業。〔註24〕

1908 年，清光緒三十四年，戊申，十七歲

十一月，光緒帝、慈禧太后相繼去世，鄭受早期革命思潮影響，漸生投身革命活動的意願。〔註25〕

1911 年，清宣統三年，辛亥，二十歲

春，在北京打聽革命黨。為尋找孫中山，以遊學為由乘船赴日，投靠在神戶外交處任職的堂兄，到中國店鋪探詢革命者，多次參加同盟會總部的秘密集會，結實革命黨領導人吳、王二先生，曾得見孫中山，並加入中國同盟會，成為積極革命分子。後受委派回國，利用家族的便利身份，擔任同盟會駐北京郵件書信情報員，並參加國民黨北方革命活動。〔註26〕

〔註21〕鄭毓秀自述，〔法〕B.凡·沃斯特筆錄，劉中國、柳江南譯：《來自中國的少女》，廣東經濟出版社 2020 年版，第 84、85 頁。

〔註22〕譯本自傳 2，第 20～24 頁。

〔註23〕譯本自傳 2，第 24～27 頁。

〔註24〕鄭毓秀自述，〔法〕B.凡·沃斯特筆錄，劉中國、柳江南譯：《來自中國的少女》，廣東經濟出版社 2020 年版，第 95 頁。

〔註25〕譯本自傳 2，第 34～36 頁。

〔註26〕譯本自傳 2，第 5、37～44 頁。關於「吳」、「王」二人的具體身份，英文自傳 2 作"I met the men who were at that time the Directors, Mr. Wu and Mr. Wang"（p.45），據趙晨欣考證應為吳稚暉、汪精衛（參見趙晨欣：《鄭毓秀的傳奇一生》，華中師範大學碩士學位論文，2016 年，第 14 頁）。筆者對此持異議，原因在於：其一，據汪精衛年譜，其於 1910 年 3 月謀炸慶親王奕劻敗露被捕入獄，直至 1911 年 11 月 6 日方才出獄，不可能於 1911 年在日本接見鄭（參見程舒偉、鄭瑞峰：《辛亥著名人物傳記叢書·汪精衛》，北京：團結出版社，2011 年 8 月版，第 26～38 頁）；其二，鄭自傳中 1913 年赴歐時曾提到吳稚暉："I found that Mr. Woo, one of the Nanking deputies, along with a group of other Kuomintang members, was sailing for Europe and wanted me to accompany them."用語上，不僅 Woo 不同於 Wu，且並未表達出早已相識之意，反而詳細介紹其身份，前後不一致之處，故此吳疑似亦非吳稚暉，至於二者真實身份，暫未考出。

　　夏，被分配到同盟會北方支部政治事務部工作，活躍於京津使館成員與
商貿組織的社團，常與外國友人在北京六國飯店午餐，在北京城郊山區騎馬
等，進一步瞭解西方知識。〔註27〕

　　（十月，武昌首義後，南方省份紛紛宣布獨立，革命形勢迅速發展。在
北方，活躍在北京、天津的革命黨人成立京津同盟會）

　　十月至十二月間，加入京津同盟會。受革命北方負責人李石曾組織，自
願加入「敢死隊」以暗殺阻礙倒清的政府要員，期間利用女性身份的偽裝，
並受助於其兄長與歐洲國家公使館外交官朋友的外交特權幫助，在近三個月
內每星期兩次從天津運送炸藥到北京藏匿點。後因過於緊張而生病兩週，回
到天津與母親同住。〔註28〕

　　1912年，民國元年，壬子，二十一歲

　　年初，在北京城前門某處租房，製造暗殺用炸彈。〔註29〕

　　一月十四日晚，作為十二人敢死隊成員之一，開會議決在丁字街某處謀
炸袁世凱。〔註30〕

　　一月十五日晚，收到國民黨總部特派信差的重要指示，要求終止刺殺袁世
凱，改刺良弼，由於時間倉促，十二位敢死隊員中僅有八位得到此消息。〔註31〕

　　＊一月十六日早，趕赴丁字街，尋找不知消息的其他四位敢死隊員無果，
上午十一時四十五分，親見袁世凱車隊由東華門出，經過東華門大街與王府
井大街的轉角處時，敢死隊員先後擲出炸彈，造成隨從傷亡，而袁無礙。鄭
掏出手槍朝天開了兩槍，後將其丟入人群，手指被刮傷出血，下午二時左右
回到家中。〔註32〕

〔註27〕譯本自傳2，第45～48頁。
〔註28〕譯本自傳2，第49～57頁。運炸彈一事曾被吳鐵城稱讚：「並圖秦椎之擊，
　　　　勇氣也不讓男兒」，參見吳鐵城：《吳鐵城回憶錄》，臺北：三民書局股份有限
　　　　公司，1981年1月，第59頁。
〔註29〕譯本自傳2，第57頁。
〔註30〕譯本自傳2，第59頁。
〔註31〕譯本自傳2，第60頁。
〔註32〕關於鄭是否開槍射擊一事，筆者持贊同觀點，鄭自傳中稱其因過於興奮而忍
　　　　不住開兩槍（參見譯本自傳2，第60～63頁），《民立報》等史料佐證了此事
　　　　（參見江曉敏等選編：《老新聞・百年老新聞系列叢書・民國舊事卷（1912
　　　　～1915）》，天津人民出版社・1998年10月，第15頁。以及中華民國開國五
　　　　十年文獻編纂委員會編：《中華民國開國五十年文獻・第1編・革命源流與
　　　　革命運動・第13冊・中國同盟會三》，中央文物供應社，1965年10月，第

一月二十五日傍晚，與彭家珍等集會，彭決意吸取教訓，以一人之力謀炸良弼。〔註33〕

一月二十六日，與李石曾等人靜待刺殺結果，聽到模糊的爆炸聲，後得知彭當場死亡，良弼傷重。〔註34〕

二月十二日至二十五日間，清宣統帝退位，孫中山請辭，袁世凱就任中華民國臨時大總統。鄭被捲入激進派與保守派之間的政治鬥爭。〔註35〕

二月下旬，陷入迷茫，重溫烹飪技藝，陪伴父親，遊歷北京城與附近郊區。〔註36〕

上半年，作為反袁派，參與組織和出版《愛國報》，以促進成員聯絡。拒絕袁所派特務關於出國留學的勸說。前往河道保護被刺殺的吳姓同伴屍體，並在多次集會中宣講此暗殺事件，認為袁世凱是幕後主使。〔註37〕其後某日傍晚，於北京家中接到某警官秘密報信，得知袁世凱計劃將她刺殺，隨即離開北京赴天津家中避難，不久北京家中被袁世凱派兵搜查。〔註38〕

下半年，前往日本避難四個月。〔註39〕

721頁）。關於鄭是否因謀炸袁世凱一事被捕，其他史料與鄭自傳存在矛盾，自傳中稱將槍擲於人群中即隱匿逃走，下午二點左右回到家裏，並未被捕（參見譯本自傳2，第60～63頁）。而其他史料則稱其先被捕後被釋，如《申報》：「共計被獲者……鄭姓等，所獲諸人先在內閣拘留，交軍法司審訊，聞其中並有女黨員一名」（《三志袁世凱被炸事》，《申報》，1912年1月24日，第三版），再如《順天時報》：「嚴查兇手，凡有形跡可疑者，當即捕拿數人，並聞有女學生一人云」（《對於袁首相之炸案詳細記》，《順天時報》，1912年1月17日，第七版），國民黨員李晉也有相同的回憶：「事後除張等三人被判死刑執行槍決外，其餘七人，統被法國新聞記者保釋。而那位法國記者，亦是由她（指鄭毓秀）出面浼請出面」（李晉口述、秦嶺雲筆錄、蔡登山編著：《民國政壇見聞錄·第五章·由王寵惠、鄭毓秀談到孫尊齊》，臺北：獨立作家出版社，2014年版，第56頁。轉引自趙晨欣：《鄭毓秀的傳奇一生》，華中師範大學碩士學位論文，2016年，第18頁）。筆者此處採自傳說法，異議錄此。

〔註33〕譯本自傳2，第64頁。
〔註34〕譯本自傳2，第65、66頁。此事即「紅羅廠事件」，佐證史料如下，胡鄂公：《辛亥革命北方實錄》，各埠中華書局，1948年8月，第120頁。張國淦編：《辛亥革命史料》，大東圖書公司，1980年10月版，第307頁。
〔註35〕譯本自傳2，第66、67頁。
〔註36〕譯本自傳2，第68頁。
〔註37〕譯本自傳2，第69～72頁。
〔註38〕譯本自傳2，第73～75頁。
〔註39〕譯本自傳2，第75、76頁。

是年，曾於報名入北京留法預備學校學習法文，與章以保合住校內小偏院。〔註40〕

1913年，民國二年，癸丑，二十二歲

三月上中旬，為赴法留學作準備。〔註41〕

三月二十一日，聽聞宋教仁被刺殺，赴上海參加葬禮。為阻止袁世凱向國際聯合銀行貸款事，於某會議中自願報名暗殺其財政部長。回天津後，身綁炸藥，手提炸彈，扮成女傭乘火車赴北京某飯館與組織成員集合，發現被特務跟蹤後，乘黃包車逃至公使館區六國飯店，偷偷送走炸藥，與特務「秦先生」斡旋，於翌日上午九時四十五分乘火車逃離，十二時左右於天津搭英輪逃至上海。〔註42〕

約八月間，受吳稚暉等邀，計劃一同赴歐，先回廣東老家駐留二周許，期間辦告別鄉里宴會。〔註43〕

九月初，與家人赴香港待船，後因與親友告別錯過輪船，發電報給船上友人，得回覆於新加坡港口等候同行。〔註44〕

九月上旬，偕兄長、管家董五和韓、李兩位女僕乘船赴新加坡港口，旋赴法國。〔註45〕

1914年，民國三年，甲寅，二十三歲

四月，安頓於巴黎市區克瑞桑街六號（6.Erneste Cresson），因不懂法文而感到孤獨。〔註46〕

〔註40〕《鄭毓秀博士故都之哭》，《北洋畫報》，1928年第263期，第（2）頁。此校為李石曾等創辦之留法儉學會所辦，舊址於北平北城方家胡同圖書館，鄭等之授課教師為法國人。章以保，為天津名紳章以吳之姊，同屆僅鄭、章二女生。時校除聘有廚師一人外，不設僕役，酒掃開飯等事由各學生輪流值日為之。

〔註41〕譯本自傳2，第76頁。

〔註42〕譯本自傳2，第77～91頁。

〔註43〕譯本自傳2，第92頁。

〔註44〕譯本自傳2，第92、93頁。據吳稚暉年譜，眼見二次革命失敗，吳與蔡元培於1913年9月5日乘日本船赴歐，可知鄭貽誤之船極可能為此輪。參見王雲五主編：《新編中國名人年譜集成（第13輯）民國吳稚暉先生敬恒年譜》，楊愷齡撰，臺灣商務印書館股份有限公司，1981年4月版，第45頁。

〔註45〕譯本自傳2，第93頁。黃天邁：《鄭毓秀與魏道明——夫婦同是一代風雲人物》，《中外雜誌》第46卷第6期，1989年12月，第13頁。

〔註46〕譯本自傳2，第96頁。關於鄭的居所，自傳並未提及，黃天邁、周蜀雲、王慧姬三文均指出為此，故採。參見黃天邁：《鄭毓秀與魏道明——夫婦同是一

四月至七月間，學習法語，結識法、英、美等外國友人，常招待大批中國留法學生於公寓中，一些革命黨人如李石曾、王寵惠等都是她家的常客，鄭參加或聽眾人談論政治。〔註 47〕

（八月三日，法國正式宣布參加第一次世界大戰）

八月初，開始親歷第一次世界大戰，對法國毅然參戰的決定感到震驚。〔註 48〕

約八月十日，走到巴黎蒙帕納斯車站觀看法國軍隊出征儀式，大受家庭分離悲劇的觸動。〔註 49〕

九月七日，在巴黎人行道上為「出租車部隊」歡呼鼓氣。〔註 50〕

1915 年，民國四年，乙卯，二十四歲

入索邦大學（La Sorbonne，巴黎大學前身）法學院主修法律。〔註 51〕

1917 年，民國六年，丁巳，二十六歲

三月十四日，得知中國宣布與德國斷交。〔註 52〕

七月，作為巴黎中國學生代表，參加旅歐國人組織的大型會議，以法文演講，主張中國應加入協約國參戰。〔註 53〕

八月十四日，中國對德宣戰，被要求回國進行參戰宣傳。〔註 54〕

十一月上中旬，參加於巴黎大學大禮堂舉辦的感謝中國支持協約國大會，

代風雲人物》，《中外雜誌》第 46 卷第 6 期，1989 年 12 月，第 13 頁；秦孝儀主編：《革命人物志（第 16 集）》，臺北：中央文物供應社，1977 年 6 月，第 312 頁；王慧姬：《近代中國第一位女法學博士暨律師鄭毓秀》，《僑光學報》，1997 年 10 月，第 19 頁。

〔註 47〕譯本自傳 2，第 96 頁。李晉口述、秦嶺雲筆錄、蔡登山編著：《民國政壇見聞錄·第五章·由王寵惠、鄭毓秀談到孫蓴齊》，臺北：獨立作家出版社，2014 年版，第 56 頁。

〔註 48〕譯本自傳 2，第 96 頁。

〔註 49〕譯本自傳 2，第 97 頁。

〔註 50〕譯本自傳 2，第 98 頁。即 1914 年 9 月 7 日，德軍將要進攻巴黎時，巴黎軍事總督加利埃尼（Joseph Simon Gallieni）組織動員出租車司機運送六千餘後備軍到前線防守，最後有六百部出租車參與，史稱「馬恩河奇蹟」（Miracle of Marne）。

〔註 51〕譯本自傳 2，第 98 頁。該法學院現主要由巴黎第一大學繼承，詳情可參見該校網站上的歷史介紹 http://www.pantheonsorbonne.fr/universite/presentation/historique/，查於 2018 年 3 月 21 日。

〔註 52〕譯本自傳 2，第 99 頁。

〔註 53〕譯本自傳 2，第 99 頁。

〔註 54〕譯本自傳 2，第 99 頁。

以中國代表團唯一女性成員身份登臺演講，宣揚中國革命力量與支持協約國的勇氣。〔註55〕

十一月二十七日至約十二月十一日，乘船離開馬賽，抵埃及北部塞得港（Port Said），所在船隊航行途中於地中海域多次遭到德、奧攻擊。〔註56〕

十二月中下旬，船停塞得港，上岸休息。〔註57〕

1918年，民國七年，戊午，二十二歲

十二月末（1917）至一月初，因避戰事，於塞得港滯留一個月，期間港口發生嚴重爆炸案。〔註58〕

上半年，抵廣州祖宅，到家前的幾個小時祖母去世，爾後連續數晚參加舊式葬禮。〔註59〕

下半年，在廣東會議中被林森指派為巴黎和會中國代表團隨員，以協助和會的南方代表王正廷，並負有代表中國女性發聲及協助中國媒體傳遞消息等非正式任務。乘船經美赴法，抵美時得孫中山代表馬素熱情款待，造訪加州國人社區，接受美國媒體採訪並宣講國內政治形勢。〔註60〕

1919年，民國八年，己未，二十三歲

上半年，抵巴黎後，積極交際宣傳，得安德莉・維歐利斯夫人（Andrée Violis）幫助將鄭就山東問題的立場發表於巴黎《每日郵報》進行宣傳。曾屢謁美國總統威爾遜，屢宴各國要人及新聞記者，詳陳中國不應簽德約之理由，並組織巴黎通訊社，通過向國內各報社發稿來加強輿論的影響，曾有專論《國民外交運動與中國之前途》：「雖公理自在人也，然若非國人之急起直追，又孰能令同情者之日眾耶？吾人經此番經驗，益知前此消極自了之足以陷國家於危亡，而眾擎易舉之足以戰勝艱險。」倡導國人聯合起來發揮輿論效力。鄭名氣大增，結實了不少法國政要，並曾引李晉往謁法國參議院領袖Eulao。為反對日本侵佔山東半島，與其他代表及當地中國留學生達成了拒絕簽字的共識，但勸阻陸徵祥無果。〔註61〕

〔註55〕譯本自傳2，第99、100頁。
〔註56〕譯本自傳2，第103頁。
〔註57〕譯本自傳2，第103頁。
〔註58〕譯本自傳2，第103頁。
〔註59〕譯本自傳2，第104、105頁。
〔註60〕譯本自傳2，第107～109頁。
〔註61〕譯本自傳2，第109～111頁。任白濤：《民國叢書・第3編・40・文化教育體育類・綜合新聞學》，上海書店出版社，1991年版，第502、503頁。李晉

六月二十七日（即巴黎和約簽署前一天），與和會代表、留法學生四處尋找陸徵祥，得中國代表團首席軍事代表唐在禮的夫人提示，赴杜樂麗花園與同事會面，預備趕往聖克盧（Saint-Claud〔註62〕，即聖・克盧德醫院，或譯作聖克盧）陸的藏匿處。下午接近傍晚時因等待不及，與李石曾外甥李麥可（Michael Li）搭乘出租車趕往聖克盧，與學生輪流把守其住宅。當晚，鄭折斷玫瑰粗枝假充手槍，逼迫陸的秘書岳昭燏交出了簽約的相關檔，即著名的「玫瑰代槍」事件。〔註63〕

六月二十八日，上午十時，與少部分人一同受到陸徵祥接見，據理力爭，最終使得其放棄赴凡爾賽宮簽署和約。〔註64〕

下半年，與國際記者一同造訪了歐洲多地，如法蘭德斯戰場，感到一戰後的歐洲欲振乏力。〔註65〕

是年，吳山向伍廷芳推薦鄭毓秀為廣東軍政府外交部附設外交調查會會員，經外交調查會全體表決通過。〔註66〕

1920年，民國九年，庚申，二十九歲

一月十日，作為寰球中國學生會會員載單人照片於《寰球中國學生會週

口述、秦嶺雲筆錄、蔡登山編著：《民國政壇見聞錄・第五章・由王寵惠、鄭毓秀談到孫尊齊》，臺北：獨立作家出版社，2014年版，第56、57頁。

〔註62〕〔法〕葉星球：《法國華人三百年》，法國博雅藝術家協會2008年，第25頁。

〔註63〕譯本自傳2，第113～117頁。顧維鈞在回憶錄中亦提到此事，顧當時在陸徵祥屋內，岳昭燏受到女學生「槍支」威脅而跑回醫院內為其親見。參見顧維鈞：《顧維鈞回憶錄（第1分冊）》，中國社會科學院近代史研所譯，中華書局1983年5月版，第207頁。岳昭燏（1879～？），字鞠如，浙江嘉興人，曾任湖北、江蘇督撫署洋務文案，考察憲政大臣隨員，在巴黎和會期間擔任陸徵祥秘書。

〔註64〕譯本自傳2，第117、118頁。

〔註65〕譯本自傳2，第119、120頁。

〔註66〕張琛、袁熙暘：《籬外的春天：中國女性與近現代文明的演進》，上海譯文出版社，2005年版，第183頁。吳山（1884年～1936年），字岫農，安徽滁縣人，早年在四川學習舊學及政治學，後留學日本東京獲得法學學位，加入中國同盟會，曾任雲南講武堂講師。1918年任安福國會眾議院議員，1919年，任廣東軍政府代理司法部長，1921年任中韓互助社會長，中華全國道路建設協會總幹事，期間提出以甘肅蘭州為中心的「四經五緯國道網」規劃，1925年任廈門道尹、閩廈海軍警備司令部秘書長，1927年離職。1931年九一八事變後，任華僑救國經濟委員會總幹事。參見 http://dictionary.sensagent.com/%E5%90%B4%E5%B1%B1%20(%E6%B0%91%E5%9B%BD%E5%88%9D%E5%B9%B4%E6%94%BF%E8%A6%81)/zh-zh/，查於2018年11月5日。

刊》。〔註 67〕

五月初，被上海女界聯合會推舉為萬國女子參政同盟會中國代表之一，電催出發。〔註 68〕

六月，在歐洲參加萬國女子參政大會並作演講，大略關於山東問題，「國弱民疲，國將瀕於危。我女界同胞亦為國民，宜俱具愛國之志不宜匿居閨閣，專賴他人。望各具毅力，勇往直前，為國宣力，勿讓男子佔先也」。〔註 69〕

夏，離歐經美，在美國造訪了多城的華人社區，接受媒體採訪，宣講山東主權對中國的重要意義，以及巴黎和會對其處置的不當。後坐船由舊金山返滬。〔註 70〕

＊七月四日，赴北京三里河織雲公所參加中法協進公會閉會式，作演講，「救國須重商業，商業發達，端賴教育，而女子教育，尤不可忽，譬如機器，缺一釘則全機為之廢，一國之大，豈可使女子無育乎？語畢，復操法語向班氏致謝詞，班氏及其從者，皆為之動容。」〔註 71〕

〔註 67〕 《本會會員：鄭毓秀先生》，《寰球中國學生會週刊》，1920 年第 15 期，第一版。

〔註 68〕 萬國女子參政同盟會（International Women Suffrage Alliance），1902 年成立於美國，旨在女子選舉權等參政權力的取得。據報載，此時總會設於倫敦，預定 1920 年 6 月 6 日於歐洲舉行會議，除鄭外，另兩位參會代表為周淑安、朱家驊。參見《女界討論參政代表事：已舉鄭毓秀女士星期日再開大會》，《新聞報》，1920 年 5 月 1 日，第一版。亦見《女界聯合會歡迎廣東代表紀》，《申報》，1920 年 5 月 1 日，第十四版。《女界選派赴歐代表》，《申報》，1920 年 5 月 7 日，第十版。《本埠新聞：民國九年上海大事紀》，《申報》，1920 年 12 月 29 日，第十版。亦見《本埠新聞：女子參政同盟會開會紀事：中國赴會之代表、中國在萬國參政大會提出之條件》，《申報》，1920 年 5 月 9 日，第十版。

〔註 69〕 《籌備歡迎鄭毓秀女士》，《申報》，1920 年 8 月 10 日，第十版。

〔註 70〕 譯本自傳 2，第 121 頁。關於鄭回國後的行蹤，另有記述稱鄭返滬後，曾受江蘇督軍李純邀請赴南京，鄭以在南京辦報為條件獲得應允，先返粵探親，後至香港時得知李純去世（1920 年 10 月 12 日），乃作罷。此說見於丁娟主編：《婦女工作知識手冊‧中國女子參政第一人鄭毓秀》，紅旗出版社，1988 年版，第 188 頁。以及鄧長琚編：《中華第一人》，國際文化出版公司，1991 年版，第 21 頁。因缺乏史料佐證，真偽待考。

〔註 71〕 《中法協進公會閉會紀略》，《大公報（天津版）》，1920 年 7 月 6 日，第六版。「班氏」即「班樂威爾」（Paul Painlevé, 1863-1933），或譯作班樂衛、潘勒韋，法國政治家、數學家。法蘭西第三共和國總理，法國共和社會主義（Pour la Republique Sociale，簡稱 PRS）黨魁，1917 年 9 月 12 日至 11 月 16 日，1925 年 4 月 17 日至 11 月 28 日在任，1920 年受北洋政府交通部邀請赴北京

　　＊八月，寄寓滬上，赴大東酒樓全國學生會與各界聯合會主辦之歡迎宴，作演講，「希望國人對於將來國際聯盟會於政府所派代表外，更由國民派代表監督之」，「希望國人速組織歐美通信社以便傳達歐美之重要消息，並介紹中國各種消息於歐美各地，使中日間一切不平等之條約均為歐美人士所洞悉。」宴畢向賓眾介紹全國學生會代表連瑞琦、各界聯合會代表徐某及美議員主任道太爾威。〔註72〕

　　＊是月，任勤業女子師範學校校長，定暑假後添設法文英文補習科及西洋畫課程，預備學生赴歐求學。籌設留法、留美公費保送生，「凡寒素女子若往學習法文且可免費以示優待」，添聘唐宗元、唐允恭、王瑞竹、夏奇峰、徐聯芳、徐業農及陳秋娟為教師。〔註73〕

　　夏秋之間，曾受記者採訪，作「對於女子參政運動之主張」的談話，認為「女子欲要求參政權，宜先從攫取分家權與教育平等權入手，使經濟上與教育上均能與男子享同一權利，自然參政權可以不勞而獲，若徒爭參政權而置生活獨立與受高等教育於不顧，則殊無益」。稱此次回國為邀集有志於留學法國之女子一齊赴法，並打算回巴黎後籌設一通訊社，用來傳達東方消息，宣傳中國真相。〔註74〕

　　＊秋，經楊庶堪來函邀請，由上海乘船，沿長江赴重慶。〔註75〕被當地

　　　　考察鐵路，洽談兩國教育合作等，鄭毓秀1917年11月在巴黎大學舉辦的感謝中國支持協約國大會上演講時，他亦曾以陸軍部長身份參加，參見1917年「十一月上中旬」一條。此新聞在歸國時間上與鄭毓秀自傳有衝突，自述中稱1920年秋抵達上海（譯本自傳2，第121頁）而此報導中鄭毓秀至少於7月就已到國內。因該條由《大公報（天津版）》報導，且鄭的發言內容均詳備，聯繫下一條《申報》於8月的兩個報導，均能證明其1920年夏已經抵達國內，故而筆者更傾向於新聞中的時間，鄭毓秀應當是夏季即已經回國了。

〔註72〕《會員消息：鄭毓秀女士還國之歡迎》，《寰球中國學生會週刊》，1920年第43期，第一版。及《兩團體歡迎鄭毓秀女士補志》，《申報》，1920年8月11日，第十版。此條新聞在歸國時間上與鄭毓秀自傳有衝突，筆者意見參見上一條腳注部分。

〔註73〕《鄭毓秀女士熱心教育》，《申報》，1920年8月15日，第十版。及《學校消息並紀》，《申報》，1920年8月20日，第十一版；《學校消息匯紀》，《申報》，1920年8月24日，第十一版。此條新聞在歸國時間上與鄭毓秀自傳有衝突，筆者意見參見1920年「七月四日」一條的腳注部分。

〔註74〕《鄭毓秀女士之談話：對於女子參政運動之主張》，《婦女雜誌（上海）》，1920年第6卷第4期，第六頁。

〔註75〕關於鄭赴重慶一事的具體時間，僅從自傳來看，有「一九二一年的重慶是一座安靜沉睡的城市」的表述（譯本自傳2，第122頁），疑似發生於1921年

商會邀請作了主題關於戰爭、巴黎和會、中國地位及女性問題等的演說，並曾到川東師範學堂（今西南大學前身）講演，受到川東道尹黃復生的款待。在重慶期間，曾利用楊的權力，幫助某校女學生撤換了其思想保守的校長。乘船離開重慶時帶走了二十名女生，預備一同赴法留學，返航途中，因發現泊船不牢呼救，得船長感謝，將全部女孩安排在頭等艙包廂中。〔註76〕

　　約十月，於上海短暫停留，預備赴法事宜，受宋慶齡邀赴晚餐，孫中山夫婦表示對鄭攜女生赴法求學一事的興趣，並加以鼓勵。〔註77〕

　　十一月八日，以華法教育會特別待遇購得法國輪船公司廉價頭等艙位赴香港公幹，黃復生、吳玉章及該會幹事沈仲俊等多人皆往歡送。〔註78〕

　　十一月二十一日，乘法輪高爾地埃號赴法。〔註79〕

（趙晨欣亦這樣認為，參見趙晨欣：《鄭毓秀的傳奇一生》，華中師範大學碩士學位論文，2016年，第25頁），但嗣後又有「這個故事的結尾，發生在二十多年之後。一九三九年，我在二次大戰期間回到重慶」（譯本自傳2，第127頁），又可推出疑係1919年以前發生，二者在時間上前後矛盾。筆者查考，鄭稱因受楊庶堪邀請而赴重慶，且在撤換某校校長一事中得到了楊的幫助（譯本自傳2，第122、124頁），據此事查楊之經歷，其於1918年被廣州護法軍政府任命為四川省長，後因與四川靖國軍總司令熊克武不合，於1920年5月18日通電辭職，稱「擬暫養屙重慶」，但實為參加「倒熊」活動，直至1920年10月14日離渝去滬（向楚：《楊庶堪略傳》，《成都大學學報（社會科學版）》，2007年3期，第88頁），故鄭到重慶一定不會晚於1920年10月，且根據報刊，載鄭毓秀邀集女生赴法一事的文章出版於1920年（參見上條腳注），另外1926年出版的《圖畫時報》介紹了此事中鄭所帶走赴歐出國女生之一的關愛蓮，「忽忽六年」後於11月學成歸國（參見定東君：《關愛蓮女士》，《圖畫時報》，1926年12月12日，第331期，第一版）佐證了1920年鄭毓秀帶這些女生出國的事實，故筆者意見，鄭毓秀此次赴渝帶女生返，當為1920年8月至10月間事。

〔註76〕據自傳，這二十名女生中包括楊庶堪的妹妹及外甥女，本定六人，未料有十四名女生未通知家裏，藏身船中，直至開泊後才被鄭發覺，但鄭仍決定帶其赴歐。這些女生多在十五至二十歲間，因家人不知情況，故有傳言稱她們係遭鄭「綁架」，後因鄭自籌錢款助其赴歐而得消解。參見譯本自傳2，第119～125頁。石江：《鄭毓秀與黃復生》，《駱駝畫報》，1928年第13期，第2頁。

〔註77〕譯本自傳2，第126頁。亦見秦孝儀主編：《革命人物志（第16集）》，臺北：中央文物供應社，1977年6月，第309頁。1920年粵桂戰爭勝利後，孫中山於11月由上海抵廣州，重組軍政府，發起第二次護法運動，此前與宋慶齡居於上海（參見賀岳僧：《孫中山年譜》，世界書局，1927年6月版，第63頁）。這在時間上與鄭描述相符，也間接佐證了1920年「秋」一條腳注的考校。

〔註78〕《鄭毓秀女士行將赴法》，《申報》，1920年11月9日，第十版。

〔註79〕《鄭毓秀女士行將赴法》，《申報》，1920年11月9日，第十版。

1921年，民國十年，辛酉，三十歲

春，抵巴黎繼續法科學業，所攜留學女生分散至法國各地求學，曾與宋慶齡通信幾封，交流幫助年輕女性學習一事。組織一小型國際社團，常於自家拉丁區住宅內招待美、英、法學生及中國留學生。〔註80〕

三月起，因華法教育會與勤工儉學生斷絕經濟關係，與法國參議員勒胡（Hugues Le Roux，又譯作於格儒）夫人共同設法籌資，以勉強維持學生生活。〔註81〕

五月，載單人著帽照於《婦女雜誌（上海）》，稱「女界之明星」。〔註82〕

六月四日，參加在日奈佛〔註83〕舉辦的國際聯盟協會第五次大會，議決山東問題須中日按照聯盟約法從速解決。〔註84〕

上半年，載單人便衣照於《解放畫報》，稱「政治家」。〔註85〕

八月一日，因辦留法女子學務成績卓著，獲贈法國政府文學獎章。〔註86〕

〔註80〕譯本自傳2，第127、131頁。關於鄭公館招待留學生及政要之情況，江亢虎曾提到：「鄭為中國女子留法大學畢業第一人，攻法律學，現為博士候補者，家本殷富，人復開通，所居結構絕佳，家庖尤精，座客常滿，各界多有往還，人目為社交之花，或稱為使館第二，華人遊法京者，無不嘖嘖道鄭女士也」（江亢虎：《遊法感想記》，《東方雜誌》1922年第3期）。關於這些女生的結局，一為成功說，見秦孝儀主編：《革命人物志（第16集）》，臺北：中央文物供應社，1977年6月版，第309頁；一為大部分失敗，僅二三人有所成就說，見黃天邁：《鄭毓秀與魏道明──夫婦同是一代風雲人物》，《中外雜誌》第46卷第6期，1989年12月，第13頁。趙晨欣文認為黃天邁的妻子張雅南是這批女學生之一，她親身經歷過那段留學生活，因而此種說法比較可信，筆者亦這樣認為。

〔註81〕向警予：《向警予文集·給中法協會信》，戴緒恭，姚維斗編，湖南人民出版社，1985年版，第40頁。據自傳，勒胡夫人碧喜（Bessie）為鄭毓秀巴黎求學時的好友，出身美國名門，祖父曾任伊利諾伊州長，參見譯本自傳2，第154頁。

〔註82〕《女界之明星：鄭毓秀女士》，《婦女雜誌（上海）》，1921年第7卷第5期，第11頁。

〔註83〕即「Geneva」，國聯總部所在地，現多譯日內瓦。

〔註84〕《國際聯盟協會中國代表團電》，《申報》，1921年6月21日，第十版。

〔註85〕《政治家鄭毓秀女士》，《解放畫報》，1921年第7期，第36頁。

〔註86〕陳籙：《法政府贈給鄭毓秀女士文學章應否准其佩帶乞代呈諮陳》，《外交公報》，1921年第4期，第61頁。此詢答覆為准許受佩，見靳雲鵬，顏惠慶：《大總統令：大總統指令第一千九百十七號（中華民國十年八月十七日）：令外交總長顏惠慶：呈法政府贈予女士鄭毓秀文學章應否收佩請示由》，《政府公報》，1921年第1970期，第9頁。

　　八月十五日，中國旅歐國際和平會中主張日本應主動撤廢在山東軍備。
〔註 87〕

　　十月三日，應陳籙邀討論留法勤工儉學生問題。〔註 88〕

　　下半年，受章士釗轉託，向華法教育會索求向警予等女生拖欠蒙臺尼女
校學膳費，未得結果。〔註 89〕

　　1922 年，民國十一年，壬戌，三十一歲

　　是年居巴黎繼續法科學業，留學費用上有官費拖欠的問題。〔註 90〕

　　三月七日，受教育部委派於巴黎列席國際研究家政會。〔註 91〕

　　年初，委託留法勤工儉學女生向警予致信中法協會，請求撥款以解決旅
法女生學業生活費用緊缺問題。〔註 92〕

　　冬，致電蔡元培、李石曾，敦促北京政府將法國庚子退款撥付旅法華工
及學生維持生活：「子民石曾先生，請並轉國務總理、外交總長、教育總長、
財政總長鈞鑒定：華工冒險參戰，男女學生數千人苦學。法款退還實多利賴，
目前困難急待解決。務祈主持提撥鉅款，以資補助。鄭毓秀叩。」〔註 93〕

　　1923 年，民國十二年，癸亥，三十二歲

　　是年居巴黎繼續法科學業。〔註 94〕

　　四月五日，上海女權運動同盟會臨時會議決為第九屆羅馬萬國女子參政
會中國代表之一。〔註 95〕

〔註 87〕《專電一》，《申報》，1921 年 8 月 17 日，第七版。

〔註 88〕中虛：《巴黎通信：留法勤工儉學生經過情形》，《申報》，1921 年 12 月 26 日，
　　　　第六版。

〔註 89〕向警予：《向警予文集·給中法協會信》，戴緒恭，姚維斗編，湖南人民出版
　　　　社，1985 年版，第 42 頁。

〔註 90〕譯本自傳 2，第 131 頁。李晉口述、秦嶺雲筆錄、蔡登山編著：《民國政壇見
　　　　聞錄·第五章·由王寵惠、鄭毓秀談到孫尊齊》，臺北：獨立作家出版社，2014
　　　　年版，第 56 頁。

〔註 91〕《巴黎開國際研究家政會、教育部派留學女生鄭毓秀方景甬就近列席》，《新
　　　　聞報·消息·國內專電》，1922 年 3 月 8 日。國際研究家政會，係國際家政
　　　　學協會組織的世界家政學大會。

〔註 92〕向警予：《向警予文集·給中法協會信》，戴緒恭，姚維斗編，湖南人民出版
　　　　社，1985 年版，第 40 頁。

〔註 93〕《旅法華工教育運動經過》，《大公報（天津版）》，1923 年 10 月 12 日第六
　　　　版，及 10 月 13 日第六版。

〔註 94〕譯本自傳 2，第 131 頁。

〔註 95〕《女權運動會特別會紀錄：推舉朱汪筱謝、鄭毓秀參預羅馬萬國女子參政

七月十四日，參加於羅馬舉辦的第九屆國際女子選舉大會。〔註96〕

七月十五日，因學業考試在即，未能完會即返回法國。〔註97〕

七月二十二日，與褚民誼往晤范源濂。〔註98〕

1924年，民國十三年，甲子，三十三歲

是年居巴黎繼續法科學業。〔註99〕有吳山《復旅法鄭毓秀女士函》，為請鄭代向僑商宣傳募捐會費以資國內道路建設。〔註100〕與同為巴黎大學博士畢業的魏道明情誼加深。〔註101〕

四月二十日，乘車去參觀巴黎中國美術工學社作品展覽。作談論，「中國惟美術可以在世界立足，中國人民性好和平，亦與人民之愛美思想，大有關係。然中國學術若不進化，則古代文明遺傳之美術，亦等於埃及希臘。故在藝術界亦重在創造。至工業藝術尤當研究，現居歐州尤便於比較。」〔註102〕

四月二十二日，王寵惠到訪巴黎鄭宅。〔註103〕

五月十二日，於巴黎旅泰軒參加汪子長、陳等男婚禮。作祝詞，「陳使甘夫人素有家教，古人嘗云強將之下無弱兵，予敢斷言賢母之下必出良妻」。〔註104〕

會》，《申報》，1923年4月7日，第十四版。朱汪筱謝即汪道韞（一作蘊），為時任中國駐羅馬公使館參贊朱英之妻。

〔註96〕《中國在國際女子選舉大會之榮譽》，《大公報（天津版）》，1923年7月15日，第三版。亦見《國際女子選舉大會初志》，《申報》，1923年6月25日，第六版，及《國際女子選舉大會續志》，《申報》，1923年7月12日，第六版。《汪道蘊女士昨由意回國》，《申報》，1930年7月11日，第十五版。

〔註97〕《中國在國際女子選舉大會之榮譽》，《大公報（天津版）》，1923年7月15日，第三版。

〔註98〕《范源濂抵巴黎後與駐歐記者之談話》，《大公報（天津版）》，1923年9月14日，第三版。范源濂（1875～1927），字靜生，湖南省湘陰縣人，近代教育家。

〔註99〕譯本自傳2，第131頁。

〔註100〕吳山：《復旅法鄭毓秀女士函》，《道路月刊》，1924年第10卷，第2期，91～92頁。吳山為時任中華全國道路建設協會總幹事，生平參見1919年「是年」一條。

〔註101〕譯本自傳2，第133頁。

〔註102〕《巴黎中國美術工學社參觀記續》，《大公報（天津版）》，1924年6月23日，第三版。

〔註103〕《王寵惠再論吳佩孚之武力統一》，《大公報（天津版）》，1924年4月23日，第三版。

〔註104〕星河：《自由談：西瀛諧鳳記》，《申報》，1924年6月21日，第八版。汪子長即汪延熙，為時任北京政府駐日公使汪榮寶長子，陳等男為時任北京政府駐法公使陳籙長女。

六月，受記者採訪，出其所譯《國際聯盟之法規與組織》一冊見示，談論「國際聯盟與中國」：「國際聯盟以謀和平弭戰爭為宗旨，實為今日萬國最重要之組織，中國本亦聯盟中之一員，近年以參加聯盟之故，在國際間之地位，不可謂無所增高，但中國既為國際聯盟之一員，即為國際聯盟之一主人，中國人民對於國際聯盟之性質，尤宜充分瞭解，極力贊助，庶不至失主人之資格，而得應享之權利，當聯盟會組織之初，我國政府與人民尚能予以相當之注意，近年以來，國事愈棼，變故頻仍，於是因國內之糾紛，減少國際之注意，國人對於聯盟之進行，大都不復過問，聯盟會中諸人亦頗知之，而引以為憾。一日聯盟中公布部主任高梅爾君（M.Comerd.）訪予（女士自稱），談話數小時，備論國際聯盟對於中國人民之特別希望，與中國人民宜瞭解並參加國際聯盟之必要。略謂中國土地廣大，人民眾多，為東方最重要之大國，其民族思想酷愛和平，尤與國際聯盟之宗旨若合符節，發揚中國民族之精神，共圖人類和平之實現，此為中國人民特殊職責，亦為國際聯盟特殊希望。然第一步工夫，中國人民務宜充分瞭解聯盟之宗旨與其行事。聯盟會歷年所行，皆有詳細之記錄，又撮要編為十餘冊，歐美各國均有譯本，報章雜誌，爭相轉載，獨中國無之，吾人殊引為憾事，予（女士自稱）聞其言，甚為感動，遂決議將聯盟會各種叢刊為大規模之編譯，並譯其中重要問題與中國有關係者特別提出，約集同志，加以討論。除現同居之張雅南李鴻明兩女士外，並約謝東發、王寵惠兩博士參加，內中關於國際法庭之一部，內容繁複，關係重要，王博士曾任法官，出席法庭，已允親為編述以飼國人，予所譯者業已脫稿，特審國內書局能否代出版耳。」又「本年六月各國人士之贊成聯盟者，將開一『萬國國際聯盟同志會』於里昂，渠擬以『中國國際聯盟同志會』代表名義，偕謝東發前往參加會議，並主張旅法各團體聯合會，亦派一代表赴會。」記者告以近來國人對於「國際政治」已漸注意研究，此書出版，必可銷行，書局當能代印，不致辜負女士之熱心。對記者所擬「萬國國際聯盟同志會」議案「甚以為然」。〔註105〕

＊夏秋間〔註106〕，精心打扮後，於巴黎大學一禮堂內以論文《比較憲法：

<hr>

〔註105〕愚公：《法國特約通信：鄭毓秀；論國際聯盟與中國》，《新聞報》，1924 年 6 月 23 日。

〔註106〕關於獲得博士學位的時間，據 1925 年《申報》對鄭的人物介紹，為 1925 年夏（參見《中國第一法學女博士鄭毓秀》，《申報》，1925 年 12 月 21 日，第十版）。而鄭自傳明確寫為 1924 年（譯本自傳 2，第 131～133 頁），且據與鄭同為留法女學生的後輩周蜀雲回憶，她在國內聽聞此消息時是 1924 年秋，

中國憲法之趨勢》〔註107〕通過答辯，獲法國巴黎大學法學博士學位，成為「中國女子肄習法律得博士學位」第一人〔註108〕，於法國亦享有盛名。〔註109〕

1925年，民國十四年，乙丑，三十四歲

是年，留居巴黎照顧由其所偕赴歐女生的學業，魏道明先行回國，鄭毓秀與他經常書信往返，在得到其回信後往往「寬慰安心」。〔註110〕北京政府

此事在國內知識界產生了很大影響（秦孝儀主編：《革命人物志（第16集）》，臺北：中央文物供應社，1977年版，第303～306頁），故筆者認為當採用1924年為宜。

〔註107〕論文主題為"The New Draft Chinese Constitution"（英文自傳2，p.139），該文1925年在法國出版（Soumé Tcheng: *Le mouvement constitutionnel en Chine: étude de droit compare*, Paris: Société anonyme du Recueil Sirey, 1925.），1927年以中文在國內出版，1937年再版（鄭毓秀：《中國比較憲法論》，世界書局，1927年版。及鄭毓秀：《中國比較憲法論》，世界書局，1937年版），全文分為緒論、憲法之規定、個人自由、中央政府與省政府權限之劃分、會議、結論六部分，將中國的制憲與西方其他國家（尤其法國）的制憲用來比較：法國共和國建立以來屢遭復辟，而中華民國同樣遭到兩次復辟，兩國相似的歷程讓兩者在制憲工作中有相互借鑒意義，希望法院可以保證司法權的作用。關於此文有王寵惠代筆、謝東發譯成法文一說，這一爭議自民國時便產生了，如《快活林》曾刊「或謂鄭氏畢業論文，係倩（請）人庖代者，雖言之鑿鑿，或非事實。」（魏巍：《隨夫赴臺之鄭毓秀》，《快活林》，1947年6月30日，第66期，第5頁），有研究對此進行了考證（如趙晨欣：《鄭毓秀的傳奇一生》，華中師範大學碩士學位論文，2016年，第28頁），持此觀點者如下：其一，胡適聽夏奇峰（江蘇泰州人，曾自1916年起擔任上海《時報》駐巴黎記者）述說如此（曹伯言整理：《胡適日記全集5（1928～1930）》，安徽教育出版社2001年版，第809頁）；其二，鄭在巴黎時的法文秘書凌其翰的回憶錄亦提到（凌其翰：《我的外交官生涯——凌其翰回憶錄》，中國文史出版社，1993年版，第2頁）；其三，鄭在巴黎時的私人秘書李鶴齡的好友李季偉的回憶錄同樣如此（中國人民政治協商會議四川省委員會文史資料研究委員會：《四川文史資料選輯·第23輯》，四川人民出版社，1980年11月，第147頁）。另據黃天邁文，該論文的選題是魏道明幫助確定的（黃天邁：《鄭毓秀與魏道明——夫婦同是一代風雲人物》，《中外雜誌》第46卷第6期，1989年12月，第14頁）。與這些資料相衝突的是，自傳中則並未稱是由他人所作（譯本自傳2，第131～133頁）。綜合以上，筆者認為該文由王寵惠代筆的可能性較大。

〔註108〕《團體消息：鄭毓秀魏道明兩律師在東華宴請各界》，《申報》，1926年9月24日，第十七版，孫紹康語。

〔註109〕周蜀雲1927年赴法求學，她的房東太太提起鄭毓秀並交口稱讚，以及周到巴黎領事館辦理登記等手續時曾遇到60餘歲的趙頌南，亦有「婦孺皆知」之說。參見秦孝儀主編：《革命人物志（第16集）》，臺北：中央文物供應社，1977年版，第307、308頁。

〔註110〕譯本自傳2，第133、134頁。

外交部、司法部特聘為駐歐司法調查員，從事搜羅治外法權等資料。〔註111〕據傳王寵惠在巴黎時每日午餐於鄭處吃，二人關係交好。〔註112〕

（三月十二日，孫中山去世。）

三月中旬，於巴黎致電弔唁孫中山，「外交部轉孫前總統治喪處：聞孫先生作古。曷勝驚悼。懇轉告孫夫人順變節哀。鄭毓秀。」〔註113〕

冬，載單人畢業照於《圖畫時報》，稱「鄭毓秀博士」。〔註114〕

1926 年，民國十五年，丙寅，三十五歲

年初，有報刊傳出與王寵惠訂婚消息。〔註115〕

四月三日，由法回國，受北京政府司法部召為返國參加北京關稅法權會議，偕侄鄭白峰乘法國郵船盎娑哇司號抵滬，暫居西藏路一品香旅社。〔註116〕

是月回國時，魏道明與鄭家人一同迎接，有王寵惠自北京致電歡迎，「吳凱聲君鑒：鄭毓秀先生於本月三日抵滬，請兄代表弟前往歡迎」，另「各團體之往歡迎者紛紛不絕」。〔註117〕不久被北京政府教育部任命為北京女子師範大學校長，時任教長胡仁源電催北上早日就職。〔註118〕

〔註111〕《中國第一法學女博士鄭毓秀》，《申報》，1925 年 12 月 21 日，第十版。

〔註112〕治山樵：《王寵惠與鄭毓秀的關係》，《風光》，1946 年 3 月 18 日，第 2 期，第 1 頁。夏仲春：《王寵惠與鄭毓秀的密秘》，《新上海》，1946 年 6 月 9 日，第 25 期，第 8 頁。

〔註113〕桑兵主編，劉斌、孫宏雲編：《各方致孫中山函電彙編（第 10 卷）》，北京：社會科學文獻出版社，2012 年 3 月版，第 373 頁。

〔註114〕《鄭毓秀博士》，《圖畫時報》，1925 年第 282 期，第 1 頁。

〔註115〕履冰：《男女博士訂婚消息，王寵惠與鄭毓秀》，《新聞報·其他·快活林》，1926 年 1 月 28 日。炯炯：《男女博士訂婚記：王寵惠鄭毓秀兩先生》，《上海畫報》，1926 年 4 月 1 日，第 96 期，第 2 頁。鄭並未如傳言一般與王結婚，一說二者並無曖昧，另一說「惟王博士已經結婚，其夫人且賢惠過人，王不欲輕棄之，故嫁娶之約，終難如願以償」（巍巍：《隨夫赴臺之鄭毓秀》，《快活林》，1947 年 6 月 30 日，第 66 期，第 5 頁）。據自傳，二人也並無婚約之說。

〔註116〕《法學女博士鄭毓秀昨日返國》，《申報》，1926 年 4 月 4 日，第十一版。及《國際聯盟秘書鄭白峰返國》，《申報》，1926 年 4 月 6 日，第十四版。鄭白峰後與電影明星李旦旦（李霞卿）結婚，見《李霞卿女士最近與鄭毓秀博士之姪鄭白峰先生結婚合影》，《今代婦女》，1930 年第 20 期，第 15 頁。

〔註117〕譯本自傳 2，第 135 頁。《王寵惠來電歡迎鄭毓秀》，《申報》，1926 年 4 月 5 日，第十八版。

〔註118〕《鄭毓秀女士已任為女師大校長》，《申報》，1926 年 4 月 7 日，第七版。亦見《鄭毓秀女士已任為女師大校長》，《寰球中國學生會週刊》，1926 年 4 月 17 日，第 240 期，第一版。

四月十日，受上海各公團邀請參加靜安寺路滄州別墅公宴大會。〔註 119〕國民黨右派於上海召開「第二次全國代表大會」被議決為「候補監察委員」之一。〔註 120〕

四月十一日，應霞飛巷富商丁潤庠邀請參加午宴，並參觀其東華大戲院跳舞場，贊許「與歐美各大遊藝院不相伯仲」。〔註 121〕

四月十五日，因疲於應酬，與魏道明、母親、兄姐及鄭白峰搭乘早快車赴杭州遊覽西湖風景，以資休養。在西湖期間，曾於三潭印月卍字亭旁攝影留念，並於某晚與魏道明泛舟湖上，探討是否北上受職，魏建議二人赴滬合辦律所以觀察時勢。〔註 122〕

四月十七日，受國聞社記者採訪，作談話，「余離國多年，國內情形，變化殊多，如民眾思想之進步，足為國家前途樂觀。而經濟頹敗，政治混亂，確為目前之痛苦，余在歐數載，耳聞目見者，殆均為和平之聲浪與和平之現象，但我國此時正有事於北省，故余之感想，當莫大於此，夫戰爭之為禍，史學中多已言之，吾人只就一九一四至一九一八年間歐洲大戰言之，其殺人之多，破壞之大，損失之巨，卒使財政紊亂，經濟拮据，無論其為戰勝國或戰敗國，莫不受其痛苦，吾國十五年來，頻年戰爭，勝敗循環，手足相殘，終至國困民窮，外患頻仍，現今時代，非昔閉關之時可比，所謂遠東問題者，即對我國之問題也。歐戰後，歐人困於內部糾紛，一時不暇東顧，但始終未忘情於東亞，近年來內部問題漸次解決，最近之洛迦諾條約，即歐洲妥協之表徵，其將注意於遠東問題，協以謀我必矣，反顧我國，征戰如故，外患日迫，苟不自省，以謀和平，先決內政，然後一致對外，恐亡國之慘，不可以救矣。女士又論歐洲各國，彼此爭雄，大戰因之發生，各國深受精神上物質上之巨創，故歐戰告終，和平運動至今不息，國際聯盟會即於此和平呼聲最高時發生，實為歐洲謀和心理之結晶，其內容雖複雜，而其主旨不外乎調和各國爭端，而力求避免戰爭之禍患，然有疑之者，以為歐洲政治家野心勃勃，詭詐多端，和平不過為外交上之假面具，未可深信。誠然，歐洲各國暗潮頗

〔註 119〕《昨日各公團歡宴大會紀》，《申報》，1926 年 4 月 11 日，第七版。
〔註 120〕《國民黨全國代表大會休會》，《申報》，1926 年 4 月 11 日，第十四版。
〔註 121〕《鄭毓秀之酬酢》，《申報》，1926 年 4 月 13 日，第十五版。
〔註 122〕譯本自傳 2，第 135、136 頁。《鄭毓秀女士已任為女師大校長》，《寰球中國學生會週刊》，1926 年 4 月 17 日，第 240 期，第一版。及《鄭毓秀女士近影》，《圖畫時報》，1926 年 4 月 25 日，第 298 期，第一版。

多，尤以英法之爭雄為甚，英國為其商業之關係，而不容大陸有一霸之存在，法為防德之故，保留重兵，英實忌之，德法世仇，此次德雖敗績，固未嘗一刻忘圖報復，英法德之暗鬥，實為歐洲和平之最大危機，但此三國雖曰暗鬥，而無一日敢出而一戰，其不戰非不能也，特不願耳，蓋自大戰而後，各國皆知戰後無論勝敗，同一損失，而無所取償，故暗鬥雖烈，決不易趨於占中之一途，就余於歐洲各國近來外交爭鬥上觀察所得，有一點可使吾人特別注意者，即為宣傳之力量，此點向為吾國外交上最大缺憾，歐人頭腦中常以我國比其中古時代之國家，為已過去之文明國，因之種種不平等事件發生，此殆少宣傳之過耳，去歲五卅事件發生時，先仍認為排外，似拳匪之運動，後見全國一致憤慨，一致抵抗，始明瞭中古近年思想界之進步，因之博得一部分之同情，去歲國際聯盟大會，在歐之王亮疇博士及朱兆莘公使，主張中國提出修改不平等條約之建議，由朱兆莘代表我國演說，全場鼓掌雷動，殆為中古在國際上最露頭角之第一次，而得許多政治家與外交家之同情，由此可知外交上有使人瞭解之必要，欲人瞭解，則須宣傳，國際聯盟會為萬國外交家與政治家之薈萃場，世界人士之所注目，尤為宣傳之好機會，深望國人加以注意焉。」〔註123〕

　　五月一日，受邀參加上海雙輪牙刷公司四週年紀念會，作「中國工業與世界勞動節」演講，「首述歐美勞動界情形及中國與歐美國情之不同，並謂中國可云無資本家，中國今日實受外國資本家之壓迫，故我國工胞與出資人非同心合作、一致抵制外國資本家不可。否則經濟亡國指顧間事耳。」〔註124〕

　　五月二日，受邀參加中國婦女協會週年紀念會，作演講，「大戰後女子地位突然飛進，一切要求多達目的，如英美德瑞士等國，女子多得有參政權利。惟法國女子尚未能盡達目的。鄙意以為女子重要問題厥有三端：一為教育平等問題，二為生活問題，三為女子參政問題。三問題中尤以生活問題為緊要。凡人生活不能獨立即不能不依賴於人，即無獨立之資格。是以女子能參加各種職業實為解決各項問題之關鍵」。〔註125〕

〔註123〕《鄭毓秀博士之談話：對國事極盼和平，談外交首重宣傳》，《新聞報》，1926年4月18日，第一版。亦見任白濤：《民國叢書·第3編·40·文化教育體育類·綜合新聞學》，上海書店出版社，1991年版，第504頁。

〔註124〕《雙輪公司四周紀念會紀》，《申報》，1926年5月4日，第十九版。

〔註125〕《中國婦女協會紀念會紀事》，《申報》，1926年5月4日，第十五版。

五月四日，受鄭啟聰邀請參加霞飛路霞飛巷庠廬晚宴。〔註126〕

五月二十四日，參加中華全國道路建設協會歡迎會長王正廷所辦晚宴，作演說，「法國戰後修路之成績及我國造路救國之亟要。語極動聽」。〔註127〕「而鄭女士之發則已截去，但梳得烏光明亮，大堪與電炬鬥法」，「鄭女士京話之流利，反超王許之上」。〔註128〕

五月二十九日，十二時到埠迎接法國總理夫人、舊友愛里安女士，並首位與之接談。〔註129〕下午四時參加東華大戲院跳舞場開幕典禮。〔註130〕

六月三日，受任中華全國道路建設協會第五屆徵求大會舉定之毓秀特別隊隊長。〔註131〕

六月四日，在法國首席領事那齊雅（Paul-Emile Naggiara）支持下，鄭於法租界的律師執業申請得到通過。午後二時著律師大禮服，與吳凱聲參加法租界會審公廨舉行之宣誓禮，正式履行公廨出庭大律師手續。法國領事梅靄禮氏及華會審官陳介卿致詞。禮畢參觀法庭上之審判及律師之辯論，三時餘而散。「中國女界業律師在法公堂出庭者，鄭毓秀女博士實為第一人。」〔註132〕「八十年來未有之先例」。〔註133〕「中國女執行律師職務者亦以鄭博士為第一人」。〔註134〕

〔註126〕《鄭啟聰招宴中法外交家》，《申報》，1926年5月5日，第十五版。鄭啟聰為時任川黔邊防督辦署顧問。

〔註127〕《道路會昨晚歡迎王正廷》，《申報》，1926年5月25日，第十四版。

〔註128〕冷露：《自由談：迎王瑣記》，《申報》，1926年5月30日，第十七版。「王許」即王正廷、許秋颿。

〔註129〕《法總理夫人昨日抵滬考察中華風土》，《申報》，1926年5月30日，第十四版。

〔註130〕《東華大戲院開幕記》，《申報》，1926年5月30日，第二十二版。

〔註131〕《道路會各徵求隊之組織》，《申報》，1926年6月3日，第十四版。及《徵求大會職員玉照：毓秀特別隊隊長鄭毓秀女士》，《道路月刊》，1926年第17卷第3期，第8頁。該會以各省區名稱或人名為隊名，每隊設隊長一人、副隊長、參謀長、副參謀長及名譽隊長、委員等均無定額，任務為宣傳募集會費以資道路建設。

〔註132〕《鄭毓秀吳凱聲二博士膺選》，《申報》，1926年6月5日，第十三版。那齊雅（Paul-Emile Naggiara, 1983-？），法國外交官。1925年任駐滬總領事，1936～1938年任法國駐華全權大使。參見熊月之主編：《上海名人名事名物大觀》，上海人民出版社，2005年1月版，第74頁。

〔註133〕《鄭毓秀魏道明將出庭公共公廨》，《申報》，1926年9月21日，第十四版。

〔註134〕《團體消息：鄭毓秀魏道明兩律師在東華宴請各界》，《申報》，1926年9月24日，第十七版，孫紹康語。

六月七日，公告與吳凱聲大律師共同受聘沈儀彬常年法律顧問。〔註135〕公告受聘東華大戲院常年法律顧問。律師事務所暫設霞飛路霞飛巷八號。〔註136〕作談話：「予（女士自稱）本極熱心於改革政治事業，惟近觀時局紛亂，不特政治無可為，即教育亦因經費支絀陷於停頓狀態，予乃決意留滬專任律師，一則可以保障人權，二則可為女界開通風氣，蓋近來女子談政治者頗不乏人，而投身司法界者至今尚無一人，故予擬開一先例也，吳凱聲君在巴黎嘗為予書記，故予此次亦託法領事代為交涉領取律師護照，以期得一助手，至予何日開始執行律師職務，則目下尚未決定。」〔註137〕

六月八日，履歷為《北華捷報》登載介紹〔註138〕。受中華女子參政協會邀請赴四川路青年會之歡迎晚宴。報告羅馬大會經過情形，作演說，「女子參政，實為當今之急務，對內可求謀女子幸福，對外可增高國際地位。美國文學家常謂，一國文化之進步，以女子在社會上所處之地位以為斷。如此，則女子參政之緊要、有如車之如輗軏也」，並允為該會名譽會員。十時散。〔註139〕

六月十一日，公告受聘法租界商業聯合會法律顧問，事務所霞飛路霞飛巷八號。〔註140〕

六月十六日，晚七時參加中華婦女節制協會假銀行公會舉辦之歡迎會，以該會法律顧問名義，作演說，「晚近社會不良日趨於奢華之途，如煙酒賭博等類，傷精神，耗錢財，若不亟謀挽救，則國亡無日。鄙人回國以後更覺國

〔註135〕　《鄭毓秀吳凱聲大律師受任沈儀彬法律顧問》，《申報》，1926年6月7日、8日、9日分均第二版。《鄭毓秀吳凱聲大律師受任沈儀彬法律顧問》，《新聞報》，1926年6月7日、8日、9日。

〔註136〕　《中國第一女大律師巴黎大學法學博士鄭毓秀受任東華大戲院常年法律顧問》，《申報》，1926年6月7日，第一版。《中國第一女大律師巴黎大學法學博士鄭毓秀受任東華大戲院常年法律顧問》，《新聞報》，1926年6月8日。

〔註137〕　《鄭毓秀女律師之談話》，《新聞報》，1926年6月7日，第二版。

〔註138〕　"From day to day: Miss Soumi Cheng", *The North-China Daily News (1864~1951)*, June 8, 1926, p.8 文中稱鄭毓秀為「barrister-at-law」（即出庭律師，享不受限制的出庭辯護權），與「solicitor」（即事務律師，主要負責向委託人提供法律諮詢、起草法律檔，準備訴訟材料等）相區別。

〔註139〕　《女子參政會歡迎鄭毓秀》，《申報》，1926年6月9日，第十一版。亦見《參政會歡迎鄭毓秀女士》，《新聞報》，1926年6月9日，第三版。

〔註140〕　《法學博士鄭毓秀大律師受任法租界商業聯合會法律顧問》，《新聞報》，1926年6月11日、13日。《法學博士鄭毓秀大律師受任法租界商業聯合會法律顧問》，《申報》，1926年6月12日、14日，各均第二版。

之消耗之奢侈比前更甚，實覺痛心。今聽報告節制會在社會上作根本改革工夫，不覺使我奮興，甚願附諸君之後，使節制早達於全國並敬祝節制會前途無量。」〔註141〕

六月十九日，菜市街商界聯合會第二次職員常會議決聘為法律顧問，公推周劍寒前往接洽。〔註142〕

六月二十九日，晨赴建國學校畢業典禮，為畢業生頒發文憑並作演說，「略述自己之革命事略及勖勉畢業同學」。〔註143〕

七月五日，下午三時受粵省旅滬寶安同鄉會邀請赴武昌路會所歡迎會，「準時蒞止」，作發言，「備極謙遜」。〔註144〕

七月六日，下午三時赴人和產科學院禮堂參加第八屆畢業典禮，並作演說。〔註145〕

是月，與上海學生聯合會夏令講習會特派員何洛君接洽，預為該會作名人演講，主講國際聯盟。〔註146〕

是月，受任建國學校校董，並允擔任教課。〔註147〕有《鄭毓秀律師致法總巡函》，代法租界商業聯合會請准開會不須在四十八小時前函請總巡捕。〔註148〕

七月二十五日，有《法總巡覆鄭毓秀律師函》，准許法租界商業聯合會不須在四十八小時前函請開會。〔註149〕

七月二十六日，晚七時赴戈登路大華飯店參加朱少屏歡迎曹雲祥之晚宴。〔註150〕

〔註141〕《婦女節制會昨晚之盛會》，《申報》，1926年6月18日，第十五版。

〔註142〕《各商聯會消息：菜市街》，《申報》，1926年6月21日，第十六版。

〔註143〕《各學校行畢業禮彙志：建國學校》，《申報》，1926年6月30日，第十一版。

〔註144〕《兩同鄉會消息》，《申報》，1926年7月7日，第十五版。

〔註145〕《人和產科學院》，《申報》，1926年7月8日，第十一版。

〔註146〕《學聯會籌備夏令講習會》，《申報》，1926年7月8日，第十一版。及《上海學生聯合會夏令講學會通告》，《申報》，1926年7月13日、17日、18日，各均第三版。

〔註147〕《建國學校續聘校董》，《申報》，1926年7月10日，第二十一版。

〔註148〕《各商聯會消息：法租界》，《申報》，1926年7月27日，第十五版。

〔註149〕《各商聯會消息：法租界》，《申報》，1926年7月27日，第十五版。

〔註150〕《歡迎清華校長曹雲祥之兩集會》，《申報》，1926年7月27日，第七版。朱少屏為時任寰球中國學生會總幹事，曹雲祥為時任北京清華學校校長。

八月一日，下午三時至五時於上海學生聯合會夏令講習會講「國際聯盟」。〔註 151〕

八月三日，下午三時至五時於上海學生聯合會夏令講習會講「國際聯盟」。〔註 152〕

八月十日，受聘西摩路中華法政大學法律系主任。〔註 153〕

九月六日，代理丁潤庠訴三俄國人盎非而特、雷哇尼道夫、馬斯夫滋擾戲場並持槍恐嚇一案，首次以原告代表律師身份出庭公廨辯訴。稱「當時被告等在原告所開戲院內吵鬧情形，今有證人在案可證，請核」。後中西官判退去，聽候復訊再核。〔註 154〕晚赴東華大戲院參加丁潤庠邀集中外外交官之晚宴，宴畢觀該院放映影片《鐵馬》後歸。〔註 155〕

是月，建國學校決聘為星期講座學者。〔註 156〕

九月九日，主理之鄭毓秀大律師事務所已設備完竣，設新址於法租界愛多亞路九號萬國儲蓄會三層樓上，係與魏道明合辦，事務所是長形空間，鄭魏二人各占一端，其運作方式為：複雜困難的案件二人一同處理；與女性有關的案件由鄭負責，其餘由魏負責。收案原則是不承接根本可疑或立足點不足等可能對律所名聲造成惡劣影響的案件。〔註 157〕業務範圍廣，涉及英法華界一切民刑訴訟事件，聘任文牘洪耀松、譯文張鼎臣、辦事員宋瑞奇等。〔註 158〕

九月十一日，發布律師事務所啟事，「凡有與本律師接洽者，請每日上午九時起至下午六時止至本事務所接洽可也。」〔註 159〕並柬請本埠各界十五日

〔註 151〕《學聯會夏令講學會之進行》，《申報》，1926 年 8 月 2 日，第十一版。

〔註 152〕《學聯會夏令講學會之進行》，《申報》，1926 年 8 月 2 日，第十一版。

〔註 153〕《學校消息匯志：中華法大》，《申報》，1926 年 8 月 10 日，第十版。

〔註 154〕《三俄人被控滋擾東華戲院》，《申報》，1926 年 9 月 7 日，第十六版。及《三俄人吵鬧東華戲院之罰鍰：鄭毓秀律師第一次出庭》，《申報》，1926 年 9 月 14 日，第十一版。

〔註 155〕《劇場消息：東華院主邀宴中外官紳參觀〈鐵馬〉》，《申報》，1926 年 9 月 7 日，第二十六版。

〔註 156〕《學校消息匯志：建國學校》，《申報》，1926 年 9 月 6 日，第十版。

〔註 157〕譯本自傳 2，第 139 頁。《鄭毓秀律師設定事務所》，《申報》，1926 年 9 月 9 日，第十六版。

〔註 158〕《法國巴黎大學法學博士鄭毓秀魏道明大律師事務所啟事》，《申報》，1926 年 11 月 3 日，第二版。

〔註 159〕《法學博士鄭毓秀魏道明大律師事務所啟事》，《申報》，1926 年 9 月 11 日，第一版。

前往參觀律所開幕。預定二十一日晚假座東華大戲院食堂設筵邀宴並以聯絡友誼。〔註160〕

九月十三日，代理丁潤庠訴三俄國人滋擾戲場案得勝訴，宣判被告馬斯夫罰洋十五元，盎、雷兩人各罰洋三十元充公外，再負擔原告之損失。〔註161〕

九月十五日，鄭毓秀魏道明律師事務所正式開業，下午四至六時招待政、紳、商、學各界，「到者甚眾，賓主言歡，頗極一時之盛」，「款客之茶點及香檳均由東華大戲院承辦。」〔註162〕「但見車馬盈門，冠蓋滿座。而各界所贈慶賀開業之聯額銀盾，尤屬琳琅滿目。」〔註163〕

九月十七日，發布律師事務所啟事，「敝事務所於十五日成立，蒙各界諸君先後惠臨，曷勝感激，惟是招待未周，尚祈見諒，特此布意並申謝悃。事務所愛多亞路九號，電話中央七六九七號。」〔註164〕下午二時半赴盧家灣薛華立路法公堂，參觀法總領事那齊雅特准華律師十三人出庭法租界會審公廨之宣示典禮，「嗣因正領事梅理靄政躬違和，未克蒞廨，故改期於下星期五二十四日舉行」。〔註165〕

九月十八日，已預定東華大餐部二十二日晚間二百餘客席位。〔註166〕

九月二十日，發出請柬二百餘通，中外官紳士商及中外報界均在邀請之列。〔註167〕

〔註160〕《鄭毓秀女士定期邀宴各界》，《申報》，1926年9月11日，第十五版。

〔註161〕《三俄人吵鬧東華戲院之罰鍰：鄭毓秀律師第一次出庭》，《申報》，1926年9月14日，第十一版。前情參見1926年「九月六日」一條。

〔註162〕《鄭毓秀女律開始辦公》，《申報》，1926年9月15日，第十四版。及《鄭毓秀律師昨日開業》，《申報》，1926年9月16日，第十五版。

〔註163〕《參觀鄭毓秀律師事務所小志》，《新聞報・其他・快活林》，1926年9月17日，第一版。

〔註164〕《法學博士鄭毓秀魏道明大律師事務所啟事》，《申報》，1926年9月17日，第一版。據傳鄭以律師身份第一次出庭法租界會審公廨為代理馬超俊所辦崑崙釀酒公司之白蘭地商標案，「鄭雄言善辯，卒告勝訴，馬與鄭退出法庭時，戲語謂『鄭博士第一炮便是旗開得勝』。鄭由此律務臻臻日上，興隆無替焉。」見《鄭毓秀第一炮旗開得勝》，《中外春秋》，1947年第29期，第5頁。

〔註165〕《法公廨華律師宣誓禮改期舉行》，《申報》，1926年9月18日，第十五版。及《華律師昨日在法公廨宣誓》，《申報》，1926年9月25日，第十四版。二十四日所辦之宣示禮，獲此資格律師縮減為十一人，鄭毓秀律師幫辦魏道明為其中之一，獲得出庭法租界會審公廨資格。

〔註166〕《東華大餐部之營業》，《申報》，1926年9月18日，第二十二版。

〔註167〕《東華大餐部之營業》，《申報》，1926年9月22日，第十八版。

　　九月二十二日，上午九時由美總領事克銀漢介紹，與魏道明在公共租界公廨正式舉行註冊手續，首獲華律師出庭公共公廨施行律師職務資格。〔註168〕晚八時於東華戲院大餐部宴請滬上中西政紳商報界男女賓不下二百人。作演說，「今日蒙諸公翩然戾止，無任榮幸。鄙人歸國以來，目擊國事蜩螗，無窮悲慨。然此為國家由人治入法治不可避免之過渡現象，一旦法治精神充分實現，中國何嘗無望，是在能使舉國人民了然於公民應負之職責及法治之原則耳，此鄙人對於法律救國之感想。至於女子之程度及其事業之發展與否，覘人國者，每持此以判國家之興廢，並非鄙人身為女子藉作誇詞，蓋一國之女子，苟能振作有為，即足證明其國家之人人克盡厥職，百廢俱舉也。抑又有不能已於言者，國人對於女子在法律上之地位向來漠視，此實不當忽者，即如女子不得繼承遺產一端，亦與女子經濟獨立有甚在之影響。深望舉國男女同胞注意關於女子在法律地位之種種問題，鄙人歸國後，本應仍舊服務政界，惟政局俶擾，至此心如荊棘，手無斧柯，何能為役？爰從事律師職務，冀有貢獻於社會，並謀增高女子在法律上之地位也」。王正廷、那齊雅、克銀漢、孫紹康等均有贊詞。至十時許宴畢，應丁潤庠邀請至東華屋頂花園參觀新上映福克斯公司之影片《牙齒》。〔註169〕

　　九月二十四日，公告受聘廣東寶安同鄉會常年法律顧問。〔註170〕

　　九月二十五日，代表汪秀芬女士（即七官）公告是月十三日與其繼母唐楊氏脫離關係、婚姻自決之法律聲明。〔註171〕

〔註168〕　《鄭毓秀魏道明將出庭公共公廨》，《申報》，1926年9月21日，第十四版。亦見《鄭毓秀魏道明將出庭公共公廨》，《新聞報・消息・本埠新聞》，1926年9月22日，第二版。

〔註169〕　《鄭毓秀魏道明兩律師前晚宴客》，《申報》，1926年9月24日，第十一版。及《團體消息：鄭毓秀魏道明兩律師在東華宴請各界》，《申報》，1926年9月24日，第十七版。王正廷，字儒堂；那齊為時任法國總領事；克銀漢又譯克寧漢，為時任美國總領事；孫紹康為時任上海地方檢察廳廳長，與鄭魏兩人俱為留歐同學，與鄭毓秀為同班畢業。

〔註170〕　《法學博士鄭毓秀魏道明大律師受任廣東寶安同鄉會常年法律顧問啟事》，《申報》，1926年9月24日第一版、26日第四版。《法學博士鄭毓秀魏道明大律師受任廣東寶安同鄉會常年法律顧問啟事》，《新聞報》，1926年9月25日、27日。

〔註171〕　《鄭毓秀大律師代表汪秀芬女士（即七官）啟事》，《申報》，1926年9月25日，第一版。《鄭毓秀大律師代表汪秀芬女士（即七官）啟事》，《新聞報》，1926年9月25日。

　　九月二十九日，幫辦魏道明律師代表李凱一案，初次出庭辯護，結果勝訴。〔註172〕

　　九月三十日，仍寓居霞飛巷丁潤庠公館，在法公堂已有數件出庭，「結果無不勝利」。〔註173〕

　　十月初，奔父喪入京，「因乃父棄養，悲傷過度，曾數次昏絕」，勾留兩星期許，得王寵惠等幫忙。〔註174〕

　　十月十四日，於天津國民飯店接受採訪，作談話，「上海法界公廨，其所以異於公共公廨者，係得在安南西貢再訴，此其制度，不啻視法租界為其殖民地，而八十餘年以來，素無中國律師加入，女士不以為然，而法領事陳說理由，雄辯滔滔，領事亦為之屈服，不待考慮，遽允所請。女士尤恐法人方面，僅以女律師為例，因舉男律師助理輕案，於是其他律師乃得紛紛加入，至今報名者已達數十人云」，又謂「此次得乃父噩耗時，正在歡宴各同業以及滬濱要人及報業之夕，抵京已不及與父乃為最後之會面，終身引為憾事。蓋女士秉性純孝，自謂羈身滬濱，不能盡侍奉之責者，無非欲為國人爭半點光榮所致，是則女士之苦心，應為吾輩所共諒者也。」〔註175〕

　　十月十九日，啟程返滬。〔註176〕

　　十月二十一日，抵滬，遷入古拔路三十九號洋房新居。〔註177〕事務所登廣告招聘英法文律師翻譯。〔註178〕

　　十一月一日，晨八時於新居內接受太平洋社記者採訪，問以此行見聞及對於法公堂之建議，作答，「余因在京頗受感觸，沿途無甚所聞。至對於滬上法公堂有無建議一節，余乃初創事務所於滬上，營業亦在萌芽時代，惟希望

〔註172〕《鄭毓秀幫辦魏道明正式出庭》，《新聞報》，1926年9月30日，第四版。

〔註173〕《鄭毓秀幫辦魏道明正式出庭》，《新聞報》，1926年9月30日，第四版。

〔註174〕《鄭毓秀律師回滬》，《申報》，1926年10月20日，第十二版。亦見《鄭毓秀律師回滬》，《新聞報》，1926年10月20日，第三版。《鄭毓秀博士故都之哭》，《北洋畫報》，1928年第263期，第（2）頁。

〔註175〕《女律師鄭毓秀博士過津訪談記》，《北洋畫報》，1926年10月20日，第30期，第二版。

〔註176〕《鄭毓秀律師回滬》，《申報》，1926年10月20日，第十二版。

〔註177〕 "From day to day: Miss Soumi Cheng", *The North-China Daily News (1864~1951)*, October 21, 1926, p.10 及《鄭毓秀女律師抵滬後之談話》，《申報》，1926年11月3日，第十九版。

〔註178〕《招請英法律師翻譯》，《申報》，1926年10月21日，第一版。《招請英法律師翻譯》，《新聞報》，1926年10月21日。

輿論界互為提倡，維持公權，以收男女平權之實效。」〔註179〕

　　十一月三日，事務所公告聘任王敦甫、余九□為公堂翻譯。〔註180〕

　　十一月五日，公告受聘道勝銀行上海清理處法律顧問。〔註181〕

　　十一月十二日，赴法租界莫利愛路孫中山故宅行禮致賀，紀念誕辰。〔註182〕

　　十一月十四日，代表莊愛寶女士公告是年十月初四與褚芝銘先生簽訂離婚書，解除婚姻關係之法律聲明。〔註183〕

　　十一月十九日，參加陳希豪組織國民黨登記委員會成立會，受任向法領事交涉該會登記地點。〔註184〕

　　十一月二十九日，赴北四川路郇光學校十週年紀念慶祝會並作演講。〔註185〕

　　是月，主編譯之《國際聯盟概況》首由商務印書館出版，全書分七編，共二百八十頁，編首所附精圖十餘幅，《國際法庭》一編為王寵惠親撰。定價二元。〔註186〕

　　十二月四日，受上海各界婦女聯合會邀請參加第三次改選大會並作演講。〔註187〕

　　十二月十九日，律所代表得和公記菜館發布財產清理公告。〔註188〕

　　十二月二十三日，受聘法租界棧業聯合會常年法律顧問，向法公廨陳述

〔註179〕《鄭毓秀女律師抵滬後之談話》，《申報》，1926年11月3日，第十九版。

〔註180〕《法國巴黎大學法學博士鄭毓秀魏道明大律師事務所啟事》，《申報》，1926年11月3日，第二版。

〔註181〕《鄭毓秀魏道明大律師受任道勝銀行上海清理處法律顧問》，《申報》，1926年11月5日第二版、7日第四版、10日第二版。《鄭毓秀魏道明大律師受任道勝銀行上海清理處法律顧問》，《新聞報》，1926年11月6日、10日。

〔註182〕《昨日各界紀念中山誕辰》，《申報》，1926年11月13日，第十三版。

〔註183〕《鄭毓秀魏道明代表莊愛寶女士通告》，《申報》，1926年11月14日，第八版。

〔註184〕《國民黨上海登記委員會成立會》，《申報》，1926年11月20日，第十三版。

〔註185〕《各團體消息：郇光學校雙慶紀事》，《申報》，1926年12月3日，第十七版。

〔註186〕鄭毓秀編譯：《國際聯盟概況》，商務印書館，1926年11月。後有廣告登報介紹，參見《商務印書館出版國際聯盟概況》，《申報》，1927年1月8日、2月27日、6月9、13日，分別第三、一、四、一版。該書曾有評價為「惟翻譯西名，錯誤甚多，諒係筆誤」（巍巍：《隨夫赴臺之鄭毓秀》，《快活林》，1947年6月30日，第66期，第5頁）。

〔註187〕《上海各界婦女聯合會消息》，《申報》，1926年12月4日，第十六版。

〔註188〕《鄭毓秀大律師魏道明大律師王海帆會計師代表得和公記菜館清理通告》，《新聞報》，1926年12月19日、21日。

棧內晚間須點燈之理由，使其釋放因違此規範而受拘捕之五十餘人，向法工部局提出請求，已准除此舊例，得通夜點燈。並代向法租界董事會轉陳將營業時間延長至凌晨二時止之請求，切囑該聯合會轉告各棧業同人以後務須愓守警章，整頓內部。〔註189〕

十二月二十八日，公告受聘北洋儲備會常年法律顧問。〔註190〕

十二月三十一日，公告受聘九江路廿二號中歐公司常年法律顧問。〔註191〕

1927年，民國十六年，丁卯，三十一歲

＊一月至三月間，某日下午較晚時，與魏道明於律所承接一例離婚委託，委託人為李姓女士，二人探討後最終形成先調解後訴訟的決定，並在事務所促成夫妻和解。此案形成了鄭魏二人處理此類委託的調解方法，使得「至少有百分之七十的案件以和解告終」。鄭在進行調解的過程中，逐漸改變了獨身主義的觀念，開始接受婚姻情感，意識到男女兩性組建家庭的必要性。〔註192〕與魏道明協助國民革命軍北伐，利用律師身份與警界、政府關係，參與國民黨在滬的「地下工作」。〔註193〕

一月三日，發布律師事務所啟事，聘任張辛生為總秘書。〔註194〕

一月六日，公告受聘四川路二十九號大隆洋行（Rosenberg China Co.）常年法律顧問。〔註195〕

〔註189〕《鄭毓秀魏道明大律師受任上海法界棧業聯合會常年法律顧問》，《新聞報》，1926年12月23日、24日。《法租界小客棧營業之新機》，《申報》，1926年12月29日，第十一版。及《鄭毓秀律師擴充事務所》，《申報》，1927年1月28日，第十五版。此前法租界規定各小客棧須於晚上十二時後即將店內外燈火一律熄滅，並將棧門關閉不准再接客人入內。

〔註190〕《鄭毓秀魏道明大律師受任北洋儲備會常年法律顧問》，《新聞報》，1926年12月28日。

〔註191〕《鄭毓秀魏道明大律師受任中歐公司常年法律顧問》，《新聞報》，1926年12月31日、1927年1月5日。《鄭毓秀魏道明大律師受任中歐公司常年法律顧問》，《申報》，1927年1月1、4、6日，分別第六、四、二版。

〔註192〕譯本自傳2，第139～147頁。據《申報》廣告，鄭魏律所曾於1926年11月即發布過一篇女性委託人的離婚聲明（參見1926年「十一月十四日」一條），與自傳所述1927年的該案為律所「承接第一樁離婚案件」（譯本自傳2，第139頁）有矛盾之處。

〔註193〕譯本自傳2，第147、148頁。

〔註194〕《鄭毓秀魏道明大律師事務所啟事》，《申報》，1927年1月3日、4日，分均第二版。

〔註195〕《鄭毓秀魏道明大律師受任大隆洋行常年法律顧問》，《申報》，1927年1月

一月十一日，公告受聘法大馬路十二號和平公司常年法律顧問。〔註196〕

一月十四日，公告受聘郭希文常年法律顧問。〔註197〕公告受劉雲青等委託代表清理浴德增記公司，「所有該公司一切進賬均交由銀行管理，除必要開支外一概停止支付，至公司前發之優待券並停止應用，恐未周知，特此通告。」〔註198〕

一月十六日，公告受聘江西路古玩書畫金石珠玉市場常年法律顧問。〔註199〕

一月二十一日，公告受聘五馬路商界聯合會常年法律顧問。〔註200〕

一月二十二日，公告代表浴德池增記公司清理並通告各股東啟事，「茲准浴德池增記公司委託清理帳目，所有各債權人務於十四天內將債權數額及證據詳細開送愛多亞路九號本事務所登記，各債務人亦應於同上期內將欠款繳付本事務所驗收，以便一併查核清理。再浴德公司各股東對於該公司清理至今尚未出面，茲限於七日內來此接洽，否則惟有將該公司招盤以期結束，並此布聞。民國十六年一月念一日」。〔註201〕

一月二十三日，聲明「昨由羅傑、巢堃、鄭毓秀、魏道明四律師出名所登警告呂道甫廣告一則，事前並未經本律師等同意，故不答覆」〔註202〕

6、7日，分別第一、四版。《鄭毓秀魏道明大律師受任大隆洋行常年法律顧問》，《新聞報》，1927年1月7日。

〔註196〕《鄭毓秀魏道明大律師受任和平公司常年法律顧問》，《申報》，1927年1月11日，第一版。《鄭毓秀魏道明大律師受任和平公司常年法律顧問》，《新聞報》，1927年1月12日。

〔註197〕《鄭毓秀魏道明大律師受任郭希文君常年法律顧問》，《申報》，1927年1月14日，第二版。

〔註198〕《鄭毓秀魏道明大律師代表浴德增記公司清理通告》，《申報》，1927年1月14日，第二版。

〔註199〕《鄭毓秀魏道明大律師受任江西路古玩書畫金石珠玉市場常年法律顧問》，《申報》，1927年1月16日，第二版。

〔註200〕《鄭毓秀魏道明大律師受任五馬路商界聯合會常年法律顧問》，《申報》，1927年1月21日，第一版。

〔註201〕《鄭毓秀魏道明律師王海帆會計師代表浴德池增記公司清理並通告各股東啟事》，《申報》，1927年1月22日，第二版。《鄭毓秀魏道明律師王海帆會計師代表浴德池增記公司清理並通告各股東啟事》，《新聞報》，1927年1月24日。

〔註202〕《鄭毓秀魏道明律師對於警告呂道甫廣告事聲明》，《申報》，1927年1月23日，第二版。

一月二十五日，公告受聘方子記常年法律顧問。〔註203〕發布律師事務所啟事，於美租界北四川路仁智里口 Y 二百八十三號設立分所，聘任吳衡之駐所裏辦公務。〔註204〕

一月二十六日，特聘涂君景加入律師事務所執行律務。〔註205〕公告受聘林小雲女士常年法律顧問。〔註206〕公告代表得和公記菜館招集債權人會議，「茲定於陽曆本月三十日（星期日）下午三時在愛多亞路九號本事務所招集會議並請各債權人隨帶應用圖章為荷，望弗自誤切切，此布。」〔註207〕

一月二十八日，因原社愛多亞路之事務所不敷辦公，租定四川路一百十二號上海銀行二樓為新事務所，預擇期遷址。〔註208〕

二月八日，代表隴海實業銀行股東兼董事長沈東生發布啟事，「據敝當事人沈東生君聲稱，隴海實業銀行曾於去歲陰曆九月間成立後先行交易。查該銀行係合資性質，敝當事人沈東生君亦股東一份子，當時由各股東公舉沈君為該銀行董事長，不料該銀行延至去歲陰曆年終尚未正式開幕，而各股東竟將所入資本提取一空，對於外間所出票據及該銀行所存各款一概置之不問，惟敝當事人沈君鑒於此種舉動不但名譽攸關，定然發生交涉。今敝當事人為息事寧人起見，特延本律師代表聲明對於該銀行已出票據（號碼如下）及存項等款不欲累及無辜，情願個人吃虧，擔負了結。但以上票據延至本年陰曆正月底如數照兌。務望持票者安心勿燥，至有欠該銀行往來者，亦限至陰曆正月內如數送至本事務所，逾期即當訴追，自登報日起，該隴海實業銀行各義暫時取消，倘此後再

〔註203〕 《鄭毓秀魏道明律師受任方子記常年法律顧問》，《申報》，1927 年 1 月 25 日，第一版。《鄭毓秀魏道明律師受任方子記常年法律顧問》，《新聞報》，1927 年 1 月 25 日。

〔註204〕 《鄭毓秀魏道明大律師設立事務分所啟事》，《新聞報》，1927 年 1 月 25 日。《鄭毓秀魏道明大律師設立事務分所啟事》，《申報》，1927 年 1 月 26 日，第二版。

〔註205〕 《鄭毓秀魏道明律師事務所啟事》，《申報》，1927 年 1 月 26 日，第二版。涂君景，曾任江蘇常州吳縣、浙江杭縣、奉天、鄱陽、安東、山東各級審檢廳推事、檢察官、庭長，東海地方審判廳長，開辦東省特區法院分庭庭長等。

〔註206〕 《鄭毓秀魏道明律師受任林小雲女士常年法律顧問》，《申報》，1927 年 1 月 26 日，第二版。

〔註207〕 《鄭毓秀大律師魏道明大律師王海帆會計師代表得和公記菜館招集債權人會議通告》，《申報》，1927 年 1 月 26、27、28 日，分別第二、二、三版。《鄭毓秀大律師魏道明大律師王海帆會計師代表得和公記菜館招集債權人會議通告》，《新聞報》，1927 年 1 月 27 日。

〔註208〕 《鄭毓秀律師擴充事務所》，《申報》，1927 年 1 月 28 日，第十五版。

行復業，非由敝當事人親自出面及親筆簽字，概不為憑等。因特此代表一併聲明。中華民國十六年二月七日即陰曆正月初六日」〔註209〕

二月九日，公告受聘國聞通信社常年法律顧問。〔註210〕始有《振德女子中學暨附屬小學招插班生》之廣告載《申報》，錄為該校校董之一。〔註211〕

二月十日，公告受聘上海雙輪牙刷公司常年法律顧問。〔註212〕下午四時，受上海婦女會邀請赴大華飯店參加為義務學校籌費之跳舞會。〔註213〕

二月十二日，發布律師事務所啟事，遷址至四川路一百十二號三樓（上海銀行旅行部樓上為辦公處所）。〔註214〕

二月十三日，公告受聘陶陸廣德女士常年法律顧問。〔註215〕

二月十五日，公告受聘謝平風、謝雲翔二人常年法律顧問。〔註216〕

二月二十日，公告受聘法租界朱葆三路二十六號捷發地產公司常年法律顧問。〔註217〕

〔註209〕　《鄭毓秀魏道明律師代表隴海實業銀行股東兼董事長沈東生君啟事》，《申報》，1927 年 2 月 8、10 日，分別第四、二版。《鄭毓秀魏道明律師代表隴海實業銀行股東兼董事長沈東生君啟事》，《新聞報》，1927 年 2 月 10 日。

〔註210〕　《鄭毓秀魏道明律師受任國聞通信社常年法律顧問》，《申報》，1927 年 2 月 9 日，第四版。《鄭毓秀魏道明律師受任國聞通信社常年法律顧問》，《新聞報》，1927 年 2 月 10 日。

〔註211〕　《振德女子中學暨附屬小學招插班生》，《申報》，1927 年 2 月 9 日、11 日、13 日，1928 年 1 月 30 日、2 月 2、4 日、7 月 5 日、7 日，分別第五、三、五、五、五、六、六、六版。1931 年該校添設師範科時，仍為校董。見《振德女中添辦師範科》，《申報》，1931 年 7 月 23 日，第十版。

〔註212〕　《鄭毓秀魏道明律師受任上海雙輪牙刷公司常年法律顧問》，《新聞報》，1927 年 2 月 10 日。《鄭毓秀魏道明律師受任上海雙輪牙刷公司常年法律顧問》，《申報》，1927 年 2 月 11 日，第二版。

〔註213〕　《婦女會昨開跳舞會志》，《申報》，1927 年 2 月 12 日，第十四版。

〔註214〕　《鄭毓秀魏道明大律師事務所遷移啟事》，《申報》，1927 年 2 月 12、13、14、15 日，第四、二、二、十五版。《鄭毓秀魏道明大律師事務所遷移啟事》，《新聞報》，1927 年 2 月 12、13、14 日。

〔註215〕　《鄭毓秀魏道明律師受任陶陸廣德女士常年法律顧問》，《申報》，1927 年 2 月 13、14 日，分均第二版。《鄭毓秀魏道明律師受任陶陸廣德女士常年法律顧問》，《新聞報》，1927 年 2 月 13、14 日。

〔註216〕　《鄭毓秀魏道明律師受任謝平風雲翔君常年法律顧問》，《申報》，1927 年 2 月 15 日，第二版。《鄭毓秀魏道明律師受任謝平風謝雲翔君常年法律顧問》，《新聞報》，1927 年 2 月 15 日。

〔註217〕　《鄭毓秀魏道明律師受任捷發地產公司常年法律顧問》，《申報》，1927 年 2 月 20 日，第一版。

三月一日，公告受聘陸雨生常年法律顧問。〔註218〕公告受聘江西路五福里一百號廣記祥號及鄧國鍇常年法律顧問。〔註219〕公登廣告：原律所所在法租界愛多亞路九號三層樓第三十三號房間招租。〔註220〕

三月四日，有《江浙皖絲廠繭業總公所致鄭毓秀魏道明大律師電》，請為其維護合法權益。〔註221〕公告受聘老正和染廠魯廷建常年法律顧問。〔註222〕

三月八日，受上海各界婦女團體邀請作國際婦女紀念日之演說。〔註223〕

三月十二日，公告受聘華福興公司劉志俊常年法律顧問。〔註224〕下午被上海臨時市民代表大會決選為三十一位執行委員之一。〔註225〕

三月十四日，下午五時許，參加上海臨時市民代表大會執行委員第一次會議，劃撥分屬為市政股委員。〔註226〕

三月十六日，公告受聘南京路十五號信平公司常年法律顧問。〔註227〕公告受聘陳林記常年法律顧問。〔註228〕

〔註218〕《鄭毓秀魏道明律師受任陸雨生君常年法律顧問》，《申報》，1927年3月1日，第二版。

〔註219〕《鄭毓秀魏道明律師受任廣記祥及鄧國鍇君常年法律顧問》，《申報》，1927年3月1、2、3日，分均第二版。《鄭毓秀魏道明律師受任廣記祥及鄧國鍇君常年法律顧問》，《新聞報》，1927年3月2、3日。

〔註220〕《寫字間招租》，《申報》，1927年3月1、2、3日，分均第十二版。

〔註221〕《運絲出口忽又退貨之爭執》，《申報》，1927年3月5日，第十五版。案略為上海百利洋行前向裕昌絲廠購辦大宗絲貨出口，因貨品等級問題曾由裕昌絲廠出具保單，而今日百利洋行違反交易規範，忽向裕昌退貨，致使其遭受巨大損失。

〔註222〕《鄭毓秀魏道明律師受任老正和染廠魯廷建君常年法律顧問》，《新聞報》，1927年3月4、8日。《鄭毓秀魏道明律師受任老正和染廠魯廷建君常年法律顧問》，《申報》，1927年3月5、7、9日，分均第二版。

〔註223〕《各婦女團體紀念三八婦女節》，《申報》，1927年3月9日，第九版。

〔註224〕《鄭毓秀魏道明律師受任華福興公司法律顧問啟事》，《申報》，1927年3月12日，第二版。《鄭毓秀魏道明律師受任華福興公司劉志俊君常年法律顧問》，《新聞報》，1927年3月20日。

〔註225〕《臨時市民代表大會開會紀》，《申報》，1927年3月13日，第九版。

〔註226〕《市民會執行委員首次開會記》，《申報》，1927年3月15日，第九版。該會會務分五股進行：秘書、宣傳、組織、財政、市政，由常務委員分別主理。

〔註227〕《鄭毓秀魏道明律師受任信平公司常年法律顧問》，《申報》，1927年3月16、17日，分均第二版。《鄭毓秀魏道明律師受任信平公司常年法律顧問》，《新聞報》，1927年3月16、17日。

〔註228〕《鄭毓秀魏道明律師受任陳林記常年法律顧問》，《新聞報》，1927年3月16日。

是月，受國民黨上海市黨部函請，向法租界巡捕房交涉釋放其三月十二日所拘捕之國民黨員。〔註 229〕

三月十七日，稱前向法租界捕房交涉釋放國民黨黨員一事，「在押各人均已完全釋放」〔註 230〕

三月二十二日，上午由上海市第二次市民代表會議議決，被國民黨上海政治分會、上海市黨部、江蘇省黨部共同決選為上海市臨時革命政府委員。〔註 231〕

＊三月二十三日，上午十一時參加上海市臨時執行委員會會議，有《中國國民黨蘇滬黨部臨時聯席會議致函》，「現在大軍初到，地方秩序亟應維持，茲議決委任鄭毓秀博士為上海地方審判廳長，即希查照，迅往接收等。」〔註 232〕即受任為上海地方審判廳長，並負責處理法租界當局臨時接洽事宜，成為中國首位任職地方司法長官的女性。〔註 233〕

三月二十四日，有《上海市臨時市政府呈漢口國民政府電》，為呈報三月十二日議決鄭等為執行委員、三月二十二日議決鄭等為臨時政府委員的兩決

〔註 229〕《中山紀念被捕黨員完全釋放》，《申報》，1927 年 3 月 18 日，第十版。被拘國民黨員有陸紀林、姚咬臍等，係因集會紀念孫中山活動而被法租界巡捕房拘捕羈押。自傳中所稱，鄭曾徵得那齊雅同意撤銷了警局逮捕二十餘國民黨員的決定疑似該事，參見譯本自傳 2，第 148 頁。

〔註 230〕《中山紀念被捕黨員完全釋放》，《申報》，1927 年 3 月 18 日，第十版。

〔註 231〕《第二次市民代表會議詳志》，《申報》，1927 年 3 月 23 日，第九版。

〔註 232〕《沈前地審廳長移交手續》，《申報》，1927 年 3 月 31 日，第十一版。及《地方廳鄭孫兩廳長昨日就職》，《申報》，1927 年 3 月 25 日，第十版。傳聞鄭得廳長職務與王寵惠關係交好相關，見治山樵：《王寵惠與鄭毓秀的關係》，《風光》，1946 年 3 月 18 日，第 2 期，第 1 頁。

〔註 233〕《官界消息：地方廳審檢兩長委定》，《申報》，1927 年 3 月 23 日，第十一版。及《臨時市政府昨開執行委員會》，《申報》，1927 年 3 月 24 日，第九版。據自傳，鄭本不欲接任，因希望「保有自由」，但在某老友勸說下最終同意，其動機為「想接受挑戰以便證明女性的能力」，參見譯本自傳 2，第 149、150 頁。關於鄭出長的法院，英文自傳 2 作「President of the District Court of Shanghai」（p.157），譯本自傳 2 作「上海臨時法院」（第 149、150 頁）。據英文直譯，當為「上海地方審判廳」，且據委任令及《申報》等（見 1927 年三月諸條），亦為上海地方審判廳（設址華界，初為辛亥後革命黨人所設司法署，1912 年改為上海地方審判廳，1927 年 11 月改為上海地方法院，隸屬於江蘇省高等法院），而非譯本中的上海臨時法院（設址公共租界，初為 1869 年公共租界會審公廨，五卅慘案後改為上海臨時法院），法院沿革參見王立民：《舊上海的法院》，《上海檔案》，1985 年 12 月，第 25 頁。故筆者認為譯本自傳 2 此處的翻譯存在不當。

議。〔註234〕上午十一時許，與男女隨員六人分乘汽車蒞審判廳，先由黨部命令九畝地商民自衛團派團員十名到廳保護。到廳後即由孫紹康與陳同壽歡迎入內。旋至廳長辦公室，由姚福祥移交印信檔，鍾超交算帳略。下午二時命在第一法庭上布置禮堂，中供中山先生遺像，交叉國旗、黨旗。率領各推事書記官等職員齊集法庭。向總理遺像行一鞠躬，靜默五分鐘後，作演說，「審檢兩廳原屬一家，今後當互相扶助。諸君又應明瞭三民主義，尊重法律，為人民謀福利，造成司法模範」，次由孫紹康祝詞。並暫發審廳職員出入證，分紅綠兩種。審廳門崗由九畝地商民自衛團駐守，另派庭丁一人幫同站崗，以免有因出入誤會。照常辦公，分簽傳票送達當事人，以便審訊。啟用關防並發布布告，「為布告事，十六年三月二十三日奉中國國民黨蘇滬黨部臨時聯席會議函開，現在大軍初到，地方秩序亟應維持，茲議決委任鄭毓秀博士為上海地方審判廳長，即希查照，迅往接收等。因奉此茲本廳長於三月二十四日到廳就職，除分別呈報行諮外，合行布告，訴訟人等一體知照，特此布告。中華民國十六年三月二十四日，廳長鄭毓秀。」姚福祥自代沈錫慶交卸後，即行辭職。委任鈕傳椿為書記官長。〔註235〕下午二時，另有女界革命戰士慰勞會緊急會議請託通知英法捕房其慰勞隊出發時將以旗幟遊行一周事。〔註236〕

是月，受國民黨上海市黨部委派與法租界公廨及巡捕交涉，將震旦大學因組織學生會而被巡捕拘押入獄之學生釋放。〔註237〕

三月二十五日，公告將全部律師職務即日起移交魏道明，並由其負責。〔註238〕

三月二十六日，有《上海特別市臨時市政府布告》，公告公眾鄭等為上海

〔註234〕《臨時市政府呈漢口國民政府電》，《申報》，1927 年 3 月 24 日，第九版。
〔註235〕《地方廳鄭孫兩廳長昨日就職》，《申報》，1927 年 3 月 25 日，第十版。陳同壽（1884 年～？），字受彤，江蘇省漣水縣人，陸軍上將顧祝同之姑父。1904 年夏，由南洋公學派赴美留學。1911 年 9 月，經學部驗看考試列最優等，賞給工科進士。歷任上海地方審判廳民庭庭長，江蘇省漣水縣、東臺縣長。時任維持審廳廳務之民一庭長；姚福祥為前任書記官長；鍾超為前任會計科主任；沈錫慶為前任地方審判廳長；鈕傳椿為前江西省長鈕傳善之介弟。
〔註236〕《女界革命戰士慰勞會》，《申報》，1927 年 3 月 25 日，第十一版。
〔註237〕《震旦大學發生風潮以後》，《申報》，1927 年 3 月 24 日，第七版。三月二十一日震旦大學學生因組織學生會，被學校當局招集武裝巡捕驅逐出校並拘押數人，審問並搜身後將其入獄。學聯會某君將此情形轉告市給黨部。
〔註238〕《鄭毓秀律師啟事》，《申報》，1927 年 3 月 25 日，第一版。譯本自傳 2，第150 頁。

特別市臨時政府委員，並業於三月二十三日成立臨時會議，開始辦公等事。
〔註239〕另有前上海地方審判廳長沈錫慶《諮交公文》，「將本廳銅質廳印一方、角質小官印一方及應行移交之員役文卷簿冊銀錢器具等項分別查造清冊，諮請貴新任查收，並希見復為荷，此諮新任上海地方審判廳廳長鄭。」〔註240〕上午十時參加上海特別市臨時市政府第二次執行委員會，報告接收地檢廳情形，並被委派與法租界當局說明上海美專學生要求收回美專學校案已交市教育局會合學生會辦理，請勿干涉學生事。〔註241〕

三月二十七日，有《中國國民黨中央執行委員會致上海臨時市政府電》，承認上海市民代表大會通過之鄭等為上海特別市臨時市政府委員的合法性，並擬為國民政府任命。〔註242〕

三月二十八日，上海特別市黨部舉辦之軍民聯歡會籌備會議決鄭負責籌備遊藝活動。〔註243〕

三月二十九日，辭去上海特別市臨時政府委員職務。有《鄭毓秀致上海特別市臨時市政府及全市市民代表大會辭職函》，「敬啟者：毓秀前承市民代表大會推為臨時市政府委員，本不敢膺此重任，徒以時局未定，正宜奮鬥，用是撥冗，勉效奔走。乃者政府已告成立，百事皆漸奠定，市政府委員職務重大，毓秀庸陋，愧難稱職，且未了事務積累至多，分身乏術。用敢具函懇辭，以讓賢路，而利政務。至希諒無任感，專此布臆，順頌公安。」〔註244〕另有鄭毓秀接任審判廳長與歡迎出獄同志之本埠新聞片在中央大戲院加映。〔註245〕

〔註239〕《臨時市政府之兩布告》，《申報》，1927 年 3 月 26 日，第九版。
〔註240〕《沈前地審廳長移交手續》，《申報》，1927 年 3 月 31 日，第十一版。
〔註241〕《市政府昨開二次執行委員會》，《申報》，1927 年 3 月 27 日，第十版。
〔註242〕《省黨部所接漢口來電》，《申報》，1927 年 3 月 27 日，第十版。
〔註243〕《市黨部籌備軍民聯歡會》，《申報》，1927 年 3 月 29 日，第十版。聯歡籌備分總務、宣傳、遊藝、交際、指揮等科合作進行。
〔註244〕《鄭毓秀辭臨時市政府委員》，《新聞報·消息·本埠新聞》，1927 年 3 月 30 日，第二版。及《鄭毓秀辭市政府委員》，《申報》，1927 年 3 月 30 日，第九版。亦見 "From day to day: Miss Soumi Chen, chief judge of the Shanghai District Court", *The North-China Daily News (1864~1951)*, March 31, 1927, p.8，《北華捷報》此文認為其辭職有「司法不兼行政」之理由。另三月二十九日為委員就職典禮，報刊所通告之委員名錄中仍有鄭毓秀。見《上海特別市臨時市政府委員舉行就職典禮通告》，《申報》，1927 年 3 月 29 日，第一版。及《市政府委員今日就職》，《申報》，1927 年 3 月 29 日，第九版。
〔註245〕《中央大戲院加映明星公司攝製本埠新聞片：鄭毓秀女博士大律師接任審判

　　四月一日，受國聞通信社記者採訪，就「地方審判廳今後在國民政府之下應如何進行」作答，「毓秀個人事務本甚繁忙，原不能分身。此來就任本廳職務乃因當時地方秩序未定，故允暫來維持，稍緩當另讓賢能。至本廳今後進行，當然不能不有所變更。但除照國民政府法令根本改組應俟稍平定再行著手外，目下之進行，表而上雖似無所變更，然精神上已大不相同。蓋國民革命軍所到之處，人民思想自然隨之一新，司法官亦莫不然。故現今司法之精神當與前有別。」就「此後地方廳究應用何種律文」作答，「在北方壓力下之法院，對於民事，向應用北京大理院判例。今革命軍抵此，當然不受此條文之拘束，吾人應盡先應用之律，當為國民政府之法令。其無法令規定者，引用習慣。習慣不詳，應用法理。刑事方面則除與國民政府法令有牴觸者外，暫行新刑律可以參用。」就「男女在法律上平等地位之意見」作答，「至於男女在法律上平等一節，余向主張絕對平等，亦余就現職後之所最注意者，如女子行為能力問題、承繼問題等與女子在社會上地位之發達均有密切之關係。承繼一層與女子經濟獨立關係尤大。司法之於人民極為重要，而因其複雜之故，亦極困難，精細研究須在軍事定後。總之目下除有法令外，須從權者必擇善而取，如前刑事訴訟條例手續煩多，虛套具文，皆在必改之列。」〔註246〕另下午二時，上海特別市臨時代表會執行委員緊急會議通過鄭之辭職請求。〔註247〕

　　四月十三日，受東吳大學法學院邀請赴其慶祝會作演講。〔註248〕

　　四月十六日，上午十時，向上海臨時政治委員會第四次談話會呈報接收上海地方審判廳經過情形。〔註249〕

　　四月十九日，女子參政會改選會議決鄭為總務股委員。〔註250〕

　　　　　廳長情形歡迎出獄同志》，《申報》，1927年3月29日，第十六版。該片由明星公司負責攝製。

〔註246〕《地審廳長鄭毓秀之談話》，《新聞報‧消息‧本埠新聞》，1927年4月2日，第四版。及《地方審判廳長鄭毓秀談話》，《申報》，1927年4月2日，第十五版。

〔註247〕《臨時代表會執行委員開會紀》，《申報》，1927年4月2日，第十三版。

〔註248〕《東吳法學院今日開慶祝會》，《申報》，1927年4月13日，第十版。此會為慶祝收回教育權運動之成功，並吳經熊新任院長、盛振為新任教務長使校風一新。

〔註249〕《臨時政委會第四次談話會》，《申報》，1927年4月17日，第十三版。

〔註250〕《女子參政會改選》，《申報》，1927年4月20日，第十五版。改會長制為委員制。

　　四月二十日，受國民黨上海市黨部聘為上海黨化教育委員會委員。〔註251〕

　　四月二十三日，拒絕將上海地方審判廳長職權移交給王鑒，原因為王係江蘇省高等審判廳單方委任，未得民國政府國民黨中央司法委員會之合法委任命令。並表示會將職權轉交給任何由國民政府依照合法程序進行委任的接替者。〔註252〕

　　四月二十四日，受任國民黨江蘇省政府委員，後改稱政務委員會委員。〔註253〕

　　四月二十六日，與王鑒晤談，告以「並非抗命，緣國民政府任免官吏均須委員會議決，再行命令，本人政務、本屬異常紛忙，交卸廳務，亦極願意。但為保守規則起見，不得不有一度之商酌」。〔註254〕

　　四月二十七日，下午二時在南京參加政務委員會議。〔註255〕

　　四月三十日，有《陳逸雲致中央政府代電》，請張君度收回撤鄭委王之決定。「查本黨黨綱第十二條之設、即係保護女權之發展起見。查鄭女士學問經驗，為法界之泰斗，並為吾黨忠實之女同志，今黨中僅有一鄭女士，為司法官吏。為女子參政前途計，應請廳長收回成命，臨電不勝遑急之至。東前政

〔註251〕　《國民黨消息：市黨部第四次聯席會議》，《申報》，1927 年 4 月 21 日，第十版。該會職權時未確定。

〔註252〕　《上海地審廳長已委定》，《申報》，1927 年 4 月 23 日，第十四版。及《鄭地審廳長暫不交卸》，《申報》，1927 年 4 月 24 日，第十四版。另《字林西報》及副刊《北華捷報》亦對該事件有所記載，見"From day to day: Miss Soumi Cheng", *The North-China Daily News (1864~1951)*, April 25, 1927, p.10 及 "YESTERDAY it was reported that Miss Soumi Cheng", *The North-China Daily News (1864~1951)*, April 26, 1927, p.1 張君度（1892～1955），又名張裕懷，永福蘇橋鎮人。民初畢業於廣西法政專科學校，1926 年到 1929 年先後任北伐軍第七軍及東路軍軍法處長、江蘇省高等審判廳長。王鑒（Wang Chien），字君乾，廣西人（另一說廣東籍），歷任山西、直隸等省高等審檢職務及各地方廳長。此項任命由時任江蘇省高等審判廳長張君度簽發。時王氏業已來滬，並派書記官鄧培義等到廳接洽移交，但為鄭毓秀拒絕。

〔註253〕　《本館要電：南京新政府之政聞》，《申報》，1927 年 4 月 24 日，第四版。及《國內要聞：國府遷寧後之要訊》，《申報》，1927 年 4 月 26 日，第六版。

〔註254〕　《地審廳長暫無問題，新委之王鑒已返蘇》，《申報》，1927 年 4 月 28 日，第十四版。

〔註255〕　《本館要電：南京中央政會開會》，《申報》，1927 年 4 月 28 日，第四版。及《國內要聞：軍委會議與蘇省政府組織》，《申報》，1927 年 5 月 1 日，第八版。

治部陳逸雲」。〔註256〕

　　五月二日，受國民革命軍東路軍前敵總政治部聘任為婦女運動委員會委員。〔註257〕上午十時，參加於國府大禮堂舉辦之江蘇省政府成立大會，宣誓就任江蘇省政務委員職。禮成後於十時四十分開會。〔註258〕

　　五月四日，因公赴滬。〔註259〕

　　五月十日，有《南京國民政府公電》，受江蘇第一次省政務會議決委任為上海地方審判廳廳長，並暫兼上海地方檢察廳廳長。〔註260〕為近代首位女性檢察廳長。上午十一時，於國民政府大禮堂參加外交部長伍朝樞就職典禮。〔註261〕晚十時半，由寧乘坐專車返滬。〔註262〕

　　五月十一日，晨七時十四分抵滬。〔註263〕

　　五月十四日，與前任上海地方檢察廳長孫紹康商訂於五月十六日移交關防。〔註264〕

〔註256〕《電請高等廳收回免鄭成命》，《申報》，1927 年 4 月 30 日，第十四版。及《中國婦女協會挽留鄭毓秀》，《新聞報》，1927 年 5 月 1 日，第三版。亦見 "THE Chinese Women's Suffrage Association has demanded that the authorities shall retain the services of Miss Soumi Cheng who has resigned from her position as Chief Judge of the Shanghai District Court", *The North-China Daily News (1864~1951)*, May 2, 1927, p.20 陳逸雲（1911～1969），別號山椒、雲鶴，女，東莞茶山陳屋村人。1927 年畢業於廣東大學（今中山大學）法學院政治系，後獲美國密歇根大學市政管理碩士，曾任國民黨廣州黨部幹事兼《國民日報》記者，參辦中華女子參政協會，隨北伐軍抵武漢，時任國民革命軍東路軍前敵總政治部黨務科長。

〔註257〕《婦女運動委員會談話會紀》，《申報》，1927 年 5 月 2 日，第十一版。

〔註258〕《蘇省政府開幕》，《大公報（天津版）》，1927 年 5 月 4 日，第二版。及《南京通信：紀江蘇省政府成立典禮》，《大公報（天津版）》，1927 年 5 月 10 日，第六版。亦見《中央政聞》，《申報》，1927 年 5 月 4 日，第四版。及《國內要聞：江蘇省政府正式成立》，《申報》，1927 年 5 月 5 日，第六版。其正式任命之公告發布於五月二十七日，參見《國民政府命令》，《申報》，1927 年 5 月 27 日，第六版。

〔註259〕《寧垣政界新訊》，《申報》，1927 年 5 月 6 日，第四版。

〔註260〕《公電》，《申報》，1927 年 5 月 10 日，第六版。及《地檢廳長由鄭毓秀暫兼》，《新聞報‧消息‧本埠新聞》，1927 年 5 月 11 日，第三版。

〔註261〕《國內要聞：伍朝樞就任外交部長》，《申報》，1927 年 5 月 13 日，第五版。

〔註262〕《本館要電：中央政務會議紀要》，《申報》，1927 年 5 月 12 日，第四版。及《時人行蹤錄》，《申報》，1927 年 5 月 12 日，第十四版。

〔註263〕《時人行蹤錄》，《申報》，1927 年 5 月 12 日，第十四版。及《本館要電：中央政聞紀》，《申報》，1927 年 5 月 13 日，第四版。

〔註264〕《地檢廳長定期移交》，《申報》，1927 年 5 月 14 日，第十四版。

　　五月十五日，下午三時，參加婦女運動委員會舉辦之第一次常會。〔註265〕

　　五月十七日，下午四時就任兼理地檢廳檢察長職務。先期飭派員役在樓上第一法庭布置作為禮堂。檢廳部分，各官員咸各齊集禮堂，而審廳全體官員亦皆參與。屆時蒞臨，即舉行行就職典禮。向總理遺像行三鞠躬禮，恭讀遺囑，全體俯首默念三分鐘。作演說，「審檢兩廳本有連帶關係，現在得與諸同人有合作之機會，甚為欣慰。鄙人奔走革命垂二十年，卻（音義同「卻」）是初次做官。但做官之道，亦不外乎本革命之精神，努力為國。蓋革命云者，革去舊時之劣點，以謀國家根本之刷新。故做好官即是戮力於革命事業。現在服務之人，固不論是否原係本黨同志，只須信仰三民主義，從事革命工作，惟在『以黨治國』原則之下，對於先總理之主義，應徹底瞭解，尚望諸同人多方研究。至於司法官之責任，值此群眾甫獲昭蘇之際，宜如何保障人民，諸君賢達，必能共矢精誠，無俟鄙人之贅言矣。上海向稱萬惡淵藪，我等服官斯土，益當堅苦卓絕，願與諸同人共勉之。」禮成後即退至會客廳，即由沈秉謙、劉錫甲將檢察長印信及一切文卷移交接收。俄而各檢察官並書記、錄事、法警、公役等依次謁見。均勉勵有加，命各安心供職。至六時，始告竣事。〔註266〕

　　五月十八日，赴靜安寺陳英士烈士紀念會致禮。〔註267〕改革檢察廳並任命新職員：將審、檢兩廳廳牌由大門之側移置廳前東首鐵棚門旁水門汀柱上，以壯觀瞻。且於□□門□□，橫懸布匾一幅，上書「保障人權」四字，而以前檢廳門首所懸之煌煌官樣布告，因有官僚習氣，昨已命令一併撤除。廳中一切苛政，概行免除，以示階級平等。因此檢廳氣象頓覺一新。至於內部人員，如前檢察長孫紹康之親信者，咸皆不安於位，紛紛自告辭退。檢廳書記官長暫由鈕傳椿（New chuan-chun）兼代；會計科主任派鄭慧琛（cheng hui-shen）

〔註265〕《婦女運動委員會第一次常會紀》，《申報》，1927年5月16日，第十版。

〔註266〕《鄭毓秀接任檢察廳長兼職》，《新聞報·消息·本埠新聞》，1927年5月18日，第三版。《鄭毓秀就任檢廳長兼職續聞》，《新聞報·消息·本埠新聞》，1927年5月19日，第四版。及《鄭毓秀昨就地檢廳兼職》，《申報》，1927年5月18日，第十版。沈秉謙，時任上海地方檢察廳首席檢察官；劉錫甲，時任上海地方檢察廳書記官長。

〔註267〕《追悼陳英士烈士紀念大會》，《申報》，1927年5月19日，第九版。陳其美（1878～1916），字英士，號無為，浙江湖州吳興人。民主革命家、中國同盟會元老、青幫代表，於辛亥革命初期與黃興同為孫中山的左右股肱。二次革命後，加入中華革命黨積極討袁並組織暗殺附逆要人。1916年5月18日，袁世凱指使張宗昌派殺手程國瑞，假借簽約援助討袁經費，在日本人山田純三郎寓所將其暗殺身亡。

女士兼代；收發處主任及贓物科主任派朱樹玉（chu shu-yu）接任；收狀處書記官一職派審廳秘書陳周佩珍（chow pui-ching）女士兼任。其餘部分暫並未更動。下午又補發就任檢察長布告。〔註268〕

五月十九日，委派許運宣為庶務科主任。其收狀處書記原定審廳秘書陳周佩珍女士兼任，茲因秘書職務繁瑣，不克兼任，是以仍命原書記徐公濬擔任。「鄭博士統管審檢兩廳後，其兩廳內部組織已完全黨化，廳內遍貼總理遺像遺囑，觸目皆是。廳外四周牆壁亦滿貼標語，詞句警惕，甚為觸目，氣象為之一新。」〔註269〕贓物庫移交對象已照冊點收清楚。〔註270〕

五月二十四日，下午赴市黨部三樓，參與發起慰勞前敵將士大會，被選為籌備委員。〔註271〕

五月二十六日，參加婦女運動委員會所辦之籌備會。〔註272〕

五月二十七日，上午九時，上海房租協助北伐軍餉委員會第二次常務委員會議定聘請為本會顧問並預接洽。〔註273〕下午三時，赴馬斯南路一一九號郭公館參加上海婦女慰勞前敵兵士會第二次籌備會。〔註274〕發布公告，「（為紀念五卅運動）於是日停讞一天，如有重要案件發生，得仍派值日員辦理，仰訴訟人等一體知照。」〔註275〕

五月二十九日，始有《上海女界慰勞北伐前敵兵士遊藝會啟事》見報，

〔註268〕 《鄭毓秀就地檢廳長後之新猷》，《申報》，1927年5月19日，第十版。及 "Miss Soumi Cheng, Chief Judge of the Shanghai District Court", The North-China Daily News (1864~1951), May 20, 1927, p.1 鄭慧琛為鄭毓秀胞妹，時任上海地方審判廳會計科主任。

〔註269〕 《檢廳人員昨又有更動》，《申報》，1927年5月20日，第十版。

〔註270〕 《張殿信來函》，《申報》，1927年5月22日，第十五版。此函為澄清其本人並未侵佔贓物，《申報》前有文稱「（五月二十日）朱樹玉上報，其點收前任移交對象時查得前贓物庫主任張殿倖對於贓物上有舞弊侵佔情事，核與卷冊所載，殊多不符。鄭廳長頗為震怒，立命警長楊德山將其先行扣留，飭派法警兩名輪流看管，聽候查辦。」所載失實。見《地檢廳贓物庫查見弊混，前主任張殿倖被扣》，《申報》，1927年5月21日，第十版。此事查上海地方審、檢兩廳均無立案，且嗣後並無刊報，故侵佔事應為不實。

〔註271〕 《上海婦女勞軍會》，《大公報（天津版）》，1927年5月26日，第二版。《婦女界發起慰勞前敵將士大會》，《申報》，1927年5月25日，第九版。

〔註272〕 《婦女運動委員會籌備會紀》，《申報》，1927年5月27日，第十版。

〔註273〕 《房租助餉委員會紀通過章程》，《申報》，1927年5月28日，第十三版。

〔註274〕 《上海婦女慰勞前敵兵士會》，《申報》，1927年5月28日，第十四版。

〔註275〕 《各界籌備五卅紀念》，《申報》，1927年5月28日，第十三版。

後錄鄭為發起人之一。〔註276〕晚九時三十分，由滬北站乘滬寧夜特別快車赴寧公幹。〔註277〕

五月三十日，晨抵寧。〔註278〕應南京農工學商兵各界之邀，參加於公共體育場舉辦之南京五卅慘案二週年紀念活動，並作演講，「五卅慘案發生，毓秀尚在法國。接到慘耗之電報，遂聯絡在法之同志，開始宣傳，大聲疾呼，以為死難烈士援助。今日參加紀念，甚望在國民政府下之南京同胞，努力前進，領導全國民眾一致力爭將租界收回，不平等條約取消，達到獨立自由之目的」。〔註279〕

約五月，懷孕。〔註280〕

六月一日，赴卡爾登舞場中紫殿彤庭參加胡世澤與陳世光次女結婚典禮。「禮紗及外罩藏青長背心，是日始終笑容可掬，一斂其法官態度」。〔註281〕晚由滬乘夜快車赴寧。〔註282〕

六月二日，上海房租協助北伐軍餉委員會致函邀請赴該會會所開會。〔註283〕

六月三日，赴光華大學大膳廳參加其成立二週年紀念舉辦之第一次懇親會。〔註284〕

六月六日，有《審檢兩廳之新氣象》一文，稱「鄭毓秀博士自蒞任以來，

〔註276〕《上海女界慰勞北伐前敵兵士遊藝會啟事》，《申報》，1927年5月29、30日、6月1、2、15、16、17、18日，分別第一、一、三、三、一、五、五、五版。該會擬定期在滬指定名園表演各種遊藝，以所得入場券資購備必要品物，匯寄前方以支持北伐前線之國民革命軍。

〔註277〕"From day to day: Miss Soumi Cheng", *The North-China Daily News (1864~1951)*, May 31, 1927, p.8 及《中外時人行蹤錄》，《申報》，1927年5月30日，第十一版。

〔註278〕《南京要訊》，《申報》，1927年6月1日，第六版。

〔註279〕《南京五卅紀念之熱烈》，《申報》，1927年6月1日，第九版。及吳寶均：《南京五卅紀念大會：臺上演講者為鄭毓秀女博士》，《良友》，1927年第16期，8頁。

〔註280〕1928年5月鄭毓秀在法國產下一子，由此推測她約一年前懷孕，且此時還未與魏道明結婚。參見譯本自傳2，第156頁。

〔註281〕雲舫：《舞榭結褵錄》，《申報》，1927年6月3日，第十六版。胡世澤為前外交總長胡惟德之子，陳世光為前上海租界交涉員。鄭毓秀為二者婚姻介紹人。

〔註282〕《時人行蹤錄》，《申報》，1927年6月2日，第十三版。

〔註283〕《房租協餉會之進行訊》，《申報》，1927年6月3日，第十三版。

〔註284〕《光華大學二周紀念懇親會紀》，《申報》，1927年6月5日，第七版。

對於廳務積極整頓，聞兩廳內部設備上及事務上均有極大之改良。廳內各部分秩序井然，有整潔嚴肅氣象。並聞鄭廳長為發揚三民主義起見，特規定每次紀念周，由兩廳諸推事書記官輪流擔任講演，借便切磋，而資觀感。其第一次演講由鄭廳長親自出席，聽者均為動容。」〔註285〕

六月七日，於南京參加省政府政務會議。〔註286〕

六月八日，下午五時三十分，受南京各團體邀請於南京公共體育場參加慶祝北伐勝利大會暨市民祝捷提燈大會，並作演說。〔註287〕

六月十一日，接待江蘇司法廳新委任之上海地方檢察廳看守所所長殷史雄女士到任。〔註288〕

六月二十一日，於南京參加江蘇省政府第十七次政務會議。〔註289〕

六月二十五日，晨自滬抵寧。〔註290〕

六月二十六日，晨自寧返滬。〔註291〕午後三時赴虹口匯山碼頭迎接由日本返國之張溥泉。〔註292〕

六月二十七日，晨八時三十分，於審判廳內舉行「總理紀念周」，自任主席。先向總理遺像、黨國旗行禮，恭讀遺囑，靜默三分鐘。介紹李公樸並請李報告情勢近況後，起立代表全體致謝，並勗全體職員，旋即散會。〔註293〕下午於南京參加江蘇省政府例會，乘晚車返滬。〔註294〕

〔註285〕《審檢兩廳之新氣象》，《申報》，1927年6月6日，第十版。

〔註286〕《蘇省政務匯要》，《申報》，1927年6月10日，第九版。會上各委員一致贊成江蘇省司法廳長陳和銑「呈請中央速籌收回法公廨以重法權」之提議。議決即日呈請中央政治會議，行知國民政府外交部轉令上海交涉員與法領事交涉速行收回法租界會審公廨。

〔註287〕《寧垣慶祝北伐勝利》，《申報》，1927年6月10日，第四版。及《國內要聞：南京祝捷提燈大會紀盛》，《申報》，1927年6月11日，第九版。

〔註288〕《新看守所長殷女士定期接任》，《申報》，1927年6月12日，第十六版。

〔註289〕《昨日蘇省政府開第十七次政務會議》，《申報》，1927年6月22日，第九版。會議決請蔣總司令迅電上海總商會墊款運米，前赴海州，以濟軍食。

〔註290〕《時人行蹤錄》，《申報》，1927年6月26日，第四版。

〔註291〕《時人行蹤錄》，《申報》，1927年6月27日，第十三版。

〔註292〕《張繼昨日由日抵滬》，《申報》，1927年6月27日，第十三版。

〔註293〕《總理紀念周：地方審判廳》，《申報》，1927年6月28日，第十四版。此李公樸為國民黨員，時任國民革命軍第二路總指揮部政治訓練部情報股長，與中國民主同盟早期領導人、社會教育家李公樸僅同名。

〔註294〕《南京市政府函請確定聯席會議日期、解決省市政府劃分權限問題》，《申報》，1927年6月27日，第九版。

六月二十九日，受邀預於七月一日下午三時，參加東寶興路啟秀女校舉辦之暑假畢業禮，並作演說。〔註295〕

六月三十日，始有《上海婦女慰勞北伐前敵兵士遊藝會通告》，錄鄭為發起人之一。〔註296〕

七月二日，有《地檢廳查封傅筱庵財產事布告》，「為布告事：案奉中國國民黨中央政治會議上海臨時分會訓令查封傅宗耀財產一案。茲查南市自來水公司（Nantao Waterworks Co.）曾有傅宗耀股份在內，因即飭傅該公司經歷姚慕蓮將股東簿冊交案檢查。該簿冊內確有傅宗耀即傅筱庵股本六萬兩，業經訊查屬實。除遵令即予發封並呈報外，合亟布告俾眾周知。」〔註297〕

七月四日，晚由寧乘夜快車返滬。〔註298〕

七月五日，晨抵滬。〔註299〕

七月六日，受中華全國體育協進會聘為第八屆遠東運動大會籌備委員。〔註300〕

七月七日，上午於滬新西區道尹公署參加上海特別市政府正式成立暨黃

〔註295〕《啟秀將行畢業禮》，《申報》，1927年6月29日，第十一版。

〔註296〕《上海婦女慰勞北伐前敵兵士遊藝會通告》，《申報》，1927年6月30日、7月1、5、7、9、11、13、15、17日，分別第一、十八、十七、十七、十七、二十六、十七、十九、二十、二十一版。此廣告為籌備結束後，通告遊藝地點及日期等。

〔註297〕《轉新民社：自來水公司傅筱庵財產發封》，《申報》，1927年7月3日，第十五版。及"Miss Soumi Cheng", The North-China Daily News (1864~1951), July 4, 1927, p.7 傅筱庵（1872～1940），浙江省鎮海縣人，企業家、銀行家。親軍閥，與孫傳芳交好。1927年當選上海總商會會長，蔣介石接到傅支持孫傳芳的罪行控告書，以其效忠北洋軍閥，應予通緝，下令沒收其財產，鄭毓秀沒收其水廠股份即緣此。傅在日本使館協助下潛逃大連，開始親日。1938年受日本委派，出任偽上海市長破壞抗日。1940年10月10日被軍統策反的僕人朱升源持刀砍死。

〔註298〕《新都紀聞》，《申報》，1927年7月6日，第四版。

〔註299〕《時人行蹤錄》，《申報》，1927年7月6日，第十五版。

〔註300〕《體育：黃郛任籌備委員主席》，1927年7月7日，第十版。及《籌備中之遠東運動會》，《大公報（天津版）》，1927年7月13日，第一版。中華全國體育協進會，係1910年10月由唐紹儀、伍廷芳、王正廷、張伯苓等人發起之「全國學校區分隊第一次體育同盟會」演變而來。設董事會與評議會，張伯苓任名譽會長，辦事機構設於上海。曾籌辦中國第四至第七屆全國運動會和第八屆遠東運動會。此前六月十三日該會董事會已經議決聘請鄭等為籌備委員，此為正式公告。

郭就職市長典禮，代表江蘇省政府致詞，「今日毓秀代表省政府參與上海特別市黃市長就職典禮，至為榮幸。回想民國元年先總理就職大總統時如在目前，今日在座同志能繼續總理之精神、總理之工作以及諸先烈之事，業實為欣快。不過民元之時，總理為數千百萬生靈免除痛苦起見，犧牲地位，遜位袁氏，未知袁氏陰謀，而同志又以革命完成，都不聞問，轉使中國擾攘十餘年，民無寧日。此深為慨歎之事。現在幸有繼續先總理之蔣總司令及許多忠實同志，轉戰數省，底定東南各省，而上海市之建設始有希望。況本黨同志現知共產黨搞亂性成，摧殘同志，早已覷破陰謀，實行清黨以後，決無再如袁氏之變亂矣。且吾蔣總司令是為民眾、為黨國而工作，革命成功端賴建設，而上海特別市又為建設之首要，以黃市長之學識、經驗、資望，對於上海市之新建設必能努力完成，一新中外耳目，前途光明，當無限量。此可為預祝也。」〔註301〕中午赴上海總商會參加九團體歡迎蔣、黃之公宴。〔註302〕

七月八日，上午十時，於南京參加江蘇省政府第二十三次政務會議。〔註303〕

七月十日，赴上海牯嶺路六號普益代辦所參加姜景暄律師追悼會。〔註304〕

七月十二日，下午二時，於市黨部三樓參加撤廢英國領事裁判權委員會第一次會議，報告對於英兵強姦華婦之憤激及領事裁判權與不平等條約未取消對於此案未能接受之苦衷，並主張通電各國宣布英兵罪狀及請英國撤兵。

〔註301〕 《省政府代表鄭毓秀致詞》，《上海特別市市政府市政公報》，1927年第1期，93～94頁。亦見《滬市政府今晨（七日）十時行成立禮》，《大公報（天津版）》，1927年7月8日，第二版。及《本埠新聞：上海市政府昨日成立盛況》，《申報》，1927年7月8日，第十三版。黃郭（1880～1936），字膺白，號昭甫，浙江省紹興府上虞縣百官鎮（今浙江省紹興市上虞區百官街道）人，畢業於日本東京振武學校。同盟會會員，蔣介石「盟兄弟」。曾任北伐軍兵站總監、上海特別市首任市長、外交總長、教育總長、代理國務總理攝行大總統職。1928年濟南慘案後，被蔣免外交總長職。1933年承汪精衛授意，在華北推行對日本帝國主義屈辱妥協的外交方針，後遭到全國民意所指而被迫辭職。

〔註302〕 《九團體昨日公讌蔣總司令及黃市長》，《申報》，1927年7月8日，第十三版。九團體是以上海總商會為首的各商會組織。

〔註303〕 《蘇省政府廿三次會議紀要》，《申報》，1927年7月11日，第七版。

〔註304〕 《姜景暄律師追悼會記事》，《申報》，1927年7月12日，第十五版。姜景暄（？～1927），字晴初，江西上饒籍。1917年於北京大學法學學士畢業，應前北大教授巴和律師之聘來滬裏辦律務。1926年冬，法公廨改組，姜即自執律師職務。1927年5月11日因病去世。

並受任起草委員會公告電文。〔註305〕

　　七月十六日，下午二時於徐家匯南洋大學參加上海婦女慰勞前敵兵士遊藝大會開幕禮，典禮最後代表主席團答謝，後呼號散會。〔註306〕併入園中樹蔭下與眾人合影。〔註307〕

　　七月十七日，中午於交涉公署外交大樓參加黃郛、郭泰祺公宴菲律賓參議員議長克桑氏之外交活動。〔註308〕

　　七月十八日，上午八時，於上海地方審判廳舉行「總理紀念周」。〔註309〕晚九時三十分，乘滬寧夜快車赴寧。〔註310〕

　　七月十九日，於南京參加江蘇省政府第二十六次政務會議。提出救濟冤囚，改良獄政，以保私權而維人道案：（一）孫逆時代處壓迫民權虐政之下，各縣或法院所為之有關於壓迫民權之判決，其送監執行之囚犯，應由各縣或各法院斟酌情節輕重，迅速分別處理釋放以維民權。（理由）在昔軍閥時代，對於民權，隨在壓迫，如工人要求改良待遇，而處以妨害秩序罪，公眾開會運動，而處以騷擾罪，抵抗貪官污吏之虐政，而處以妨害公務罪，撲滅土豪劣紳之惡焰，而處以妨害安全權利罪，皆其昭昭者，今我國民革命軍以發揚民權為主義，此類人犯，應由各縣或各法院斟酌情節之輕重，迅速分別處理釋放，以維民權。（二）孫逆時代非司法機關送監執行之人犯，應由各縣或各法院重為審判，迅速分別處理釋放。（理由）現今在監囚犯，多數固由司法機關送往執行，然由軍事行政警察等機關送往者亦復不少，此等人犯，其處罪

〔註305〕　《撤廢英國領判權會開會紀》，《申報》，1927 年 7 月 13 日，第十三版。英兵強姦華婦案，係 1927 年 4 月 23 日，上海一英國士兵赫白脫勞闖入慶祥里民居強姦一名中國婦女。由於英領事裁判權，此案由英設按察使署（負責處理在滬英國人涉民刑案件）優先於上海地方審判廳管轄。5 月 26 日開審，證據確鑿而被告拒不承認，法庭判其無罪並當場釋放。此為英破壞中國司法主權之典型案例。

〔註306〕　《本埠新聞：婦女慰勞前敵兵士遊藝會昨開幕》，《申報》，1927 年 7 月 17 日，第十三版。

〔註307〕　周瘦鵑：《徐匯裙屐錄》，《申報》，1927 年 7 月 18 日，第十六版。及林澤蒼：《上海婦女慰勞北伐前敵兵士遊藝大會發起一部分之玉影：襄助者徐婉珊女士、鄭毓秀廳長》，《中國攝影學會畫報》，1927 年第 97 期，2 頁。

〔註308〕　《黃市長昨宴菲島議長》，《申報》，1927 年 7 月 18 日，第十四版。

〔註309〕　《各機關紀念周彙志：地方廳》，《申報》，1927 年 7 月 19 日，第十四版。由地審廳民一庭長陳同壽（原文誤作「陳國壽」，此校參見前文 1927 年「三月二十四日」一條腳注）任主席主持進行。

〔註310〕　《時人行蹤錄》，《申報》，1927 年 7 月 19 日，第十四版。

既未經合法手續，而犯罪之事實，又往往為觸犯各該當局之怒而擅自處罪，秘密送監執行，以逞其私，實與法有所不合，故凡非司法機關送監執行之人犯，應由各縣或各法院重為審判，迅速分別處理釋放，以資救濟而保私權。（三）監獄懲罰減食之規定，有虧人道，應迅予廢除。（理由）按照現行監獄規則，凡有囚犯違反紀律，得處以減食之懲罰，其期最長為七天，其減食之量，每餐減十五分之一，或十五分之三之規定，查獄則所定飯量，本不足供一飽，今且從而減之，況不肖獄吏濫施此項罰則，藉以漁利，合亟廢除，以維人道。決議照案修改通過。交司法廳通令所屬，迅速遵照辦理。〔註311〕

七月二十日，晚乘夜車由寧赴滬。〔註312〕

七月二十一日，晚乘滬寧夜快車赴寧。〔註313〕

七月二十三日，始有《振德女子中學暨附小招生》見報，後錄鄭為該校董事。〔註314〕

七月二十五日，晚由滬赴寧。〔註315〕

七月二十六日，上午九時十分，於南京參加江蘇省政府第二十八次政務會議。〔註316〕

七月二十七日，下午二時五十分，於江蘇省政府會議室參加黨部、省政府全體委員第一次談話會，並作工作報告。〔註317〕

七月二十九日，有《第八屆遠東運動會大會之組織系統》公示鄭等為籌

〔註311〕 《蘇省政府廿五、廿六次會議紀要》，《申報》，1927 年 7 月 21 日，第九版。及《鄭毓秀改革獄政案原文：省政府會議通過》，《新聞報》，1927 年 7 月 23 日，第二張第三版。

〔註312〕 《新都紀聞》，《申報》，1927 年 7 月 21 日，第四版。

〔註313〕 《時人行蹤錄》，《申報》，1927 年 7 月 23 日，第十四版。原文刊為「前晚由寧乘夜車回滬，昨晚乘滬寧夜快車赴寧」，而無特別注明日期，原當為本刊日期之「前晚、昨晚」（即 7 月 21 日晚由寧回滬、22 日晚由滬回寧），但查江蘇省政府第二十七次政務會議於 7 月 22 日開會（參見《蘇省政府二十七次會議紀要》，《申報》，1927 年 7 月 25 日，第六版），鄭作為政務委員當為去寧參會，且參照腳注⑧所記之同一行程，疑應為 7 月 20 日晚由寧回滬、21 日晚由滬回寧參會。則本處所刊之時間記述疑存錯漏，此為校正。

〔註314〕 《振德女子中學暨附小招生》，《申報》，1927 年 7 月 23、25 日、8 月 11 日，分別第三、三、五版。

〔註315〕 《時人行蹤錄》，《申報》，1927 年 7 月 26 日，第十四版。及《新都紀聞》，《申報》，1927 年 7 月 26 日，第四版。

〔註316〕 《蘇省政府二十八次會議紀要》，《申報》，1927 年 7 月 28 日，第九版。

〔註317〕 《蘇省黨部政府第一次談話記》，《申報》，1927 年 7 月 30 日，第九版。

備委員。〔註318〕

　　是月初，致函嘉許九江路二號耶賽大學，「展閱貴校述略及課程，甚覺完善，法律一科，尤見出色，鄙人樂為將來欲執行律務增加法律學識欲得法學士學位之人介紹」〔註319〕

　　是月上旬，受國聞社記者採訪，對於「陪審制度是否適宜於我國」之問題，作答覆，「歐美各國行陪審制度，皆覺其有利無弊，最近我國主張，採用此制之聲浪亦甚高，據予個人意見，陪審制度從原理上講，用意非常深遠，蓋法律實係極嚴之物，凡遇刑事審訊，審判官處執法如山之地位，不容有迴旋之餘地。此種困難，必時常感受，然而人民之犯罪，有時並非出自本心，係受環境之逼迫，遇法無可貸情有可原之處，即借陪審制之效用，以緩和法律之嚴峻。曾憶從前法國有一著名巨案，有一婦人，因其夫受報館主筆凌辱，激於義憤，戕殺主筆，結果陪審席為之開脫，此豈非緩和法律嚴峻之妙用乎？若論中國法庭，可否採用陪審制，予以為並無不宜之處，有人謂當用逐漸推行之策，予覺此說亦頗有理，蓋就目前而論，人民之組織，尚未敢謂為各地都臻完善之境，關於施行陪審制後之人選問題，暫時或不免有令人顧慮之處，一俟各處人民普遍的受黨的訓練，有充分完善的組織，然後陪審員之人選問題，可無絲毫阻礙，故為今之計，宜在人民組織非常完美之區域，先行採用陪審制，然後各處次第推行，然照此辦法，全國施行陪審之期，亦必不遠也。」〔註320〕

　　是月，博士論文漢譯本《中國比較憲法論》由上海世界書局出版發行。〔註321〕向博物院路二十號美國利斯洋行訂購放大版美化照片。〔註322〕

　　八月一日，下午一時，赴小東門內敬業初中學校參加上海縣黨部特別委員會舉辦之委員宣誓就職典禮。〔註323〕晚九時三十分乘滬寧夜車赴寧。〔註324〕

〔註318〕《大會之組織系統》，《申報》，1927 年 7 月 29 日，第十一版。

〔註319〕《鄭毓秀嘉許耶賽大學》，《新聞報・本埠附刊》，1927 年 7 月 6 日。

〔註320〕《鄭毓秀談陪審制度》，《新聞報・消息・本埠新聞》，1927 年 7 月 13 日，第四張第四版。

〔註321〕鄭毓秀：《中國比較憲法論》，上海：世界書局，1927 年 7 月初版。時人對此書有評「助三民主義而造時勢者也」，「吾於是歎女界今乃有傳作」。見丹翁：《鄭毓秀博士書書後》，《上海畫報》，1927 年，第 302 期，第 2 頁。

〔註322〕《商場消息：利斯洋行照相放大之擁擠》，《申報》，1927 年 8 月 4 日，第十七版。

〔註323〕《上海縣黨部委員昨日就職》，《申報》，1927 年 8 月 2 日，第十五版。

〔註324〕《時人行蹤錄》，《申報》，1927 年 8 月 2 日，第十五版。

八月二日，上午九時於江蘇省政府常務會議室參加第三十次政務會議。〔註325〕

八月四日，有《婦女慰勞會演劇消息》見報，後錄鄭等為發起人。〔註326〕

八月五日，赴南市半淞園參加國貨運動大會開幕式。〔註327〕

八月九日，有江蘇省司法廳令，「命縣政府據鄭提議，救濟冤囚，改革獄政，以保私權，而維人道，所有孫逆時代壓迫民權、非司法機關送監執行之人犯，應由各縣或各法院重為審判，迅速分別處理釋放，特令仰轉飭管獄員辦理。」上海地方廳奉司法廳訓令後，即通知第二監獄查照進行。〔註328〕是日赴寧。〔註329〕

八月十一日，晚夜車赴寧。〔註330〕

八月十二日，於南京江蘇省政府參加第三十三次政務會議。〔註331〕

八月十四日，晚夜車返滬。〔註332〕

八月十五日，晨抵滬。〔註333〕上午八時，於審檢兩廳舉辦第十二屆「總理紀念周」，自任主席進行主持，作發言，「推事所講之三民主義，為公平主義，確切不移，對於女界，且多勉勗，應代表本廳女同志聲謝。夫做事必有機會，望吾女同志由此益謀進展，勿錯過此做事之機會。至於時局，謠諑孔多，其實並不須過慮，最可恨者為造謠生事之輩，例如本席由寧來滬，實屬常事，而造謠者，或即以此為謠諑根據。希望本廳諸同志，各自努力工作，無為浮言所惑」。〔註334〕有嚴諭，「查得本廳受理民刑訴訟、其中不乏案情重要、應

〔註325〕《蘇省政府三十次會議紀要》，《申報》，1927年8月4日，第九版。
〔註326〕《婦女慰勞會演劇消息》，《申報》，1927年8月4日，第十五版。
〔註327〕《國貨運動大會昨日開幕》，《申報》，1927年8月6日，第十三版。
〔註328〕《審釋寄押人犯》，《申報》，1927年8月9日，第十版。及《鄭毓秀改良囚犯待遇》，《新聞報·消息·本埠新聞》，1927年8月16日，第四張第二版。參見1927年「七月十九日」一條，此為鄭毓秀參加江蘇省政府第二十六次政務會議時提出之議案。
〔註329〕《時人之行蹤》，《申報》，1927年8月10日，第四版。
〔註330〕《時人行蹤錄》，《申報》，1927年8月12日，第十五版。
〔註331〕《蘇省政府三十三次會議紀要》，《申報》，1927年8月15日，第九版。
〔註332〕《時人之行蹤》，《申報》，1927年8月15日，第四版。
〔註333〕《時人行蹤錄》，《申報》，1927年8月16日，第十三版。
〔註334〕《各機關紀念周匯志》，《申報》，1927年8月16日，第十四版。此為評議趙振海推事之前演講內容：「現在還有一事，即男女平等，已為三民主義中之所規定。近如本廳職員，男女均有，此事實堪幸慰，希望女同胞從此益加奮勉，完全達到真正平等目的」。

守秘密者，如有洩露、殊礙進行，惟以廳內職員眾多，誠恐有兼充報館訪員，將重要案件登載報端情事。業已嚴諭兩廳職員一體遵照，一經查出，開除究辦不貸。」〔註335〕另有《上海法政大學學生會啟事》見報，其校務維持委員會敦請鄭等為校董。〔註336〕

八月十七日，上海民眾擁護國民政府實行關稅自主大會第四次執行委員會議決於宣傳周請鄭等作名人演講。〔註337〕

八月十八日，下午一時，赴新西區交涉公署之外交大樓參加白崇禧舉辦之招待本埠軍警紳商及新聞記者等各界茶話會。〔註338〕

八月二十日，赴新舞臺參加上海各民眾團體紀念廖仲愷先生殉難二週年追悼大會。作演講，「今天諸位同志來紀念廖同志，心中都是非常悲傷的。廖同志為黨為國的努力大家都知道的，為最得總理信任的同志。他於農工政策非常努力，今天在座諸位同志來紀念廖同志，應繼續廖同志的農工運動，那就廖先生雖死猶生了。」〔註339〕

八月二十二日，上午八時，於審檢兩廳舉辦第十四屆「總理紀念周」，自任主席。李公樸稱：「其他機關之紀念周人數減少，惟本廳紀念周仍十分踴躍，於以見司法獨立之精神、鄭廳長主持之毅力與諸同志辦公之勤懇」。〔註340〕

八月二十三日，於南京參加江蘇省政府第三十五次政務會議。〔註341〕

八月二十九日，擁護關稅自主會預敦請鄭等於八月三十日、三十一日公開講演。〔註342〕

＊是月，與魏道明於上海鄉間結婚，只有雙方親人受邀參加而並未對外公

〔註335〕《審檢廳嚴禁洩露案件消息》，《申報》，1927年8月15日，第十四版。
〔註336〕《上海法政大學學生會啟事》，《申報》，1927年8月15、17日，分別第五、三版。該校係徐謙於1924年創辦，1927年春，國民黨清黨事件中，徐謙因「附逆嫌疑」與妻沈儀彬及職員棄校而走，五月初由上海特別市黨部派黃惠平、冷欣、冷雋三人會同教職員代表、學生會代表組織校務維持會接管該校，並推舉鄭等十一人組成校董會。見《譚毅公律師代表上海法政大學校董會啟事》，《申報》，1928年1月8～10日，分別第五、五、三版。
〔註337〕《擁護關稅自主大會開會紀》，《申報》，1927年8月18日，第十五版。
〔註338〕《白總指揮昨日召集各界茶話》，《申報》，1927年8月19日，第十三版。白崇禧時任國民革命軍二路總指揮。此茶話會旨在安撫各界及民眾。
〔註339〕《昨開廖仲愷殉難二周紀念會》，《申報》，1927年8月21日，第十三版。
〔註340〕《地方審檢兩廳紀念周》，《申報》，1927年8月23日，第十四版。
〔註341〕《蘇省政府三十五次會議紀要》，《申報》，1927年8月26日，第九版。
〔註342〕《擁護關稅自主會公開演講》，《申報》，1927年8月29日，第十四版。

開，婚禮結束後二人立即返回工作崗位。〔註343〕二人婚後於上海海格路購買別墅，稱「范園」，招待各界名流，黃金榮、杜月笙、張嘯林皆為常客。〔註344〕

九月一日，與伍朝樞同輪返滬。〔註345〕

九月四日，下午四時，赴新西區交涉公署外交大樓參加何應欽舉辦之招待本埠各機關、公團、報館、新聞記者茶話會。〔註346〕

九月五日，下午一時，赴交涉公署外交大樓參加白崇禧、郭泰祺舉辦歡迎中國科學社社員之宴會。〔註347〕

九月十六日，上午十時，赴豐林橋上海特別市政府參加新市長張定璠就職典禮，代表江蘇省政府致詞，「毓秀今日代表江蘇省政府慶祝張市長就上海市長職。張市長為廣東革命策源地工作最力之同志，北伐以來，由粵至贛，建設南昌市政，嗣因東征，爭促隨軍東下，在軍中多所建樹。現就市長之職，定能使市民得無窮之希望」。〔註348〕

九月十九日，上午十一時，乘汽車赴公共租界上海臨時法院謁會盧興原，由盧迎入會客室茗談，後至民刑各庭參觀一周而辭。〔註349〕晚九時半，乘滬

〔註343〕譯本自傳2，第151頁。關於婚禮的舉行地點，自傳中為上海鄉間，另有杭州一說（參見黃天邁：《鄭毓秀與魏道明——夫婦同是一代風雲人物》，《中外雜誌》第46卷第6期，1989年12月，第16頁），筆者認為自傳所述更加可信。另自傳稱二人婚姻由「一位德高望重的女性」從中說和，唐冬眉認為此人是宋慶齡（參見唐冬眉：《穿越世紀蒼茫——鄭毓秀傳》，中國社會出版社，2003年1月版，第247頁）但並未給出依據。

〔註344〕黃天邁：《鄭毓秀與魏道明——夫婦同是一代風雲人物》，《中外雜誌》第46卷第6期，1989年12月，第14頁。關於鄭與杜月笙的交往，杜傳中有提及：鄭博士成為受人矚目的女法官後，與杜月笙常有來往，幾位杜太太每次見到她都盡力討好，有時訴說自己的不公，請她維護女性的權益，「當鄭廳長覺得她有仗義執言，保障女權的必要時，她會毫無保留的去跟杜月笙交涉，在這種情形之下，杜月笙心理無論怎麼想，他都得笑眯眯的點頭，表示敬謹接受」（參見章君谷著、陸京士校訂：《杜月笙傳（第二冊）》，臺北：傳記文學出版社，1986年2月，第184頁）。

〔註345〕《中外時人行蹤錄》，《申報》，1927年9月2日，第十三版。

〔註346〕《本埠新聞》，《申報》，1927年9月5日，第九版。何應欽時任國民革命軍第一路總指揮，此茶話會旨在報告軍事政治之最近一切情形，藉以安慰各界民眾。

〔註347〕《中國科學社年會第三日紀事》，《申報》，1927年9月6日，第九版。

〔註348〕《張市長昨日就職》，《申報》，1927年9月17日，第十三版。

〔註349〕《鄭廳長昨日參觀臨時法院》，《申報》，1927年9月20日，第十版。盧興原，廣東新會人，英國牛津大學文學士畢業，倫敦燕拿法律學堂任大律師，1919年回國後於香港、廣州執行中英大律師職務，軍政府外交部總務司長；

寧夜快車赴寧。〔註350〕

九月二十三日，有《上海地方廳實行救濟冤囚》見報，上海地方檢察廳奉江蘇省司法廳通令後，對於原案所提第一、二兩項（「關於軍閥時代壓迫民權之判決」及「軍閥時代非司法機關送監執行之人犯」斟酌情節輕重，分別處理），業由鄭廳長派員詳細調查，著手複審。聞屬於第二項之人犯，業有數名，現正在斟酌情節，妥慎辦理中。至於第三項，「廢除監犯懲罰減食」，聞早已實行矣。〔註351〕

九月二十四日，晨九時，召集審檢兩廳推檢各官並書記官、書記錄事以及承發吏、司法員警等全體人員在看守所門前隙地合影留念。〔註352〕

九月二十六日，晨八時，於審檢兩廳舉辦第十九次「總理紀念周」，自任主席。恭讀遺囑後，聽取各廳長報告所審案件概略。作發言，「地方廳範圍雖小，然在上海特別情形之下亦頗關重要，且動輒與人民發生直接利害關係，故非精心殫力從事不可。況在此改革時期，尤應審慎將事。語云：『人非聖賢，孰能無誤』，故余主張本廳事件處處公開，複雜案情，竟可於紀念周時提出報告，互相批評，務以三民主義為基礎，以公正平允為定□。諸同志對於本廳有所建議者，備極歡迎，即廳外人士能有建議者，亦當酌量採納，俾臻盡善盡美。微聞外間浮言，有謂『自女廳長蒞任後，離婚案件特多』者。徵之事實，誠如所言。但非廳長關係，乃國民革命軍所到之處必有之現象也。蓋中國舊習慣，女子有為丈夫壓迫幾死而不敢聲張者，現受三民主義薰陶，耳濡目染，乃有少數女子出而為自由平等之謀，然法庭仍衛情度理，可和解者勸導之，

1920年任外交政務司長；1920～1922年任大理院庭長兼任平政院庭長；1923～1926年任總檢察廳檢察長，1926年兼任大理院司法行政委員會委員，廣東高級審判廳廳長，法官考試委員會委員長，長期跟隨孫中山，為國民政府早期司法元老。四十三歲時被任命為上海公共租界臨時法院院長，參見上海檔案館館藏檔案，檔號：Q179-1-25。

〔註350〕《時人行蹤錄》，《申報》，1927年9月20日，第十版。
〔註351〕《上海地方廳實行救濟冤囚》，《申報》，1927年9月23日，第九版。另參見前1927年「七月十九日」一條及「八月九日」一條，此為鄭毓秀參加江蘇省政府第二十六次政務會議時提出之議案，通過後由江蘇省司法廳下達通令。
〔註352〕《上海地方審檢廳將改名法院，鄭廳長昨日攝影紀念》，《申報》，1927年9月25日，第十三版。亦見《檢廳奉令裁撤》，《大公報（天津版）》，1927年10月2日，第六版。此前鄭接司法部轉國民政府命令，定於十月一日裁撤檢察廳，滬廳改為上海地方法院。而實際於十一月一日方予實行。

被欺壓者扶植之，此尤須公開昭示者也。至於本廳內部，當即向特別市黨部接洽，組織獨立區分部，此後紀念周並請名人或市黨部人員到廳作政治黨務等之報告」，旋即散會。〔註353〕另有中華國民拒毒會法律組第二次籌備全國拒毒運動大會議決於十月七日下午三時邀請鄭等到會討論上海禁煙之切實計劃。〔註354〕

是月，身體抱恙，至九月二十六日已經痊癒。〔註355〕

九月二十九日，中午赴上海廣肇公所、粵僑商業聯合會、廣東俱樂部三團體之歡迎宴。〔註356〕晚八時到車站送何應欽赴寧。〔註357〕另有中華國民拒毒會家庭組會議決請鄭於十月三日作大會主席黨部婦女演講。〔註358〕

九月三十日，晨七時專車抵寧。〔註359〕下午三時半參加江蘇省政府第四十二次政務會議。〔註360〕

十月四日，下午於南京參加江蘇省政府第四十三次政務會議。〔註361〕

十月五日，晚九時半，乘夜快車回寧。〔註362〕

十月六日，有《女光公司發起的宣言》見報，作為發起人之一，於上海法租界金神父路底新新街二百九十一號創辦女子理髮專科學校，並預籌辦大

〔註353〕《各機關紀念周匯志》，《申報》，1927年9月27日，第九版。查前有新聞（見《白崇禧與國府要人昨均返寧》，《申報》，1927年9月26日，第十三版）刊稱鄭毓秀「茲因今日（二十六）為特委會期」，故於「昨晚」（即二十五日）由滬「乘夜快車回寧」。而此項錄二十六日晨鄭毓秀在滬廳舉辦「總理紀念周」詳事，可證前者為謬，此校。

〔註354〕《拒毒運動周籌備昨訊》，《申報》，1927年9月27日，第十版。另該會定十月三日為「家庭日」，旨在以家庭為單位參與和宣傳拒毒活動，「家庭日」三字為鄭毓秀親筆書寫，參見《家庭日》，《拒毒月刊》，1927年，第14期，32～33頁。

〔註355〕《各機關紀念周匯志》，《申報》，1927年9月27日，第九版。

〔註356〕《粵三團體歡讌記》，《申報》，1927年10月1日，第十四版。

〔註357〕《本埠新聞：何應欽暨各要人昨夜返寧》，《申報》，1927年9月30日，第九版。

〔註358〕《上海拒毒運動周進行消息》，《申報》，1927年9月30日，第十版。另該會擬多次敦請鄭赴會演講，而未見鄭是否允踐。見《今日第二日之辦法》，《申報》，1927年10月3日，第九版。及《風雨不更之市民拒毒大會》，《申報》，1927年10月8日，第十三版。

〔註359〕《時人之行蹤》，《申報》，1927年10月1日，第四版。

〔註360〕《蘇省政府四十二次會議紀要》，《申報》，1927年10月3日，第六版。

〔註361〕《蘇省政府四十三次會議紀要》，《申報》，1927年10月7日，第六版。

〔註362〕《何應欽等昨晚回寧》，《申報》，1927年10月6日，第十版。

型女子理髮所。旨在養成女子理髮技能，促進男女職業平等。〔註363〕

十月七日，下午四時於南京參江蘇省第四十四次政務會議。陳和銑提出盧興原辦事不力應予免職，委鄭繼任上海公共租界臨時法院院長之議案上報待審。〔註364〕晚乘夜車由寧赴滬。〔註365〕

十月八日，抵滬。〔註366〕下午一時，於上海公共體育場參加中華國民拒毒會全國拒毒運動周之市民大會，作演講，「今天的集會不比旁的，因為今天是上海訕民拒毒日。到會的市民非有極懇切的誠意、瞭解鴉片嗎啡毒害中國的，決不致於來參加大會。在這個鴉片嗎啡毒禍彌漫的中國，尚有大多數覺悟的民眾來參加市民拒毒大會，就是拒毒前途的好現象。從前在軍閥時代，我民眾要禁煙是不行的，因為禁煙是軍閥極端不願意的，一禁了煙他們便沒有餉可抽、財可發。所以民眾天天要求禁煙，徒成畫餅。現在解放民眾的國民革命軍已將直搗幽燕了，國民政府對於禁煙問題也容納民眾的要求，限三年禁絕。站在青天白日旗下的民眾應一致擁護國府的政策，並結合民眾力量來實行禁煙」。〔註367〕

十月九日，轉任上海公共租界臨時法院院長之消息見報（正式任命尚未下達）。〔註368〕赴格羅希路二十四號參加女光公司發起人、贊助人聯席會，

〔註363〕　《女光公司發起的宣言》，《申報》，1927 年 10 月 6 日，第一版。《女光公司發起的宣言》，《新聞報》，1927 年 10 月 8 日。

〔註364〕　《蘇省政府四十四次會議紀要》，《申報》，1927 年 10 月 10 日，第八版。

〔註365〕　《時人行蹤》，《申報》，1927 年 10 月 9 日，第六版。

〔註366〕　《時人行蹤錄》，《申報》，1927 年 10 月 9 日，第十四版。

〔註367〕　《拒毒運動周之第七日：盛極一時之市民大會》，《申報》，1927 年 10 月 9 日，第十四版。及《上海拒毒運動周之留影：鄭毓秀博士在市民拒毒大會演說》，《拒毒月刊》，1927 年第 15 期，1 頁。

〔註368〕　《中央新委蘇滬法官》，《申報》，1927 年 10 月 9 日，第四版。及《今日大事記》，《申報》，1927 年 10 月 9 日，第一版。《鄭毓秀長臨時法院之外論》，《申報》，1927 年 10 月 14 日，第十三版。亦見《女法院長鄭毓秀》，《大公報（天津版）》，1927 年 10 月 10 日，第二版。及《鄭毓秀任臨時法院院長，遞補各廳長均已任命》，《新聞報》，1927 年 10 月 9 日，第二張第一版。另地方檢察廳長委沈秉謙代理，地方審判廳長委楊肇煃。關於撤換盧興原改任鄭毓秀之任命，1927 年 10 月 12 日上海領事團致函郭泰祺提出嚴重抗議，「函內稱盧之被撤，似以政治行動而破壞交回會審公廨之條約」，見《滬領事團反對臨時法院易人》，《大公報（天津版）》，1927 年 10 月 13 日，第二版。及至 1928 年 7 月 21 日，領事團仍致函交涉署阻止撤免、懲戒盧，見《國府威信，如之奈何》，《大公報（天津版）》，1928 年 7 月 22 日第二版。上海臨時法院前身為會審公廨，1926 年在孫傳芳支持下，江蘇省政府特派

商議開辦大規模女子理髮所。〔註369〕

　　十月十日，上午乘汽車赴交涉公署外交大樓參加國慶日典禮，十二時半於二門外階沿下與眾人攝影紀念。〔註370〕

　　十月十三日，回信《生活週刊》，「湛恩、恩潤先生大鑒：頃奉華翰，藉悉，貴社所辦《生活週刊》專以改進社會為宗旨，利國利民，良深欽佩。敝著《A Girl from China》一書，荷蒙不棄菲陋，擬由貴社譯成中文，按期登入貴刊，貢獻於社會，自當如命，請即照辦可也。專復即頌，公安。鄭毓秀謹啟，十月十三日」。〔註371〕

丁文江、許沅與駐滬領事團交涉並於 8 月 31 日簽署章程，1927 年 1 月 1 日正式舉行移交手續，會審公廨改為臨時法院，但領事團仍保有部分司法特權，如外國人為原告之民刑案件，領事團可派員觀審或參審，書記官長由外國人充任，司法員警由工部局調派，監獄及看守所仍在領事控制之下等。領事深懼作為南京國民政府司法官員的鄭毓秀繼任後，會有損領事團司法特權，故提出反對。參見《收回上海會審公廨暫行章程（附錄）》，《東方雜誌》，第二十三卷，第二十號。

〔註369〕《發起開辦女光公司》，《申報》，1927 年 10 月 9 日，第二十版。亦見《中國女子新職業：上海之女光公司養成女子理髮師》，《大公報（天津版）》，1927 年 10 月 19 日，第八版。此事在法租界廣有影響，後有商人亦倣仿其創辦女子理髮公司。參見《發起組織國華女子理髮公司》，《申報》，1928 年 7 月 6 日，第二十四版。

〔註370〕《前日國慶紀念盛況》，《申報》，1927 年 10 月 12 日，第十三版。

〔註371〕《鄭毓秀女士致本刊的信》，《生活（1925）》，第三卷，第一期，7 頁。前由該刊劉湛恩、鄒恩潤致鄭信，請准翻譯《A girl from China》並按期刊發。後此刊第三卷陸續刊出名為《鄭毓秀女士自述》者十九章（第三、十四章未刊，第十三章分兩次刊，第十七章誤錄為第七章），譯者為彭望芬，且因篇幅過長，只節譯了編者認為重要的部分（見第六章篇首），並於《申報》登一廣告宣傳，參見《好！A Girl From China》，《申報》，1927 年 10 月 18 日，第三版。詳目分載如下：《第一章：在廣東的祖宅》（第 1 期，6～7 頁）、《第二章：我自由夢的萌芽》（第 2 期，18～20 頁）、《第四章：個性的表現》（第 3 期，27～28 頁）、《第五章：在私塾裏的我》（第 4 期，39～40 頁）、《第六章：由廣州而香港》（第 5 期，51～52 頁）、《第七章：到北京》（第 6 期，64～65 頁）、《第八章：祖母跑到北京來了》（第 7 期，71～72 頁）、《第九章：驚天動地的解約》（第 8 期，84～85 頁）、《第十章：能力的初步表現》（第 9 期，95～96 頁）、《第十一章：到日本去尋覓志士》（第 10 期，108 頁）、《第十二章：私運危險品》（第 11 期，122 頁）、《第十三章：國內外的奔走》（第 12 期，110～121 頁）、《第十三章續》（第 13 期，145～146 頁）、《第十五章：在北京逆旅脫險》（第 14 期，156～157 頁）、《第十六章：赴法前的幾天》（第 15 期，166～167 頁）、《第十七章：在巴黎的行動》（第 16 期，180 頁）、《第十八章：國外奔波》（第 17 期，190～191 頁）、《第十九

十月十七日，晚乘夜快車由滬赴寧。〔註 372〕

十月十八日，有《江蘇省政府致上海交涉公署電》，「調任鄭毓秀為上海臨時法院院長，希照會駐滬各國領事一體查照。」〔註 373〕以校長名義發布女光公司女子理髮專科學校擴招新生之廣告，將原二十名學額擴充至三十名。〔註 374〕前於利斯洋行所定制之放大照片已經制好運抵上海。〔註 375〕

十月十九日，晨由寧乘早特別快車返滬。〔註 376〕

十月二十日，晚乘滬寧夜車赴寧。〔註 377〕

十月二十一日，上午九時，卸任上海地方檢察廳長，由該廳首席檢察官沈秉謙代理並舉行就職典禮，發布檢廳公告。〔註 378〕

十月二十二日，晚由寧乘夜快車返滬。〔註 379〕

十月二十三日，晚由寧乘滬寧夜車返滬。〔註 380〕

十月二十四日，晨抵滬。〔註 381〕

＊十月二十五日，以公務繁重與健康惡化為由，呈辭江蘇省政務委員職務並獲准：「呈為呈請准予辭職，借資休養事：鄭毓秀今春奉令為江蘇省政務

章：末後的幾句話》（第 18 期，200 頁）。另彭望芬又將第五章拆分兩節發於他報，參見《私塾時代之鄭毓秀女士（上）：鄭女士自述小史之一節》，《京津畫報附刊：電影》，1927 年第 6 期，3 頁。及《私塾時代之鄭毓秀女士（下）：鄭女士自述小史之一節》，《京津畫報附刊：電影》，1927 年第 7 期，3 頁。

〔註 372〕　《時人行蹤錄》，《申報》，1927 年 10 月 18 日，第十版。

〔註 373〕　《南京快信》，《申報》，1927 年 10 月 20 日，第六版。及《臨時法院易長正式知照領團》，《申報》，1927 年 10 月 21 日，第九版。亦見《盧與原準備交卸》，《申報》，1927 年 10 月 21 日，第九版。及《臨時法院易長》，《申報》，1927 年 10 月 27 日，第十八版。此為江蘇省政府下達之正式任命，但鄭就職之期尚未確實。

〔註 374〕　《女光公司女子理髮專科學校添招新生廣告》，《申報》，1927 年 10 月 18 日，第三版。

〔註 375〕　《商場消息》，《申報》，1927 年 10 月 20 日，第十七版。前參見 1927 年「七月是月」一項及其腳注。

〔註 376〕　《時人行蹤錄》，《申報》，1927 年 10 月 20 日，第十版。

〔註 377〕　《時人行蹤錄》，《申報》，1927 年 10 月 21 日，第九版。

〔註 378〕　《地檢廳新廳長昨日就職》，《申報》，1927 年 10 月 22 日，第十三版。沈秉謙，字遜之，浙江吳興人。在各省歷任司法官，江蘇高等檢察廳檢察官。1926 年春調任上海地方檢察廳首席檢察官。

〔註 379〕　《時人行蹤錄》，《申報》，1927 年 10 月 24 日，第十三版。

〔註 380〕　《時人往來志》，《申報》，1927 年 10 月 25 日，第十版。

〔註 381〕　《時人往來志》，《申報》，1927 年 10 月 25 日，第十版。

委員，才幹任重，本難稱職，只以歷年以來效忠黨國，未敢後人，不得不勉竭駑駘，追隨諸同志之後，從事於政治工作，黽勉數月，隕越時虞，而孱弱之軀，亦日覺難以支持。今幸百政革新，群英輻輳，毓秀自應及時乞退，以讓賢能。且得藉此休暇從事調養，實與公私兩有裨益，理合具文呈請，仰懇准予辭去江蘇省政務委員，俾□仔肩，無任感激。冒昧上呈，伏乞訓示只遵。謹呈國民政府省政府，江蘇省務委員鄭毓秀。」〔註382〕

十一月一日，於寧公幹。上海地方審檢廳改組為上海地方法院，暫時代理院長。發布《更定名稱之布告》，〔註383〕並將該院辦公時間自本月一日至明年二月底每日改為上午十時至十二時、下午一時半至五時。〔註384〕

十一月二日，南京國民政府擬派鄭為赴歐專使，向各國民眾說明中國現狀，並有外交委員會已呈請任命。〔註385〕

十一月三日，晚由寧赴滬。〔註386〕

十一月五日，下午二時，接待張溥泉夫人、蔡子民夫人等參觀上海地方

〔註382〕關於辭職時間，自傳中寫為1928年初（譯本自傳2，第152頁），而據新聞報導，鄭於1927年10月末即有辭文，筆者採用報導。參見《鄭毓秀辭蘇政務委員職》，《新聞報》，1927年10月26日，第三張第一版。亦見《鄭毓秀辭蘇政務委員職務》，《申報》，1927年10月26日，第十版。及《滬電匯志》，《大公報（天津版）》，1927年10月27日，第二版。亦見"Miss Soumi Cheng", *The North-China Daily News(1864~1951)*, October 26, 1927, p.16 及 "Miss Soumi Cheng", *The North-China Herald and Supreme Court & Consular Gazette (1870-1941)*, October 29, 1927, p.185.

〔註383〕《地方廳改稱地方法院》，《申報》，1927年11月1日，第十三版。及《上海地方審判廳改為上海地方法院》，《申報》，1927年11月2日，第十三版。此係國民政府經司法部長王寵惠提議：「撤廢各省縣檢察廳，改高等廳為高等法院，地方廳為地方法院」一案，付議決下達指令，參見《指令：中華民國國民政府指令：第八九號（中華民國十六年十月二十日）：令司法部長王寵惠：呈請裁撤檢察機關並改定法院名稱請鑒核示》，《國民政府公報（南京1927）》，1927年第2期，第39～41頁。上海地方檢察廳遵此令撤廢，檢察廳長改為檢察官主任，受院長節制。內部組織及辦事上略有歸併，以示統一，但法官之審讞手續仍照舊時辦法。

〔註384〕《上海地方法院布告欄》，《申報》，1927年11月2日，第十五版。

〔註385〕《國民政府將派鄭毓秀為赴歐專使，向各國國民說明中國真相》，《新聞報‧消息‧本埠新聞》，1927年11月2日，第四張第二版。及《鄭女士作南京專使》，《大公報（天津版）》，1927年11月3日，第二版。另有報稱鄭於12月4日正式受國民政府委任。參見徐世光：《Weekly News：鄭毓秀任充考察國外政治專使（中英文對照）》，《英語週刊》，1928年第635期，732頁。

〔註386〕《時人之行蹤》，《申報》，1927年11月5日，第六版。

法院之新設施、各法庭及各辦公室長等。諸客對革新該院之成績、督率院中職員辦事之認真及委用女職員從事司法提高女權等非常滿意，下午四時許送走諸人。法租界敦仁女子公學一週年紀念籌備大會議決邀請鄭於十一月十二日赴校演講。〔註 387〕

十一月六日，受中華婦女節制協會邀請擬於晚六時參加紀念聚餐。〔註 388〕

十一月八日，以「另有使命並因種種問題」表示不願就任上海公共租界臨時法院院長一職。〔註 389〕

十一月十日，發出布告，上海地方法院於十一月十二日紀念孫中山誕辰，遵例停止辦公。緊急事件有值日員照常辦理，前定是日審理之案件已另行通知改期。〔註 390〕

十一月十一日，上午九時，於李石曾宅邸開籌備滬電訊社大會，議決名稱為「中華電訊社」，並受任籌備委員。〔註 391〕下午三時，接待楊肇熉與其

〔註 387〕《敦仁女校一周紀念會之籌備》，《申報》，1927 年 11 月 5 日，第十六版。

〔註 388〕《婦女節制協會五周紀念邀宴各界》，《申報》，1927 年 11 月 6 日，第十六版。

〔註 389〕"From day to day: Miss Soumi Cheng", *The North-China Daily News (1864~1951)*, November 19, 1927, p.10 及"Personal Notes: Miss Soumi Cheng", *The North-China Herald and Supreme Court & Consular Gazette (1870-1941)*, November 26, 1927, p.367 亦見《趙士北將長臨時法院說》，《申報》，1927 年 11 月 8 日，第十三版。及《李祖虞有長臨時法院訊》，《申報》，1927 年 11 月 9 日，第十四版。鄭毓秀辭不就任原因或與行將赴歐、身體抱恙且公共租界各國領事對換長之消極態度等有關，參見 1927 年「十月九日」一條腳注。江蘇省政府後派謝永森暫時代理，見《中華民國國民政府批：第三三七號（中華民國十六年十一月廿九日）》，《國民政府公報（南京 1927）》，1927 年，第 11 期，17 頁。及《中央要訊》，《申報》，1927 年 11 月 24 日，第四版。亦見《蘇省第八次委員會議紀》，《申報》，1927 年 11 月 25 日，第九版。而謝亦辭卻不就。見《謝永森呈辭代理臨時法院院長》，《申報》，1927 年 11 月 30 日，第十四版。對於前院長盧與原之撤免及其「赴逆共黨」案調查與懲辦，參見《中華民國國民政府訓令第五號》，《國民政府公報（南京 1927）》，1927 年 10 月 4 日第一期，第十五頁。《中華民國國民政府指令第一二八號》，《國民政府公報（南京 1927）》，1927 年 10 月 21 日第三期，第五十三頁。《中華民國國民政府命令第五二號》，《國民政府公報（南京 1927）》，1927 年 11 月 5 日第四期，第二十頁。《中華民國國民政府命令》，《國民政府公報（南京 1927）》，1927 年 11 月 5 日第五期，第十三頁。及《律師公會對臨時法院院長交代事件宣言》，《申報》，1928 年 7 月 24 日，第十五版。

〔註 390〕《上海地方法院公布欄》，《申報》，1927 年 11 月 10 日，第十六版。

〔註 391〕《將有大規模之電訊社》，《申報》，1927 年 11 月 12 日，第十四版。該社由張靜江、王伯群、蔡孑民等發起，李石曾、趙鐵橋、鄭毓秀、魏道明等召集

所偕西賓二人，茗談後陪同往各法庭參觀一周。〔註392〕

十一月十二日，令在地方法院大門前編紮松柏牌樓，並懸掛各種紀念燈，停止辦公一天。上午，於法院召集全院男女職員，自任主席舉辦總理誕辰紀念會。作致詞，「今日非僅紀念總理誕辰，蓋亦紀念東方革命產生之日，萬眾歡騰，不僅本院有此慶祝紀念會已也。顧東方民族久處壓迫之下，惟總理之主義足以解放之故，紀念總理之意義甚深，蓋總理努力國事之精神、為國為民之功績，固昭昭在人耳目。總理雖死，總理之精神實不死也。當總理推翻清室時，完全以主義精神克之，蓋總理既非武夫又非軍閥，其能不動干戈而制清室死命者，總理之主義足以使民眾回應之也。總理之精神不僅可以定國，蓋又可以救國，並得爭國人之自由平等而禦外侮也。本院同人每週舉行總理紀念周，精神俱甚完滿，深堪欣佩。而今日能與諸同人以最熱烈最真誠之精神，舉行慶祝會，尤為吾人紀念總理之良機也」，至十一時許散會。〔註393〕下午二時半，受上海民眾運動委員會邀請，赴公共體育場參加南市市民大會，作紀念孫中山總理誕辰演說，「總理是東方民族的第一人，東方民族之成功就係在總理誕生的一天。總理現在雖不在世了，但他的事業和精神終是浩然長存、萬古不朽的了。總理從前僅和少數同志從事革命，就要把滿清推倒，現在我們的敵人帝國主義者、殘餘軍閥和一切黑暗勢力雖然比滿清的壓力還要兇惡，但是現在同志的數量增加到幾千倍了，要是全體同志本總理的精神去做，那麼帝國主義、軍閥、共產黨和一切黑暗勢力都不難一鼓蕩平了」。〔註394〕

<hr>

籌辦，旨在「將國內真實消息向國際間宣傳，並發國內外新聞，將中文電稿信稿供給各報」。

〔註392〕《楊肇熉昨參觀地方法院》，《申報》，1927 年 11 月 12 日，第十四版。楊肇熉（1893～？），字仲瑚，四川潼南人，北京大學畢業，早年赴法國留學，獲巴黎大學法學博士學位。曾任法典編輯委員，北京法律專門學校教授、江蘇吳縣地方法院院長、上海地方法院院長，後任上海特區地方法院院長。1947 年 2 月 7 日任立法院立法委員，1948 年 11 月 15 日任司法院院部參事，1949 年 5 月 30 日任司法院秘書長，同年底去臺灣，仍任「司法院」秘書長，至 1950 年 5 月。參見劉國銘：《中國國民黨百年人物全書（上）》，北京：團結出版社，2005 年，第 1006 頁。

〔註393〕《各機關情形：地方法院之慶祝》，《申報》，1927 年 11 月 13 日，第十四版。

〔註394〕《本埠新聞：今日各界提燈大遊行慶祝總理誕辰紀念》，《申報》，1927 年 11 月 11 日，第十三版。亦見《本埠新聞：今日民眾慶祝總理誕辰紀念》，《申報》，1927 年 11 月 12 日，第十三版。及《下午南市之市民大會》，《申報》，1927 年 11 月 13 日，第十三版。

十一月十八日，待楊肇熿繼任並候船赴歐，地方法院職員擬公贈匾額銀盾並共同踐行，以資紀念。〔註395〕

十一月十九日，七時許，赴滬招商局北棧碼頭候迎汪精衛。〔註396〕

十一月二十日，上海律師同志會下午八時開會歡迎鄭毓秀、魏道明、楊肇熿等，鄭因病未到。〔註397〕

＊十一月二十一日，中午，赴上海法政大學都益處參加校董會，被舉為新校長。〔註398〕

十一月二十二日，上午十一時，赴上海法政大學大禮堂校長就職典禮，並受學生會開會歡迎，致訓詞，「毓秀不才，謬承校董會推為繼任校長，深覺不安。今日舉行就職典禮，復荷諸同學熱誠歡迎，無任感激。毓秀以為法大非校長之法大，亦非教職員之法大，復非諸同學之法大，實為群眾的、整個的。深望諸同學應精神團結一致，共謀法大福利。毓秀亦當以誠意辦學也。」〔註399〕

十一月二十八日，與西賓數人乘車赴上海地方法院第一法庭禮堂參加院長楊肇熿之宣誓就職典禮。〔註400〕

十二月一日，中華國民拒毒會拒毒演講比賽優勝慶祝籌備會議決，擬敦請鄭為優勝者授獎。〔註401〕

〔註395〕《地方法院新院長定期視事》，《申報》，1927年11月18日，第十四版。

〔註396〕《汪精衛李濟琛昨晨到滬：碼頭歡迎之人物》，《申報》，1927年11月19日，第十三版。

〔註397〕《律師同志會歡迎會紀》，《申報》，1927年11月22日，第十四版。

〔註398〕《鄭毓秀長法政大學》，《新聞報》，1927年11月22日，第三張第三版。及《上海法政大學校長改推鄭毓秀》，《申報》，1927年11月22日，第十版。關於鄭擔任上海法政大學校長的時間，據自傳為七年之久（譯本自傳2，第162頁），時間自1927年11月至1938年末，其中1933年3月（《上海法政學院院長鄭毓秀因病辭職，張忠道被推為代理院長》，《申報》，1933年3月10日，第十四版）至1935年10月因侵佔案辭去校長一職，參見趙晨欣：《鄭毓秀的傳奇一生》，華中師範大學碩士學位論文，2016年，第39頁。

〔註399〕《鄭毓秀就法大校長職》，《新聞報》，1927年11月23日，第三張第四版。及《鄭毓秀就上海法大校長職》，《申報》，1927年11月23日，第十版。

〔註400〕《地方法院楊院長昨日宣誓》，《申報》，1927年11月29日，第九版。趙晨欣文中有「（鄭）上海地方法院院長的任期很短，只有兩個月」（趙晨欣：《鄭毓秀的傳奇一生》，華中師範大學碩士學位論文，2016年，第37頁），筆者不贊同。據此條新聞，從11月上海地方審判廳改為上海地方法院始至11月28日新院長楊肇熿上任止，鄭留任上海地方法院不到一個月時間，而非兩個月。

〔註401〕《拒毒會積極推行拒毒教育：定期開拒毒演講優勝慶祝會》，《申報》，1927

十二月五日，律師事務所改名正誠，敦請譚毅公律師繼續業務，原有職員一仍其舊，由方子衛主持。另設經辦部，由方兼任部長，辦理一切地產登記、公司行號及商標註冊等事。〔註402〕

十二月六日，於夏令配克戲院包間觀賞上海美術社團天馬會的戲曲演出，並在後臺為陸小曼（飾《玉堂春》蘇三，徐志摩亦合演）化妝，黃文農為鄭、徐、陸三人作速寫。〔註403〕

十二月十六日，作為中華婦女慰勞傷病軍士會發起人之一，於馬斯南路鄭公館宴客商議演劇籌款事。〔註404〕

十二月十九日，有《中華婦女慰勞傷病軍士會啟事》見報，定於十二月二十三日下午七時假法租界共舞臺開遊藝會，擬親自下場參加遊藝表演。〔註405〕

十二月二十日，因事未能參加女子理髮專科學校第一屆畢業典禮。〔註406〕

十二月二十三日，下午七時，於法租界共舞臺參加中華婦女慰勞傷病軍士會遊藝會，京劇演完後於舞臺上作報告，「在前敵作戰受傷或病之軍士是很苦的，所以我們發起這個會，將籌得的款子預備買衛生衣送給這些傷病的軍士穿的。今天多謝諸君的熱忱光降，並且多蒙各位有名的藝術家來替我們表演，我

年12月2日，第十五版。及《拒毒會將開盛大遊藝會：請蔡子民胡適之馬寅初三博士演說》，《申報》，1927年12月10日，第十五版。

〔註402〕 《魏道明律師事務所改組消息》，《申報》，1927年12月5日，第十五版。前鄭因任上海地方審判廳長而由魏道明負責律所；後魏道明受任司法部秘書長繼任法部次長，亦已於十一月停止律師職務。

〔註403〕 《天馬劇藝中之一對伉儷》，《晶報》，1927年12月9日。周瘦鵑：《天馬劇藝會瑣記》，《上海畫報》，1927年12月15日。

〔註404〕 《中華婦女慰勞傷病軍士會消息》，《申報》，1927年12月16日，第十一版。及《婦女慰勞會遊藝會消息續志》，《申報》，1927年12月17日，第十五版。此會為鄭隨眾人發起。因天氣寒冷，北伐軍士之患病及受傷者均無棉衣，擬購衛生衫萬件送予前線。鄭毓秀之姊妹鄭慧琛、鄭雪案，及侄女鄭漢英亦下場跳舞。鄭等「售券、募捐、定制衛生衫、舉行劇藝會，均親自辦理，熱心毅力，令人可敬」，政商各界出資出力，場內不行募捐事。時遊藝會詳情參見梅生：《特刊話》，《上海畫報》，1927年，第306期，2頁。瘦鵑：《紅氍真賞錄》，《上海畫報》，1927年，第306期，2頁。及張端華：《中華婦女慰勞傷病軍士會瑣聞》，《申報》，1927年12月22日，第十七版。

〔註405〕 《中華婦女慰勞傷病軍士會啟事》，《申報》，1927年12月19、20、21、22日，分別第一、二、五版。亦見《婦女慰勞傷病軍士會遊藝會預志》，《申報》，1927年12月22日，第十五版。及《中華婦女慰勞傷病軍士會》，1927年12月22、23日，分別第二十三、二十一版。

〔註406〕 《女子理髮專科學生畢業》，《申報》，1927年12月22日，第十五版。

謹代表本會謝謝！現在時候不早了，下面還有蔡先生的演說哩」。〔註407〕

十二月二十八日，受記者採訪，對於報載三十日準備放洋消息，作回應，「日來報章屢有登載鄙人出國消息，均與事實不符。原擬早日出國，惟賤軀日見衰弱，出國後恐難從事工作。現欲即日移居醫院，調養兩三星期後，俟賤軀稍健，方可成行。」對於慰勞會情形之問題，作答，「發起該會者計有熱心各夫人暨諸女士十餘位，鄙人僅發起人之一。該會初向各方捐款，未及盡力後，因舉行遊藝會。時鄙人隨發起及贊助諸君之後，微盡棉力。一昨報紙所載，閱之殊覺不安。又各代表赴寧系代表慰勞會慰勞傷兵，亦非代表鄙人而去」〔註408〕晚六時，受邀赴北四川路虹口旅社餐廳參加歡迎日內瓦國際婦女和平自由同盟會三代表之宴會，並為法籍代表達女士（Madame Drevet）作演講翻譯。〔註409〕

＊十二月二十九日，有《鄭毓秀啟事》見報，「啟者頃閱：本月二十八日新聞第四張所載有婦女慰勞傷病軍士會慰勞消息與事實不符，發起此會凡十數人，毓秀僅發起人之一，所謂代表之名稱，只可代表本會全體，並非代表毓秀個人。至褚民誼先生係本會贊助人非發起人。再毓秀現因患病，尚須入醫院養治兩星期，並無有本月三十一號赴法之說，特為聲明。此啟。鄭毓秀啟，十二月廿八日。」〔註410〕

〔註407〕 《金華亭：參觀婦女慰勞傷病軍士會以後》，《申報》，1927年12月26日，第十二版。

〔註408〕 《鄭毓秀博士之談話》，《新聞報・消息・本埠新聞》，1927年12月29日，第四張第二版。《鄭毓秀暫緩出洋》，《申報》，1927年12月29日，第十四版。

〔註409〕 《國際婦女和平自由同盟會代表抵滬歡宴記》，《申報》，1927年12月31日，第十四版。

〔註410〕 《鄭毓秀啟事》，《申報》，1927年12月29日，第一版。此為澄清前報誤載行程及慰勞會情形。筆者查此前行程日期之誤報共計7條之多，分別為：其一，誤載其十二月十七日赴歐，參見《鄭毓秀博士定期放洋——下月十七日》，《新聞報》，1927年11月19日，第四張第二版。及《鄭毓秀放洋有期》，《新聞報》，1927年12月9日，第四張第三版；其二，誤載其將於十二月三十日由滬啟程，參見《鄭毓秀預定艙位赴法》，《新聞報》，1927年12月22日，第三張第二版。及《鄭毓秀定期赴法》，《申報》，1927年12月9日，第十四版。以及《要人出洋訊》，《申報》，1927年12月28日，第十三版。此誤報亦見"Miss Soumi Cheng, former Chief Judge of the Shanghai District Court", *The North-China Daily News (1864~1951)*, December 12, 1927, p.14 及 "From day to day: IT now reliably is reported that", The North-China Daily News (1864~1951), December 21, 1927, p.10 關於慰勞會之誤載為：十二月二十八

十二月三十日，與陳逸雲、鄭瑛晤談，介紹世界婦女國際和平運動會法英美三國代表與其晤談。〔註411〕

是月，忽患咯血之症，入院就醫診為積勞過度，至少須靜養兩月，故緩期赴歐。〔註412〕

十一月至十二月間，革新上海法政大學校務：制度上，擬就組織大綱並草就各部辦事細則，定於每週舉行事務、教務會議各一次；人事上，特聘上海地方法院院長楊肇熉為教務主任，潘永熺為註冊主任，陳彬和為校長室秘書兼總務主任，黃秋豪女士為會計主任；教務上，重新編制課程，預科及本科一二年級注重中外文字及基本學理，三四年級注重應用練習；師資上，添聘陳布雷、董修甲、潘公弼、程中行、朱義農、潘公展、周佛海、高一涵及張雅南女士等。〔註413〕

下半年，著有《新中國與世界》一文。〔註414〕

是年，參與主持中國基督教婦女節制會在滬之廢丐運動。〔註415〕受聘莫利愛路人和產科學院董事。〔註416〕

1928年，民國十七年，戊辰，三十七歲

一月一日，發起之女光公司正式開業迎賓，分食品、理髮兩部。〔註417〕

日《申報》稱所募款購買衛生衫後，由鄭漢英等代表鄭毓秀於二十七日晚九時乘夜快車赴寧往南京各軍後方病院贈與傷病軍士。參見《婦女慰勞會代表赴寧慰勞》，《申報》，1927年12月28日，第十四版。此校。另慰勞成果詳述於黃梅仙致鄭等發起人函，見《婦女慰勞會代表之執告》，《申報》，1928年1月6日，第十五版。

〔註411〕《首都各界代表昨訪中央委員》，《申報》，1927年12月31日，第十三版。
〔註412〕 "HER many friends will be sorry to learn that Miss Soumi Cheng", *The North-China Daily News (1864~1951)*, January 10, 1928, p.15《鄭毓秀入院就醫》，《申報》，1928年1月8日，第十五版。
〔註413〕《法政大學之新職員》，《申報》，1927年11月24日，第十版。及《上海法政大學校務之進展》，《申報》，1928年1月8日，第十版。
〔註414〕《鄭毓秀最近之著作》，《新聞報》，1927年12月4日，第三張第一版；1927年12月5日，第二張第二版；1927年12月6日，第二張第三版；1927年12月7日，第三張第一版。此文僅見連載於《新聞報》，分四期全部錄入，是鄭對於近代中國社會趨勢與世界發展、政治哲學觀點的集中表述，全文分八部分：宇宙的進化、世界的進化、三種世界、新世界的成功、新中國的意義、新中國的狀況、新中國對於世界的貢獻和請求、結論，全文詳見附錄。
〔註415〕《婦女節制會之廢丐運動》，《申報》，1927年11月28日，第十版。
〔註416〕《人和產科學院》，《申報》，1928年2月12日，第二十一版。
〔註417〕洪洪水：《女光嘗試記》，《申報》，1928年1月8日。第十七版。

是月，復次以病辭臨時法院院長職。〔註 418〕赴南京湯山溫泉療養。〔註 419〕所任校董之滬西靜安寺路一七一八號振德女學在其提議下擴充辦學，添租二校校址於小沙渡路一〇九號。〔註 420〕

一月至三月間，涉上海法政大學歸屬權糾紛事件。〔註 421〕

二月五日，午十二時，於南京國民政府第一會議廳參加歡迎法國公使馬海爾之午宴。〔註 422〕

二月七日，前遞交之辭上海臨時法院院長請求，經江蘇省政府第三十一次會議討論未獲通過，決議慰留。〔註 423〕

二月二十一日，乘夜車由寧赴滬。〔註 424〕

二月二十五日，午十二時，至滬黃浦碼頭預備赴歐，受《新聞報》記者訪，作談話，「我國歷來之外交，太不注意於國民外交之工作，百餘年來，各國之民眾，仍不能認識中國為何若，鄙人此行，擬力去此弊，一俟行抵歐美後，將抽出一部分之工夫，與各國民眾接洽，乘機為黨國努力於主義上之宣傳」。〔註 425〕「我國以前之外交，徒為官僚式外交，以致弊□業生，僅負外交

〔註 418〕“Miss Soumi Cheng, former Chief Judge of the Shanghai District Court”, *The North-China Daily News (1864~1951)*, February 23, 1928, p.12 及《鄭毓秀辭臨時法院院長》，《新聞報》，1928 年 1 月 18 日，第四張第二版。此前已表辭意，其原因等詳見 1927 年「十一月八日」一條。

〔註 419〕《本館要電》，《申報》，1928 年 1 月 13 日，第四版。

〔註 420〕《振德女學之擴充》，《申報》，1928 年 1 月 31 日，第十版。

〔註 421〕《譚毅公律師代表上海法政大學校董會啟事》，《申報》，1928 年 1 月 8、9、10 日、2 月 14、15 日，分別第五、五、三、五、五版。《楊光湛律師代表上海法政大學代理校長沈儀彬啟事》，《申報》，1928 年 1 月 10、29 日，分別第三、五版。及《上海法政大學同學公鑒》，《申報》，1928 年 2 月 16、18、20 日，分別第五、五、三版。《法政大學楊肇熉、陳德徵宴各界紀》，《申報》，1928 年 3 月 20 日，第七版。上海法政大學前校長徐謙之妻沈儀彬與校董會（鄭毓秀為時任校長）為爭奪該私立大學所有權而產生之糾紛，初期雙方各自聘請律師登報申明合法權利，後沈策動學生並雇凶恐嚇入校、阻止招生、強佔校園等，此事以校董會獲得國民黨當局支持而告終。

〔註 422〕《南京歡迎法公記》，《大公報（天津版）》，1928 年 2 月 11 日，第六版。及《國民政府歡宴法瑪使》，《申報》，1928 年 2 月 7 日，第八版。《申報》譯作「瑪泰爾」。

〔註 423〕《蘇省政府三十一次會議紀》，《申報》，1928 年 2 月 10 日，第七版。

〔註 424〕《軍政要人行蹤》，《申報》，1928 年 2 月 22 日，第四版。

〔註 425〕《鄭毓秀昨日赴法》，《新聞報》，1928 年 2 月 26 日，第四張第一版。此為南京國民政府首次官方派員向歐洲國家宣傳中國情形與國民黨思想。

之空名，而無外交之實惠。余此次奉命前往歐美考察，當一刷以前之官僚式外交，而注意國民外交」〔註426〕，並言稱「十七省已經在國民黨統轄下」，「然而外國勢力仍然把北京作為政府所在地，我們將在數月時間後進駐北京」，「將致力於探索與外國永久、友好關係的建立」，「國民政府也希望通過協商談判改變不平等條約」等，並特別提到國民黨清黨舉措，將於歐宣傳中華民國的民族主義理念。〔註427〕下午二時，以南京國民政府正式授權的交際代表身份（沒有正式職稱），乘法國郵船梅齊傑將軍號（General.Metzinger，另譯麥齊極號）第三十三號頭等艙赴歐。登船時，魏道明等百餘人到場歡送。輪將開駛時，送者以五色紙條擲入船中，船上人以手接之，隨風飄展。〔註428〕

二月二十八日，抵香港，寄明信片予陳德徵。〔註429〕

三月二日，抵西貢。〔註430〕

三月二日至六日間，與該處華僑團體及國民黨員諮詢並調查 1927 年 8 月 17 日海防土人毆殺華僑一案。後赴西貢附近之大來山（DALAT）參觀，晤該處代理市長洽談甚久，索得該山地圖一幀，並請其予地一方以待華開發。〔註431〕

〔註426〕王強主編：《民國大學校史資料彙編‧第 24 冊‧上海法政大學五周紀念刊》，南京：鳳凰出版社，2014 年 6 月，第 412 頁。

〔註427〕MISS SOUMI CHENG FOR FRANCE，Departure To-day as Head of a "Good Will" Mission, *The North-China Daily News (1864~1951)*, Feb 28, 1928, p.7.

〔註428〕隨行有鄭漢英（Tcheng han-ying）、黃甫君、張雅南（Chang Yah-nan）三女士，及秘書張兆（Chang Shao），隨員張世傑（Chang shih-chih）、何志成（Ho chi-cheng），共六人，鄭在滬事宜交由外交部駐滬辦事處秘書陳世光辦理，而其上海政法大學校長職務由楊肇燨暫代。參見譯本自傳 2，第 152 頁。"Among the passengers leaving Shanghai for France on Saturday by the M.M.S. General Metzinger were Miss Soumi Tcheng", *The North-China Daily News (1864~1951)*, February 27, 1928, p.14《鄭毓秀今午放洋》，《新聞報》，1928 年 2 月 25 日，第四張第二版。《中外時人行蹤錄：鄭毓秀放洋》，《申報》，1928 年 2 月 25 日，第十三版。及《鄭毓秀昨日放洋》，《申報》，1928 年 2 月 26 日，第十三版。《鄭毓秀定期赴歐，楊肇燨兼代法大校長》，《新聞報》，1928 年 2 月 16 日，第四張第一版。《要人行蹤：鄭毓秀博士由滬啟程去法國；鄭博士所乘之船及送者》，《良友》，1928 年第 24 期，第 4 頁。《鄭毓秀昨日赴法》，《新聞報》，1928 年 2 月 26 日，第四張第一版。

〔註429〕《駐法代表鄭毓秀報告啟程赴法日期及沿途情形呈》，《外交部公報》，1928 年第 1 卷第 2 期，192～193 頁。及鄭毓秀致陳德徵明信片，《國聞畫報》，1928 年第 10 期，第 2 頁（詳見附錄三）。

〔註430〕《駐法代表鄭毓秀報告啟程赴法日期及沿途情形呈》，《外交部公報》，1928 年第 1 卷第 2 期，192～193 頁。該呈文詳見附錄四。

〔註431〕《駐法代表鄭毓秀報告啟程赴法日期及沿途情形呈》，192～193 頁。

三月六日，仍附原船西進。〔註 432〕

三月八日，抵新嘉坡，參加該處華商陳嘉庚、王兆琨等歡迎宴，並受邀前往華商俱樂部晤談。〔註 433〕

三月十三日，抵哥侖布。〔註 434〕

三月二十日，抵基布地。〔註 435〕

三月二十五日，抵波賽士。〔註 436〕

三月三十日，抵馬賽，言稱代表南京國民政府謀固中法兩國友交。〔註 437〕

四月二日，抵尼斯。休養數日〔註 438〕

四月二十六日，抵巴黎，稱奉有鞏固中法邦交之使命，否認代表國民政府為金融關係來法之說。〔註 439〕工作內容具體包括：與法國官員私下會談、參與非正式會議、以真誠的勸說和媒體持續對話並啟發媒體行動。得到法國參議員勒胡夫人碧喜（Bessie）的竭力幫助，不久後碧喜過世，鄭因而悲痛。〔註 440〕

四月二十八日，赴法國外交部拜會外交部長白里安，因病由次長白特羅氏接見，就中法邦交關係晤談良久。〔註 441〕

〔註 432〕《駐法代表鄭毓秀博士已抵馬賽》，《新聞報》，1928 年 4 月 27 日，第二張第四版。此轉國聞社消息。

〔註 433〕《駐法代表鄭毓秀報告啟程赴法日期及沿途情形呈》，《外交部公報》，1928 年第 1 卷第 2 期，192～193 頁。及《駐法代表鄭毓秀博士已抵馬賽》，《新聞報》，1928 年 4 月 27 日，第二張第四版。

〔註 434〕《駐法代表鄭毓秀報告啟程赴法日期及沿途情形呈》，《外交部公報》，1928 年第 1 卷第 2 期，192～193 頁。

〔註 435〕《駐法代表鄭毓秀博士已抵馬賽》，《新聞報》，1928 年 4 月 27 日，第二張第四版。

〔註 436〕同上。沿途各埠法領事多登輪訪晤，蘇彝士運河公司駐波賽士總辦致書歡迎，其夫人等亦來船迎接。

〔註 437〕《鄭毓秀抵馬賽》，《申報》，1928 年 4 月 1 日，第七版。《滬電匯志》，《大公報（天津版）》，1928 年 4 月 1 日，第二版。《鄭毓秀已抵馬賽》，《新聞報》，1928 年 4 月 1 日，第二張第三版。皆轉路透社電。

〔註 438〕《鄭毓秀抵尼斯》，《申報》，1928 年 4 月 3 日，第九版。《鄭毓秀之行蹤》，《大公報（天津版）》，1928 年 4 月 3 日，第二版。"Miss Soumi Cheng, a member of the Nanking Governmeat", *The North-China Daily News (1864~1951)*, April 3, 1928, p.1.

〔註 439〕《鄭毓秀已抵巴黎》，《新聞報》，1928 年 4 月 28 日，第二張第三版。及《鄭毓秀抵巴黎》，《申報》，1928 年 4 月 28 日，第七版。均轉路透社二十六日巴黎電。

〔註 440〕譯本自傳 2，第 154 頁。勒胡及其夫人參見 1921 年「三月」一條。

〔註 441〕《鄭毓秀抵法後之工作：輿論界甚表歡迎，法當局願增進中法邦交》，《新聞

四月二十九日，被中國婦女六團體選為沿太平洋婦女國交討論會代表之一。〔註442〕

是月下旬，於巴黎受英法美各報記者採訪，進行政治宣傳。〔註443〕

五月初，濟南慘案發生，作《鄭毓秀論山東案》一文見報。〔註444〕

五月十五日，上午九時五十分，赴巴黎西車站送伍朝樞夫婦離法赴美，並攝影留念。〔註445〕

五月十六日，於巴黎參加法國人權會，作演說宣傳濟南慘案真實始末，揭露日本陰謀及飾罪宣傳。〔註446〕

＊是月，與李石曾、魏道明等在巴黎大力宣傳中國近況與濟案實情，並發起組織「中法新聞同志會」。〔註447〕產下一子，取名周梅（Tchow Mei）。〔註448〕

報》，1928 年 5 月 26 日，第三張第二版。

〔註442〕《聯太平洋會昨午聚餐紀》，《申報》，1928 年 4 月 29 日，第十三版。

〔註443〕《鄭毓秀抵法後之工作：輿論界甚表歡迎，法當局願增進中法邦交》，《新聞報》，1928 年 5 月 26 日，第三張第二版。及 "THE Chinese press says", *The North-China Herald and Supreme Court & Consular Gazette (1870-1941)*, June 2, 1928, p.366.

〔註444〕《鄭毓秀在法宣傳濟案真相》，《新聞報》，1928 年 6 月 15 日，第三張第二版。此文轉自《巴黎晚報》五月九日載。1928 年 5 月，日本以保護僑民為名，派兵進駐濟南、青島及膠濟鐵路沿線，謀以武力破壞國民革命軍北伐。革命軍克復濟南後，日本於 5 月 3 日派兵侵入山東交涉署，將交涉員蔡公時割去耳鼻，並交涉署職員全部殺害，進攻革命軍駐地，在濟南城內燒殺平民，即濟南慘案。鄭在巴黎宣傳濟南慘案真相一事在自傳中略有提及，參見譯本自傳 2，第 153 頁。

〔註445〕褚民誼攝：《伍梯雲夫婦離法赴美時之撮影》，《國聞畫報》，1928 年，第 44 期，第 2 頁。

〔註446〕《濟案與巴黎》，《大公報（天津版）》，1928 年 5 月 20 日，第三版。

〔註447〕《鄭毓秀在法宣傳濟案真相》，《新聞報》，1928 年 6 月 15 日，第三張第二版。《李石曾昨日抵滬》，《申報》，1928 年 7 月 28 日，第十三版。及《張世傑之內心奮鬥談》，《申報》，1928 年 8 月 13 日，第十三版。亦見《王寵惠博士昨午抵滬》，《申報》，1928 年 9 月 1 日，第十三版。據王寵惠、李石曾及鄭秘書張世傑受訪時所談，濟案發生後，日本於法國等歐洲國家不實宣傳以掩飾罪行，鄭與李、王、魏、伍朝樞等在歐協共周旋、申正輿論。鄭之宣傳活動其時亦為日本政府所注意，參見明治大正昭和新聞研究會：《日本は新支那に対し古い政策を捨てよ・鄭毓秀さんの気炎》，載於《新聞集成昭和編年史・昭和 3 年度版 3（七月～九月）》，東京：明治大正昭和新聞研究會 1989 年 1 月（出版），第二九一頁。

〔註448〕譯本自傳 2，第 156 頁。關於鄭毓秀子嗣狀況，1933 年《大公報》稱鄭因侵

　　六月八日，由巴黎致函陳世光，「關於日兵在濟南橫行慘殺交涉員蔡公時及辦事職員暨民軍等千餘人，實為空前僅有。但法京報紙所載濟案消息，係由東京轉法，絕與事實不符，完全為日人片面宣傳，殊屬淆惑法京人士之聽聞與評判，而於我國國際交涉，多所不利，望即趕辦電訊社，將每日前方消息及濟案真相，譯成法文，逐日電寄法京各報，以冀法京朝野人士，得到真正確息，於國際交涉大有裨益。應需電費等，或由部撥，或由渠處給付，希速辦具復」。〔註449〕

　　六月十一日，晚於巴黎法外交招待處參加法國外交部歡迎中國代表團之宴會，作為代表致答謝詞。〔註450〕

　　四月至六月間，於法國組織取消越南華僑身稅運動。〔註451〕

　　六月二十日，啟程由法經美回國〔註452〕，於大西洋舟中與李、魏商議組建「中華革命和平紀念同志會」，並合擬《組織大綱》，〔註453〕獨作《和平之

佔案避逃海外前，將「鄭之子送回贛讀書」（《鄭魏赴法：今日離港》，《大公報（天津版）》，1933年9月14日，第三版），關於此「鄭之子」的報導甚少，結合自傳，極可能是此「周梅」（譯本自傳2，第156頁）。而據1947年藍敏口述，她與鄭交往時並未發現其有孩子：「鄭女士因無所出，見我兒可愛，要我和保姆搬到省主席賓館同住，以便她可每日見到良迪。」（許雪姬主訪，曾金蘭記錄：《藍敏先生訪問紀錄》，臺北：《中央研究院近代史研究所‧口述歷史叢書（五五）》，1995年版，第114頁），故周梅的去向如何，暫無從查考。

〔註449〕　《鄭毓秀關懷國事之一函》，《新聞報》，1928年6月9日，第四張第一版。

〔註450〕　《巴黎中法外交家聯歡》，《大公報（天津版）》，1928年6月21日，第二版。及《法外交招待處宴鄭毓秀》，《新聞報‧消息‧接緊要電訊》，1928年6月15日，第三張第一版。皆轉國聞社十三日巴黎電。

〔註451〕　《廣州紀聞》，《申報》，1928年6月23日，第四版。係與孫科、胡漢民共同發起。清末，越南（法殖）即向旅越華僑徵繳身稅（即將華僑區分等級繳收人頭稅）。李鴻章曾奏請與法外部議除未得實效。1921年，雲南外交司向北洋政府遞交提案，要求在華盛頓會議上提出取消該稅，而仍未得行。1930年5月16日，中法在寧簽訂《規定越南及中國邊省關係專約》，至1936年，此稅廢止。詳見中國第二歷史檔案館館藏檔案：《中法越南商約問題及修改各商約草案和意見》，第567頁。

〔註452〕　《鄭毓秀博士回國後之談話》，《新聞報‧消息‧本埠新聞》，1928年7月31日，第四張第一版。及《鄭毓秀回國》，《大公報（天津版）》，1928年6月21日，第二版。係與李石曾、魏道明二人同行返國，途中經美。另一說為6月18日啟程，為鄭致電《字林西報》及致友人書中，參見 A telegram has been received from Miss Soumi Cheng, *The North-China Daily News (1864~1951)*, June 22, 1928, p.14 及《鄭毓秀將於下月返滬》，《新聞報‧消息‧本埠新聞》，1928年7月8日，第五張第二版。

〔註453〕　《李鄭魏歸國：李不就北政分會主席，願盡個人能力助黨國；途次發起和平

政治觀》一文。〔註454〕

六月二十六日，抵美。〔註455〕

上半年，為中華婦女慰勞傷病軍士會募洋五百五十四元。〔註456〕

七月五日，於舊金山華僑歡迎會上作演說，「現中國已統一而入於和平境界，惟其代價甚大。吾國全體同胞，宜永遠維護此寶貴之和平，並求鞏固和平之方法，以完成革命。孫總理臨終屢念念於和平二字不置，今全國人人皆知孫總理首倡之革命二字，而和平二字即為革命良美之結果，尤為吾人今日所宜注意。」並主張建立和平紀念碑。〔註457〕後由美回國。

七月十一日，被國民黨中央一四八次政治會議委任為建設委員會委員。〔註458〕

七月二十七日，上午十時余乘克利文（另譯克蘭納來）總統號抵滬，乘張靜江派迎之海軍司令部江南號小輪赴高昌廟，轉坐汽車回辣斐德路辣斐坊私寓，和母親同住，並由鄭母照料外孫周梅。〔註459〕回國時攜回多部從歐洲搜羅的世界政法名著，填充上海政法大學圖書館。〔註460〕

同志會》，《大公報（天津版）》，1928年8月2日，第三版。《組織大綱》詳見附錄二。

〔註454〕李石曾：《和平之哲學觀》，《革命週報》，1928年第61～70期，第113～388頁。此文亦全文載於《民聲旬報》，1928年第三期，第11～17頁。李文中提到，鄭、魏各作《和平之政治觀》、《和平之經濟觀》。除李文刊發外，查此二文均未見發表。

〔註455〕《舊金山華僑歡迎李石曾等》，《申報》，1928年7月8日，第十版。及《李石曾鄭毓秀抵美，魏道明同行，舊金山開歡迎會》，《大公報（天津版）》，1928年7月8日，第二版。

〔註456〕《來件：中華婦女慰勞傷病軍士會徵信錄（六）》，《申報》，1928年6月22日，第十六版。

〔註457〕《舊金山華僑歡迎李石曾等》，《申報》，1928年7月8日，第十版。係與李、魏共同出席歡迎會。

〔註458〕《公牘：中央政治會議公函》，《建設（南京1928）》，1929年第2期，第2頁。《中央政治會議》，《申報》，1928年7月12日，第四版。及《昨日中政會議決案：市長省委不得兼任》，《大公報（天津版）》，1928年7月12日，第二版。Miss Soumi Cheng, former president of the Shanghai District Court, *The North-China Daily News (1864~1951)*, July 13, 1928, p14.

〔註459〕譯本自傳2，第156頁。《李石曾昨日抵滬》，《申報》，1928年7月28日，第十三版。《李石曾昨日到滬》，《大公報（天津版）》，1928年7月28日，第二版。及《鄭毓秀博士返國》，《新聞報》，1928年7月28日，第四張第一版。

〔註460〕《上海法政學院一覽》，上海：上海法政學院，1933年1月，第2頁。

七月三十日，下午，受新聞報記者訪談。對於返國行程問題作答，「余與李先生等係上月二十日由法起程，先到美國，二十六日抵美，在美滯留數日，本月六日由美乘克利福蘭總統號回國，計航行二十一日，於二十七日上午到滬。」；對於在法情形作答，「余抵法後，與彼國外交當局往返接洽，陸軍總長班樂衛，教育總長赫里歐，工務總長陸色爾，及議會各領袖，亦會晤談甚多次，雖接洽詳情，因事關外交，尚未便儘量宣布，但彼國朝野對我國勃興之國民運動，一致表示深切之同情，議會方面，並由警員模德，發起組織一中法聯歡會，專謀增進中法友誼，並適合中國國民之正當願望，時機成熟，即將有具體之表現，此則可為國人奉告者也。」；對於濟案發生後所做的工作作答，「當濟案初起時，歐洲方面所得報告，幾全由日本東京所發出，其為日本人片面宣傳，自不待言，但余雖未得國內報告，然已推定此項慘案，必係日人有意造成，故余在國內報告未到以前，即已將日本最近對於中國勃興之國民運動如何壓迫，其出兵山東，尤顯然為一種侵略行為，並具有干涉中國內政之決心，濟案發生，即此種侵略干涉之必然的結果等情況，向法國朝野廣大宣傳，不久余接到政府電告及其他各種報告，余之言論，乃更有根據，遂陸續將所得者儘量揭布，於是法國朝野對於濟案真相，大見瞭解，日人之反宣傳，信用全失，余與李魏諸先生又努力與法國朝野各領袖交換意見，截至現在，法國對濟案觀察，與初發生時已迥然不同矣。」；對於法國對修約態度如何作答，「法國各當局對修約均表示極好，並一再聲言，此為當然必有之結果，中國國民之願望，當以十分同情的態度懇切容納，大約一切手續商定後，即有具體之表現也。」；對於過美接洽情形作答，「余等過美，因時間過促，未與彼國當局有何接洽，惟到華盛頓時，其東方局長曾一度求訪，余以中國國民之願望告之，彼亦表示十分同情而已，現伍梯雲先生尚在美，以余觀察，中美關係，固可信益臻美滿也。」；對於留美僑胞對國內觀感如何作答，「關於此事，余有一深刻之印象，即余等此次過美，中經紐約華盛頓芝加哥舊金山檀香山等埠，當地華僑聞余等到，幾乎全體輟業，爭就余等問祖國近況，並舉行盛大歡迎會，其時克復北平之報告業已到美，華僑得此消息，尤有喜極欲狂之感，並因余等係由法來美，故問中法友誼之增進，亦極歡忭，群盼國內早日結束軍事，使和平建設之大業，急速開展，提高對外地位，彼等一息尚存，勢必為祖國後援，此種愛國熱忱，真幾使余等感極欲涕也。」；對於何日赴寧彙報作答，「余此次赴法，係奉政府遣派，今既回國，自當以一切情

形報告政府，並有種種問題，須待政府解決，現小恙略痊，預定一二日內即將入京。」〔註461〕

八月六日晚，赴滬交涉公署外交大樓參加王正廷辦宴。〔註462〕

八月十日晚，赴滬交涉公署外交大樓參加錢大鈞、張定璠等歡迎菲律賓參議長奎松氏宴，並致詞。〔註463〕

是月，受聘新華藝術大學校董。〔註464〕受聘威海衛路民智公學名譽校長。〔註465〕

九月初，拒絕外交當局擬任命為駐法公使之徵詢。〔註466〕

九月七日，下午五時半，赴華安八樓參加上海律師公會舉辦之司法界要人公宴，先於茶話會商討涉政法律問題，晚七時，入席晚宴。〔註467〕

九月九日，下午五時，赴法駐滬總領事署，受法總領事梅里靄（Jacques meyrier）頒給法國政府榮光勳章（Legiond'Honneur），〔註468〕並致謝，「鄙人今日之受法政府勳章，雖覺得十分榮幸，但對於個人計，鄙人實不敢當，若從茲而中法邦交益臻完美，則鄙人謹向法政府表示厚意」。〔註469〕

〔註461〕《鄭毓秀博士回國後之談話》，《新聞報・消息・本埠新聞》，1928年7月31日，第四張第一版。

〔註462〕《王正廷氏演講廢約》，《申報》，1928年8月7日，第十三版。

〔註463〕《昨晚歡迎菲議長之盛宴》，《申報》，1928年8月11日，第十三版。

〔註464〕《新華藝大之校董會》，《申報》，1928年8月15日，第十七版。

〔註465〕《民智公學近訊》，《申報》，1928年8月28日，第十二版。

〔註466〕譯本自傳2，第156～158頁。《鄭毓秀不願就駐法公使》，《新聞報》，1928年9月6日，第四張第十三版。《鄭毓秀不願使法》，《申報》，1928年9月6日，第十四版。Miss Soumay Tcheng, Who May Be First Woman Minester, Tells of Results Of Her Trip To France, *The China Press (1925-1938)*, June 30, 1928. 據鄭自傳，雖然她以成為國民政府首位駐外女外交官為榮，但更希望留在中國陪母親安度晚年，鄭母曾往訪時任國民政府外交部次長的朱兆莘，請其免予任命，故而最終鄭未受此職。

〔註467〕《律師公會昨晚公宴司法》，《申報》，1928年9月8日，第十四版。

〔註468〕徐世光：《Weekly News：鄭毓秀獲法國勳章（中英文對照）》，《英語週刊》，1928年第675期，1532頁。亦見《法外部贈鄭毓秀勳章》，《申報》，1928年9月8日，第十四版。及《法政府贈送鄭毓秀寶光勳章》，《申報》，1928年9月10日，第十四版。勳章名亦作「legion of Honor」，係法外交部褒獎其勉力增進中法邦交，申正輿論，免除誤會，而鄭為首位獲此勳章的中國女性。

〔註469〕《鄭毓秀之答辯》，《新聞報》，1928年9月10日，第四張第十三版。Miss Soumay Tcheng Is Presented With Legion Award By Consul Meyrier, *The Chinese Press (1925-1938)*, September 10, 1928.

九月十七日，晚八時，於大華飯店設席宴請法總領事梅理靄等。〔註470〕

九月二十一日，晚赴碼頭歡迎孫科抵滬。〔註471〕

八月至九月間，整頓上海法政大學，與校董會商議後，增聘李石曾、何世楨、楊肇熉為校董。教務方面，聘孔憲鏗為教務主任、贈聘名教授多人。並創辦附屬中學，聘陳德徵為該中學主任。向大學院申請為大學立案。〔註472〕

九月二十二日，晚六時，赴四馬路杏花樓參加王寵惠歡迎孫科之晚宴，八時許返寓。〔註473〕

十月初，上海中學致函，敦請鄭於十日上午國慶紀念到校演講。〔註474〕

十月二十二日，受聘中國禁煙會專家會員。〔註475〕

十一月一日，下午二時許，赴中華國貨展覽會開幕禮。〔註476〕

十一月五日，下午，赴中華國貨展覽會參觀，由陳荊生招待至上下層各室考察，五時許結束。〔註477〕

〔註470〕《鄭毓秀宴請法領事》，《新聞報》，1928年9月18日，第四張第十三版。亦見《鄭毓秀昨宴法總領事》，《申報》，1928年9月18日，第十四版。

〔註471〕《孫科昨晚抵滬》，《申報》，1928年9月22日，第十三版。

〔註472〕《法大附中之新》，《申報》，1928年9月10日，第十二版。及《上海法政大學已開學》，《申報》，1928年9月14日，第十七版。至1929年1月間，該校董會合法性獲中央認可，並立案批准（見《上海法政大學立案批准》，《申報》，1929年1月26日，第十二版）。1930年6月11日，該校獲國民政府教育部批准立案，性質仍為私立高校，並於1930年始派優秀學生留學法國（參見《上海法政學院立案批准》，《申報》，1930年6月9日，第十三版。《法政學院派送留法學生》，《申報》，1930年6月18日，第十一版。《法政學院派送留法學生》，《申報》，1930年6月23日，第十九版（增刊第三版）。《上海法政學院一覽》，上海：上海法政學院，1933年1月，第2頁）。

〔註473〕《王寵惠昨晚宴孫》，《申報》，1928年9月23日，第十三版。

〔註474〕《學界今日起慶祝國慶》，《申報》，1928年10月9日，第十一版。

〔註475〕《禁煙會議籌備訊》，《申報》，1928年10月23日，第五版。及《全國禁煙會議第一次大會》，《申報》，1928年11月3日，第九版。《禁煙會昨開第一次會》，《大公報（天津版）》，1928年11月3日，第三版。11月2日被該會劃屬總務組國際系。

〔註476〕無畏庵主：《中華國貨展覽會開幕禮觀光記》，《申報》，1928年11月3日，第二十一版。無畏庵主，應即民國女子謝吟雪。此人與當時文化藝術界名流（如施蟄存、周瘦鵑等）頗多往還，後來隱居上海，二三十年代以「無畏庵主」為名，常在《申報》「自由談」發表文章。

〔註477〕《中華國貨展覽會（五）：鄭毓秀等到會參觀》，《申報》，1928年11月6日，第十三版。及《中華國貨展覽會之第五日》，《新聞報》，1928年11月6日，第四張第十三版。陳為該會交際股主任。

十一月六日，復次參觀中華國貨展覽會。〔註478〕

十一月七日，有南京國民政府命令，正式受任立法院立法委員。〔註479〕

十一月十二日，晚七時，於杏花樓設宴慶祝孫中山誕辰，十時許結束。〔註480〕

十一月二十五日，晚於霞飛路沙發花園參加《大陸報》總經理沙發兄弟（Arthur Sopher&Theodore Sopher）筵請王正廷、魏道明之宴會。〔註481〕

十一月二十七日，晚乘車返寧。〔註482〕

十二月五日，上午九時，於南京國民政府大禮堂參加立法委員就職典禮。〔註483〕

十二月八日，上午十一時，於南京國民黨中央黨部大禮堂參加立法院開會式，下午三時，於中央會議廳參加立法院第一次會議，被推選為法制委員會委員。〔註484〕晚六時，與蔣介石等赴勵志社自助餐室聚餐，九時結束。〔註485〕

十二月十日，發起向巴黎中國學院圖書館捐書之倡議。〔註486〕

十二月十五日，有南京國民政府命令，正式受任為兩粵賑災委員會委

〔註478〕《中華國貨展覽會（六）》，《申報》，1928 年 11 月 7 日，第十三版。

〔註479〕譯本自傳 2，第 159 頁。《中華民國國民政府令》，《國民政府公報（南京 1927）》，1928 年 11 月 8 日，第 13 期，第六頁。及《本館要電：中央政治會議》，《申報》，1928 年 11 月 1 日，第四版。《昨日重要決議》，《大公報（天津版）》，1928 年 11 月 1 日，第二版。1928 年 10 月 31 日，國民黨中央一六一次政治會議通過立法院長胡漢民提案，擬受任立法院立法委員，正式任命於 11 月 7 日下達。鄭與宋美齡二人成為中國近代首任女性立法委員。

〔註480〕《鄭毓秀宴慶總理誕辰》，《申報》，1928 年 11 月 13 日，第十四版。及《鄭毓秀宴慶總理誕辰》，《新聞報》，1928 年 11 月 13 日，第四張第十四版。

〔註481〕《大陸報歡宴王外長》，《申報》，1928 年 11 月 27 日，第十五版。《大陸報主人沙發兄弟歡宴王正廷：列席者有魏道明鄭毓吳鐵城等，觥籌交錯盛極一時》，《圖畫時報》，1928 年第 522 期，第 3 頁。

〔註482〕《宋部長何總監昨晚晉京》，《申報》，1928 年 11 月 28 日，第十三版。

〔註483〕《立法院成立：院長委員昨日宣誓》，《大公報（天津版）》，1928 年 12 月 6 日，第二版。《立法院委員就職紀》，《申報》，1928 年 12 月 6 日，第八版。《立法院委員宣誓就職》，《中央週刊（1928 年）》第 27 期，1928 年，第 5、6 頁。

〔註484〕《立法院昨開第一次會》，《大公報（天津版）》，1928 年 12 月 9 日，第二版。《本館要電：立法院昨行開會式》，《申報》，1928 年 12 月 9 日，第四版。及《立法院第一次會議》，《申報》，1928 年 12 月 9 日，第四版。

〔註485〕《蔣馮提倡自助餐法》，《申報》，1928 年 12 月 10 日，第四版。

〔註486〕《巴黎中國圖書館徵書》，《申報》，1929 年 1 月 23 日，第十一版。

員。〔註487〕受立法院委派，協同王葆真起草勞工法。〔註488〕

十二月二十日，於南京受記者採訪。關於立法院對男女平等主張的問題，作答，「立法院對此問題極為注意。現《民法》已著手起草，《民法總則》關於男女問題僅能力之部分，此外有債權、物權、親屬與繼承各篇，關係較多，但須先通過總則編，然後定其餘各編，方能成為一有系統之法典。立法院本總理五權憲法而設，當本總理主義以制定各項法規。前廣東省通過之婦女得充參議員之議，實為吾國男女平等之第一聲，此案即為現任立法院胡院長所提出。吾人當可不懷疑」；關於個人對此問題之看法，作答，「余學法時，即特別注意此問題，但為慎重起見，尚擬徵求吾國各女同志之意見，以為屆時之主張」。〔註489〕下午五時半，乘津浦特別快車啟程赴平，以迎孫中山櫬。〔註490〕

十二月二十三日，因車延誤，至凌晨一時十分抵平，下榻北京飯店。晨八時，乘車赴西山碧雲寺，十時十五分至，先在寺內招待室休憩，後參加吳鐵城主祭行謁（孫中山）靈禮。時「悲慟最甚」，「痛哭失聲」以致「雙目紅腫」。〔註491〕

十二月二十六日，晚受張溥泉、李煜瀛邀赴歡迎宴。〔註492〕

〔註487〕《中華民國國民政府令》，《國民政府公報（南京1927）》，1928年12月15日，第44期，第一頁。《兩粵賑委會開會》，《申報》，1928年12月4日，第四版。及《昨日之國務會議》，《申報》，1928年12月8日，第四版。1928年12月3日，被兩粵賑災委員會擬選為滬分會委員，12月13日，國民政府第十次國務會議議決通過，正式任命於12月13日下達。

〔註488〕《勞工法之起草員：立法院加推兩人》，《申報》，1928年12月16日，第八版。

〔註489〕關於鄭起草民法的思路：自傳稱「比較西方國家中高階的法律系統，保留人民已習慣的習俗、傳統與道德原則」，鄭對於男女平等入法做出了重要貢獻，如規定男女平等享有民事權利能力、公民權、財產權、遺產繼承權、參政權等（譯本自傳2，第160、161頁）。《法律上之男女平等：鄭毓秀之談話》，《申報》，1928年12月22日，第六版。及《鄭毓秀談男女平等》，《法律評論（北京）》，1928年第6卷第12期，18、19頁。

〔註490〕《迎櫬委員昨日北上》，《申報》，1928年12月21日，第四版。及《迎櫬專員行程紀（一）》，《申報》，1928年12月25日，第九版。係與魏道明及迎櫬委員吳鐵城同行。另一說鄭、魏於21日晚赴平，見《孔祥熙將赴菲，鄭毓秀等來平》，《大公報（天津版）》，1928年12月22日，第二版。

〔註491〕《平津近聞》，《申報》，1928年12月24日，第四版。及《迎櫬專員林森等已抵北平》，《申報》，1928年12月31日，第七版。江柳聲：《自由談：迎櫬聲中之鱗爪》，《申報》，1929年1月11日，第十九版。

〔註492〕《平津近聞》，《申報》，1928年12月27日，第七版。與王寵惠、魏道明同行。

十二月下旬，於北平語人稱，「現中央任要職女同志僅三人，今後仍須努力提倡，增加人數伸張女權。」〔註 493〕參與向立法院提案整理現行法規，以使各地與中央法規統一，避免適用衝突。〔註 494〕

十二月二十八日，晨乘平浦通車由平赴寧。〔註 495〕

十二月三十日，晨十時，抵浦口，後渡江回寧。〔註 496〕

下半年，被上海密勒氏評論報列入《中國當代名人錄》。〔註 497〕手書「相率中原豪傑，還我航權」贈輪船招商局。〔註 498〕為上海市婦女協會捐款五十元。〔註 499〕

是年，所校閱之《國際聯盟》一書於商務印書館出版。〔註 500〕律所代理被告京江公所與朱博深索柩一案之初審辯護。〔註 501〕

1929 年，民國十八年，己巳，三十八歲

〔註 493〕《鄭毓秀表示伸張女權志願》，《新聞報·消息·接緊要電訊》，1928 年 12 月 29 日，第二張第六版。

〔註 494〕《民國政府訓令第八三號：令各院部會、各省政府、各特別市政府》，《民國政府公報（南京 1927）》，1929 年 2 月 6 日第八十五期，第 6 頁。《民國政府指令第二二六號：令立法院》，《民國政府公報（南京 1927）》，1929 年 2 月 9 日第八十八期，第 14 頁。《整理現行法規：各機關所頒行條例法規須一律檢送立法院審議》，《大公報（天津版）》，1929 年 2 月 20 日，第十一版。及《全代會立法院工作報告書：過去及現在工作；未來之立法計劃（續）》，《大公報（天津版）》，1929 年 3 月 18 日，第二版。該案由鄭與樓桐孫、吳尚鷹、莊崧甫、郭泰祺於 1928 年 12 月 25 日提出，經立法院第三次會議議決付法制委員會與原提案人審查修正，於 1929 年 1 月 29 日立法院第十次會議通過，2 月 4 日國民政府下達第八十三號訓令及第二二六號指令准辦，令各機關將現行法規條例（中央政治會議通過及國民政府公布者除外），一律檢送立法院審議，以統一央地法規條例。

〔註 495〕《大批要人南下：李石曾顏惠慶等》，《大公報（天津版）》，1928 年 12 月 29 日，第二版。

〔註 496〕《編遣會前眾星齊集》，《大公報（天津版）》，1928 年 12 月 31 日，第二版。

〔註 497〕《〈密勒評論報〉編輯中國名人錄出版》，《申報》，1928 年 10 月 21 日，第十五版。開中國女子進入名人錄先河。

〔註 498〕《申報·招商局半月刊》，1928 年 11 月 1 日，第二十三版。

〔註 499〕《上海市婦女協會捐款道謝》，《申報》，1929 年 1 月 12 日，第六版。

〔註 500〕夏渠撰述，鄭毓秀校閱：《國際聯盟》，商務印書館，1928 年版。

〔註 501〕《索柩訟案和解：一個屍體賠洋五千五百元》，《申報》，1930 年 2 月 2 日，第十五版。案係朱博深數年前將其外祖母靈柩寄存上海京江公所併付寄存金，1928 年朱擬提柩回葬原籍，而發現京江公所不慎將靈柩遺失，該案三審後京江公所敗訴，1930 年初公所賠付五千五百元與朱和解。

一月二日，晨到滬。〔註502〕

一月六日，上午赴湯山，午後返回南京市區。〔註503〕

一月八日，下午於南京參加立法院法制委員會第三次例會，合提議案整理行政法規，被指定參與審查《國籍法草案》及《國籍施行法草案》。〔註504〕

一月十四日，晨由寧來滬，參加上海法政大學紀念周活動，親自敦請孔祥熙到校演講，並致謝，「今日吾人於孔先生高論、忻幸莫名，諸同學亦無不熱忱接受，鄙人敬代表敝校全體同學致十二分之感謝」，隨後報告學校最近狀況。〔註505〕晚七時，於上海法政大學都益處川菜館舉辦年會歡宴校全體職教員。席間起立致詞，並報告一年來學校狀況。至九時許散。〔註506〕被委任為立法院外交委員會委員。〔註507〕

一月十六日，受國民黨中央一七一次政治會議決聘為建設委員會委員。〔註508〕

一月二十一日，上午十時，於南京國民政府參加建設委員會委員就職典禮。〔註509〕

一月二十四日，為駐法公使高魯踐行。〔註510〕

一月二十七日，晚七時，於滬四馬路杏花樓舉辦晚宴招待國際聯盟副秘書長愛文諾（M. J. Avenol），並請法英美領事、越南經濟局長及中法政商各界要人作陪，席間致歡迎詞，十時許散會。〔註511〕

〔註502〕　《滬電匯志》，《大公報（天津版）》，1929年1月3日，第二版。

〔註503〕　《首都紀聞》，《申報》，1929年1月7日，第四版。

〔註504〕　《立院大批法案審查中，京市府催頒土地法令》，《大公報（天津版）》，1929年1月10日，第三版。

〔註505〕　《孔祥熙在上海法政大學演辭》，《申報》，1929年1月16日，第十三版。

〔註506〕　《法政大學昨日舉行年會》，《申報》，1929年1月15日，第十五版。

〔註507〕　胡漢民：《院令：國民政府立法院訓令第十三號》，《立法院公報》，1929年第2期，第120頁。

〔註508〕　《前日中政會議決案續志》，《大公報（天津版）》，1929年1月18日，第二版。及《中央政治會議》，《申報》，1929年1月17日，第四版。此前亦曾被委任該職，見1928年「七月十一日」一條。

〔註509〕　《建委會委員昨日就職》，《大公報（天津版）》，1929年1月22日，第二版。

〔註510〕　《駐法公使高魯准後日放洋》，《申報》，1929年1月24日，第十五版。同餞者李石曾、魏道明、楊肇熉。

〔註511〕　"Miss Soumi Cheng was host at a dinner given on Sunday night in honour of M.J.Avenol", *The North-China Daily News (1864~1951)*, January 29, 1929, p.12 亦見《鄭毓秀昨晚宴法使等，李石曾亦在座》，《大公報（天津版）》，1929年

　　一月二十九日，被南京國民政府立法院第十次會議議決為《民法總則》起草委員之一。〔註512〕

　　二月初，向上海法政大學校董會提出辭去校長一職，受學生積極挽留。〔註513〕

　　二月四日，公務到寧。〔註514〕

　　二月中旬，於蒲柏路二百四十號中法學堂新屋舉辦宴會討論促進中法文化事業，演講稱擬組織國際通訊社。〔註515〕

　　二月十一日，於山東路民國日報館參加上海法政大學校董會，經校董及學生挽留，打消辭意，繼續擔任校長一職。〔註516〕

　　二月十六日，晚七時，於上海市總商會參加歡迎國際聯盟副秘書長愛文諾、安南總督卜魯思、駐華法公使瑪德爵士之宴會。〔註517〕

　　二月十七日，被上海精武體育會第十屆徵求會員大會推選為「班超隊隊長」。〔註518〕

1月28日，第三版。《今日鄭毓秀招宴》，《申報》，1929年1月27日，第十四版。及《中法要人聯歡記》，《申報》，1929年1月29日，第十四版。

〔註512〕《本館要電二：立法院會議》，《申報》，1929年1月30日，第六版。《民法總則》由傅秉常主持編纂，委員另有史尚寬、焦易堂、林彬。該案於1929年3月由國民黨第三次全體代表大會通過。見《全代會立法院工作報告書：過去及現在工作；未來之立法計劃（續）》，《大公報（天津版）》，1929年3月18日，第二版。

〔註513〕"Miss Soumi Cheng has resigned from her position as president of the Shanghai Law College and proposes shortly to visit the south Asian islands", *The North-China Daily News (1864~1951)*, February 1, 1929, p.12 及"Miss Soumi Cheng has been requested to remain as president of the Shanghai Law College by the students and faculty.", *The North-China Daily News (1864~1951)*, Feb 7, 1929, p.12 亦見《鄭毓秀辭法大校長職》，《新聞報・消息・教育新聞》，1929年2月1日，第三張第十一版。《上海法政大學挽留鄭校長》，《申報》，1929年2月5日，第十七版。1929年2月4日，該校學生會開挽留大會。其後致電校董會開會挽留，致電鄭以望其打消辭意，並由學生代表前往謁留。

〔註514〕"Miss Soumi Chen is visiting Nanking", *The North-China Daily News (1864~1951)*, February 4, 1929, p.14.

〔註515〕《蔡吳歡宴中法要人：為促進中法文化事業》，《申報》，1929年2月14日，第十四版。係與蔡元培、吳稚暉、張靜江、李石曾、王寵惠、魏道明等共同舉辦。

〔註516〕《上海法政大學校董會開會紀》，《申報》，1929年2月15日，第十六版。及"The noted jurist."*The North-China Daily News (1864~1951)*, Feb 16, 1929.

〔註517〕《總商會前晚歡宴愛文諾等》，《申報》，1929年2月18日，第十三版。

〔註518〕《上海精武體育會》，《申報》，1929年2月17日，第十七版。精武體育會

二月下旬，與上海法政大學董事會商議聘請朱文鬺為教務長。〔註519〕
賃定霞飛路三百五十四號，擬創辦世界新聞協社，後因種種原因未能實現。
〔註520〕

二月二十二日，被中華婦女節制協會推選為「齊家委員」。〔註521〕

二月二十六日，有《廣東法官學校女生致立法委員鄭毓秀電》，要求將男
女權利絕對平等編入民法典。〔註522〕

二月二十七日，晚昨稱夜車由寧赴滬。

二月二十八日，晨抵滬。

三月四日，有南京國民政府命令，被正式任命為賑災委員會委員。〔註523〕
被國民黨中央常務委員會指派為檀香山總支部出席第三次全國代表大會代
表。〔註524〕

三月十二日，於上海法政大學舉辦總理逝世四週年紀念會，自任主席，

　　　　　由霍元甲創立，為民國時期上海著名體育組織，會設國術、國語、中西音樂、
　　　　　球類、田徑、游泳、圖書、浴室、攝影、戲劇等設備，尤以國術一科成績最
　　　　　著。
〔註519〕《法大聘博士為教務長》，《申報》，1929 年 2 月 20 日，第十二版。
〔註520〕《世界新聞協社之發軔》，《申報》，1929 年 2 月 21 日，第十四版。亦見《鄭
　　　　　毓秀組設世界新聞協社》，《新聞報·消息·本埠新聞》，1929 年 2 月 21 日，
　　　　　第四張第十四版。泛扛：《世界新聞協社》，《大公報（天津版）》，1929 年 2
　　　　　月 25 日，第四版。《時事：鄭毓秀創辦國際通信社》，《女鐸》，1929 年第 17
　　　　　卷，第 12 期，第 72～73 頁。及"Miss Soumi Cheng has established at 354 Avenue
　　　　　Joffre a news agency which she is calling the International News Service."*The
　　　　　North-China Daily News (1864~1951)*, February 23, 1929, p.18 該社旨在對外宣
　　　　　傳中國真實情況，並與世界各地新聞社交通信息，關於該通訊社之消息，其
　　　　　後並未見刊，一般認為因種種原因而擱淺，參見宋素紅：《女性媒介：歷史
　　　　　與傳統》，中國傳媒大學出版社，2006 年版，第 137 頁。
〔註521〕《婦女節制會籌組齊家委員會》，《申報》，1929 年 2 月 22 日，第十四版。
〔註522〕《粵校女生要求男女平等，電請鄭毓秀在民事法典中規定》，《大公報（天津
　　　　　版）》，1929 年 3 月 4 日，第五版。「南京立法院鄭毓秀鈞鑒：民事法典，行
　　　　　將編訂。懇請主張男女間絕對的平等，妻之能力，不能復加限制；明示已出
　　　　　嫁未出嫁女子一體同有財產繼承權，並禁止納妾惡習，以符先總理及先生提
　　　　　高婦女地位本旨。先生為女界中法界中泰斗，謹電懇維護。廣東法官學校女
　　　　　生林玉瑹、潘燕明、胡韻璈、陳巧成、顏冰、錢燕書、譚漢俠、陳靄貞、馮
　　　　　慕德、周小媛等全體同叩。」
〔註523〕《南京國民政府令》，《國民政府公報（南京1927）》，1929 年 3 月 4 日。
〔註524〕《中央指派各地代表》，《申報》，1929 年 3 月 5 日，第四版。亦見《特別黨
　　　　　部出席三全會代表》，《大公報（天津版）》，1929 年 3 月 6 日，第三版。

恭讀遺囑並獻花。〔註525〕

三月十四日，晚於上海東亞飯店宴請新聞界，邀請各報記者及外交、法律界要人，致詞，「去歲遊歐時，承各報宣傳，久約與諸君晤談，今幸得快聚一堂。今後當與諸君同作新聞事業，使我國消息，得以宣傳於外」，「溯自歐戰告終，世界之趨勢，已至偃武修文時期，而國際聯盟會會章第十條，亦載明無論何國，如遇不得已而必欲宣戰者，須將宣戰之理由及主張，宣布於全世界，在六個月後，始可實行用兵，其意蓋即欲假此長期間以消弭當事者之無名憤火也。參加聯盟會之各國，今年以來，靡不專力於宣傳工作，惟我國則在落於人後，實為缺憾，今日在座之胡秀峰博士，係國際聯盟會秘書」，「希在座新聞界諸君子，以後與胡君多所聯絡，互通聲氣，庶國情不致隔音」。〔註526〕

三月十五日，上午十時二十分，於南京中央軍校大禮堂參加中國國民黨第三次全國代表大會開幕式。〔註527〕

三月十六日，於南京參加國民黨第三次全國代表大會第一次預備會議，席次設為第二四零號。〔註528〕

三月二十日，因咯血舊疾復發，返滬入法國醫院治療。〔註529〕

三月二十八日，下午五時許，於公館馬路外灘總領事署內參加駐滬法總領事招待華軍政紳商各界之宴會。〔註530〕

〔註525〕《昨日學界舉行總理逝世四周紀念》，《申報》，1929年3月13日，第十一版。

〔註526〕 "Miss Soumi Cheng is giving a dinner at the Oriental Hotel this evening at six o'clock." *The North-China Daily News (1864~1951)*, March 14, 1929, p.14.《鄭毓秀昨宴新聞界》，《申報》，1929年3月15日，第十四版。《鄭毓秀昨晚宴客》，《新聞報·消息·本埠新聞》，1929年3月15日，第四張第十五版。吳秀峰，時任國際聯盟中國秘書，《新聞報》誤作「胡秀峰」，此校。

〔註527〕《三全會明日行開幕禮》，《大公報（天津版）》，1929年3月14日，第三版。《全代大會開幕》，《大公報（天津版）》，1929年3月16日，第三版。及《莊嚴之開會式》，《申報》，1929年3月16日，第四版。

〔註528〕《三全大會預備會議詳情》，《申報》，1929年3月18日，第七版。

〔註529〕《鄭毓秀住院療疾》，《申報》，1929年3月22日，第十三版。《鄭毓秀住院療疾》，《新聞報·消息·本埠新聞》，1929年3月22日，第四張第十四版。及 "Miss Soumi Cheng has returned to Shanghai from Nanking and had to enter hospital for medical treatment." *The North-China Daily News (1864~1951)*, Mar 23, 1929, p.14 故其原定於南京招宴國民黨第三次全國代表大會代表之計劃疑未成行，見《王鄭招宴大會代表》，《申報》，1929年3月21日，第六版。此校。

〔註530〕《法總領事昨日招待華官紳》，《申報》，1929年3月29日，第十五版。

是月，為《婦女共鳴》題寫創刊詞，「嗟乎，吾國女界沉淪於黑暗之域也，久矣，近世民權發達，學術昌明，女界先覺，群起要求平等，迨夫革命告成，始入光明之境，化除畛域，共履康莊，舉數千年弊陋之惡習一掃而清，可謂盛矣。然而默察近年演進之跡，則又有令人不能已於言者，蓋自女權勃興，乍言解放，自由平等，誤解殊多。甚或矯枉過正，逾越範圍，未獲新知，已失故步；且於應享權利，反多忽視，興言及此，能不慨然。是故責無旁貸，義不容辭，先知先覺者，固未能卸指導之責也。況夫欲求利權平等，知識尤貴均衡，值茲訓政時期，建設伊始，凡我女界，自非本知難行易之訓，協力猛晉，以督促當局實行男女平等之政綱不為功。用是同人等不揣譾陋，創為斯刊，爰以一得之愚，敢作識途之導，所冀諸姑姊妹，示我周行，聊盡共鳴之天職云爾。」〔註531〕

四月一日，始有《國民政府賑災委員會募賑啟事》見報，後錄鄭為國民政府賑災委員會常務委員之一。〔註532〕

四月上旬，法國女性畫家拉福祺將其肖像作畫並於滬展出。〔註533〕

四月十二日，參與起草之《民法總則》告竣。〔註534〕

四月十三日，上午十一時赴外交部駐滬辦事處晤訪王正廷。〔註535〕

四月至五月間，從滬出發北上遊歷，到津時患胃病，延陳冠嶂診治，於利順德飯店休養。〔註536〕

五月中旬，受聘上海女子理髮專科學校主席校董。〔註537〕

〔註531〕鄭毓秀：《發刊詞》，《婦女共鳴》，1929年第1期，第1頁。該刊於1929年3月25日在上海創刊，鄭毓秀受邀為其撰寫了發刊詞。

〔註532〕《國民政府賑災委員會募賑啟事》，《申報》，1929年4月1、3、5、7、9、11、13日，分別第三、三、五、三、五、五、二版。及《救濟災黎維賴群力：國府賑委會募捐啟事》，《大公報（天津版）》，1929年4月4日，第七版。

〔註533〕《法女美術家來滬舉行展覽會》，《申報》，1929年4月10日，第十五版。

〔註534〕《民法要旨談：總則篇已脫稿》，《大公報（天津版）》，1929年4月13日，第四版。總則中鄭尤為重視男女平權問題，關於男女平等原則、女性財產權、處分權等借鑒德國《民法》為多。

〔註535〕《王正廷昨晨抵滬》，《申報》，1929年4月14日，第十三版。

〔註536〕《時人行蹤錄》，《申報》，1929年6月1日，第九版。

〔註537〕《女子理髮專校校董會成立》，《申報》，1929年5月15日，第二十四版。後又稱「董事長」，見《上海女子理髮專科學校第十二期招生》，《申報》，1929年6月27日，第五版。及《上海女子理髮學校第廿二屆招生》，《申報》，1931年2月5日，第六版。

五月至六月間，赴平西山溫泉養病。〔註538〕

六月十四日，晚與郭泰祺赴寧。〔註539〕

六月二十九日，於平西山溫泉療養時受蔣介石、宋美齡慰問。〔註540〕

是月，受聘上海私立民智學校名譽校長。〔註541〕

上半年，參與籌資創辦上海通惠股份有限公司，專營銀行、信託業務，並受任該公司監察。〔註542〕

七月二十五日，與李鳴鐘、張溥泉乘專車離平南下。〔註543〕

七月二十七日，晨七時半，抵浦口。〔註544〕

＊七月間，辭立法委員一職。〔註545〕

〔註538〕《鄭毓秀赴平養屙》，《新聞報·消息·接緊要新聞》，1929年6月9日，第二張。及《鄭毓秀談北平療疾經過，西山溫泉確能治癒肝胃等疾》，《新聞報·消息·本埠新聞》，1929年9月19日，第四張第十四版。

〔註539〕《時人行蹤錄》，《申報》，1929年6月15日，第十三版。

〔註540〕《鄭毓秀等在平養屙訊》，《申報》，1929年7月8日，第十三版。《鄭毓秀等在平養屙訊》，《新聞報·消息·本埠新聞》，1929年7月8日，第四張第十四版。此間疑於中西療養院療養，該院由世界社創辦，陸仲安主持中醫部，朗培安主持西醫部，褚民誼、宋梧生等主辦社會、衛生、施醫各組。鄭、魏道明、蔡元培、王寵惠等政界人士均成為該院廣告中的「介紹人」，其作用與今代言相似，見《中西療養院介紹啟事》，《申報》，1929年7月12～18日，分別第二、三、三、二、二、二、二版。及褚民誼攝：《中央委員蔡李吳張褚王及司法部長魏道明，立法委員鄭毓秀歡宴中法要人留影（中西醫學研究所之大門前）》，《圖畫時報》，1929年第538期，第2頁。

〔註541〕《上海市教育局立案私立民智公學》，《申報》，1929年6月22日，第六版。

〔註542〕《銀行家創辦通惠公司》，《申報》，1929年7月4日，第十六版。通惠公司係留美銀行專家陳恭藩、徐維明等發起，特邀政商界楊仲復、魏道明、章仲文、鄭毓秀等人集資二十五萬，於上海四川路二馬路轉角沙發新屋創辦的股份有限公司，專營銀行、信託等金融業務，聘陳為董事兼任總經理。該公司於1929年7月3日開始營業。

〔註543〕《李鳴鐘離平南下》，《申報》，1929年7月26日，第八版。李為新任編遣會遣置部主任，張為前北平政分會主席。

〔註544〕《電訊匯志》，《大公報（天津版）》，1929年7月28日，第三版。及《李鳴鐘、張繼聯袂抵京》，《申報》，1929年7月29日，第八版。

〔註545〕《上海專電：鄭毓秀辭立法委員》，《大公報（天津版）》，1929年8月20日，第三版。《鄭毓秀已辭立法委員專任律師職務》，《申報》，1929年10月6日，第十四版。立法院後以王用賓補鄭缺，繼任《民法》起草委員職務，見《院令：國民政府立法院訓令：第五四一號》，《立法院公報》，1930年2月11日，第15期，第5頁。關於鄭參與民法草案的起草時間，據自傳：「民法編纂委員會的任務既冗長又困難，我們花了超過兩年的時間才完成『中華民國民法典草案』」（譯本自傳2，第160頁）。而據報載，鄭於1928年11月任

八月十日，受聘培明女中校長。〔註546〕始有該校招生廣告見報。〔註547〕

八月二十日，於法租界霞飛路三五四號新址設鄭毓秀律師事務總所，重執律師業務。〔註548〕

八月二十二日，公告受聘上海中國農工銀行常年法律顧問。〔註549〕

八月二十七日，公告受聘朱松源法律顧問。〔註550〕

八月二十八日，中午，赴大華飯店參加王正廷、孔祥熙歡迎菲律賓代理議長奧斯門夫婦之宴會。〔註551〕

八月二十九日，公告受聘山東旅滬同鄉會常年法律顧問。〔註552〕

八月三十日，委託華商益中拍賣行於八月三十一日上午十時於該行拍賣西門子鐵床等家具。〔註553〕

八月三十一日，公告受聘華成煤礦股份有限公司常年法律顧問。〔註554〕

職立法委員，開始參與民法起草工作（參見 1928 年「十一月七日」一條），至 1929 年 7 月間辭職專任律師，期間不超過一年，自傳疑有誇大之嫌。

〔註546〕《鄭毓秀任培明女中校長》，《新聞報》，1929 年 8 月 10 日，第三張第十二版。

〔註547〕《上海特別市教育局立案培明女子中小學招生》，《申報》，1929 年 8 月 10、12、14、16、18、20、22、26、28、30 日，9 月 1、3、5、7 日，1930 年 1 月 1 日，分別第五、五、六、六、六、六、六、六、六、六、六、五、六、六、十四版。

〔註548〕《鄭毓秀律師事務所啟事》，《申報》，1929 年 8 月 20～23 日，分別第二、七、七、九版。及《鄭毓秀執行律師職務》，《申報》，1929 年 8 月 20 日，第十四版。《鄭毓秀博士執行律師職務》，《新聞報・消息・本埠新聞》，1929 年 8 月 20 日，第四張第十四版。此為新設之總事務所，舊由譚毅公負責辦理之分所尚在南京路拋球場三馬路民慶里。見《鄭毓秀葉蕭康律師代表朱松源警告吳氏》，《申報》，1929 年 9 月 4 日，第二版。該所負責人更易參見 1927 年「三月二十五日」一條及 1927 年「十二月五日」一條。

〔註549〕《鄭毓秀律師受任上海中國農工銀行常年法律顧問啟事》，《申報》，1929 年 8 月 22、24、26 日，分別第七、十、七版。

〔註550〕《鄭毓秀律師受任朱松源法律顧問啟事》，《申報》，1929 年 8 月 27、28 日，分別第二、七版。

〔註551〕《菲議長奧斯門等昨晨抵滬》，《申報》，1929 年 8 月 28、29 日，分均第十三版。

〔註552〕《鄭毓秀律師受任山東旅滬同鄉會常年法律顧問》，《申報》，1929 年 8 月 29～31 日，分別第二、七、七版。

〔註553〕《華商益中拍賣行禮拜六拍賣》，《申報》，1929 年 8 月 30、31 日，分別第二十一、二十五版。

〔註554〕《鄭毓秀律師受任華成煤礦公司常年法律顧問》，《申報》，1929 年 8 月 31 日、9 月 2、4 日，分別第七、二、二版。《鄭毓秀律師受任華成煤礦公司常

公告與譚毅公共同受聘李程佩彝女士常年法律顧問〔註555〕，並代程佩彝向其夫李根源發函，要求贍養費十萬元，李未答允並於覆函中稱程係青樓中女。〔註556〕

是月，參加上海名媛競賽活動並獲提名。〔註557〕於法租界會審公廨進行法庭辯護。〔註558〕

九月一日，上海律師公會第二十八次執監會議決通過鄭之入會申請。〔註559〕

九月四日，公告代表委託人朱松源警告吳氏停止侵害朱父名譽權之行為。〔註560〕公告受聘輪船招商總局常年法律顧問。〔註561〕

九月九日，受上海郵務公會委託，為潘貴全受三西人毆傷一案出庭辯護。〔註562〕

九月十一日，公告代表委託人朱松源與吳氏庭外和解。〔註563〕

九月十八日，晨受《新聞報》記者晤訪，「容顏消瘦，精神雖好，尚未完

年法律顧問》，《新聞報》，1929 年 9 月 1 日。

〔註555〕《鄭毓秀譚毅公律師受任李程佩彝女士常年法律顧問此布》，《申報》，1929年 8 月 31 日、9 月 2 日，分別第七、二版。

〔註556〕《李根源與程佩彝互控》，《申報》，1930 年 2 月 14 日，第十版。李根源曾任國務總理及農商總長，程為其部下之女，嫁為其妾。1926 年許，李將程拋棄不養。1929 年冬，李託一僧人石如以恐嚇手段強迫程為尼，程不從。李遂向吳縣地方法院提起自訴、控程妨害名譽，程提起反訴控李根源損害名譽、妨害自由及遺棄罪，是為李程互控案。

〔註557〕《名媛競賽簡章》，《申報》，1929 年 8 月 24 日，第三十二版。及《新世界中西遊藝會今晚開幕》，《申報》，1929 年 8 月 31 日，第三十二版。《名媛競賽露布以來》，《申報》，1929 年 9 月 4、7 日，分別第三十一、三十版。

〔註558〕"Miss Soumi Cheng, the well-known female jurist", *The North-China Daily News (1864~1951)*, August 30, 1929, p.14.

〔註559〕《律師公會廿八次執監會紀》，《申報》，1929 年 9 月 2 日，第十三版。

〔註560〕《鄭毓秀葉蔚康律師代表朱松源警告吳氏》，《申報》，1929 年 9 月 4 日，第二版。據朱松源稱，其父在世時從無外遇，本月去世時，有前曾雇傭之吳姓僕婦自稱妾婦並登報捏謠索詐。

〔註561〕《鄭毓秀律師受任輪船招商總局常年法律顧問》，《申報》，1929 年 9 月 4~6 日，分別第二、七、二版。

〔註562〕《郵差被西人毆辱》，《申報》，1929 年 9 月 9 日，第十五版。潘貴全為法租界金神父路與霞飛路之郵差，1929 年 9 月 6 日與三西人因騎自行車相撞而發生衝突，被毆重傷，潘即向郵務工會請求援助。

〔註563〕《鄭毓秀葉蔚康律師代表朱松源聲明》，《申報》，1929 年 9 月 11~13 日，分均第六版。朱稱其追念前情，憐吳貧苦，酌給酬金以了斷一切關係。

全恢復原狀」，對於赴平療疾之事作答，「年來予因為社會服務，為黨國奔走，致身體日漸頹弱，肝胃之疾時發，今夏幾病不能興，延中西名醫診之，皆未見大效，嗣友人中有以北平西山溫泉能治肝胃等疾之說進者，予不得已，遂由人伴送至北平，比至，對該溫泉之能療疾，尚未深信，故延法醫治之，病更劇，遂從友人之議，改入西山溫泉就治，其治之法甚簡，只須每日在溫泉中沐浴二小時，三日之後，予疾即霍然若失，能進飲食」，「予既深受其益，以國人知之者鮮，不能不□□相告，以資宣傳」；澄清並未接辦陳以一向江蘇省高等法院上訴案，「至外傳予將赴蘇出席為某案辯護，繫屬不確，因類如該案之案，予因良心上之主張，絕對不願接辦」。〔註 564〕

九月二十一日，上午十時，於上海法政大學參加開學典禮，致校長訓詞「極痛快懇切，勉勵有加」。〔註 565〕

九月二十三日，與張默君女士同赴上海藝苑美術展覽會，由范新瓊女士招待參觀，購定四十四號王濟遠所繪《秋色》一幅及范新瓊所繪油畫像一幅。〔註 566〕

十月三日，公告受聘上海中國賽馬會常年法律顧問。〔註 567〕公告受聘遠東公共運動場常年法律顧問。〔註 568〕公告受聘榮瑞馨夫人榮華淑宜女士常年法律顧問。〔註 569〕

〔註 564〕《鄭毓秀談北平療疾經過，西山溫泉確能治癒肝胃等疾》，《新聞報・消息・本埠新聞》，1929 年 9 月 19 日，第四張第十四版。陳以一曾任青島特別市政府外交科長，該案始於陳被考試院長戴季陶以「變造護照、詐欺未遂」罪名向國民黨總部控告，拘押到寧並移送江寧地方法院審理。及後戴以證據不足向法院聲明，而法院仍判陳徒刑一年二個月。《申報》曾刊鄭於九月初受陳以一委聘為上訴審辯護律師。見《陳以一上訴高院》，《申報》，1929 年 9 月 7 日，第十二版。及《陳以一上訴案開庭情形》，《申報》，1929 年 9 月 8 日，第十二版。從鄭受訪時所澄清及 1929 年 9 月 7 日江蘇高院開審時並無鄭到庭辯護之史實看，此確係誤傳，此校。

〔註 565〕《法大之開學典禮》，《申報》，1929 年 9 月 22 日，第十一版。

〔註 566〕《藝苑美展之第四日》，《申報》，1929 年 9 月 24 日，第十版。

〔註 567〕《鄭毓秀律師受任上海中國賽馬會常年法律顧問》，《申報》，1929 年 10 月 3、4、5 日，分別第五、五、六版。

〔註 568〕《鄭毓秀律師受任遠東公共運動場常年法律顧問》，《申報》，1929 年 10 月 3、4、5 日，分別第五、五、六版。

〔註 569〕《鄭毓秀律師受任榮瑞馨君夫人榮華淑宜女士常年法律顧問》，《申報》，1929 年 10 月 3、4、5 日，分別第五、五、六版。《鄭毓秀律師受任榮瑞馨君夫人榮華淑宜女士常年法律顧問》，《新聞報》，1929 年 10 月 3 日。

十月五日，與黃復生等於康腦脫路徐園組織慶祝黃斗寅六十壽辰活動。〔註570〕於霞飛路三五四號律師事務所內受國聞社記者採訪，對立法委員不得兼職律師之問題作答，「本人於本年七月間，已先具函辭去立法委員職務，然後方於法院登錄，因當時個人之意，以為立法委員亦係政府任命，為有俸之公職，自以不兼充律師為是，而事實上亦無法兼顧。故余於聲請登錄時，即聲明已辭去委員職，當然現仍繼續執行律師職務」。〔註571〕

十月八日，公告受聘楊冠常常年法律顧問。〔註572〕

十月二十二日，公告受聘源大洋行常年法律顧問。〔註573〕

十月二十六日，公告受聘上海證券物品交易所第一百四十號經紀人王慈民常年法律顧問。〔註574〕公告受聘南京路福建路口致富里房客聯合會法律顧問，並代理其與大綸公司所涉之遷屋案。〔註575〕

〔註570〕《黃斗寅六十壽辰》，《申報》，1929 年 10 月 5 日，第十六版。黃斗寅（？～1932），中國同盟會會員，辛亥革命時在京津同汪精衛、趙鐵橋、黃復生、李石曾及鄭等共事，時任四川黨務指導員。其女黃瑞農為已故南京大學地理系教授，從事土壤地理學、環境科學、土壤生態學、資源生態學等教學科研。

〔註571〕《鄭毓秀已辭立法委員專任律師職務》，《申報》，1929 年 10 月 6 日，第十四版。《鄭毓秀已辭立法委員，專任律師職務》，《新聞報・消息》，1929 年 10 月 6 日，第四張第十六版。及"Miss Soumi Cheng has resigned as a member of the Legislative Yuan", *The North-China Daily News (1864~1951)*, October 7, 1929, p.23.

〔註572〕《鄭毓秀律師受任楊冠常君常年法律顧問》，《申報》，1929 年 10 月 8、9、10 日，分別第六、六、十版。

〔註573〕《鄭毓秀受任源大洋行常年法律顧問》，《申報》，1929 年 10 月 22、23、24 日，分別第五、五、二版。

〔註574〕《鄭毓秀律師受任上海證券物品交易所第一百四十號經紀人緒大號王慈民常年法律顧問》，《申報》，1929 年 10 月 26、27、28 日，分別第五、六、六版。《鄭毓秀律師受任上海證券物品交易所第一百四十號經紀人緒大號王慈民常年法律顧問》，《新聞報》，1929 年 10 月 28 日。

〔註575〕《鄭毓秀律師受任南京路福建路口致富里房客聯合會法律顧問》，《申報》，1929 年 10 月 26 日，第一版。及《鄭毓秀李辛陽律師受任南京路福建路口致富里房客聯合會法律顧問》，《申報》，1929 年 11 月 6、7 日，分別第五、二版。《致富里訟案已判決，房客決定上訴》，《申報》，1929 年 11 月 27 日，第十五版。此案係原告大綸地產公司將致富里房屋地基出租與大中華百貨公司，並通告被告房客（計商鋪十六戶，組成聯合會並聘鄭為代理律師）限期遷出，房客因門市裝潢等損失過多，自願加租以同大中華百貨公司承租之額，大綸公司拒絕續租並將行拆遷而引發糾紛，由上海臨時法院受理。1929 年 11 月 14 日，庭審辯論終結。21 日一審判決，認為租賃關係應於十月底解除，房客應於此後一個月二十天內遷出房屋，原告在提供擔保銀後由法院代為執行拆遷。

　　十月二十八日，被上海律師公會第三十二次執監委員聯席會議議決為收回法權運動委員會委員。〔註576〕

　　是月，受聘羅步洲律師，負責其反革命罪上訴案，並收費一千元。〔註577〕贈給到滬之戲曲演員一方電鍍山水大鏡框。〔註578〕

　　十一月五日，上午十時，於貝勒路律師公會新會所參加收回租界法權運動委員會第一次會議，下午二時，聚餐而散。〔註579〕

　　十一月六日，於《申報》登廣告為上海法政大學募集資金。〔註580〕

　　十一月五日，聘李桂芬為律師秘書。〔註581〕

　　（十一月十五日，上海法政大學改名為上海法政學院。〔註582〕）

　　十一月十九日，受熊式輝夫人顧竹筠柬邀於滬組織前方將士慰勞會。〔註583〕

〔註576〕《律師公會昨開執監聯席會》，《申報》，1929年10月29日，第十四版。

〔註577〕上海律師公會常務委員會：《致鄭毓秀會員函（為函詢羅步洲案進行訴訟情形由）》，《上海律師公會報告書》，1931年第29期，第165～166頁。此案係1927年，羅被控反革命罪，1929年由特種法院移交江蘇高等法院審理判刑後，羅請李時蕊、徐元誥、鄭毓秀三律師擔任上告，鄭與李就該案進行商議，但並未出庭辯護。

〔註578〕《更寫天香桂子圖》，《申報》，1929年10月29日，第十九版。

〔註579〕《收回租界法權運動委員會首次會議》，《申報》，1929年11月5日，第十三版。值得注意的是，該會雖由律師公會團體組織，但具有官方性質：首先，除公會律師外，時任代理司法院長魏道明、江蘇高等法院院長林彪、首席檢察官王恩默、上海地方法院院長楊肇熉（仲瑚）、臨時法院院長吳德生等司法官員均列席；其二，所議問題關涉司法、外交，如臨時法院法權收回、法租界會審公廨改組、領事裁判權撤廢等。

〔註580〕《上海法政大學募集基金啟事》，《申報》，1929年11月6、8。10日，分別第十二、二、二版。

〔註581〕重耳：《鄭毓秀聘李桂芬為秘書：月薪三百元》，《上海畫報》，1929年第527期，第2頁。及春水：《鄭毓秀之新秘書李桂芬棄優為記室》，《北京畫報》，1929年第2卷第62期，第2頁。《鄭毓秀律師添聘秘書》，《申報》，1929年11月15日，第十六版。汪俠公：《鄭毓秀之秘書》，《中華畫報》，1931年，第1卷第27期，第1頁。

〔註582〕關於改校名一事，因1929年7月南京國民政府新定《大學組織法》第五條規定，不具備三科學院者，皆為獨立學院，上海法政大學為私立單科學院，故於1929年11月15日更名為上海法政學院（見《修改大學組織法：全國二十一大學校長之主張》，《大公報（天津版）》，1932年9月15日，第四版。及《學府專訪：上海法政學院》，《申報》，1948年7月22日，第七版）。

〔註583〕《組織前方將士慰勞分會》，《申報》，1929年11月20日，第十三版。熊式輝時任淞滬警備司令。

十一月二十五日，受南京路福建路口致富里房客聯合會委託，就遷屋案一審判決提起上訴，並聲請先行廢止其假執行宣告。〔註584〕

十一月二十六日，參加上海臨時法院院長徐維震宣誓就職典禮。〔註585〕

十一月中下旬，代理原告陳印瑞嘉訴印林氏（其母）、印瑞鑫（其弟）追索印雪齋（其父）遺產一案。〔註586〕為上海律師公會募得捐款三千二百元。〔註587〕

十一月末，代理卞筱卿就祥茂洋行訟案向江蘇省高等法院提出江寧縣政府無司法管轄權，應由司法機關審判。〔註588〕

十二月上中旬，參與發起上海國術比賽大會並任籌備委員。〔註589〕

十二月六日，下午二時，代理南京路福建路口致富里房客聯合會出庭上訴審，駁斥被上訴人代理律師秦聯奎所提之「假執行不可先判廢止」與「傳票送達較晚應展期開審」之二點請求，「此案原判假執行，與法律第一條第二

〔註584〕《致富里遷屋案上訴庭開審》，《申報》，1929年12月7日，第十五版。上訴主文提出三點異議，一為1929年10月25日臨時法院准諭禁止原告在本案未依法解決前擅自築籬拆屋，而一審判決得為原告假執行實為不妥；二為原告不符合《民事訴訟條例》第四百六十三條規定債權人聲請宣示假執行之條件（即不為執行，恐受難於抵償，或難於計算損害）；三為上訴人所租房屋係作商用，異於居住，一旦執行損失過大並將引發其他商業糾紛。初審見1929年「十月二十六日」一條腳注。

〔註585〕《昨日臨時法院院長徐維震就職》，《申報》，1929年11月27日，第十三版。

〔註586〕《嫁已十九年之女子控爭母家遺產：母女相見法庭之上，女呼母母氣憤不睬，平素待遇女兒不薄，法官和解未能就緒》，《申報》，1929年11月26日，第十五版。此案1929年11月25日於上海市地方法院開庭審理，案因家主印雪齋去世時（1920年以前）女子尚無遺產繼承權，其妻印林氏時將遺產分析於兩子，後長女陳印瑞嘉要求追溯其繼承權並重分遺產。

〔註587〕《律師公會會所募金報告》，《申報》，1929年11月27日，第十四版。

〔註588〕《華洋訟案上訴開庭》，《申報》，1930年10月19日，第十版。案係1927年間，南京下關商會副會長卞筱卿因直魯軍閥糧餉之徵，向上海廣東路二號英商祥茂洋行駐寧經理楊煥卿訂購西貢洋米三萬包，未待提米而北伐革命軍已抵南京，直魯軍敗退。卞即請該洋行將米在滬脫售，總計損失十一萬餘元，該行向卞追償不得，於1929年間向江寧縣政府控訴，1929年11月23日判決由卞賠償祥茂洋行損失。卞即請鄭等為代理律師提出管轄權異議。

〔註589〕《上海國術比賽大會籌備處啟事》，《申報》，1929年12月5～17日，分別第五、三、五、五、二、二、二、二、二、二、二、一、五版。及《國術比賽大會改在上海舞臺比賽》，《申報》，1929年12月22日，第十四版。《上海國術比賽大會開幕》，《大公報（天津版）》，1929年12月25日，第七版。該比賽為籌款賑浙江災及慰勞前線將士。黃金榮、杜月笙、張嘯林等亦為發起人。

款規定不符，故對於假執行部分之判決，先請辯論廢棄，而全案上訴，在接得判決正本再行補呈理由。按照法律，在本案上，程序無補正之必要，此其一；上訴人即係初審敗訴人，提起上訴事，在被上訴人當有充分準備，且其初判勝訴，於事實上已無請求展期之理由，此其二；而上訴人受原判文中所宣示謂『限期一個月二十天內須交出房屋』，則物質之損失，精神之痛苦，尤在上訴人事實上迫不獲已，而不得不請求本日對於假執行部分之正式辯論，故不能頓從被上訴人之展期請求，此其三」。後起立再次補充說明，「查十月廿五日堂諭，准諭禁原告（即被上訴人）在本案未依法解決前不得擅自築籬拆屋。現在本案並未依法解決，未識假執行根據何條何法？且上海房屋習慣，除房客欠租，或房東收回自用外，決不能出勒遷之手段，且本案上訴人直接有數十商家、數千商人之關係，間接在商人而外尚有南洋襪廠以及其他工廠之全體工人等關係，非單獨資本家可相提並論」，請求實時開始辯論。下午四時半散庭。〔註590〕

十二月九日，下午二時，代理南京路福建路口致富里房客聯合會出庭上訴審，被上訴人稱已願和解，並請將第一審原判之假執行自請撤銷。起立發言，「第一審原判之假執行，在法律上毫無根據，前次已明白講過，理應宣告廢棄，現對方自請撤銷甚好。至於進行和解，尤應以承認當事人要求——租賃三十年為條件，否則仍當依法進行」。〔註591〕

十二月末，向上海特別市執行委員會第八十二次常會遞呈本月二十六日上海法政學院「反動份子假開學生會為名糾集流氓來校打傷學生意圖搗毀學校」事件經過。〔註592〕

〔註590〕《致富里遷屋案上訴庭開審》，《申報》，1929年12月7日，第十五版。案情及初審見1929年「十月二十六日」及「十一月二十五日」兩條腳注。該案由上訴法院庭長胡貽谷及推事鍾洪聲、韓竹軒提審，議決支持鄭所提意見，即禁止大綸公司在法院審判前築籬拆屋，並先就初審所判假執行宣示一事展開辯論，並請雙方律師調停和解。

〔註591〕《致富里房屋上訴案撤銷假執行》，《申報》，1929年12月10日，第十五版。前情見上條。上訴庭撤銷該案一審原判假執行部分，其他部分由雙方進行和解。此案後於1930年2月12日復次開庭。見《大綸退租案上訴》，《申報》，1930年2月12日，第十五版。最終法院判決張澹如（大綸公司）敗訴，全案訟時達二年半，張氏及房客皆損失頗巨，見《上海房地產投機事業已趨沒落：一二八前曾盛行一時，經濟衰微是失敗主因》，《大公報（天津版）》，1935年1月30日，第四版。

〔註592〕《市執委會常會紀》，《申報》，1929年12月29日，第十四版。該校亦有學

是年，家庭生活安排得宜，下班回家後與丈夫魏道明詳細討論每天的進展，分享彼此的內部消息。〔註593〕

1930年，民國十九年，庚午，三十九歲

是年春，上海法政大學掀起「逐長風潮」，「護長派」張師竹、章粹吾等女學生組織學生全體大會與「逐長派」學生會抗衡並取得優勢，事件遂得平定。〔註594〕

一月一日，代表被代理人陳叔如發布警告寶善堂朱某啟事。〔註595〕

一月五日，公告律師事務所遷址至江西路新康路四號三樓，辦公時間為上午九時至十二時，下午二時至五時。〔註596〕始於報刊登上海法政大學（學院）招生廣告。〔註597〕

二月初，受聘為國民政府外交部法律顧問。〔註598〕

二月八日，公告受聘利泰紡織公司暨總經理朱靜安常年法律顧問。〔註599〕

二月十日，有《上海律師公會常務委員會致鄭毓秀會員函》，請代為調查

生呈文稱校長鄭毓秀收買流氓毆傷同學蔡小宣等並以武力解散學生會，請執委會加以調查懲辦。

〔註593〕譯本自傳2，第162頁。

〔註594〕《法政學院派送留法學生》，《申報》，1930年6月23日，第十九版（增刊第三版）。前情見1929年「十二月末」一條。

〔註595〕《鄭毓秀王傳璧律師代表陳叔如警告寶善堂朱啟事》，《申報》，1930年1月1、4日，分別第十三、七版。《鄭毓秀王傳璧律師代表陳叔如警告寶善堂朱啟事》，《新聞報》，1930年1月1日。為宣告被代理人依法保有寶豐沙灘地二百畝不動產所有權不得侵害。

〔註596〕《鄭毓秀律師事務所遷移通告》，《申報》，1930年1月5、6、7日，分均第六版。《鄭毓秀律師事務所遷移通告》，《新聞報》，1930年1月5、6日。

〔註597〕《上海法政學院招考男女生》，《申報》，1930年1月5、7、9、11～13、15、17、19日，1931年1月14、16、18、20、22、24、26、28、30、31日，2月5、6、8、10、14日，6月15、17、19、21、23、25、27、29日，7月1、3、5、26、28、30日，8月1、3、5、9、11、13、15、17、19、21、23、24、28～30日，9月1～4日，1932年1月7～17日，2月11、13、16、18、20、22日，3月19～27日。鄭1933年辭任前，該校以報刊廣告為主要招生宣傳管道。

〔註598〕《外部聘鄭毓秀為法律顧問》，《新聞報‧消息‧本埠新聞》，1930年2月3日，第四張第十四版。《外交部聘鄭毓秀為法律顧問》，《申報》，1930年2月3日，第十四版。及《世界大事簡錄：外交部聘鄭毓秀為法律顧問》，《環球畫報》，1930年，第4期，第9頁。

〔註599〕《鄭毓秀律師受任利泰紡織公司暨總經理朱靜安君常年法律顧問通告》，《申報》，1930年2月8、9日，分均第三版。

法租界對公共團體所置產免徵巡捕捐之辦法。〔註600〕

　　二月上旬，受任上海平民醫院董事。〔註601〕

　　二月上中旬，代理原告趙鐵橋控李國傑侵佔公款、妨害公務及損害信用一案。〔註602〕

　　二月十九日，十時於上海法政學院參加開學典禮，任典禮主席，報告校務各方面一年來之努力。〔註603〕

　　二月二十二日，參加杜月笙女滿月宴及堂會。〔註604〕

　　二月二十四日，鄭律所代為錄登浦林霞琴（朱文黼律師代理）與浦振群離婚案之公示送達。〔註605〕

　　三月初，因事留寧。〔註606〕

　　三月四日，代表顧聯承聲明前報載「游筱漢為博遠齋古玩店收歇（即停業）啟事」一則不符事實，要求游登報致歉並停止侵害名譽。〔註607〕

〔註600〕　上海律師公會常務委員會：《致鄭毓秀會員函》，《上海律師公會報告書》，1930年第27期，第64頁。函請鄭代表上海律師公會向法租界工部局查詢公會是否可予以免交巡捕捐。

〔註601〕　《上海平民醫院近聞》，《申報》，1930年2月13日，第十六版。該醫院由褚民誼、林康侯、杜月笙等創設。

〔註602〕　《趙李互控案》，《申報》，1930年2月15日，第十三版。趙鐵橋，1927年5月任輪船招商局總辦，1929年該局直屬國民政府後，代理該局專員。李國傑（偉侯）為該局董事長，二人不合。1930年1月24日，李向上海市臨時法院控趙僭權、侵佔等罪，尚未得法院回覆通知，2月初，趙（鄭代理）控李侵佔、妨害公務等罪。2月14日，推事高君湘開庭審訊，以被告李患病，決該案無定期改期，被告病癒後可再行排訊。

〔註603〕　《各學校開學：上海法政學院》，《申報》，1930年2月20日，第十一版。

〔註604〕　《杜宅堂會紀》，《申報》，1930年2月23日，第十六版。

〔註605〕　《法租界會審公廨公示送達》，《申報》，1930年2月26、27日，分均第三版。《法租界會審公廨公示送達》，《新聞報》，1930年2月27日。案係浦林霞琴（朱文黼律師代理）與浦振群離婚案因被告浦振群寓所不明，聲請公示送達，限被告浦振群自登報日起二星期內到案，否則照原告請求判決。

〔註606〕　《上海法政學院教職員歡宴》，《申報》，1930年3月4日，第十一版。故因而未赴大西洋歐菜社參加上海法政學院請全體教職員及院長之宴會，《北華捷報》稱其「3月2日受上海法政學院師生邀請赴大西洋餐廳就餐」疑誤，見"Miss Soumi Cheng was entertained on Sunday by the faculty and students of the Shanghai Law College at the Atlantic Restaurant."*The North-China Daily News (1864~1951)*, March 4, 1930, p.12，此校。

〔註607〕　《鄭毓秀律師代表顧聯承君駁覆江一平律師代表游筱漢啟事》，1930年3月4、5、8日，分均第六版。聲明稱不符事實之處為博遠齋古玩店並非顧擅自收歇，而為游自行遷址。

三月六日，公告受聘張啟瑞常年法律顧問。〔註608〕

三月七日，擬受國立暨南大學女同學會邀，於婦女節（三月八日）赴該校講演。〔註609〕

三月八日，於商整會所參加上海市婦女協會舉辦之國際婦女節紀念會，並講演。〔註610〕

三月十二日，受外交部長王正廷（駐滬辦事處科長劉雲舫代）邀，擬於十三日赴寧參加歡迎丹麥王儲斐列特立克等之宴會。〔註611〕

三月十三日，晨九時五分，與上海名媛二十餘人乘京滬路（即寧滬路）早特別快車赴寧，晚參加宋美齡歡迎丹麥皇妃宴。〔註612〕

三月十五日，晚八時，於大華飯店公宴中外各界人士，為法國駐滬軍事長官麥蘭餞別。〔註613〕

三月上旬，接收波蘭公使署參議郭雷新斯基（Krysinsri）為上海法政學院外國留學生。〔註614〕

三月十七日，公告受聘航海總公所主任王瑞龍、穆謁誼常年法律顧問。〔註615〕

三月二十日，代周陳氏發布聲明，敏體尼蔭路英冊第一八二二號道契地

〔註608〕《鄭毓秀律師受任張啟瑞君常年法律顧問》，《申報》，1930年3月6日，第六版。《鄭毓秀律師受任張啟瑞君常年法律顧問》，《新聞報》，1930年3月8日。

〔註609〕《暨南女同學籌備紀念三八節》，《申報》，1930年3月7日，第十版。

〔註610〕《今日三八婦女節》，《申報》，1930年3月8日，第十四版。

〔註611〕《丹儲昨赴鎮江遊覽》，《申報》，1930年3月12日，第十四版。

〔註612〕《各國使領昨晚赴京，名媛今晨續在》，《申報》，1930年3月13日，第十六版。

〔註613〕《鄭毓秀昨晚歡宴各界》，《新聞報·消息·本埠新聞》，1930年3月16日，第五張第十七版。《法國駐滬軍事長官麥蘭將返國》，《申報》，1930年3月18日，第十六版。及《鄭毓秀等餞別法軍官麥蘭》，《新聞報·消息·本埠新聞》，1930年3月18日，第四張第十二版。麥蘭，1898年來華，曾任天津、上海兩市法租界捕房總巡，負責維護治安。王寵惠、李石曾、褚民誼、魏道明等均到宴話別。

〔註614〕《法政學院之外國留學生：波蘭公使署參議郭氏》，《申報》，1930年3月12日，第十一版。該參議前在巴黎留學時與上海法政學院教務長朱文黼（佛定）為同班博士，來華訂立《中波條約》後，借便於該學院註冊以獲學位。

〔註615〕《鄭毓秀律師受任航海總公所主任王瑞龍穆謁誼兩君常年法律顧問》，《申報》，1930年3月17、18、19日，分別第五、六、六版。《鄭毓秀律師受任航海總公所主任王瑞龍穆謁誼兩君常年法律顧問》，《新聞報》，1930年3月19日。

房產出租權尚屬該氏享有，第三者與其遺腹子周澍私訂承租之契約恐因二人訴訟未判而承擔效力風險。〔註616〕

三月中下旬，為祥昌棉織廠與該廠工人勞資糾紛案和解一事簽字證明。〔註617〕

三月二十日，鄭律所代為錄登浦林霞琴與浦振群離婚案之審判書。〔註618〕

三月二十四日，有看雲樓主人詩《為李桂芬女史題紅牡丹即以壽鄭毓秀博士》一首為鄭祝壽：弱齊名重廣文館，魏後傳來仁溥家。富貴場中誰管領？春風生日是紅花。〔註619〕

四月一日，赴滬北浙江路臨時法院原址，參加公共租界內江蘇省高等法院第二分院及上海特區地方法院成立典禮。〔註620〕

〔註616〕《李祖虞鄭毓秀李辛陽律師代表周陳氏為敏體尼蔭路第一八二二號道契地房地產產權緊要聲明》，《申報》，1930 年 3 月 20、21、22 日，分別第六、五、三版。

〔註617〕《祥昌糾紛已解決，傷亡者由廠方各給撫恤》，《申報》，1930 年 3 月 22 日，第十四版。祥昌棉織廠因宣告停業致勞資糾紛，多名工人被法捕房槍傷，一人死亡，該廠後以賠款和解，請鄭為簽字證明。

〔註618〕《朱文鱗律師為浦林霞琴與浦振群離婚一案錄登法公廨判決》，《申報》，1930 年 3 月 23 日、24 日，分別第六、五版。前情見 1930 年「二月二十四日」一條，因公示送達逾期，被告仍未到案，故缺席判決准予離婚。

〔註619〕看雲樓：《為李桂芬女史題紅牡丹即以壽鄭毓秀博士》，《申報》，1930 年 3 月 24 日，第十一版。看雲樓，即曹靖陶（1904～1974），又名熙宇，字惆生，號看雲樓主（亦作看雲樓、看雲樓主人），安徽歙縣人，擅詩，尤以五言詩蜚聲詩壇，1920 至 1930 年代，在滬、寧一帶從事新聞工作，曾任《時事報》編輯，與眾多名家交往密切，著有《中國音樂舞蹈戲曲人名辭典》等書，1921 至 1923 年間，吳昌碩、黃賓虹等作《看雲樓覓句圖》，陳師曾、齊白石、吳缶廬等皆題詞，後被毀，1949 年後寓居江蘇崑山，1973 年據記憶重述覓句圖題詞。見程自信：《〈看雲樓覓句圖〉題詞選輯》，《古籍研究》2001 年第 2 期，第 64 頁。該詩為曹受李（鄭秘書）請託為其贈鄭之《紅牡丹》圖題詞，同為鄭祝壽，鄭虔（字弱齊）為盛唐高士，博學通識，名震廣文館（唐國子監下學校），魏仁浦為五代後周至北宋初年顯臣，位至宰相，以賢明多智、齊家有方、左右逢源著名於史。由此詩，一知鄭生辰為 3 月 24 日左右；二知此時鄭與魏道明在外人看來關係至為密切，以至於以鄭虔比鄭毓秀、魏仁溥比魏道明，並同加讚譽，三知鄭與曹關係不錯，除題此詩外，鄭常以曹詩畫裝飾門庭，見 1931 年「四月末」一條。

〔註620〕《公共租界兩法院昨成立》，《申報》，1930 年 4 月 2 日，第十三版。二者為原公共租界臨時法院改組而來，院長由徐維震、楊肇熿分任。鄭為首位在該兩院出庭之女律師。見《領照之外籍女律師：法國人路森堡》，《申報》，1930 年 4 月 13 日，第十六版。

四月四日，中午乘車由滬赴寧，後轉赴湯山修養。〔註621〕

四月上旬，由寧返滬，於福開森路世界學院參加庚款委員會請意大利庚款委員之宴會。〔註622〕

四月十四日，晚十一時，乘京（寧）滬夜快車赴寧。〔註623〕

四月中旬，於寧參加全國童子軍檢閱大會。〔註624〕

四月十八日，晚乘夜快車由寧返滬。〔註625〕

四月十九日，晨七時抵滬，受記者採訪時「體氣較前稍健，惟尚未恢復原狀」，就婦女提倡國貨運動之問題表達觀點，「國貨價廉質韌而美麗，從經濟學上著想，從國家未來的發展著想，吾人亟應力為提倡，尤深望女同胞身體力行，國家之富強，實利賴之」。〔註626〕

四月二十一日，被中華女子參政會春季第二屆會議推選為代表，以出席國際婦女會於美國舉辦之演說討論會。〔註627〕

四月二十七日，公告受聘劉敬禮常年法律顧問。〔註628〕

一月至四月間，受法租界八仙橋蔭餘里房客聯合會之託預備與房東及英商德和洋行就租金過高行訴訟事，減租和解後作簽字證明。〔註629〕

〔註621〕《鄭毓秀赴湯山休養》，《新聞報・消息・本埠新聞》，1930年4月5日，第四張第十四版。《鄭毓秀赴湯山養病》，《申報》，1930年4月5、7日，分均第十四版。鄭於湯山休養期間，有謠言稱其因親汪嫌疑被拘於寧。市虎：《小報告》，《上海畫報》，1930年4月15日，第576期，第2頁。

〔註622〕《鄭毓秀昨晚赴京》，《申報》，1930年4月15日，第十三版。

〔註623〕《鄭毓秀昨晚赴京》，《申報》，1930年4月15日，第十三版。

〔註624〕"Miss Soumi Cheng, former President of the Shanghai District Court", *The North-China Daily News (1864~1951)*, April 16, 1930, p.20《鄭毓秀由京近滬》，《申報》，1930年4月20日，第十六版。及《鄭毓秀昨晨返滬》，《新聞報・消息・本埠新聞》，1930年4月20日，第四張第十四版。

〔註625〕《鄭毓秀由京近滬》，《申報》，1930年4月20日，第十六版。

〔註626〕《鄭毓秀昨晨返滬》，《新聞報・消息・本埠新聞》，1930年4月20日，第四張第十四版。《鄭毓秀由京近滬》，《申報》，1930年4月20日，第十六版。

〔註627〕《女子參政會開會記》，《申報》，1930年4月22日，第十六版。

〔註628〕《鄭毓秀律師受任劉敬禮君常年法律顧問》，《申報》，1930年4月27、28、29日，分別第五、三、二版。《鄭毓秀律師受任劉敬禮君常年法律顧問》，《新聞報》，1930年4月28、29日。

〔註629〕《蔭餘里房屋糾紛解決》，《申報》，1930年4月17日，第十六版。該地房屋於1929年由房東委德和洋行翻新並代理收租，新租金較舊時增加三、四倍，房客要求減租而致糾紛，後此事由虞洽卿、尚慕姜二人調解，1930年4月16日以減租方式達成和解，並由鄭簽字證明。

五月七日，邀請法國教育部特派員馬古烈（Georges Margouliès）博士赴上海法政學院演講，講畢致詞答謝馬氏，並擬同國民黨要員與其創立中法文化交流機關。〔註630〕

五月十二日，邀其侄國際聯盟會秘書鄭白峰赴上海法政學院演講國際聯盟近況及國民政府之國聯地位。〔註631〕

五月十九日，公告受聘上海大世界常年法律顧問。〔註632〕

五月二十九日，擬陪同馬古烈赴杭州演講。〔註633〕

五月至六月初，籌設法文月刊《新中國雜誌》，已付出版。〔註634〕

六月至九月間，長住洪恩醫院養病。〔註635〕

六月三日，被中華國民拒毒會「六三禁煙紀念大會」推舉為林則徐紀念堂籌備委員之一。〔註636〕

六月十三日，致函申報社，澄清並未辭退律所跑街（即擔任律所跑外工作）王茂亭，「敬啟者：昨日貴報所載本律師事務所王茂亭君被撤新聞一則令人不勝詫異，查王茂亭君並無越軌行為，更無被撤之事，應函請更正為荷。此致申報館。鄭毓秀律師啟。」〔註637〕

六月十八日，被籌建林則徐紀念堂第一次籌備會議推舉為籌備委員會執

〔註630〕《馬古烈博士蒞上海法政學院演講》，《申報》，1930年5月8日，第十一版。馬古烈（Georges Margouliès），俄裔法國著名漢學家，巴黎大學文學博士，巴黎世界佛學苑發起人之一，曾任巴黎東方語言學校校長，漢語流利並研中國文學，精通十數種文字，1930年初次來華，為受法國教育部委派考察中國高等教育並溝通中西文化。

〔註631〕《法政學院之演講》，《申報》，1930年5月13日，第十版。

〔註632〕《鄭毓秀律師受任大世界常年法律顧問》，《申報》，1930年5月19、20日，分別第三、五版。

〔註633〕《馬古烈博士開始演講》，《申報》，1930年5月25日，第十八版。

〔註634〕道聽：《鄭毓秀創造新中國》，《上海畫報》，1930年6月7日，第593期，第3頁。

〔註635〕陳則民，劉祖望，陸家薰：《本月二十二日下午五時因羅步洲報告鄭毓秀律師急行職務一案就鄭律師處查詢情形記載如左》，《上海律師公會報告書》，1931年第29期，第171、172頁。

〔註636〕《種煙運土如故，為什麼要紀念「六三」？》，《大公報（天津版）》，1930年6月4日，第三版。及《六三禁煙紀念大會》，《申報》，1930年6月4日，第十三版。

〔註637〕鄭毓秀：《來函》，《申報》，1930年6月14日，第十六版。六月十二日，《申報》錄有一則新聞稱鄭以越軌為由辭退律師事務所跑街王茂亭，此聞不實。見《律師跑街被撤》，《申報》，1930年6月12日，第十六版。

行委員之一。〔註 638〕

六月十九日，上午十時，參加上海法政學院畢業典禮並致詞，下午一時會畢。〔註 639〕

六月二十二日，下午四時，參加世界學院及中法大學上海事務處舉辦歡迎新任駐華法國公使韋禮德（另譯韋爾敦）夫婦之宴會，六時許散。〔註 640〕

六月二十五日，夜同李石曾赴寧。〔註 641〕

七月十七日，下午五時，於上海市商會議事廳參加各界賑濟戰地災民慰勞前方將士會所辦之茶話會，作演說，「請女界方面，亦努力捐助於勸募，以盡女同胞之責任」，被推舉為該會經濟組成員。〔註 642〕

七月十八日，江蘇省區調回補習區長聯合會擬聘為律師，與省政府進行法律交涉。〔註 643〕

七月十九日，下午三時，參加上海各界賑濟戰地災民慰勞前方將士籌備會第一次各組聯席會。〔註 644〕

七月二十日，公告律所遷址至法租界辣斐德路口馬斯南路八十八號鄭公館內辦公。〔註 645〕

〔註 638〕 《籌建林則徐紀念堂：今天第一次會議》，《申報》，1930 年 6 月 18 日，第十四版。及《林則徐紀念堂籌備訊》，《申報》，1930 年 6 月 20 日，第十六版。

〔註 639〕 《法政學院之畢業禮》，《申報》，1930 年 6 月 20 日，第十一版。

〔註 640〕 《兩學術團體前日歡迎》，《申報》，1930 年 6 月 24 日，第十三版。據韋氏自述，前在巴黎即與鄭相識。見《法新公使韋爾敦抵京後之感想》，《申報》，1930 年 7 月 13 日，第九版。

〔註 641〕 《李石曾昨夜晉京，鄭毓秀同行》，《新聞報‧消息‧本埠新聞》，1930 年 6 月 26 日，第四張第十三版。及"Miss Soumi Cheng is paying a visit to Nanking", *The North-China Daily News (1864~1951)*, Jun 28, 1930, p.14.

〔註 642〕 《上海各界代表籌議慰勞，推定虞洽卿等分組任事》，《大公報（天津版）》，1930 年 7 月 18 日，第三版。及《昨日各界大會：籌備賑濟災民；慰勞前方將士》，《申報》，1930 年 7 月 18 日，第十三版。

〔註 643〕 《區長補習開會集議》，《申報》，1930 年 7 月 22 日，第八版。江蘇省政府民廳前下令將政績欠佳之區長調回省政府進行補習而引發不滿，區長成立聯合會後致電南京國民政府及蔣介石，並擬聘鄭為律師與省政府相抗衡，請其收回成命。

〔註 644〕 《各界籌備會推定常委》，《申報》，1930 年 7 月 20 日，第十四版。

〔註 645〕 《鄭毓秀律師事務所遷移通告》，《申報》，1930 年 7 月 20、21、22 日，分別第二、三、三版。《鄭毓秀律師事務所遷移通告》，《新聞報》，1930 年 7 月 20、21、22 日。

八月九日，於大華飯店參加其侄鄭白峰與李應生女李霞卿之婚禮。〔註646〕

八月十二日，登報答謝參加侄婚禮之賓客。「敬啟者：本月九日為毓秀舍姪白峰與應生小女霞卿在大華飯店行結婚禮，一則迎來佳婦，喜小同之有家；一則嬪於名門，欣平陽之有託。荷蒙諸親友厚貺遙頒，隆儀疊錫，或云錦七襄，光輝蓬蓽，或霓裳萬舞，彩溢門闈。勞玉趾之賁臨，愧瓊章之報答。此夕雙星巧渡，先占牛女之辰。他年五世其昌，永卜朱陳之好。謹肅報端，用申謝悃。」〔註647〕

八月十三日，有朱霞天《紅砂十八掌掛圖》廣告見報，後錄鄭為其作名人題贊，以倡國術。〔註648〕

八月十四日，公告律所與王茂亭解除關係。〔註649〕公告律所對外一切檔均以鄭親自簽名蓋章者方有效，無此者概不負責。〔註650〕

是月，上海市虹口清雲里房客聯合會擬聘為代理律師，因病未受理。〔註651〕

九月初，上海華洋德律風公司華人用戶聯合會公告選舉用戶代表，錄鄭為候選人之一。〔註652〕

九月四日，李時蕊律師就羅步洲請求退還公費一事致函鄭律師事務所。〔註653〕

九月上旬，鄭律師事務所復李時蕊函，稱「律師現正抱恙稍遲一二日答覆」。〔註654〕

〔註646〕　《李霞卿女士最近與鄭毓秀博士之姪鄭白峰先生結婚合影》，《今代婦女》，1930年第20期，第15頁。及《鄭毓秀李應生同啟》，《申報》，1930年8月12日，第三版。《鄭毓秀李應生同啟》，《新聞報》，1930年8月12、13日。李霞卿，即電影明星李旦旦。

〔註647〕　《鄭毓秀李應生同啟》，《申報》，1930年8月12日，第三版。《鄭毓秀李應生同啟》，《新聞報》，1930年8月12、13日。

〔註648〕　《紅砂十八掌掛圖》，《申報》，1930年8月13日，第十一版。

〔註649〕　《鄭毓秀律師事務所啟事》，1930年8月14日，第三版。

〔註650〕　《鄭毓秀律師啟事》，1930年8月14日，第三版。

〔註651〕　《清雲里房聯會全體大會》，《申報》，1930年8月23日，第十六版。

〔註652〕　《德律風用戶會重要檔》，1930年9月9日，第十四版。該公司為收回上海租界電話主權而辦此選舉。

〔註653〕　《李時蕊律師代羅步洲致鄭毓秀律師函二件》，《上海律師公會報告書》，1931年第29期，第169～170頁。前情見1929年「十月間」一條。

〔註654〕　《李時蕊律師代羅步洲致鄭毓秀律師函二件》，第169～170頁。

九月十一日，受張學良委聘為邊署法律顧問。〔註655〕

九月十三日，李時蕊就羅步洲請求退還公費一事二次致函鄭律師事務所。〔註656〕

九月十八日，赴威海衛路四十三號市政府公餘社參加市秘書長俞鴻鈞請各界領袖籌賑東北水災宴。〔註657〕

九月二十四日，張嘯林在市政府籌賑東北水災談話會中推薦鄭負責組織跳舞會籌款。〔註658〕

九月二十八日，受上海市籌賑東北水災委員會議決擬於十月十五日假大華飯店負責舉辦跳舞會以募賑。〔註659〕

九月至十月上旬，為化裝跳舞會進行籌備工作。〔註660〕

〔註655〕 《鄭毓秀任遼寧顧問》，《新聞報接‧消息‧緊要電訊》，1930年9月11日，第二張第五版。《北平要訊（十二日專電）》，《申報》，1930年9月13日，第九版。及《鄭毓秀新任東北顧問》，《新聞報‧消息‧本埠新聞》，1930年9月17日，第四張第十二版。《張學良延鄭毓秀為顧問》，《申報》，1930年9月17日，第十六版。亦見"Miss Soumi Cheng, the well-known Kuomintang lawyer and former president of the Shanghai District Court", *The North-China Daily News (1864~1951)*, September 12, 1930, p.22.

〔註656〕 《李時蕊律師代羅步洲致鄭毓秀律師函二件》，《上海律師公會報告書》，1931年第29期，第169～170頁。

〔註657〕 《本市籌賑東北水災：昨成立籌賑委員會，各界領袖會商辦法》，《申報》，1930年9月19日，第十版。

〔註658〕 《市府昨日籌振遼西水災》，《申報》，1930年9月25日，第十三版。

〔註659〕 《大華飯店盛大跳舞會籌賑東北水災》，《申報》，1930年9月29日，第十五版。

〔註660〕 《鄭毓秀主辦化裝跳舞會，券資概送遼西水災》，《新聞報‧消息‧本埠新聞》，1930年10月1日，第四張第十六版。《中外大事記：鄭毓秀扶病籌振》，《興華》，1930年第27卷39期，第42頁。《遼西水災賑款》，《申報》，1930年10月1日，第十五版。及《滬上曾未有過之化裝跳舞遊藝大會》，《新聞報‧消息‧本埠新聞》，1930年10月9日。《盛大化裝跳舞遊藝會：上海名媛閨秀籌賑東北水災舉行》，《申報》，1930年10月9、10日，第九、十九版。《上海空前未有之跳舞遊藝大會》，《申報》，1930年10月9日，第十一版。《籌賑遼西水災之跳舞會新節目》，《申報》，1930年10月10日，第二十版。《請參加今晚九時開幕之盛大化裝跳舞遊藝會，券資悉數賑濟東北水災》，《申報》，1930年10月12日，第十三版。《今晚舉行跳舞遊藝會，節目精美不同凡響》，《申報》，1930年10月12日，第十五版。上海所辦東北賑災活動除鄭舉辦之跳舞遊藝會外，尚有杜月笙等於上海大舞臺舉辦之義務戲劇及上海賑濟戰地災民慰勞前方將士籌募會（鄭為募洋一千元）等各種捐募，至1930年12月底方結束。見《遼西水災會今日演劇籌款》，《申報》，1930年9月30日，第十一版。《上海市籌賑東北水災委員會啟事》，《申報》，1931

九月三十日，晚於大華飯店參加國民黨中央研究院及上海各團體代表歡迎第二國際領袖、前比利時首相樊迪文之宴會。〔註 661〕

六月至九月間，因病於上海洪（宏）恩醫院看診及住院。〔註 662〕

十月一日，被第三屆國貨運動大會第二次籌備會推選為名譽委員之一。〔註 663〕

十月二日，下午五時，受邀參加歡迎樊迪文之茶話會。〔註 664〕

十月八日，受任上海市第三屆國貨運動大會時裝展覽會主席團成員之一。擬參加十月十九日大華飯店時裝展覽會。〔註 665〕

十月九日，致函《申報》主編，澄清遼西賑災遊藝會並非由蔣領南京國民政府籌辦，而為社會組織舉辦。「《申報》主筆大鑒：頃閱貴報本埠新聞登載遼西水災上海遊藝大會言及蔣主席夫人，乃傳言之誤。蔣主席與蔣夫人對於遼西水災，確有重大之援助，但遊藝會為社會方面募賑之一組織，另為一事。貴報偶將兩者混為一談，特此聲明，以免誤會，此頌著安。遼西水災上海遊藝會籌備員鄭毓秀敬啟。十月九日。」〔註 666〕

十月十二日，晚九時至凌晨二時，戈登路大華飯店如期舉辦化裝跳舞大會。因「籌辦斯會，備極辛勞，已患小恙」、「腸病新愈，不耐煩勞」，未能參會。〔註 667〕

年 1 月 18 日，第五版。及《上海各毗賑濟戰地災民慰勞前方將士籌募會收支報告》，《申報》，1931 年 2 月 14 日，第六版。

〔註 661〕《昨晚大華飯店歡宴》，《申報》，1930 年 10 月 1 日，第十三版。李石曾到會歡迎，蔡元培主持。

〔註 662〕陳則民，劉祖望，陸家鼐：《本月二十二日下午五時因羅步洲報告鄭毓秀律師怠行職務一案就鄭律師處查詢情形記載如左》，《上海律師公會報告書》，1931 年第 29 期，第 171～172 頁。宏恩醫院（今華東醫院），為 1926 年匈牙利建築師鄔達克設計、潘榮記營造廠承建的一所綜合醫院，位於延安西路 221 號，屬租界工部局。

〔註 663〕《國貨運動大會》，《申報》，1930 年 10 月 3 日，第十版。

〔註 664〕《樊迪文昨在交大演講：三民主義與社會主義僅實施方法略有不同》，《申報》，1930 年 10 月 2 日，第九版。

〔註 665〕《國貨時裝展覽大會明日開幕》，《申報》，1930 年 10 月 8 日，第十四版。

〔註 666〕《來函》，《申報》，1930 年 10 月 10 日，第二十版。《申報》前稱「是晚到會之名媛，有蔣主席夫人……」，見《上海空前未有之跳舞遊藝大會》，《申報》，1930 年 10 月 9 日，第十一版。

〔註 667〕《記賑濟遼西水災之跳舞遊藝盛會，到者人山人海》，《申報》，1930 年 10 月 14 日，第十一版。及琅玕：《大華深夜看秋舞》，《申報》，1930 年 10 月 15 日，第十七版。鄭由其妹慧琛照料，大會由俞子英、楊肇熉、許運宣負責場務。

十月十三日，公告受聘薛寶寶、薛顧巧林常年法律顧問。〔註668〕

十月十六日，晨九時五分，乘特別快車由滬赴寧。〔註669〕

十月十八日，江蘇高院民二庭就祥茂洋行訴卜筱卿（鄭代理）案管轄權異議傳鄭等到庭，因故未到。〔註670〕

十月二十日，為顧維鈞母喪贈輓聯花圈等。〔註671〕

十一月二十三日，晚與宋靄齡陪同于鳳至、張學銘由寧乘車赴滬。〔註672〕

十一月二十四日，晨抵滬。〔註673〕

十一月二十五日，下午四時，於粵商聯會參加上海廣肇公所、粵僑商業聯合會、湖州會館、中山同鄉會四團體歡迎廣東省政府主席陳真如、鐵道部長孫哲生、江海關監督劉紀文之大會，並作演說，六時散。〔註674〕晚於大華飯店參加上海市長張群夫婦、淞滬警備司令熊式輝歡迎于鳳至、張學銘之宴會。〔註675〕

十一月二十六日，晚十時四十分於滬北站歡送于鳳至、張學銘返寧。〔註676〕

〔註668〕《鄭毓秀律師受任薛寶寶薛顧巧林常年法律顧問啟事》，《申報》，1930年10月13日、11月3～5日，分均第三版。

〔註669〕《時人行蹤錄》，《申報》，1930年10月17日，第十三版。

〔註670〕《華洋訟案上訴開庭》，《申報》，1930年10月19日，第十版。前情見1929年「十一月末」一條。

〔註671〕《顧維鈞母昨日開喪》，《申報》，1930年10月21日，第十一版。

〔註672〕《蔣張胡戴等之湯山盛會，張決於二十八日前啟程北返，于鳳至張學銘昨夜赴滬遵海而歸》，《大公報（天津版）》，1930年11月24日，第三版。及《時人行蹤錄》，《申報》，1930年11月24日，第九版。張學良似與鄭關係頗佳，前即聘為邊署法律顧問，見1930年「九月十一日」一條，南下訪蔣時，有傳聞稱張擬來滬後擇李（石曾）、鄭二人私邸之一為其行署，見《張學良即將來滬，行期在二十日左右，福特飛機駛京迎候》，《申報》，1930年11月14日，第九版。後張雖未至滬，而于鳳至、張學銘赴滬則仍由鄭陪同。

〔註673〕《時人行蹤錄》，《申報》，1930年11月24日，第九版。《張學良夫人于鳳至昨日抵滬》，《申報》，1930年11月25日，第九版。

〔註674〕《粵人四團體前日歡迎陳銘樞，陳有重要演說》，《申報》，1930年11月27日，第十版。

〔註675〕《張學良夫人由京遊覽上海（照片）》，《申報》，1930年12月7日，第三十二版。《四中全會及國內時事：（下）淞滬警備司令熊式輝及市長張群在大華飯店設宴歡迎張學良夫人及張學銘夫婦，到會者有吳鐵城、顧維鈞、鄭毓秀等百餘人》，《良友》，1931年第54期，第10頁。

〔註676〕《昨晚張夫人于鳳至返京》，《申報》，1930年11月27日，第九版。

十月至十二月中下旬，代理原告薛寶寶、薛顧巧林訴薛孫氏及其四子霸佔遺產一案。〔註 677〕

十二月二十八日，發布啟事提醒外界提防冒充鄭律師事務所招搖撞騙者，並警告冒充者停止侵害行為。〔註 678〕

下半年，法文《鄭毓秀論中國女人》被譯作中文錄於《時代》雜誌。〔註 679〕擔任太平洋國交討論會（即太平洋國際學會）第四屆大會籌備委員及籌備執行委員副主席。〔註 680〕受聘鄒愛貞代理律師，代理唐惠玄控妻鄒愛貞與陳根偉通姦案。〔註 681〕

〔註 677〕　《薛寶潤之側室狀請分析遺產》，《申報》，1930 年 11 月 22 日，第十六版。《薛妾請析遺產案尚在和解中》，《申報》，1930 年 11 月 26 日，第十四版。《薛氏爭產訟案開審，被告如再不到案即將財產假執行》，《申報》，1930 年 12 月 20 日，第十六版。《薛氏爭產案改期再訊》，《申報》，1930 年 12 月 26 日，第十二版。《林滌慶律師代表薛孫氏淦、佳、炎、根生啟事》，《申報》，1931 年 1 月 20、22 日，分均第二版。案係 1930 年 8 月「顏料大王」薛寶潤（醴泉）病故，其妾薛顧巧林（即「小阿金」，1929 年生女，名薛寶寶）稱遺產達「一千數百萬金」，而因分居在外未得正妻薛孫氏及其子薛淦生、薛佳生、薛炎生、薛根生劃分遺產，法官請雙方律師調解無果，1930 年 12 月 19 日起訴於法租界會審公廨，12 月 26 日法院展期七日開訊。後因查證原告請求不當而自請銷案。

〔註 678〕　《鄭毓秀律師事務所啟事》，《申報》，1930 年 12 月 28、29 日，分別第六、五版。

〔註 679〕　張若谷：《鄭毓秀論中國女人》，《時代》，1930 年第 2 卷第 1 期，27～28 頁。《今日之時代：二卷一期要目》，《申報》，1930 年 12 月 31 日，第二版。該文原為鄭應某法國雜誌編輯之邀，以使法國人瞭解中國女性真實生活為目的，故內容有鄭本人自傳性質。《時代》雜誌附記稱該文分舊式女子與新式女子兩篇，前者全錄於刊，後者「限於篇幅移在下期續登」，而不知何故該刊下期轉作介紹張學良，並無續登下篇。僅存之上篇分十二部分，分別為開篇、中國的舊式女子、我的母親、我在歐洲留學、生產子孫的機器、父權與母權、哥哥的訂婚、婆媳關係、獨身主義、一隻雌老虎、女工的生活、普及女子教育。

〔註 680〕　《太平洋會議積極籌備》，《申報》，1930 年 10 月 28 日，第十版。《太平洋國際學會》，《申報》，1931 年 2 月 4 日，第十四版。《第四屆太平洋國際學會，十月二日在杭州舉行，大會職員論題均擬定》，《大公報（天津版）》，1931 年 3 月 27 日，第五版。

〔註 681〕　《經濟博士控妻通姦案昨續開調查庭》，《申報》，1930 年 11 月 13 日，第十五版。《社會矚目之唐博士控妻案：昨日宣告辯論終結》，《申報》，1930 年 11 月 23 日，第十五版。及《經濟博士唐惠玄自訴不合法，本案恐另有文章在後也》，1930 年 11 月 29 日，第十六版。《唐惠玄控妻案不起訴》，《申報》，1931 年 2 月 4 日，第十五版。該案係前宜昌印花稅局長經濟學博士唐惠玄

　　是年，代理被告姜吉貴就上海地方法院一審判決向江蘇省高等法院上訴。〔註682〕向江蘇高等法院推薦陳家蔭擔任無錫縣法院院長。〔註683〕將所藏瑪瑙生肖像十二品、古式瓷瓶一雙及紅木雕屏一座交褚民誼送展比利時獨立百年紀念博覽會黎威斯展區。〔註684〕

　　1931年，民國二十年，辛未，四十歲

　　一月十三日，贊助紅十字會總醫院設立肺病心病專科室。〔註685〕

　　一月二十三日，公告澄清與姜和椿律師無聯合關係。〔註686〕

　　一月二十八日，澄清並未受聘黃（楚九）宅善後委員會法律顧問。〔註687〕

　　二月二十日，擬於二月二十一日晚假華安飯店召開上海婦女慰勞前敵將士會。〔註688〕

（石庵，又名崇慈）自訴上海地方法院，稱其妻鄒與陳通姦。上海地方法院刑庭一審判決宣告鄒陳無罪，唐遂向原法院合合議庭提起上訴，二審以「刑事訴訟法配偶不能自訴」為由，撤銷原判並駁回唐一審之自訴，將全卷移送檢察處補充偵查，1931年2月初，最終決定不起訴，唐亦撤回訴狀。1930年11月13日二審調查庭、11月22日合議庭、11月28日宣判時鄭均因故未到，由王德懿代為被告辯護。

〔註682〕《姜吉貴案檢察官上訴》，《申報》，1930年11月6日，第九版。案係上海楊樹浦公大紗廠工友姜吉貴涉嫌殺害曹步華並唆使劉子井暗殺巡長吳延堯，上海地方法院一審判決死刑，姜請鄭代理，上訴江蘇高院。1930年10月14日二審改判殺人部分無罪，以持有槍彈罪處有期徒刑三年。原審檢察官認為判決失當，於11月5日向最高法院上訴。

〔註683〕《無錫：縣法院院長問題》，《申報》，1930年12月22日，第七版。

〔註684〕《比博會獎憑昨在市商會頒發》，《申報》，1931年11月29日，第十四版。及寓公：《鄭毓秀之大人參：一尺餘長枝幹雄偉》，《上海新聞》，1931年第1期，15～16頁。

〔註685〕《紅會總醫院添設肺病心病專科室》，《申報》，1931年1月13日，第十六版。

〔註686〕《鄭毓秀律師事務所啟事》，《申報》，1931年1月23～25日，分別第二、五、九版。1月18日《申報》登姜和椿律師任法律顧問廣告，內有「鄭毓秀大律師聯合事務所」字樣，鄭即登報澄清姜僅近兩月在鄭律所幫忙，自2月22日起即脫離，並無聯合關係。此誤登見《姜和椿律師受任如意菜館馬菊泉君常年法律顧問》、《姜和椿律師受任緯通織公司常年法律顧問》、《姜和椿律師受任天順祥瓷莊方漢章君常年法律顧問》、《姜和椿律師受任老戴春林仲記南北號程熊君常年法律顧問》，《申報》，1931年1月18、20日，分別第六、二版。

〔註687〕《日夜銀行昨聞：鄭律師否認被聘》，《申報》，1931年1月29日，第十五版。

〔註688〕《前敵將士婦女慰勞會明日開會》，《申報》，1931年2月20日，第九版。

二月二十七日，公告繼續受聘張子英常年法律顧問。〔註689〕國民政府改組建設委員會，被任命為建設委員之一。〔註690〕

二月二十八日，受任上海中山醫院建設籌備處徵捐隊第二十八隊長。〔註691〕

三月七日，正午十二時於華安大廈參加大同大學、中央大學商學院、大夏大學舉辦之上海各大學及學院第一次敘餐會。並擬於四月三日假海格路鄭毓秀私邸舉辦第二次敘餐會。〔註692〕

三月九日，晚於華格臬路某私宅參加張嘯林杜月笙為朱慶瀾（子橋）夫婦賑陝西災赴滬洗塵之宴會，為賑災事作演說，並捐資一千元。〔註693〕

三月十九日，下午由寧赴滬。〔註694〕

三月二十替，晨抵滬。〔註695〕

四月二日，受國民黨中政會議決任北平市文化指導委員會委員之一。〔註696〕

四月八日，公告受聘汪少丞常年法律顧問。〔註697〕

鄭為該會募洋總計九千四百元，認銷演劇券總計三千八百三十元。見《前上海婦女慰勞前方將士募捐會啟事》，《申報》，1932年4月15日，第五版。

〔註689〕《鄭毓秀律師繼續受任張子英君常年法律顧問》，《申報》，1931年2月27、28日、3月1日，分別第五、七、六版。

〔註690〕《建委會改組案今日提出國府會議，張人傑任委員長、曾養甫副，並聘任吳李胡戴等為委員》，《大公報（天津版）》，1931年2月27日，第三版。

〔註691〕《孔祥熙等籌備上海中山醫院，約全國名流擔任募捐》，《大公報（天津版）》，1931年3月7日，第五版。該院由孔祥熙、孫科、劉瑞恒等組織興建，以增強瘟疫控制與醫療水平。

〔註692〕《上海各大學聚餐會記》，《申報》，1931年3月13日，第十三版。該會由中法國立工業專科學校校長褚民誼等發起，每月舉行一次，每次由三校合辦，輪值東道，以促進上海教育交流。

〔註693〕《張嘯林杜月笙前晚歡迎朱慶瀾》，《申報》，1931年3月11日，第十四版。及《上海籌募陝災臨時急賑會敬謝張杜兩大善士，捐鉅款暨代募賑款第一次報告》，《申報》，1931年3月13日，第四版。

〔註694〕《時人行蹤錄》，《申報》，1931年3月20日，第九版。

〔註695〕《時人行蹤錄》，第九版。

〔註696〕《北平文化會：政會通過之委員名單》，《大公報（天津版）》，1931年4月3日，第三版。《平市文化委員會全體委員名單》，《申報》，1931年4月3日，第四版。

〔註697〕《鄭毓秀律師受任汪少丞君常年法律顧問》，《申報》，1931年4月6、8日，分別第六、五版。

四月十六日，鄭律所代為錄登徐學禹與陳淑芳離婚案之審判書。〔註 698〕

四月十七日，受任上海市中等學校聯合運動會名譽指導之一。〔註 699〕

四月十八日，參加上海市國民會議代表選舉。〔註 700〕

是月末，受唐在禮訪，唐觀鄭處所置曹靖陶詩，加以稱讚。詩為，「東遊更渡歐西水，早歲才名動海寰。萬里歸心黃浦穩，一官滋味白雲閒。馬逢伯樂緣非淺，桐遇知音事卻難。獎目分明蕭穎士，未登廣廈亦歡顏。」〔註 701〕

五月九日，乘車由寧赴滬。〔註 702〕

四月至五月上旬，受聘法租界磨坊街承志里（即前復興里）房屋房客五戶代理律師，於法租界會審公廨起訴業主夏圭芳要求減租等。〔註 703〕

五月二十日，被推選為第四屆太平洋國際學會出席代表之一。〔註 704〕

五月二十八日，參與發起籌募江西緊急賑災會。〔註 705〕

〔註 698〕 《法租界會審公廨判決徐學禹與陳淑芳因離異涉訟一案主文》，《申報》，1931年 4 月 23、24 日，分別第六、五版。《鄭毓秀；魏文翰；閻世華律師：法租界會審公廨判決徐學禹與陳淑芳因離異涉訟一案主文》，《新聞報》，1931年 4 月 26 日。因被告未到庭，判決准予離婚，再審請求限被告二十日內到庭提出。

〔註 699〕 《積極籌備中之上海市中等校聯運會》，《申報》，1931 年 4 月 17 日，第八版。

〔註 700〕 《本市民會代表昨日選舉終了》，《申報》，1931 年 4 月 21 日，第十三版。及《民選事務所昨日揭曉民會代表》，《申報》，1931 年 4 月 23 日，第十三版。其選區為自由職業團體、大學校、教育會，4 月 22 日選舉結束，鄭獲票數為同選區第二名。

〔註 701〕 看雲樓：《唐執夫先生(在禮)於鄭毓秀博士處見余詩畫詞多溢美賦此報之》，《上海畫報》，1931 年 4 月 30 日，第 698 期，第 1 頁。看雲樓，見 1930 年「三月二十四日」一條腳注。唐在禮（1880～1964），字摯夫、執夫，上海人，曾任北洋政府參謀次長、陸軍中將。1898 年赴日留學，學習炮兵，1904年，回國投靠袁世凱，1918 年任協約國軍事會議中國代表，並作為中國代表團首席軍事代表參加巴黎和會，1927 年 6 月任潘復內閣外交部主任參事，後回上海寓居。蕭穎士為唐玄宗時文人名士，歷安史之亂時獨身走山南。該詩讚頌鄭早年赴日留法，學識廣博，並以蕭穎士比，贊其歷經軍政變動而不改忠心。

〔註 702〕 《首都紀聞》，《申報》，1931 年 5 月 10 日，第十版。

〔註 703〕 《承志里房客減租運動複審》，《申報》，1930 年 5 月 14 日，第十六版。該請求被一審駁回。

〔註 704〕 《太平洋學會開會紀》，《申報》，1931 年 5 月 22 日，第九版。《太平洋討論會：在京開幕後再轉杭州，中國代表舉定顏惠慶、胡適等四十餘人》，《大公報（天津版）》，1931 年 5 月 25 日，第四版。前情見 1930 年「下半年」一條。

〔註 705〕 《上海籌募江西急賑會啟事》，《申報》，1931 年 5 月 28、29、30 日，分別第二、二、七版。為賑江西水災募捐。

五月二十九日，被上海籌募江西急振（賑）會推選為常務委員。〔註706〕

六月五日，中午於四馬路杏花樓參加魏道明等歡送王寵惠赴海牙國際法庭就職法官之宴會。〔註707〕

六月六日，下午赴黃浦碼頭送王寵惠離滬。〔註708〕

六月九日，赴上海高橋杜氏祠堂參觀落成禮。〔註709〕

六月十日，晚到寧。〔註710〕

六月十一日，復至杜祠參觀。〔註711〕

六月二十九日，中午與美國大使約翰遜同車由寧抵平，受李石曾夫婦等到站歡迎，「下車後……即首抱李石曾夫人而吻」，係因病來平休養，寓顏惠慶舊宅。〔註712〕

六月三十日，公告受聘厚生紗廠全體工友法律顧問。〔註713〕

〔註706〕《贛振會昨開聯席會議》，《申報》，1931 年 5 月 30 日，第十四版。

〔註707〕《今日王寵惠赴歐》，《申報》，1931 年 6 月 6 日，第十三版。

〔註708〕《今日王寵惠赴歐》，《申報》，1931 年 6 月 6 日，第十三版。《王寵惠昨午離滬，由大連轉歐先到柏林治病，在海牙留四個月，年內可回》，《大公報（天津版）》，1931 年 6 月 7 日，第三版。《王寵惠昨離滬赴歐，送行者有鄭毓秀等二百餘人，此去將受理德奧關稅同盟案》，《新聞報·消息·本埠新聞》，1931 年 6 月 7 日，第四張第十三版。及《王寵惠昨赴歐，先赴大連轉道俄國，輪埠歡送者百餘人》，《申報》1931 年 6 月 7 日，第十四版。《歡送王寵惠博士赴歐之司法界諸要人眷屬，前行為鄭毓秀女士》，《申報》，1931 年 6 月 14 日，第三十六版。朱順麟：《下為送行之鄭毓秀博士（前行者）》，《中華畫報》，1931 年，第 1 卷第 21 期，第 1 頁。

〔註709〕《杜祠觀光記》，《申報》，1931 年 6 月 10 日，第十五版。杜氏祠堂由杜月笙興建於上海高橋（今浦東新區陸家堰），1931 年 5 月竣工，規模宏偉，內部藏書樓、住宅、學校、醫院等設施俱全，6 月 9、10、11 日舉辦落成典禮，蔣介石在內的政要名流均分送區額，盛極一時。

〔註710〕《首都紀聞》，《申報》，1931 年 6 月 11 日，第七版。

〔註711〕《杜祠落成禮最後一日盛況：不亞於前昨二日》，《申報》，1931 年 6 月 12 日，第十五版。

〔註712〕 "MISS Soumi Cheng, former president of the Shanghai District Court", *The North-China Daily News (1864~1951)*, July 6, 1931, p.8.《美使返平，鄭毓秀同來》，《大公報（天津版）》，1931 年 6 月 30 日，第四版。《北平要訊》，《申報》，1931 年 6 月 30 日，第八版。濟：《晶聞》，《北京畫報》，1931 年 7 月 9 日，第 4 卷第 194 期，第 1 頁。《前日抵平之名法律家鄭毓秀女士演說時之姿勢》，《天津商報畫刊》，1931 年 7 月 1 日，第 2 卷第 36 期，第 1 頁。

〔註713〕《鄭毓秀律師受任厚生紗廠全體工友法律顧問通告》，《申報》，1931 年 6 月 30 日、7 月 1 日，分別第七、十版。厚生紗廠失業工友組織救濟團推選代表與資方交涉，並由鄭將其姓名登報公布。見《厚生滋記紗廠工人救濟團為陶

五月至六月間，受聘趙冠慶代理律師，於法租界會審公廨起訴貝潤生等不理怡盛莊墊款。〔註714〕受聘王連（蓮）香代理律師，向法租界會審公廨起訴其姘夫莊純甫重婚。〔註715〕

七月四日，晚由平赴津。〔註716〕

七月上旬，羅步洲向上海律師公會投訴鄭收受公費而怠行職務。〔註717〕

七月十三日，上海律師公會常務委員會致函鄭，就羅步洲控其收受公費、怠行職務事要求答覆。〔註718〕

七月十五日，覆上海律師公會函，就怠行職務事進行分辯，「逕覆者接准：貴會本月十五日來函特為答覆如左。（一）查羅步洲被控反革命嫌疑一案係於民國十八年秋間由李時蕊會員介紹合辦，曾交公費一千元（曾給李會員臨時收據一紙）當與李會員商酌，一切進行手續，撰狀辯護等均由李會員主辦（二）關於該案之處理除曾與李會員一度商酌外，嗣因李會員並未將該案委任狀及辯訴狀送來，而羅步洲本人亦始終未來本所接洽，故於該案辯訴狀上並未署名。（三）關於退還公費一節，李會員曾來函要求當以該案本係李會員介紹復

嘉春律師代表王家駿等啟事之聲明》，《申報》，1931 年 7 月 29 日，第五版。

〔註714〕 《貝潤生被控不理墊款案》，《申報》，1931 年 6 月 10 日，第十五版。趙雨亭（趙冠慶叔父）所開設之怡盛莊（貝潤生為其股東）外債（一百餘萬貨款）難償，為能存續，於 1907 年由虞洽卿、趙雨亭說和，趙潤記（趙雙亭）出面，將該商店推盤（即將商店中全部財產折價讓與他人經營）給趙冠慶，債款先由趙冠慶墊付，繼由原股東逐漸補償。案係趙雨亭身故，貝潤生不償還墊款而起糾紛，一審判決趙敗訴，趙即延鄭提出複審。貝仁元（1872～1947），字潤生，江蘇元和（今蘇州市內）人，清末民國上海著名企業家，金融家，為建築家貝聿銘的叔祖。

〔註715〕 《任振南被控詐欺案之審訊》，《申報》，1931 年 6 月 25 日，第十六版。《莊純甫控任振南詐財案》，《申報》，1931 年 7 月 19 日，第十六版。該案並未見詳情，僅見於莊純甫及其妻莊李氏控代理律師任振南詐欺案中兩造之供詞中，鄭代理王連（蓮）香控莊重婚時，任為莊代理律師，莊二傳不到，三傳到庭後被收押，其妻莊李氏交保後，認為任未盡律師職責勸莊出庭，並於交費處有詐欺行為，而起糾紛。

〔註716〕 《鄭毓秀今晚赴津》，《申報》，1931 年 7 月 5 日，第八版。

〔註717〕 上海律師公會常務委員會：《致鄭毓秀會員函（為函詢羅步洲案進行訴訟情形由）》，《上海律師公會報告書》，1931 年第 29 期，第 165～166 頁。該案前情見 1929 年「十月間」一條及 1930 年「九月四日」、「九月十三日」兩條。

〔註718〕 上海律師公會常務委員會：《致鄭毓秀會員函（為函詢羅步洲案進行訴訟情形由）》，《上海律師公會報告書》，1931 年第 29 期，第 165～166 頁。公會要求鄭答覆三點：是否收受公費；是否履行職務；是否接到羅函退還公費。

由李會員要求返還，誼屬同道絕未稍持異議，即准函，前因相應函覆，查照為荷。此致上海律師公會執行委員會。鄭毓秀啟。」〔註719〕

七月二十日，上海律師公會第八十三次執監委員聯席會議議決派陳則民，劉祖望，陸家鼎就鄭怠行職務事調查詢問羅步洲。〔註720〕

七月二十二日，下午五時，受律師公會陳則民，劉祖望，陸家鼎調查詢問怠行職務一事，回答，「羅步洲請我辦案係李時蕊律師介紹，維時我在霞飛路設事務所，羅步洲僅與李律師同來一次，以後從未來過，我與李律師說明我是不出庭者，我與李律師討論案情，後李律師未將訴狀送來，是以無從蓋章，此案是李律師主辯護，伊不將訴狀送來我如何能向李律師索取委任狀？亦未報過羅步洲之住址，電話均不知道，伊自己不來我何能負責？至去年六月間我因病住洪恩醫院，直至九月間，方能出院，維時我事務所中彭先生將李律師來函告訴我，此二函相隔不多幾日，而事務所中人不能每日來院，故一同拿來，我即謂既是李律師來信，可承認交還，否則我與李律師已討論案情，不得謂無工作。公費應否返還未嘗無問題。彭先生已電告李律師事務所，請其隨時來取可也。乃李律師許久不來，我亦事多，已淡然忘之，直至公會來函後方能想到，殊不解李律師何以如此辦理。至我出於羅步洲之收條繫給予李律師之臨時收據，因羅步洲不來，故未換正式收據也，請轉告公會為核。」〔註721〕

七月二十一日，退還羅步洲前繳律師費一千元。〔註722〕

七月二十三日，上海律師公會第八十四次執監委員聯席會議討論鄭毓秀怠職案所派委員之調查報告，在席各委員多數表決通過將鄭呈報退會兼提付法院懲戒。〔註723〕

〔註719〕《附錄鄭毓秀會員覆函》，《上海律師公會報告書》，1931 年第 29 期，第 166 頁。《鄭毓秀律師收款證》，《上海律師公會報告書》，1931 年第 29 期，第 169 頁。

〔註720〕陳則民，劉祖望，陸家鼎：《二十年七月二十日下午四時因鄭毓秀收受費怠行職務一案就報告人羅步洲處詢問本案情形記述如左》，《上海律師公會報告書》，1931 年第 29 期，第 170～171 頁。《律師公會執監聯會記》，《申報》，1931 年 7 月 20 日，第十版。羅稱其兩次去鄭律所均未見到鄭。

〔註721〕陳則民，劉祖望，陸家鼎：《本月二十二日下午五時因羅步洲報告鄭毓秀律師怠行職務一案就鄭律師處查詢情形記載如左》，《上海律師公會報告書》，1931 年第 29 期，第 171～172 頁。

〔註722〕《上海律師執監會議決三律師退會案》，《申報》，1931 年 7 月 24 日，第十四版。

〔註723〕陸紹宗，譚毅公：《致上海地方法院函（為請將鄭毓秀律師提付懲戒由）》，

七月二十九日，赴西摩路宋子文宅邸弔唁宋太夫人（即宋母倪氏）靈柩。〔註724〕律師公會將其所作鄭毓秀退會決定分呈上海地方法院、上海特區地方法院、江蘇高等法院、江蘇高等法院第二分院及法租界會審公廨進行通告。〔註725〕

七月三十一日，律師公會常務委員會致鄭毓秀函通知其退會決定，並要其上繳公會所頒之證章證書。〔註726〕

是月，續受聘趙冠慶代理律師，向法租界會審公廨提出不服一判，請求複審被允。〔註727〕

八月十八日，晨六時三十分至九時三十分，乘車由西摩路宋子文宅邸至虹橋路萬國公墓為宋母執紼。〔註728〕

八月二十日，晚八時半，赴華懋飯店參加于鳳至酬謝滬上軍政各界熱忱招待之宴會。〔註729〕

八月二十一日，赴西愛咸斯路公館參加宋靄齡舉辦之女界救濟水災工作討論會，決定組織婦女救災委員會並指定國貨銀行為會所。〔註730〕收請柬擬

《上海律師公會報告書》，1931 年第 29 期，第 172～174 頁。《上海律師執監會議決三律師退會案》，《申報》，1931 年 7 月 24 日，第十四版。"CHINA'S PORTIA" DISBARRED, Illegations Against Miss Soumi Cheng, *The North-China Herald and Supreme Court & Consular Gazette (1870-1941)*, August 4, 1931, p.156 鮑西婭是莎士比亞戲劇《威尼斯商人》中的人物，其貴族孤女、法庭善辯與足智多謀的人文主義形象，與鄭在家世、職業、性格等方面相仿，因而鄭稱西方媒體稱作「中國的鮑西婭」。

〔註724〕《宋太夫人靈柩昨晨抵滬》，《申報》，1931 年 7 月 30 日，第十四版。

〔註725〕譚毅公，陸紹宗：《呈各級法院文（為呈報鄭毓秀律師退會由）》，《上海律師公會報告書》，1931 年第 29 期，第 174 頁。

〔註726〕上海律師公會常務委員會：《致鄭毓秀律師函（為通知退會繳銷證章證書由）》，《上海律師公會報告書》，1931 年第 29 期，第 175 頁。

〔註727〕《趙冠慶再訴貝潤生案和結》，1931 年 7 月 27 日，第十一版。後雙方達成和解。前情見 1931 年「五月至六月間」一條。

〔註728〕《宋母殯儀志：執紼親友千數百人，蔣主席哀痛逾恒》，《申報》，1931 年 8 月 19 日，第十三版。

〔註729〕《于鳳至昨晚宴各界》，《申報》，1931 年 8 月 21 日，第十四版。于鳳至為弔宋母喪至滬，借便宴請各界以報前酬，見 1930 年「十一月二十三日」「十一月二十五日」兩條。

〔註730〕《宋藹（靄）齡于鳳至發起婦女救災會》，《大公報（天津版）》，1931 年 8 月 22 日，第三版。《女界組織婦女救災委員會》，《申報》，1931 年 8 月 22 日，第十三版。《救災與防疫》，《大公報（天津版）》，1931 年 8 月 25 日，第三版。"CHINESE women under the leadership of Mme. Chang Hsuehliang and Miss

於二十二日晚八時半赴法租界亞爾培路逸園參加各界答謝于鳳至之宴會。〔註731〕江蘇省高等法院首席檢察官劉思默判定上海律師公會給予鄭退會處分之決定無效，函令該會撤銷處分。〔註732〕

八月二十三日，下午五時，於海格路范園草地設茶會招待于鳳至，並設雜耍、口技等遊藝助興，七時許散會。〔註733〕上海律師公會第八十六次執監聯席會認為江蘇高等法院首席檢察官王思默宣示書失當（即宣示該會前呈之鄭毓秀退會議決案屬無效），並推員起草將呈司法部及最高法院文稿（即呈請撤銷該宣示書），決定在此案未得最後解決以前暫時恢復鄭會籍。〔註734〕

八月二十六日，被上海籌募各省水災急賑會第四次常務會議推舉為該會常務委員兼執行委員。〔註735〕

是月，任私立啟秀女子中小學主席校董並開始登報招生。〔註736〕

是月末，與張群夫人於上海市政府公餘社成立籌募各省水災急賑會婦女組。〔註737〕

夏秋之間，監察委員高友唐據滬民張志平投訴，赴滬調查上海地方法院（原上海地方審判廳）存款受人侵佔一案，該院出納員酆權畏罪逃匿，並致函自白求恕，該案送檢偵查後追索無果。〔註738〕

　　　　Soumi Cheng have started a campaign to raise $1,000,000 for the flood sufferers." *The North-China Daily News (1864~1951)*, August 22, 1931, p.10.

〔註731〕《各界今晚答宴于鳳至》，《申報》，1931 年 8 月 22 日，第十四版。

〔註732〕劉懋初：《江蘇上海地方法院檢察官第四〇號指令》，《上海律師公會報告書》，1932 年第 30 期，第 67～68 頁。王思默：《江蘇高等法院檢察處宣示書》，《上海律師公會報告書》，1932 年第 30 期，68～69 頁。

〔註733〕《鄭毓秀招待于鳳至》，《申報》，1931 年 8 月 24 日，第十四版。及《于鳳至改今晨北上，鄭毓秀前日招待》，《新聞報‧消息‧本埠新聞》，1931 年 8 月 25 日，第四張第十四版。

〔註734〕《律師公會執監聯席會》，《申報》，1931 年 8 月 24 日，第十六版。向司法部呈文由沈鈞儒、單毓華、湯應嵩、俞鍾駱、張飛熊五委員起草。"SOUMI CHENG REINSTATED, Bar Association Decision Cancelled", *The North-China Daily News (1864~1951)*, August 25, 1931, p12 及 "MISS SOUMI CHENG REINSTATED, Bar Association Decision Cancelled", *The North-China Herald and Supreme Court & Consular Gazette (1870-1941)*, September 1, 1931, p.303.

〔註735〕《各省災振昨訊：急賑會昨開重要會議》，《申報》，1931 年 8 月 28 日，第十三版。

〔註736〕《市教育局核准設立私立啟秀女子中小學招生》，《申報》，1931 年 8 月 10、13、16 日，1932 年 1 月 20、23 日。

〔註737〕《急賑會全體執委員議》，《申報》，1931 年 9 月 1 日，第十七版。

〔註738〕《鄭毓秀質問監委高友唐》，《申報》，1933 年 1 月 15 日，第一版。及《楊

　　九月二日，上海律師公會常委會致函各級法院，呈報暫時恢復鄭毓秀會籍。〔註739〕

　　九月六日，第八十七次上海律師公會執監聯席會派員審核將呈司法部及最高法院之文稿（就江蘇高等法院首席檢察官王思默宣示該會所呈鄭毓秀退會議決案無效一事），並推員起草將呈監察院之文稿（彈劾王思默職權違法）。〔註740〕

　　九月九日，下午三時至五時十分，於外灘上海中央銀行參加國民政府救災會全體大會，被通過為該會常務委員。〔註741〕

　　九月十日，下午三時，參加上海籌募各省水災急賑會常務委員會議。〔註742〕

　　九月十二日，下午三時，於逸園參加錢新之、杜月笙、張嘯林等舉辦之賑災茶會並發表意見，五時餘散會。〔註743〕

　　九月十九日，下午四時，與李石曾等於霞飛路一五二四號世界學院歡迎法國音樂家拉鹿阿氏。〔註744〕

肇燠質問監委高友唐》，《申報》，1933年1月15日，第一版。《鄭毓秀對高友唐彈劾案之談話》，《申報》，1933年1月15日，第十二版。1927年侵佔行為發生時，鄭及楊肇燠先後為該院（廳）長，鈕傳椿任書記官長，鄭慧琛任會計主任（詳見1927年諸條）。高友唐（1881～1935），1931年2月任監察院監察委員。關於其出身及名號，就其本人所述，係清漢軍鑲黃旗人，原籍遼寧鐵嶺（《高氏更正函》，《越國春秋》，1933年3月第九期），《申報》稱其原名繼宗（《監察院監委之履歷》，《申報》，1931年2月13日，第九版）。從履歷看，高從湖北自強學堂法文班畢業，清末時曾任學部員外郎，民國後，任《民立報》編輯，與于右任交好，出任監察委員時，以不畏權貴著稱，除鄭楊之外，亦曾彈劾海軍部長陳紹寬、外交部長王正廷及安徽省主席陳調元等（小湘：《關於高友唐》，《越國春秋》，1933年3月第九期）。

〔註739〕譚毅公，李時蕊，陸紹宗：《致各級法院函（為呈報鄭毓秀律師暫准回復會籍由）》，《上海律師公會報告書》，1932年第30期，第70頁。

〔註740〕《律師公會執監聯會記》，《申報》，1931年9月7日，第十版。蔡倪培、陳則民、劉祖望三委員審核呈司法部文，陸家鼎、沈鈞儒二委員起草呈監察院文。

〔註741〕《國府救災會昨開全體大會》，《申報》，1931年9月10日，第十三版。

〔註742〕《各省水災急振會開會記：常務委員會議》，《申報》，1931年9月11日，第十三版。

〔註743〕《水災急振會昨日議決發行慈善香檳》，《申報》，1931年9月13日，第十八版。

〔註744〕《世界學院歡迎法國音樂家》，《申報》，1931年9月20日，第二十版。

九月三十日，上海市婦女救濟會第二次理監聯席會議決，擬敦請鄭於十月四日下午舉行之婦女抗日救國大會中進行演講。〔註745〕

是月，受聘上海全市運動會名譽指導之一。〔註746〕

十月一日，被上海市婦女救國大同盟會推選為內務部委員之一。〔註747〕

十月上旬，以體弱多病、急需休養為由向上海法政學院校董會請辭院長職。〔註748〕

十月八日，上海法政學院學生全體大會議決派學生代表面謁鄭毓秀，並呈請校董會加以慰留。〔註749〕

十月十一日，第八十八次上海律師公會執監聯席會議決，將鄭毓秀違背《律師章程》案、彈劾王思默及請求解釋文稿案交常務委員會核准呈發。〔註750〕

十月二十二日，公告受聘明星影片公司常年法律顧問。〔註751〕

十一月八日，公告受聘陳省三常年法律顧問。〔註752〕

十一月九日，代表明星影片公司公告其享有《啼笑因緣》電影完全之攝製公映權，駁斥顧無為聲稱享有劇本著作權之說法。〔註753〕

〔註745〕　《各界抗日工作：全市婦女定期大會》，《申報》，1931 年 10 月 1 日，第十三版。

〔註746〕　《重要職員一覽》，《申報》，1931 年 9 月 12 日，第十二版。

〔註747〕　《昨日婦女界成立救國大同盟》，《申報》，1931 年 10 月 2 日，第十三版。

〔註748〕　"MISS Soumi Cheng has tendered her resignation as president of the Shanghai College of Law and Politics but has been requested by the student body to remain", *The North-China Daily News (1864~1951)*, October 12, 1931, p.8 及《鄭毓秀辭法政學院長，全體學生一致挽留》，《申報》，1931 年 10 月 9 日，第十一版。

〔註749〕　《鄭毓秀辭法政學院長，全體學生一致挽留》，《申報》，1931 年 10 月 9 日，第十一版。

〔註750〕　《律師公會聯席會議》，《申報》，1931 年 10 月 12 日，第十四版。

〔註751〕　《鄭毓秀律師受任明星影片公司常年法律顧問通告》，《申報》，1931 年 10 月 22 日，第五版。

〔註752〕　《鄭毓秀律師受任陳省三君常年法律顧問通告》，《申報》，1931 年 11 月 8、9 日，分別第五、二版。

〔註753〕　《明星影片有限公司預告》，《申報》，1931 年 11 月 9 日，第一版。《啼笑因緣》為張恨水所著小說，由明星影片公司於 1930 年 9 月 9、14 日分別從張恨水及三友書社處購得電影攝製公映權並付拍攝，1931 年 10 月 28 日由內政部發給明星公司執照。此間，顧無為將原著刪節，以《著作權法》第十九條「就他人之著作闡發新理」為由於內政部注領「啼笑因緣」劇目執照，遂起糾紛。明星影片公司、三友書社及張恨水三方聯合聲明，認為顧執照為非法注領，侵犯著作權且損害其名譽等。該片於 1932 年公映前，顧仍多加

十一月二十八日，得知送展比利時獨立百年紀念博覽會之展品獲「優等獎」。〔註754〕

是月，涉上海法政學院權屬及償債案。〔註755〕

十二月八日，接上海電報局轉國民政府特別外交委員會急電，擬晚由滬赴寧。〔註756〕

十二月十三日，接蔡元培電要求勸止學生入寧請願遊行。〔註757〕

十二月十六日，下午於八仙橋中國青年會參加茶話會，討論籌辦各大學教職員聯合會，以「聯絡感情、研究學術、挽救國難」。〔註758〕

十二月二十一日，律所由馬斯南路八十八號遷址至霞飛路呂班路口二百六十一號大廈三樓四十五號房間。〔註759〕

十二月下旬，參加何香凝主辦之救濟國難書畫展覽會籌募，負責認銷券資一千五百元。〔註760〕

十月至十二月間，參與籌募各省水災急賑，認募中國賽馬會賽跑門票五百張以資賑災。並招募八人共捐資一千三百七十五元。〔註761〕

阻礙。見《章士釗律師代表明星影片公司為啼笑因緣緊要啟事》，《申報》，1932年7月1日，第二版。

〔註754〕《比博會獎憑昨在市商會頒發》，《申報》，1931年11月29日，第十四版。前情見1930年「是年」一條腳注。

〔註755〕《徐謙致上海法政學院院董會函》，《申報》，1931年11月16日，第十三版。徐謙於1924年創辦上海法政大學（《學府專訪：上海法政學院》，《申報》，1948年7月22日，第七版），1926年秋以校產向昌生營造場抵押，籌款建成該校，1927年7月始該校由新校董會接管（詳情見1927年「八月十五日」一條腳注），1928年該校曾與徐謙妻沈儀彬涉校產所有權糾紛（詳情見1928年「一月至三月間」一條腳注），1931年11月原定還款期限已到，徐即函請校董會償債。

〔註756〕《本埠新聞：特外委會電請各界領袖赴京》，《申報》，1931年12月9日，第九版。1931年「九一八」事變發生後，國民黨中央消極抗日，激起學生運動，由平、津、滬等地趕赴南京請願示威。此電即國民黨中央為阻止上海各校學生赴南京請願抗日而開之緊急會議。

〔註757〕《各大學第一批示威團昨晉京，先出發五百餘人，乘普通客車赴京，秩序精神均整齊》，《申報》，1931年12月15日，第十三版。因群情激憤，勸止並無效果，1931年12月14日，上海各校第一批學生出發赴寧請願。

〔註758〕《各大學教職員聯會開茶話會》，《申報》，1931年12月16日，第十版。

〔註759〕《崇義法律事務所：李辛陽、鄭毓秀、朱文黼、王德懿、杜靈俊律師遷移啟事》，《申報》，1931年12月23～25日，分別第一、五、五版。

〔註760〕《何香凝書畫會之進行》，《申報》，1931年12月20日，第二十版。

〔註761〕《上海籌募各省水災急賑會鳴謝》，《申報》，1931年10月5日，第二版。

　　下半年，鄭毓秀與李辛陽、朱文黼、王德懿、杜靈俊合辦崇義法律事務所，原鄭毓秀律師事務所併入。〔註762〕其名被收入樊蔭南編纂之《當代中國名人錄》並加以簡介。〔註763〕資助沈佩貞在上海楊樹浦寧國路聖心醫院醫治。〔註764〕

　　是年，受聘徐陳氏代理律師，向法租界會審公廨起訴與其夫大馬路泰昌祥洋貨店主浦東人徐慶雲離婚，經雙方和解，於鄭住宅海格路范園訂立合同，有「以後對徐之財產永遠不主張分析」一條。徐、陳之長女徐大新並不知情，而發現該合同後有其簽名，即函其父反對，並在上海第一特區法院自訴鄭毓秀律師背信。〔註765〕

及《上海籌募各省水災急賑會慈善大香檳票發起人認銷數目如下》，《申報》，1931年10月13日，第二版。《上海籌募各省水災急賑會為傅筱庵先生暨德配朱夫人花甲雙慶敬告傅府諸新友移儀助賑》，1931年12月31日、1932年1月1日，分別第六、十版。《上海籌募各省水災急振會經收賑款第十九次報告》，《申報》，1931年11月11日，第二版。《上海籌募各省水災急賑會為屈文六先生封翁子建先生設奠，敬告屈府諸親友移賻助振啟事》，《申報》，1932年1月26日，第五版。

〔註762〕《崇義法律事務所：李辛陽、鄭毓秀、朱文黼、王德懿、杜靈俊律師遷移啟事》，《申報》，1931年12月23～25日，分別第一、五、五版。撤銷原事務所之原因，疑與鄭因怠行職務案被上海律師公會退會並提付懲戒一事有關。見1931年「七月」諸條。

〔註763〕樊蔭南：《當代中國名人錄》，上海良友圖書印刷公司，1931年版，第413頁。及《當代中國名人錄》，《申報》，1931年9月18日，第二版。《上海北四川路良友圖書印刷公司：最新出版當代中國名人錄》，《大公報（天津版）》，1931年10月3日，第十一版。

〔註764〕榮：《小消息》，《申報》，1932年1月12日，第十一版。沈佩貞（？～1932），女權活動家，早年加入中國同盟會，武昌起義後參加上海女子北伐隊，後加入女子參政同盟會，1912年發起成立中國婦女生計會，1913年3月發起成立女子救國社等。由於其性格暴躁，樹敵頗多，與《亞東新聞》、《國民公報》均有齟齬，1913年後出任袁世凱總統府顧問、綏遠將軍府高級參議等，與評日下，再加1915年與《神州日報》負責人汪彭年、前參議員郭同產生衝突，於汪宅打砸傷人，以致聲名狼藉，故其因病入院後，無人照拂，醫費及生活費均須人資助，死後亦無人出資裝殮。關於其生平，可參照黃湘金：《「英雄」的陷落——關於沈佩貞的歷史與文學形象考察》，《中國現代文學研究叢刊》，2011年5月15日，第102～114頁。及范瑩：《政治、輿論與性別——性別理論視野下的沈佩貞》，中國政法大學碩士論文，2015年4月1日。值得注意的是，二文均止於1919年其到江西婦女生計分會組織工作，未交代其去世時間，此可由該《申報》所載加以補足。

〔註765〕《徐慶雲女訴契約無效案候傳人證》，《申報》，1936年5月26日，第十二版。《徐慶雲女訴確認契約無效案續審：須續傳人證再訊》，《申報》，1936年

1932 年，民國二十一年，壬申，四十一歲

一月間，於北平療養，住北京飯店交際往來，並有傳聞稱擬在平買房。
〔註 766〕

一月六日，晚受于鳳至邀請於北平順承王府參加宴會。〔註 767〕

一月八日，始有《攝影畫報》廣告，稱購該刊贈人者可憑廣告剪報獲送
鄭題《閨秀集錦》一冊。〔註 768〕

一月二十三日，公告受聘徐馬氏常年法律顧問。〔註 769〕

（一月二十八日至三月三日，日本挑起淞滬抗戰。）

一月三十一日，晚六時半，與蔣介石等南京國民政府官員乘專列抵徐州。
〔註 770〕

二月二十五日，應國難戰士救護會發起人陳銘樞夫人之請，借上海法政
學院作臨時傷兵醫院，遇留校學生阻攔後「頗為不滿」，驅車赴校向其慷慨演
說，「際此暴日犯境，國家生死存亡之秋，我十九路軍忠勇，全體將士一致效
忠前方，奮勇殺敵，為國增榮，吾人若抱利己觀念，不肯犧牲，國亡何待？」
陳夫人等面謝鄭之熱忱。〔註 771〕

---

6 月 5 日，第十四版。《徐慶雲女訴請確認契約無效案訊結：後日上午宣判》，
《申報》，1936 年 6 月 9 日，第十二版。《徐慶雲之遺產訟：原告當庭對筆
跡，金李兩律師證言不同，辯官諭辯論終結候宣判》，《大公報（上海版）》，
1936 年 6 月 9 日，第十四版。此案因 1932 年上海「一二八」事變及鄭因「鄭
楊案」被通緝避逃海外等事擱置，1936 年，徐大新改訴該合同無效，及至
1936 年 6 月方得宣判。

〔註 766〕云：《曲線新聞》，《北洋畫報》，1932 年 1 月 26 日，第 15 卷第 733 期，第
2 頁。"MISS Soumi Cheng, former president of the Shanghai District Court", *The
North-China Daily News (1864~1951)*, January 6, 1932, p.12.

〔註 767〕《于鳳至招宴鄭毓秀》，《申報》，1932 年 1 月 7 日，第十三版。

〔註 768〕《攝影畫報新年號今日出》，《申報》，1932 年 1 月 8 日，第十五版。及《攝
影畫報是最時髦的刊物》，《申報》，1932 年 8 月 18 日，第十五版。

〔註 769〕《崇義法律事務所鄭毓秀律師受任徐馬氏常年法律顧問通告》，《申報》，1932
年 1 月 23、24 日，分別第七、五版。

〔註 770〕《國府領袖昨晚抵開封，滬英美領事斡旋停戰，英美對日為滬事抗議，林汪
蔣等先後西上，汪過徐談移洛為謀長久防衛，將在鄭州辦公暫不赴洛》，《大
公報（天津版）》，1932 年 2 月 1 日，第三版。及《國府要人專車過徐西上，
汪電粵請增援助餉》，《申報》，1932 年 2 月 1 日，第一版。

〔註 771〕《鄭毓秀藉校辦醫院》，《申報》，1932 年 2 月 26 日，第五版。《鄭毓秀熱心
教育》，《新聞報》，1932 年 2 月 29 日，第二張第六版。此為支持一·二八
淞滬抗戰之事。

二月末，被公舉為上海婦女救護傷兵第一醫院理事之一。〔註772〕

三月十六日，下午五時，於西愛咸斯路孔公館參加宋靄齡、張樂怡招請國際聯盟調查團之茶話會，七時許散。〔註773〕

三月二十一日，下午八時，於西愛咸斯路孔公館參加孔祥熙舉辦之歡迎國聯調查團及秘書長等之晚宴，十一時許散。〔註774〕

四月一日，被衛國陣亡將士遺族撫育會選舉為該會監察委員之一。〔註775〕

四月十一日，上午九時，與魏道明、宋靄齡等乘意大利皇后號由滬啟程赴歐美各國，為反抗日本侵略開展國際宣傳工作。〔註776〕

六月二十八日，代理某遷讓上訴案被上海第二特區地方法院二審駁回上訴請求。〔註777〕

七月三十一日，下午一時，同魏道明乘意大利郵船返滬，船泊於招商局北棧，與歡迎者握手為禮，與記者談，「余此次留歐期間，大多注意報界，一以觀察世界輿論，對日本在華暴行事件之情形，二余因擬有辦報計劃，詳細考查，以資借鏡。歐人現對於日本之暴行，大都明瞭，要皆以不守條約與違反人道評之，惟最初報紙之言論，則不盡然，頗足令人誤解。此固由於日方之宣傳所致，亦我國之太少聯絡，雖真象所在，不畏訛傳埋滅，然一時誤會，影響亦甚大。又歐美報紙，對於各本國在國際間之利害關係問題，頗善自運用，而成為外交之利器。關於此點，似以英國為最見長。余擬辦之報，已著手

〔註772〕　《婦女救護傷兵醫院》，《申報》，1932 年 3 月 1 日，第五版。該院由宋美齡、宋靄齡等發起，為對日戰爭後方救治傷兵所設。

〔註773〕　《調查團在滬之酬酢，萊頓不談黑暗但言光明》，《大公報（天津版）》，1932 年 3 月 17 日，第三版。及《兩夫人之茶會》，《申報》，1932 年 3 月 17 日，第一版。「九一八」事變後，應國民政府請求，國聯於 1932 年 1 月 21 日正式成立調查團（李頓調查團），赴中國調查日本侵略問題及中國一般形勢，於一定程度上揭露了日本侵佔中國東北三省的真相，但不能制止其侵略，同時宣告了以國聯鉗制日本侵略，實行不抵抗政策的失敗。

〔註774〕　《孔祥熙歡宴國聯調查團》，《申報》，1932 年 3 月 22 日，第一版。

〔註775〕　《衛國陣亡將士遺族撫育會昨開選舉大會》，《申報》，1932 年 4 月 2 日，第一版。

〔註776〕　《魏鄭赴法，下月初同行》，《大公報（天津版）》，1932 年 3 月 25 日，第三版。《鄭毓秀今日放洋》，《申報》，1932 年 4 月 11 日，第七版。及《鄭魏相攜出洋，宋靄齡同行》，《大公報（天津版）》，1932 年 4 月 12 日，第三版。《魏道明鄭毓秀等放洋》，《申報》，1932 年 4 月 12 日，第四版。

〔註777〕　《上海第二特區地方法院：民事判決》，《申報》，1932 年 6 月 28 日，第十八版。該案缺乏詳情，此時鄭尚在國外，疑或委託他律師代辦。

組織，訂購印機，建築館址，大約數月內可以出版。余並希望聯絡各同業，以為國家利害關係問題，在國際政策上之運用，而同時以全國同業之組合，聯絡世界報界，而謀在外宣傳之改善」。〔註 778〕

八月一日，於私邸晤王寵惠夫人、楊肇熉夫人，並合影留念。〔註 779〕

八月二日，下午七時，於福開森路三九三號參加世界社同人舉辦之洗塵宴，十時後散。〔註 780〕

八月四日，晚七時，與魏道明於福開森路李石曾私邸參加其舉辦之宴會。〔註 781〕

八月五日，上午十時許，送李石曾乘船赴英。〔註 782〕

八月十三日，赴杭州遊覽西湖，寓西泠飯店。〔註 783〕

八月二十二日，從莫干山返滬，並即動身赴寧。〔註 784〕

九月十四日，參與署名反對新定之《大學組織法》第四、第五條呈文被呈交教育部。〔註 785〕

〔註 778〕《鄭魏返國，後日可到滬》，《大公報（天津版）》，1932 年 7 月 29 日，第三版。《魏道明鄭毓秀返國》，《新聞報．消息》，1932 年 7 月 29 日，第三張第十一版。《鄭毓秀魏道明昨午歸國》，《申報》，1932 年 8 月 1 日，第十四版。《鄭毓秀魏道明昨午歸國》，《新聞報．消息》，1932 年 8 月 1 日，第四張第十三版。《鄭魏抵滬，鄭毓秀將辦報》，《大公報（天津版）》，1932 年 8 月 1 日，第三版。"MISS Soumi Cheng, the Chinese lady jurst", *The North-China Daily News (1864~1951)*, August 9, 1932, p.6 及"MISS Soumi Cheng, the Chinese lady jurist", *The North-China Herald and Supreme Court & Consular Gazette (1870-1941)*, August 10, 1932, p.239 關於辦報一事，鄭未及完成即涉高友唐彈劾案中，旋赴法避審，國內一應事務均告停滯。

〔註 779〕李尊庸：《八月一日鄭毓秀博士自法返滬後與王楊兩夫人在其宅中留影》，《時代》，1932 年第 3 卷第 1 期，第 8 頁。

〔註 780〕《世界社同人為鄭毓秀等洗塵》，《新聞報．消息》，1932 年 8 月 4 日。《政商界為鄭博士王夫人洗塵》，《申報》，1932 年 8 月 4 日，第十四版。

〔註 781〕《李石曾昨晨返滬，上午訪宋談北方財政，晚宴鄭毓秀魏道明等》，《申報》，1932 年 8 月 5 日，第十三版。

〔註 782〕《本埠新聞：李石曾昨放洋》，《申報》，1932 年 8 月 6 日，第十三版。《李石曾夫婦昨赴英，鄭毓秀等蒞碼頭歡送》，《新聞報．消息》，1932 年 8 月 6 日，第四張。

〔註 783〕《鄭毓秀遊西湖》，《大公報（天津版）》，1932 年 8 月 14 日，第三版。

〔註 784〕"MISS Soumi Cheng returned to Shanghai from Mokanshan yesterday and left at once for Nanking", *The North-China Daily News (1864~1951)*, August 23, 1932, p.10.

〔註 785〕《修改大學組織法：全國二十一大學校長之主張》，《大公報（天津版）》，1932 年 9 月 15 日，第四版。該法第四條規定學校名稱僅列文、理、法、教育、

　　九月十五日，被中華全國道路建設協會第十二週年紀念徵求大會錄為東山隊隊長。〔註786〕

　　九月十九日，上午十時，於上海法政學院大禮堂參加學院開學典禮，以努力學問、讀書救國等語相勉，並報告此次由歐洲回國搜羅世界政法名著以充實本院圖書館，對學院前途均有計劃，「希望教職員與同學等，戮力同心，共圖發展」。〔註787〕

　　八月至九月間，監察委員高友唐向南京國民政府監察院密交呈文，彈劾前上海特區法院院長楊肇熉、前上海地方審判廳廳長鄭毓秀、書記官長鈕傳椿、會計主任鄭慧琛等違法侵佔案（以下簡稱「鄭楊案」）〔註788〕，監察院長于右任即令田炯錦、劉成禺、周覺三委員進行審查，報告書稱證據確鑿當付懲戒。〔註789〕

農、工、商、醫八種，校長聯名書認為其限制過大；該法第五條規定不具備三學院者，為獨立學院，使得公私立單科大學改稱學院（上海法政大學即改為上海法政學院，見1930年「一月五日」一條），校長聯名書認為如此易使民眾誤認為獨立學院為專科學校，影響招生及就業。

〔註786〕《道路會徵求隊長題名錄》，《申報》，1932年9月15日，第十五版。

〔註787〕《上海法政學院開學誌盛》，《申報》，1932年9月21日，第十版。

〔註788〕《委員高友唐彈劾文》，《監察院公報》，1932年第16期，第一五四至一五九頁。該文從三處彈劾鄭、楊等，一為鄭任內重複支出當事人案款二十二起，共計二萬二千五百零二元一角四分四釐，是為舞弊；二為鄭楊不能提供與銀行進行司法收支往來之交代冊，是為湮滅證據；三為鄭楊私吞該院存款之利息，是為侵佔，故以《中華民國刑法》（即1928年「舊刑法」）一百七十五條「湮滅證據罪」及三百五十七條「侵佔罪」彈劾二人，全文詳見附錄七。「鄭楊案」最初發端於1931年（見1931年「夏秋之間」一條），以出納酆權逃匿而暫止，1932年8、9月間，高呈監察院彈劾文及付懲委會均屬秘密進行，而真正為公眾所知是以1933年1月13日《申報》披露該彈劾文開始（《高友唐彈劾鄭毓秀文》，《申報》，1933年1月13日，第八版），故之前研究有以1933年1月為高彈劾鄭之起點（趙晨欣：《鄭毓秀的傳奇一生》，華中師範大學碩士論文，2016年，第41頁）不當，應以1931年始，此校正。另有報稱「私用公款達數千萬元」，「為我國司法界破天荒之空前大舞弊案」等（見《鄭毓秀舞弊案》，《大公報（天津版）》，1933年3月4日，第六版），查彈劾文及江寧地方法院檢察處公訴書等，並無「千萬」之數，為不實報導，此校。

〔註789〕《委員田炯錦、劉成禺、周覺審查報告書》，《監察院公報》，1932年第16期，第一五九頁。該審查書下附「十一月四日」，據監察院文，將「鄭楊案」提付中央公務員懲戒委員會時間為1932年9月19日，而審查書列入其中，當為9月19日之前即完成，故該調查報告時間疑誤錄。見1932年「九月十九日」一條腳注。

　　九月十九日，監察院將「鄭楊案」原彈劾文一件、原審查報告一件及物證交代冊三本，移送南京國民政府中央公務員懲戒委員會。〔註790〕

　　九月至十月上旬，為道路會徵募資金五百元。〔註791〕

　　十一月初，以募捐委員身份為上海廣肇中學建築校舍募捐。〔註792〕

　　十一月四日晚，與魏道明赴滬。〔註793〕

　　十一月十八日，赴上海黃氏別墅參觀新落成之四教廳。〔註794〕

　　十一月二十五日，被遼吉黑熱義勇軍後援會推為籌備委員之一。〔註795〕

　　十一月二十七日，下午二時，於上海南京路女青年會主持中華婦女救濟東北同胞協會發起人談話會，被推選為籌備委員之一。〔註796〕

　　十二月四日，下午五時，於寓所承辦中華婦女救濟東北同胞協會籌備執委會，討論成立大會及勸募辦法。〔註797〕

　　十二月七日，於海格路范園招待北平南來之男女名伶，並合影。〔註798〕

　　十二月八日，下午三時，於慕爾堂參加中華婦女救濟東北同胞協會成立大會。〔註799〕

〔註790〕《彈劾案：提劾前上海特區法院院長楊肇熉前上海地方審判廳廳長鄭毓秀書記官鈕傳椿會計主任鄭慧琛等違法侵佔案：本院移付中央公務員懲戒委員會文（第十九號，二十一年九月十九日）》，《監察院公報》，1932年第16期，第一五三、一五四頁。

〔註791〕《道路會徵求第二次揭曉》，《申報》，1932年10月12日，第十五版。

〔註792〕《上海廣肇中學建築校舍募捐委員會啟事》，《申報》，1932年11月6、8日，分均第五版。

〔註793〕《簡報》，《大公報（天津版）》，1932年11月5日，第三版。

〔註794〕《黃氏別墅昨日盛況》，《申報》，1932年11月19日，第十五版。黃氏別墅，即上海黃家花園（今桂林公園），為黃金榮私邸，始建於1929年，1932年方告竣工，斥資達350萬銀元，落成時蔣介石等國民黨要員紛紛題區，盛極一時。

〔註795〕《遼吉黑熱義勇軍後援會昨成立》，《申報》，1932年11月26日，第十三版。

〔註796〕《中華婦女救濟東北同胞協會昨開發起人談話會》，《申報》，1932年11月28日，第十版。

〔註797〕《婦女救濟東北協會定期舉行成立大會》，《申報》，1932年12月5日，第八版。

〔註798〕《鄭毓秀博士歡宴名伶》，《新聞報·消息》，1932年12月7日，第三張第十版。《鄭毓秀博士歡宴北平南來各名伶於范園》，《時代》，1933年第3卷第9期，第31頁。孟小冬、雪豔琴、馬連良、譚小培及高慶奎等均在其列。

〔註799〕《中華婦女救濟東北同胞協會昨開成立大會》，《申報》，1932年12月9日，第十版。

十二月十一日，中午於大東酒樓參加修葺上海縣新治北橋鎮明心寺古鐘樓討論會，參與募捐資金。〔註800〕

十二月間，參與發起捐資捐物以救濟東北抗日。〔註801〕

十二月二十八日，律所由霞飛路四五三號遷新址至漢口路六十六號（上海綢業銀行大廈）三樓。〔註802〕

是年，任上海女子理髮傳習所董事長。〔註803〕

1933年，民國二十二年，癸酉，四十二歲

一月三日，下午三時，於上海參加孫科發起之中山文化教育館籌備會，為該館發起人之一。〔註804〕

一月十三日，《申報》刊《高友唐彈劾鄭毓秀文》，公開披露「鄭楊案」。〔註805〕

一月十五日，與楊肇熉於《申報》頭版頭條及《大公報（天津版）》、《新聞報》登文，質問高友唐彈劾事。〔註806〕並發表談話稱，「高友唐彈劾毓秀

<hr>

〔註800〕《會議修葺北橋鎮古鐘樓，推定保管及工務委員》，《申報》，1932年12月12日，第十二版。

〔註801〕《中華婦女救濟東北同胞協會為飢寒交迫浴血冰天的東北同胞請命》，《申報》，1932年12月25、26、27日，分別第六、四、五版。鄭為該會捐贈象牙金質等名貴雕刻、銀塔銀瓶、名貴畫片及外國化妝品等多種助賑，見《婦女救濟東北同胞會定下月初舉行茶舞會》，《申報》，1933年1月24日，第十一版。

〔註802〕《崇義法律事務所鄭毓秀律師、王德懿律師、李辛陽律師、杜靈俊律師遷移啟事》，《申報》，1932年12月30、31日、1933年1月1日，分別第五、五、十版。《崇義法律事務所鄭毓秀律師、王德懿律師、李辛陽律師、杜靈俊律師遷移啟事》，《新聞報》，1933年1月1日。

〔註803〕《上海市教育局備案上海女子理髮傳習所招考免費生》，《申報》，1932年9月9日，第五版。

〔註804〕《中山文化教育館》，《申報》，1933年1月7日，第十五版。及《中山文化教育館發起人已三百》，《申報》，1933年2月19日，第十九版。

〔註805〕《高友唐彈劾鄭毓秀文》，《申報》，1933年1月13日，第八版。《高友唐彈劾楊肇勳、鄭毓秀狼狽為奸、貪污不法》，1933年1月13日，第2版。《監委劾鄭毓秀》，《民國日報（廣州版）》，1933年年1月14日，第一張第三版。《社評：鄭楊彈劾案》，《中央日報》，1933年1月14日，第一張第二版。該文詳見附錄七，前情詳見1932年「八月至九月間」一條。

〔註806〕逸輯：《鄭毓秀楊肇熉彈劾案》，《循環》，1933年第3卷第3期，第14頁。《鄭毓秀質問監委高友唐》，《申報》，1933年1月15日，第一版。《楊肇熉質問監委高友唐》，《申報》，1933年1月15日，第一版。及《鄭毓秀質問高友唐：監委不能彈劾非公務員》，《大公報（天津版）》，1933年1月16日，

案之重要事件，為上海地方審判廳存款被侵佔一案。查此案係民國十六年間事，當余任該廳廳長時，管理出納者為職員酆權，不料該員蓄意侵佔，將余之前任於十五年間所支付之款重複支出，余此時雖為長官，然對帳目之核閱，決不能一一調閱前任帳簿，逐宗核對，此匪惟余不能做到，恐任何機關長官，亦不能做到，故該侵佔事件未能發見，即後兩任之移轉，亦未能發覺，迨至二十年間，澈查帳目時，該院書記官酆權，心虛畏罪，事前潛逃，並函院自白求恕，當經院方移送檢察處偵查，依法進行刑訴在案，乃高友唐調查該案，不將全案查清，直至年餘之久，僅就前半段侵佔事實，強毓秀為主體，而於後半段之應負責任，一字不提。若謂職員違犯刑章，長官亦須同負其刑事責任，法律上斷無此理。今高友唐故為斷章取義，以期誣陷，苟非疏忽，必別有用心在焉。且對於不屬於彈劾範圍之非公務員之律師職務，亦特為捏詞污衊，毫無事實之佐證，又不俟依法解決後，竟先散發各報，以達其損害他人信譽之目的，身為監委，行動如斯，殊堪浩歎！所有詳情，已載於本日毓秀質問高友唐文中」。〔註807〕

　　一月十八日，中央公務員懲戒委員會稱擬於一月二十一日開會審議「鄭楊案」。〔註808〕

　　一月三十一日，高友唐受南京《中央日報》記者採訪，就鄭楊登報質問彈劾一事進行回應。〔註809〕

第三版。《鄭毓秀質問監委高友唐》，《新聞報》，1933年1月15日。《鄭毓秀質問高友唐，指為巧詞誣衊，在滬登報聲辯》，《益世報》，1933年1月19日，第三版。鄭從兩點反駁：一，該侵佔案犯罪主體應為該院出納酆權，而非鄭本人；二，監察委員無權彈劾律師（非公務員），且稱鄭操縱司法，任意妄為之事毫無根據，全文詳見附錄八。楊列六點質問：一，高無實據而出污損名譽之言；二，前上海地方審判廳職員行侵佔犯罪時，楊正任吳縣法院院長，於空間上不可能包庇隱瞞；三，鄭楊任時未設與銀行往來簿，本無何談湮滅；四，法院沒有為司法收入利息另立戶頭之規定，收入利息按行政習慣併入下任之存款，不存在利息複利收入之談；五，彼時鄭慧琛雖為會計主任，但尚未成為楊之繼妻，且彈劾文中「重婚妻」之表述顯誤，楊無重婚之罪行；六，彈劾文用詞失當，多有捏造揣測之處，高動機不純。

〔註807〕《鄭毓秀對高友唐彈劾案之談話》，《申報》，1933年1月15日，第十二版。

〔註808〕《公務員委會注意高友唐懲劾鄭案》，《申報》，1933年1月19日，第七版。

〔註809〕《監委高友唐談彈劾鄭毓秀案，貪賊枉法，證據確鑿豈容狡賴》，《中央日報》，1933年2月1日，第2張第2版。《貪污史料：二、鄭毓秀貪贓案續志》，《旁觀》，1933年2月11日，第10期，第26、27頁。高所稱「王某魏某」即與鄭關係交好之王寵惠、魏道明，「羅部長」即羅文幹。

二月初，受「鄭楊案」影響，避逃離滬。〔註810〕原定負責舉辦之救濟東北難民茶舞大會也未參加。〔註811〕

二月十七日，中央公務員懲戒委員會對「鄭楊案」審查完畢，並交大會通過。〔註812〕

二月二十日，中央公務員懲戒委員會決定將「鄭楊案」全部案卷送交法院，先定刑事部分之罪，再由該會懲戒行政部分之罪，並在懲戒之前予以申述機會。〔註813〕

〔註810〕 鄭避逃海外之時間路線，無準確記載，報載共三種說法：其一，「由港赴法說」，即 2 月 7 日由新關碼頭乘英輪拉爾德羅號赴港，2 月 10 日抵港，請求胡漢民幫助無果（一說為組織大滬銀行事），9 月 14 日由港秘密赴歐（《婦女消息：鄭毓秀赴港》，《女聲（上海 1932）》，1933 年第 1 卷 10 期，第 19、20 頁。《鄭毓秀昨抵香港》，《申報》，1933 年 2 月 11 日，第九版。梅：《黨政文化秘聞：鄭毓秀之行蹤》，《社會新聞》，1933 年 2 月 28 日，第 2 卷 20 期，第 275、276 頁。《貪污史料：一、鄭博士貪污有據》，《旁觀》，1933 年 3 月 10 日，第 13 期，第 31 頁。瑤草：《鄭毓秀鴻飛海外》，《大亞畫報》，1933 年 8 月 17 日，第 394 期，第 2 頁。《鄭毓秀定期赴歐》，《大公報（天津版）》，1933 年 9 月 11 日，第三版。及《鄭魏赴法：今日離港》，《大公報（天津版）》，1933 年 9 月 14 日，第三版。《鄭毓秀秘密赴歐》，《申報》，1933 年 9 月 16 日，第十二版。《中外婦女近事：鄭毓秀赴港》，《婦人畫報》，1933 年第 1 期，第 20 頁。《黨政文化秘聞：鄭毓秀真真出洋》，《社會新聞》，1933 年 9 月 24 日，第 4 卷 28 期，第 436 頁。）；其二，「赴熱帶說」，出自鄭致上海法政學院辭職函（據傳為抵菲律賓時致電）中所稱，二月便起程赴馬尼拉養病，（《上海法政學院院長鄭毓秀因病辭職，張忠道被推為代理院長》，《申報》，1933 年 3 月 10 日，第十四版。大白：《鄭毓秀青春難獨守》，《北洋畫報》，1933 年第 947 期，第 2 頁。及《時事：上海法政學院院長鄭毓秀因病辭職》，《女鐸》，1933 年第 21 卷第 12 期，第 80 頁。磊磊：《名人軼事之六：鄭毓秀倒貼魏道明》，《戲世界（上海）》，1944 年 3 月 24 日，第 4034 期，第 1 頁）；其三，「先赴熱帶後返香港說」，即先逃菲律賓發自述文（該文見大白：《鄭毓秀青春難獨守》，《北洋畫報》，1933 年第 947 期，第 2 頁），後至香港（實：《快刀：鄭毓秀努力新國民黨之復興運動》，《中國革命》，1933 年 11 月 25 日，第 2 卷 18 期，第 31～32 頁）。此外，有稱鄭於 4 月 9 日抵北平者（《鄭毓秀到平》，《大公報（天津版）》，1933 年 4 月 10 日，第四版），因時鄭被江寧地方法院票傳不到，已被通緝，故顯係誤報，此校。

〔註811〕 《救濟東北難民茶舞大會》，《申報》，1933 年 1 月 30、31 日，2 月 1、8、9、10 日，分別第八、十、五、十、十、七版。

〔註812〕 《監察院彈劾鄭楊案，經懲委會審查完竣》，《申報》，1933 年 2 月 19 日，第九版。

〔註813〕 《彈劾鄭毓秀案：決先移送法院審理》，《大公報（天津版）》，1933 年 2 月 21 日，第三版。《鄭楊彈劾案：全案送交法院，對刑事部分先予審理》，《申

　　二月二十二日，經司法院長居正同意，中央公務員懲戒委員會將「鄭楊案」交由最高法院檢察處。〔註814〕

　　二月二十三日，最高法院檢察長鄭烈決定，將「鄭楊案」關係人全行提審，調江寧地方法院檢察官二人、書記官一人到檢察署辦公，並將鈕傳椿（時任司法院秘書）逮捕羈押。〔註815〕

　　二月二十四日，最高法院院長居正指定江寧地方法院管轄「鄭楊案」，全案發交該院檢察處偵查，並指定檢察官辦理。〔註816〕

　　二月二十五日，監察院公布鄭楊等被付懲戒人均有刑事嫌疑。〔註817〕

　　三月一日，江寧地方法院就「鄭楊案」向鄭毓秀、楊肇熉、鄭慧琛三人

報》，1933年2月21日，第六版。《監察院發表三彈劾案：鄭毓秀案移最高法院》，《申報》，1933年2月26日，第九版。《貪污史料：六、貪污匯志》，《旁觀》，1933年3月1日，第12期，第34頁。

〔註814〕　《鄭毓秀彈劾案：即將提起公訴，付懲戒案多未執行，監委提出疑問四點》，《申報》，1933年2月23日，第七版。及《鄭毓秀舞弊案》，《大公報（天津版）》，1933年3月4日，第六版。《彈劾鄭楊案決由最高法院辦理，指定江寧地檢處進行偵查，如再不到案即將提起公訴》，《申報》，1933年3月16日，第十三版。借「鄭楊案」影響，監察委員多人向懲委會提出質疑，稱彈劾眾多，而終得懲辦者少，且對二十餘政務官尚未明定懲戒處分等。居正（1876～1951），原名之駿，字覺生，號梅川，別號梅川居士，湖北省廣濟縣（今武穴市）人，民主革命家、政治家、軍事家、法學家。中國同盟會成員，辛亥革命武昌起義指揮者之一。1932年任司法院院長。

〔註815〕　《鄭毓秀楊肇熉彈劾案》，《申報》，1933年2月24日，第六版。《鄭毓秀案法院認真辦理》，《申報》，1933年3月1日，第九版。及《鄭毓秀舞弊案》，《大公報（天津版）》，1933年3月4日，第六版。《貪污史料：一、鄭博士貪污有據》，《旁觀》，1933年3月10日，第13期，第30、31頁。《最高法院檢察長鄭烈報告：對易培基呈文之駁覆（續）》，《大公報（天津版）》，1933年10月30日，第四版。

〔註816〕　《監院四彈劾案經懲戒會議決》，《新聞報·京滬路外埠附刊》，1933年2月26日。《鄭毓秀案由江寧法院辦理》，《大公報（天津版）》，1933年3月1日，第四版。《鄭毓秀案法院認真辦理》，《申報》，1933年3月1日，第九版。及《鄭毓秀舞弊案》，《大公報（天津版）》，1933年3月4日，第六版。旭：《時事述評：鄭毓秀舞弊案》，《百年》，1933年3月10日，第3～4期，第4頁。《法界消息：鄭毓秀案指定江寧地院辦理》，《法律評論（北京）》，1933年3月12日，第10卷23期，第26、27頁。《彈劾鄭楊案決由最高法院辦理，指定江寧地檢處進行偵查，如再不到案即將提起公訴》，《申報》，1933年3月16日，第十三版。

〔註817〕　《鄭毓秀有刑事嫌疑》，《大公報（天津版）》，1933年2月26日，第三版。《法界消息：監察院所公布之鄭毓秀違法侵佔案》，《法律評論（北京）》，1933年3月5日，第10卷22期，第22頁。

發出傳票。〔註818〕實際三人已被通緝。〔註819〕

　　三月七日，江寧地方法院就「鄭楊案」所發傳票送滬後已經由人代收，該院檢察處擬三月九日開偵查庭。〔註820〕

　　三月上旬，以患腦病須赴熱帶休養為由，致函上海法政學院請辭院長職，校董會議決由張忠道代理院長。〔註821〕

　　三月九日，以身體抱恙為由，致函上海律師公會申請退會，得該會通過並轉各級法院通告。〔註822〕

　　三月十日，國民政府司法行政部長羅文幹發表言論稱應從嚴訊辦鄭毓秀等。〔註823〕

〔註818〕《江寧法院傳訊鄭楊》，《申報》，1933 年 3 月 2 日，第十版。及《鄭毓秀案偵查已畢》，《申報》，1933 年 3 月 19、20 日，分別第十九、六版。

〔註819〕《鄭毓秀秀案司法當局決嚴辦，鈕傳椿也已羈押》，《中央日報》，1933 年 3 月 1 日，第二張第三版。

〔註820〕《鄭毓秀案寧法院將開偵查庭》，《大公報（天津版）》，1933 年 3 月 8 日，第三版。《鄭毓秀案：法院定期開庭偵查，傳票已經送滬》，《新聞報‧京滬路外埠附刊》，1933 年 3 月 8 日。及《鄭毓秀案明日開偵查庭》，《申報》，1933 年 3 月 8 日，第六版。《時事：鄭毓秀司法舞弊案之消息》，《女鐸》，1933 年第 21 卷第 12 期，第 79～80 頁。

〔註821〕張忠道：《公函：上海法政學院來函》，《暨南校刊》，1933 年 3 月第 56 期，第 5 頁。《鄭毓秀辭法學院長，由張忠道代理》，《中央日報》，1933 年 3 月 10 日，第一張第三版。《鄭毓秀退出律師公會》，《大公報（天津版）》，1933 年 3 月 10 日，第三版。《上海法政學院院長鄭毓秀因病辭職，張忠道被推為代理院長》，《申報》，1933 年 3 月 10 日，第十四版。《上海法政學院院長鄭毓秀因病辭職》，《新聞報》，1933 年 3 月 10 日，第四張第十三版。《時事：上海法政學院院長鄭毓秀因病辭職》，《女鐸》，1933 年第 21 卷第 12 期，第 80 頁。有傳聞稱該函為鄭從菲律賓發，函中有「毓秀盈盈十五，即隨今行政院長汪精衛先生奔走革命，迄今廿餘年，於黨於國，雖不敢言功，但亦無罪，今無辜受高某等妄加非議，心灰意冷，將不願再履中土」等語，大白：《鄭毓秀青春難獨守》，《北洋畫報》，1933 年第 947 期，第 2 頁。

〔註822〕《律師公會執監聯席會議：律師鄭毓秀呈報退會》，《新聞報》，1933 年 3 月 10 日，第三張第十二版。《鄭毓秀退出律師公會》，《大公報（天津版）》，1933 年 3 月 10 日，第三版。《鄭毓秀律師退會》，《申報》，1933 年 3 月 10 日，第十一版。及《鄭毓秀案偵查已畢》，《申報》，1933 年 3 月 19、20 日，分別第十九、六版。

〔註823〕《羅文幹注意鄭毓秀案》，《申報》，1933 年 3 月 11 日，第七版。羅文幹（1888～1941），廣東番禺人。清末赴英留學，獲牛津大學法律碩士學位，歸國後歷任晚清民初廣東司法司長、總檢查廳檢查長、修訂法律館副總裁、司法次長、司法總長、大理院院長等職務，1931 年任國民黨政府司法行政部長，1932 年兼任外交部長等。20 世紀 20 年代初的「羅文幹案」轟動一時，對中

三月十九日，江寧地方法院檢察處就「鄭楊案」偵查完畢，票傳鄭楊三人不到，擬將簽發拘票通緝。〔註824〕

三月二十七日，《申報》刊《遊仙詩》，諷刺鄭毓秀目無法律，避逃海外：《遊仙詩：鄭毓秀侵吞公款事發稱病潛赴南洋》公案重翻奈若何，通明上奏綠章多。嫦娥應悔偷靈藥，瞞著人天度絳河。〔註825〕

三月三十一日，江寧地方法院檢察處就「鄭楊案」偵查終結後，由首席檢察官孫偉（紹康）以侵佔罪、湮滅證據罪向該院提起公訴。〔註826〕

國近代司法有重要影響，詳見經先靜：《內閣、國會與實力派軍閥——20世紀20年代羅文幹案始末》，《史學月刊》，2004年第4期，第26頁。

〔註824〕《鄭毓秀案：如再傳不到將下令通緝》，《大公報（天津版）》，1933年3月20日，第三版。《鄭毓秀案偵查已畢》，《申報》，1933年3月19、20日，分別第十九、六版。《鄭毓秀等舞弊案已偵查完畢》，《法律評論（北京）》，1933年3月26日，第10卷25期，第16頁。《時事：鄭毓秀司法舞弊案之消息》，《女鐸》，1933年第21卷第12期，第79～80頁。

〔註825〕《文藝：遊仙詩》，《申報》，1933年3月27日，第二十版。綠章即青詞，為道士祭天時所寫奏章表文，因用朱筆寫在青藤紙上，故名。此處將民國政府比做天庭，監察委員彈劾書擬為綠章，以形成一種「敬祈」與「揭醜」兩種目的不同，而均聽命於上的反差；把鄭毓秀比作偷吃靈藥，一日登天的嫦娥，且為避免罪責偷偷逃逸，諷刺了政治當局的昏聵無能與鄭毓秀的罪有應得和不知廉恥。

〔註826〕《鄭毓秀案今日提正式公訴》，《大公報（天津版）》，1933年3月31日，第三版。《江寧法院檢察官對鄭案提公訴》，《申報》，1933年4月1日，第八版。《鄭毓秀案已提起公訴，犯刑法三五七條》，《大公報（天津版）》，1933年4月1日，第四版。《鄭鈕吞沒案款數萬，楊鄭相繼共同舞弊》，《申報》，1933年4月2日，第十一版。《貪污史料：一、鄭博士瀆職侵佔檢察官提起公訴》，《旁觀》，1933年4月11日，第16期，第31～34頁。及《鄭毓秀案起訴書‧江寧地方法院檢察處起訴書（訴字第六七二九號）》，《法律評論（北京）》，1933年4月16日，第10卷28期，第35～38頁。《鄭毓秀案江寧地方法院已提起公訴，貪贓枉法真相畢露》，《益世報》，1933年4月3日，第三版；《鄭毓秀案江寧地方法院已提起公訴，貪贓枉法真相畢露續》，《益世報》，1933年4月4日，第三版。起訴理由略為，該案被告鄭楊等假借職務便利共同侵佔公務上之管有物，依《中華民國刑法》（即1928年「舊刑法」）第四十二條「共犯」及第三百五十七條「侵佔」第一項，處侵佔罪，由於侵佔行為係陸續實施，故依《司法院院字第六六五號解釋》及刑法第七十五條，以「連續犯」論。楊肇熉除侵佔罪外，犯刑法第一百七十五條「湮滅證據罪」，因該條最重刑罰為一年以下有期徒刑，且事在民國二十一年三月五日以前，依《大赦條例》第一條及《刑事訴訟法》第二百四十三條第三款予以免罪。其餘罪名依刑訴法第二百五十三條第一、二兩項予以公訴。

是月,「鄭楊任內蒙害者」組織被害人聯合會,擬將向法院起訴鄭楊二人。
〔註827〕

三月至四月間,有傳聞稱鄭利用官廳權力,以謙益堂名義,包買滬市官地,獲利在千萬元以上。〔註828〕

四月五日,江寧地方法院決定擬四月十四日就「鄭楊案」在押之鈕傳椿先開調查庭。〔註829〕

四月六日,被中華全國道路建設協會推選為該會董事之一。〔註830〕

四月十六日,江寧地方法院因「鄭楊案」與「陳獨秀案」衝突,將前者開庭時間由原定四月十四日改為四月二十日上午九時。〔註831〕

四月二十日,江蘇高等法院檢察處首席檢察官王思默以「聲請迴避應由當事人提出」且「本案已經起訴」為由,駁回查瀨生請求承訊「鄭楊案」法官迴避之呈文。〔註832〕

是月,高友唐再次赴滬,密向法院及各被害人暨有關係之銀行調查「鄭楊案」各種案卷及票據等。〔註833〕

五月初,江寧地方法院擬六月二日開庭審理「鄭楊案」。高友唐發表言論,稱「此次在滬續查,獲鄭案證據甚多,將來是否再提彈劾,抑移送法院,正與于右任商議中」,「當在滬調查時,鄭竟託第三者示意,願賄六萬元,求了案。余拒之,詎對方誤會嫌少,來函願再加四萬。余除將原函呈于右任外,並覆長函,謂『須知中國官吏亦有不愛錢者』。」〔註834〕

〔註827〕《鄭毓秀等舞弊案已偵查完畢》,《法律評論(北京)》,1933年3月26日,第10卷25期,第16頁。

〔註828〕《打倒……(一)鄭毓秀》,《大俠魂》,1933年第二卷第3期,第6頁。該刊稱檢方在查前司法院秘書吳志廉、前南京市政府土地局局長余順乾盜賣國土案時,連帶發覺鄭犯此罪,但此案無他處記載,缺乏詳情,真實性待考。

〔註829〕《鄭楊案將開調查庭》,《申報》,1933年4月6日,第八版。

〔註830〕《道路協會年會紀盛:議決要案四件,選定本屆董事》,《申報》,1933年4月7日,第十版。

〔註831〕《鄭毓秀案起訴書·江寧地方法院檢察處起訴書(訴字第六七二九號)》,《法律評論(北京)》,1933年4月16日,第10卷28期,第35~38頁。

〔註832〕《鄭毓秀案查瀨生請法官迴避駁斥》,《申報》,1933年4月21日,第七版。

〔註833〕《高友唐謂鄭毓秀曾以十萬元行賄》,《法律評論(北京)》,1933年5月14日,第10卷32期,第15頁。

〔註834〕《竟以十萬元行賄,鄭毓秀案情節重大,監委高友唐又獲舞弊鐵證,將再提彈劾務使徹底嚴辦》,《中央日報》,1933年5月9日,第三版。冷眼:《鄭毓秀贓案》,《鞭策週刊》,1933年5月5日,第3卷第3期,第1~2頁。

五月十二日，江寧地方法院已正式通緝鄭楊三人。〔註835〕

八月一日，有《中華戲曲專科學校》廣告，後錄鄭為其理事之一。〔註836〕

八月四日，鈕傳椿以「鄭楊案」受押日久為由，提請江寧地方法院從速判決，法院以靜候開審駁回。〔註837〕

八月十九日，鈕傳椿以超出法定羈押期限為由，請求江寧地方法院恢復其人身自由被斥，即向江蘇高等法院提出抗告，裁定准予以三千元保金暫行釋放。〔註838〕

八月三十日，上午十時，「鄭楊案」於江寧地方法院第三刑庭正式開審，庭長徐邦治主審，因鄭楊三人逃匿故暫止訴訟程序仍行通緝，僅就鈕傳椿涉罪作審，決議待傳酆權到案後復行審訊。〔註839〕

九月九日，晚於香港石塘咀受親友餞別，擬於十四日赴歐。〔註840〕

九月十四日，與魏道明、王寵惠夫人及港商曹乾濟等由香港乘船赴法。〔註841〕

十月二日，江寧地方法院就「鄭楊案」票傳鈕傳椿，擬於十月十一日開

《鄭毓秀案定期審理，高友唐稱續獲證據甚多，鄭託人示意願行賄了案》，《大公報（天津版）》，1933 年 5 月 9 日，第三版。炎：《這一周：鄭毓秀行賄》，《中央時事週報》，1933 年 5 月 13 日，第 2 卷第 18 期，第 3 頁。《高友唐謂鄭毓秀曾以十萬元行賄》，《法律評論（北京）》，1933 年 5 月 14 日，第 10 卷 32 期，第 15 頁。及《貪污史料：一、鄭毓秀重金行賄》，《旁觀》，1933 年 5 月 21 日，第 20 期，第 27、28 頁。關於鄭向高行賄以求銷案之事，未見直接證據，僅有高之談話為孤證，其真實性待考。

〔註835〕《鄭毓秀等依法通緝》，《新聞報》，1933 年 5 月 12 日，第二張。
〔註836〕《中華戲曲專科學校》，《大公報（天津版）》，1933 年 8 月 1 日，第十三版。
〔註837〕《鄭毓秀案或將缺席判決》，《申報》，1933 年 8 月 5 日，第八版。《時事：鄭毓秀案或將缺席判決》，《女鐸》，1933 年第 22 卷第 34 期，第 95 頁。
〔註838〕《在押之鈕傳椿暫行交保釋放》，《申報》，1933 年 8 月 20 日，第三版。
〔註839〕《鄭毓秀案昨審訊，鈕傳椿請傳酆權並審》，《新聞報》，1933 年 8 月 31 日，第二張第七版。《鄭案在京審訊》，《申報》，1933 年 8 月 31 日，第八版。《鄭毓秀案定期審訊》，《申報》，1933 年 8 月 18 日，第十版。及《鄭毓秀案定期開審》，《申報》，1933 年 8 月 21 日，第十一版。《鄭毓秀案定期開審，缺席裁判說不確》，《新聞報》，1933 年 8 月 21 日，第一張第四版。《鄭毓秀案開審》，《申報》，1933 年 8 月 30 日，第十一版。《羅文幹范錫視察》，《申報》，1933 年 12 月 14 日，第八版。
〔註840〕《鄭毓秀定期赴歐》，《大公報（天津版）》，1933 年 9 月 11 日，第三版。
〔註841〕《鄭魏赴法：今日離港》，《大公報（天津版）》，1933 年 9 月 14 日，第三版。《鄭毓秀秘密赴歐》，《申報》，1933 年 9 月 16 日，第十二版。《黨政文化秘聞：鄭毓秀真真出洋》，《社會新聞》，1933 年 9 月 24 日，第 4 卷 28 期，第 436 頁。

辯論庭。〔註842〕

　　十一月十一日，江寧地方法院就「鄭楊案」復開合議庭審訊鈕傳椿，限鈕兩月內將酆權尋覓到案作證，期間不得離開南京。〔註843〕

　　十二月十二日，江寧地方法院因「鄭楊案」證人不齊，決延期兩月審判。〔註844〕

　　是年，報刊媒體紛紛發文指責或評論鄭毓秀侵佔案。〔註845〕鄭開始對於

〔註842〕《鄭毓秀案定期公開辯論》，《申報》，1933 年 10 月 2 日，第三版。

〔註843〕《法界消息一束：鄭毓秀案昨開庭》，《法治週報》，1933 年 11 月 12 日，第 1 卷 46 期，第 36 頁。《鄭毓秀案昨傳訊鈕傳椿》，《申報》，1933 年 11 月 14 日，第四版。

〔註844〕《鄭毓秀案展期審判》，《新聞報》，1933 年 12 月 12 日，第二張第六版。

〔註845〕諸如（按時序）：《二周大事匯述：監委高友唐彈劾鄭毓秀等》，《中央週報》，1933 年 1 月 16 日第 240～241 期，23～25 頁；Miss Soumay Tcheng: Accused of Misappropriation, *The China Weekly Review (1923-1950)*, January 21, 1933；《貪污史料：二、鄭毓秀貪贓》，《旁觀》，1933 年 1 月 21 日，第 9 期，第 33～36 頁；若：《時事述評：故宮盜寶與鄭毓秀貪贓》，《旁觀》，1933 年 1 月 21 日，第 9 期，第 3、4 頁；楊昌溪：《高友唐彈劾鄭毓秀評議》，《青年戰線（南京）》，1933 年 1 月 21 日，第 6 期，第 2～4 頁；謙：《讀彈劾鄭毓秀文》，《中華週報（上海）》，1933 年 1 月 21 日，第 60 期，第 30 頁；《監委高友唐彈劾鄭毓秀楊肇熉之原文》，《法律評論（北京）》，1933 年 1 月 22 日，第 10 卷 16 期，第 39～41 頁；柏：《時事述評：鄭毓秀案》，《時代公論（南京）》，1933 年 1 月 27 日第 44 期，第 2～4 頁；伊蔚：《短評：彈劾鄭毓秀案》，《女聲（上海 1932）》，1933 年，第 1 卷第 9 期，第 1 頁；郁達夫：《營救鄭毓秀博士的提議》，《論語》，1933 年 2 月 1 日，第 10 期，第 13、14 頁；森森：《鄭毓秀的大舞弊案》，《天津商報畫刊》，1933 年第 7 卷第 37 期，第 1 頁；布父：《字紙簍·鄭毓秀案所得之教訓》，《人民週報》，1933 年 3 月 10 日，第 60 期，第 11～14 頁；《貪污史料：一、鄭博士貪污有據》，《旁觀》，1933 年 3 月 10 日，第 13 期，第 30、31 頁；《鄭毓秀案：短評》，《大公報（天津版）》，1933 年 4 月 1 日，第四版；冷眼：《鄭毓秀贓案》，《鞭策週刊》，1933 年 5 月 5 日，第 3 卷第 3 期，第 1、2 頁；炎：《這一周：鄭毓秀行賄》，《中央時事週報》，1933 年 5 月 13 日，第 2 卷第 18 期，第 3 頁；林語堂：《讓娘兒們幹一下吧！》，《申報》，1933 年 8 月 18 日，第十七版；《鄭毓秀必須嚴緝歸案，刑事案件無缺席裁判辦法，若鄭不到案此事不能了結》，《中央日報》，1933 年 8 月 21 日，第二張第三版；皓翁：《流芳遺臭：貪污瀆職的鄭毓秀》，《禮拜六》，1933 年 8 月 26 日，第 518 期，第 3 頁；實：《快刀：鄭毓秀努力新國民黨之復興運動》，《中國革命》，1933 年 11 月 25 日，第 2 卷 18 期，第 31、32 頁；石忱：《短評·鄭毓秀逍遙法外》，《法律雜誌》，1933 年 12 月 30 日，第 2～3 期，第 23 頁；《時事述評：鄭毓秀舞弊案》，《百年》，第 3～4 期，1933 年，第 4 頁。

一切集會及應酬均不露面，處處謹守緘默，謹慎行藏。〔註846〕

　　1934年，民國二十三年，甲戌，四十三歲

　　二月十一日，江寧地方法院就「鄭楊案」擬定二月十四日再次開庭辯論，並票傳鈕傳椿。〔註847〕

　　二月二十三日，因鈕傳椿病，江寧地方法院就「鄭楊案」開審時間由原定二月十九日復次延期。〔註848〕

　　四月二十八日，江寧地方法院認為「鄭楊案」有重行調查事實之必要，須另定日期重開辯論，原定宣判之鈕傳椿部分亦未宣判。〔註849〕

　　六月二十五日，江寧地方法院就「鄭楊案」復開調查庭，訊問鈕傳椿。〔註850〕

　　七月二十四日，江寧地方法院宣判「鄭楊案」，鈕傳椿以通同侵佔罪處徒刑一年六月，鄭楊三人屢傳不到，仍行通緝。鈕聲明不服，擬將提起上訴。〔註851〕

　　八月間，有傳聞稱鄭毓秀請王寵惠設法取消其通緝，並已潛回香港，請人教習游泳。〔註852〕

　　九月上旬，繳納中國紅十字會會費十元。〔註853〕

〔註846〕陳克文著、陳方正編：《陳克文日記》，臺北：中研院近代史研究所，2012年11月，第591～593頁。

〔註847〕《鄭毓秀案：江寧法院後日開審》，《大公報（天津版）》，1934年2月12日，第三版。《鄭毓秀案定期辯論》，《申報》，1934年2月12日，第二版。

〔註848〕《鄭毓秀案今日再審》，《新聞報》，1934年2月19日，第二張第八版。《鄭毓秀案展期一月》，《新聞報》，1934年2月20日，第二張第七版。《簡報》，《大公報（天津版）》，1934年2月24日，第三版。《鄭毓秀案日內開審》，《申報》，1934年2月24日，第九版。

〔註849〕《鈕傳椿案今日宣判》，《申報》，1934年4月28日，第八版。《鈕傳椿案昨未宣判》，《申報》，1934年4月29日，第八版。《鄭毓秀案內，鈕傳椿昨未宣判》，《新聞報》，1934年4月29日，第二張第七版。

〔註850〕《鄭毓秀案昨開審》，《新聞報》，1934年6月26日，第二張第七版。《鄭毓秀案江寧法院開調查庭》，《申報》，1934年6月26日，第六版。

〔註851〕《鄭毓秀等通緝，鈕傳椿判徒刑一年六月》，《新聞報》，1934年7月25日，第二張第七版。《鄭毓秀案判決，鈕傳椿聲明不服》，《申報》，1934年7月25日，第六版。

〔註852〕《名人逸話：鄭毓秀練習游泳》，《攝影畫報》，1934年8月18日，第10卷24期，第15頁。真實性待考。

〔註853〕《中國紅十字會鳴謝諸大善士八月卅一日起止「會費」》，《申報》，1934年9月14日，第六版。真實性待考，而與上條之傳聞互應，鄭可能確曾秘密回港。

十月二十四日，南京國民政府中央政治會議討論司法行政部長人選時，各中央委員爭相發言，表達對「鄭楊案」及「易培基案」（故宮盜寶案）中司法不作為之不滿，並傳前司法行政部長羅文幹去職是得罪鄭氏與盜寶派所致。〔註854〕

1935 年，民國二十四年，乙亥，四十四歲

二月十日，江蘇省高等法院就「鄭楊案」鈕傳椿上訴案已開庭數次，擬二月十一日再次開審，並票傳鈕傳椿。〔註855〕

三月二十四日，晚九時高友唐因腦溢血去世。〔註856〕

六月至七月初，江蘇省高等法院、江寧地方法院就「鄭楊案」公布調查結果，認為侵佔實施時鄭毓秀以兼職在京而未能發覺，待後任查出時舞弊者已逃，「以全部之證據，證明該案之責任，在於主辦之職員，而與鄭毓秀完全無關」，鄭之部分由原審檢察官孫偉（紹康）撤回起訴，法院判決不受理。〔註857〕

七月七日，有傳聞稱鄭毓秀已經回滬。〔註858〕

七月十六日，有傳聞稱鄭毓秀將回國。〔註859〕

七月二十四日，監察委員劉莪菁等十餘人就鄭毓秀案法院不受理之判決存有疑義，簽呈監察院長于右任派員徹查。〔註860〕

七月二十六日，監察院已派田炯錦、高朔等監察委員向江寧地方法院調查鄭毓秀案撤回公訴原因，據稱「該案之撤銷，政治力量所佔成分較多」。〔註861〕

〔註854〕《蕭瑜盜寶：偷走古物一大批運到法國大出其醜》，《大公報（天津版）》，1934
　　　　年 10 月 29 日，第三版。
〔註855〕《鈕傳椿案定期續審》，《申報》，1935 年 2 月 11 日，第九版。
〔註856〕《高友唐逝世》，《大公報（天津版）》，1935 年 3 月 26 日，第四版。
〔註857〕《鄭毓秀案大白：審理多次證明無關，檢察官撤回公訴，法院判決不受理》，
　　　　《新聞報》，1935 年 7 月 9 日，第三張第十一版。《鄭毓秀案：法院判決不
　　　　受理》，《申報》，1935 年 7 月 9 日，第六版。《楊天驥案：中監會議決書，
　　　　楊天驥免職停用三年，高、殷送主管機關辦理》，《大公報（天津版）》，1935
　　　　年 11 月 15 日，第十版。
〔註858〕《鄭毓秀訴案撤銷現已返滬》，《大公報（天津版）》，1935 年 7 月 11 日，第
　　　　三版。真實性待考。
〔註859〕《鄭毓秀將回國說》，《申報》，1935 年 7 月 16 日，第十二版。真實性待考。
〔註860〕《鄭毓秀案：江寧法院判不受理，引起監察委員注意》，《大公報（天津版）》，
　　　　1935 年 7 月 25 日，第三版。《監委注意鄭毓秀案》，《申報》，1935 年 7 月 25
　　　　日，第八版。
〔註861〕《鄭毓秀案撤銷原因監院查明》，《大公報（天津版）》，1935 年 7 月 27 日，
　　　　第三版。關於鄭毓秀案撤銷原因，並未見公布，有傳聞認為鄭之脫罪與王寵

七月二十七日，《上海黨聲》刊文，稱鄭毓秀案撤銷起訴使得「漸近曙光之中國司法前途，不啻又置一黑暗之陰影」，認為「高氏甫行身故，此案即經全部推翻」，「惟是案不獨與整飭吏治有關，且足為中國司法進步與否之試金石」。〔註862〕

九月七日，監察院就江寧地方法院判決鄭毓秀案撤回公訴之事已經調查完畢，但並未公布調查結果。〔註863〕

九月九日，監察院對鄭楊案中被侵佔案款進行了重新核查。〔註864〕轉法部轉飭訴追「鄭楊案」中受侵佔公款二萬餘元，由上海地方法院負責追繳。〔註865〕

十月二十五日，有函稱胡漢民擬月底赴巴黎，暫住鄭毓秀別墅。〔註866〕

十二月十三日，晨，鄭毓秀與丈夫魏道明乘法郵輪杜美總統號抵香港，擬十二月十六日抵滬。〔註867〕

惠從中申旋有關（天聰：《鄭毓秀博士重來海上》，《快活林》，1946年6月8日，第19期，第4頁）。原審檢察官孫紹康認為，監察委員高朔、楊天驥利用鄭毓秀案，向南京大同新聞社投遞新聞稿，稱該案為「政治力量」左右，意欲掀起輿論，借彈劾該案非法撤銷以報復對孫私人恩怨（前孫公訴交通銀行南京分行舞弊侵佔案時，楊、高等曾為該行行長江祖岱說情，被孫拒絕）。孫以此為由致函監察院請高迴避調查，高、楊二人後因此事被處罰。見《楊天驥案：中監會議決書，楊天驥免職停用三年，高、殷送主管機關辦理》，《大公報（天津版）》，1935年11月15日，第十版。

〔註862〕白：《一周簡評：鄭毓秀案》，《上海黨聲》，1935年7月27日，第1卷26期，第1、2頁。

〔註863〕《簡訊》，《大公報（天津版）》，1935年9月7日，第三版。

〔註864〕中國第二歷史檔案館編：《國民政府監察院公報·14》，北京：檔案出版社，1992年8月，第110頁。

〔註865〕《鈕傳椿繳還侵佔公款》，《申報》，1935年12月26日，第五版。

〔註866〕《胡漢民隨員王某來函》，《大公報（天津版）》，1935年10月26日，第三版。

〔註867〕《魏道明鄭毓秀由法抵港，胡託帶回行李多件》，《大公報（天津版）》，1935年12月14日，第四版。《魏道明鄭毓秀返國，攜有胡漢民王寵惠致中央函》，《新聞報》，1935年12月14日。關於鄭、魏關係，此處為報刊（《大公報（天津版）》）首次於公開報導中稱鄭為魏之「夫人」，疑係二者婚姻關係首次披露；而另一說法，二人第一次用夫妻名義，「是在國府遷入四川之後（1937年），有人設宴款待鄭毓秀女士，寫的才是委秘書長夫人」，此前二人「同居了很久很久」，「但是他倆究竟是怎麼個關係呢？又沒有夫妻的名義」（孔生：《鄭毓秀博士的御夫術》，《內幕新聞》，1948年11月1日第2期，第12頁）僅「鶼影雙雙，形同夫婦」（巍巍：《隨夫赴臺之鄭毓秀》，《快活林》，1947年6月30日，第66期，第5頁）。

十二月二十五日，鈕傳椿上繳鄭毓秀任內虧短民事案款全部本息二萬餘元、楊肇熀任內虧短利息四百餘元。〔註 868〕

1936 年，民國二十五年，丙子，四十五歲

三月二十三日，受胡漢民邀，中午與魏道明乘車由香港抵廣州，乘車赴從化溫泉，夜宿溫泉酒店會商時局。〔註 869〕

三月二十四日，與魏道明返廣州。〔註 870〕

四月一日，有電報稱鄭擬四月三日與魏道明由港返滬。〔註 871〕

八月二十七日，上午十時與魏道明赴香港港埠歡迎王寵惠。〔註 872〕

九月五日，中午乘柯立芝總統號輪船由港赴滬，擬七日正午到滬。〔註 873〕

九月十七日，王寵惠致電滬上友人，稱擬與鄭、魏於九月十八日由香港乘輪船赴滬，二十日可抵滬。〔註 874〕

九月二十八日，上午十一時半，與魏道明乘大來公司麥金蘭總統號輪船由香港抵滬，分乘月寶、鏡輝號兩小輪渡江，十二時許，由新關碼頭登岸後，逕返海格路范園宅邸休息。〔註 875〕

九月三十日，滬小報《福爾摩斯》刊文諷刺魏、鄭夫妻「誘壞天下鰥寡」。〔註 876〕

〔註 868〕　《鈕傳椿繳還侵佔公款》，《申報》，1935 年 12 月 26 日，第五版。

〔註 869〕　《蔣電王寵惠約在京會晤，蔣日內即可返京；胡與魏道明等商時局》，《大公報（天津版）》，1936 年 3 月 24 日，第三版。

〔註 870〕　《蔣電王寵惠約在京會晤，蔣日內即可返京；胡與魏道明等商時局》，第三版。

〔註 871〕　《王寵惠仍留醫院，魏道明將北上》，《大公報（上海版）》，1936 年 4 月 1 日，第三版。

〔註 872〕　《港傳將開梧州會議，王寵惠昨到港》，《大公報（上海版）》，1936 年 8 月 28 日，第三版。

〔註 873〕　《時人行蹤》，《大公報（上海版）》，1936 年 9 月 6、7 日，分別第四版。《蕭、貝等今午由港抵滬》，《申報》，1936 年 9 月 7 日，第十二版。

〔註 874〕　《時人行蹤》，《大公報（上海版）》，1936 年 9 月 18 日，第四版。實際鄭、魏於 9 月 28 日先抵滬，王則為 10 月 3 日抵滬，分別見 1936 年「九月二十八日」、「十月三日」兩條。

〔註 875〕　《黃紹竑抵滬，日內赴杭復任；魏道明鄭毓秀同來》，《大公報（上海版）》，1936 年 9 月 29 日，第三版。《桂新省府後日成立，白崇禧將入京供職，梧州現已恢復常態，黃紹竑昨到滬談話》，《大公報（天津版）》，1936 年 9 月 29 日，第三版。及《魏鄭昨日抵滬，談王寵惠北返未定期》，《申報》，1936 年 9 月 29 日，第十一版。

〔註 876〕　《一對獨身主義的夫婦：魏道明鄭毓秀同輪來滬，新夫妻恩恩愛愛美煞一般光棍，舊東西成雙成對誘壞天下鰥寡》，《福爾摩斯》，1936 年 9 月 30 日。

十月三日，下午一時半，與魏道明赴馬斯南路王氏私邸謁訪抵滬之王寵惠，晚七時並設宴歡迎。〔註877〕

十月二十日，晨八時，與魏道明赴上海虹橋機場送宋美齡赴洛陽。〔註878〕

十月三十一日，於滬參加蔣介石壽辰慶祝活動。〔註879〕

十一月二十三日，下午五時半，與魏道明於辣斐德路五七七號中法聯誼會所參加歡迎法國駐華大使那齊雅氏之茶話會。〔註880〕

十一月二十四日，晚八時，與魏道明赴西愛咸斯路孔祥熙私邸參加孔氏歡迎法國駐華大使那齊雅之晚宴，十時許散。〔註881〕

十二月四日，上海市婦女界綏遠剿匪慰勞會首次理事會分配由鄭募集衛生衫一百件。〔註882〕

1937年，民國二十六年，丁丑，四十六歲

三月一日，《時代生活（天津）》刊文，稱「李石曾的一餐，不如鄭毓秀博士的一枝煙」。〔註883〕

三月二十日，與江一平、杜月笙校董收到上海法政學院護校同學會推舉代表之請願，答允考慮其改組學校之要求。〔註884〕

三月三十一日，下午四時至六時，於上海市政府大禮堂參加吳鐵城交卸市長話別會。〔註885〕

四月二日，中午於輪船招商局北棧碼頭歡送孔祥熙、陳紹寬等以特使身

〔註877〕 《本市新聞：王寵惠昨北抵滬，孫科往訪交換外交意見，談白崇禧決將入京供職》，《申報》，1936年10月4日，第九版。

〔註878〕 《蔣宋夫人昨晨飛洛》，《申報》，1936年10月21日，第十三版。

〔註879〕 《蔣委員長昨日壽辰，滬各界盛大慶祝，全市一律懸旗志慶，聚餐同樂萬眾騰歡》，《大公報（上海版）》，1936年11月1日，第七版。

〔註880〕 《中法聯誼會：昨歡迎法大使》，《申報》，1936年11月24日，第九版。

〔註881〕 《孔財長昨晚宴法大使》，《申報》，1936年11月25日，第十一版。

〔註882〕 《國貨工廠聯合會議決，每月捐一日所得，至抗敵戰事終了為止，婦女界捐得手套背心萬餘件》，《大公報（上海版）》，1936年12月5日，第七版。及《婦女界慰勞會昨日開會：分配職務，募集寒衣》，《申報》，1936年12月5日，第十四版。

〔註883〕 《李石曾的一餐不及鄭毓秀的一枝煙》，《時代生活（天津）》，1937年3月1日，第5卷6期，第14頁。

〔註884〕 《大學新聞》，《大公報（上海版）》，1937年3月22日，第八版。

〔註885〕 《吳市長茶會》，《大公報（上海版）》，1937年4月1日，第七版。及《本市新聞：吳鐵城昨交卸滬市長職務，昨午四時茶會招待各界話別》，《申報》，1937年4月1日，第十三版。

份赴英參加英皇加冕禮。〔註886〕

　　四月十六日，下午三時，與魏道明於福開森路三九三號中國國際圖書館大禮堂參加世界百科全書展覽會開幕典禮。〔註887〕

　　四月二十日，晚於福州路梅園酒家參加赴菲觀光團王曉籟等歡送駐美大使王正廷出國之餞別宴。〔註888〕

　　四月二十三日，受李石曾邀，下午五時於福開森路世界社參加李氏歡迎法國前越南總督范連尼夫婦之宴會。〔註889〕

　　四月三十日，下午三時二十五分，於上海機場歡送蔣介石夫婦飛赴杭州西湖。〔註890〕

　　五月十日，於上海國際飯店參加張嘯林女與張鳳舉（張定璠弟）訂婚禮，晚七時散。〔註891〕

　　五月下旬，赴上海大新公司參觀第二屆廣東美展。〔註892〕

　　六月十六日，赴八仙橋青年會九樓參加私立上海法政學院院董會會議。〔註893〕

　　七月初，由上海赴江西廬山牯嶺休養，空閒時常與丈夫野餐或散步，談

〔註886〕　《孔特使昨啟程赴英，中外要人歡送情況極熱烈》，《大公報（上海版）》，1937年4月3日，第三版。《孔使一行昨午西航，二千餘人齊集碼頭歡送》，《大公報（天津版）》，1937年4月3日，第三版。《本市新聞：孔特使等昨午出國，二千餘人歡送盛況空前》，《申報》，1937年4月3日，第十三版。

〔註887〕　《世界百科全書展覽會昨舉行開幕典禮，自今日起展覽一星期》，《大公報（上海版）》，1937年4月17日，第七版。

〔註888〕　《俞市長及甬同鄉會昨日茶會，歡送王大使》，《申報》，1937年4月21日，第九版。

〔註889〕　《李石曾俞鴻鈞昨招待法前越督——范連尼，定今晨晉京》，《申報》，1937年4月24日，第九版。

〔註890〕　《蔣委員長昨飛杭州，楊虎城決行將離陝來滬》，《大公報（上海版）》，1937年5月1日，第三版。《蔣委員長飛抵杭，新飛機在西湖降落，各要人均前往歡迎，蔣擬在杭小作休養》，《申報》，1937年5月1日，第三版。

〔註891〕　《張嘯林女公子昨行訂婚禮》，《大公報（上海版）》，1937年5月11日，第十五版。《張嘯林女公子訂婚禮》，《申報》，1937年5月11日，第十二版。

〔註892〕　《廣東美展昨日盛況》，《大公報（上海版）》，1937年5月24日，第十五版。《廣東美展盛況》，《申報》，1937年5月24日，第十一版。

〔註893〕　《私立法政學院：王寵惠任院長，李辛陽為副院長》，《大公報（上海版）》，1937年6月17日，第七版。《王寵惠繼任法政學院院長，前院長李辛陽堅辭，院董會推任副院長》，《申報》，1937年6月17日，第十一版。

論政治局勢。〔註894〕

（七月七日，盧溝橋事變後，上海局勢漸趨緊張。）

七月十七日，參加盧山會議，聽取蔣介石抗日宣言。於牯嶺多留幾日，與外國友人交談其對日本侵華的見解：「和平與戰爭是不可分割的。如果中國遭到入侵，全世界亦將被軍靴踐踏，毫無疑問也包括美國。世上沒有國家能幸免於難。如果全世界對於日本的入侵行動不採取積極作為，星星之火足以燎原，最終將引發世界性的戰爭」，面對友人的不以為然，斷言道：「只懂隔岸觀火者，最終恐怕難以全身而退。」〔註895〕

七月下旬，由牯嶺搭渡輪趕回上海，在法租界租公寓，募集資金、組織志工協助抗戰、安排不同建築作為醫院或避難所。〔註896〕

七月二十二日，被中國婦女抗敵後援會推選為常務理事之一。〔註897〕

八月三日，當選中華全國道路建設協會第九屆董事之一。〔註898〕

八月十一日至九月十五日，為中國婦女慰勞自衛抗戰將士會上海分會經募國幣三百五十元。〔註899〕

八月十三日至十月間，開始親歷淞滬會戰，工作於公共租界區內，將上海法政學院建築改為緊急醫院，負責組織義工，發起募款。〔註900〕

十月七日，下午五時，於上海國際飯店十四樓大廳參加宋靄齡舉辦之救國公債勸募委員會招待各隊隊長茶會。〔註901〕

十月十九日，與周守良等為上海北上慰勞團合捐款一千元。〔註902〕

是月，某日晚八時四十五分，與王寵惠夫人分乘兩車由上海經過戰區趕

〔註894〕譯本自傳 2，第 163、164 頁。

〔註895〕譯本自傳 2，第 165～167 頁。

〔註896〕譯本自傳 2，第 169 頁。

〔註897〕《中國婦女抗敵後援會》，《大公報（上海版）》，1937 年 7 月 23 日，第七版。該會由何香凝等組織成立，分徵募、救護、慰勞等各組。

〔註898〕《道路協會選舉董事揭曉》，《大公報（上海版）》，1937 年 8 月 3 日，第十三版。

〔註899〕《中國婦女慰勞自衛抗戰將士會上海分會鳴謝各界捐贈款項物品啟事》，《申報》，1937 年 9 月 18 日，第四版。

〔註900〕譯本自傳 2，第 169～177 頁。

〔註901〕《孔夫人昨招待，公債勸募各隊長，決勸各界婦女獻飾物》，《大公報（上海版）》，1937 年 10 月 8 日，第四版。

〔註902〕《婦女界捐款慰勞北方將士》，《大公報（上海版）》，1937 年 10 月 19 日，第五版。

往南京與丈夫相會，途中因霧且不能開燈而迷路，經由蘇州城、無錫郊區農村，途中數次遭到日軍空襲危險而棄車藏匿於農田溝渠，最終平安抵達南京。其後幾日拜訪了尚在南京的蔣介石夫婦，再訪中山陵。〔註 903〕

約十月末至十一月間，與丈夫告別離開南京，搭船三日抵漢口，在漢口勸說一位女性友人保持樂觀。〔註 904〕上海馬斯南路八十八號花園洋房託上海信託公司出租予房客陳永霖，並口頭約定抗日勝利後遷回。〔註 905〕

十二月，於漢口聽聞南京大屠殺，認為「日本士兵這種精神上病態殘忍的行為，直接反映一個簡單的事實：日本人只是戴著現代化面具，骨子裏仍為不文明的野蠻人，加上天生自卑感作祟」才導致他們殘忍至此。〔註 906〕

1938 年，民國二十七年，戊寅，四十七歲

五月至六月間，於盧山上大型圖書館內參加宋美齡召集之全國婦女界總動員會，聽取宋美齡演說，參與小團體聚會，討論抗日期間全國婦女各項問題，常常因過於興奮而睡眠不足，參與成立和選舉「新生活運動促進總會婦女工作指導委員會」。後趕赴重慶。〔註 907〕

六月到十月間，親歷重慶大轟炸，負責照顧二哥的五個孩子。〔註 908〕

十二月間，為美法慈善賣物籌委會捐出貴重財務以資抗戰。〔註 909〕

1939 年，民國二十八年，己卯，四十八歲

四月十三日，《申報》刊民國名人食譜逸聞，稱「李石曾的一餐，不如鄭毓秀博士的一枝煙」。〔註 910〕

〔註 903〕譯本自傳 2，第 178～185 頁。
〔註 904〕譯本自傳 2，第 186～199 頁。
〔註 905〕《魏道明夫人起訴：請令陳永霖讓屋》，《申報》，1946 年 10 月 4 日，第六版。
〔註 906〕譯本自傳 2，第 199～200 頁。
〔註 907〕譯本自傳 2，第 201～212 頁。《婦女談話會發表告全國女同胞書》，《大公報（漢口版）》，1938 年 6 月 8 日，第三版。《婦女談話會閉幕：決設幹部工作人員訓練班，推動婦女界努力生產建設》，《申報（漢口版）》，1938 年 6 月 8 日，第二版。《蔣夫人發表告全國女同胞書（下）：婦女對救國工作責無旁貸，全體動員以應目前之需要》，《申報（香港版）》，1938 年 6 月 9 日，第二版。
〔註 908〕譯本自傳 2，第 212～215 頁。
〔註 909〕金尚：《「春來盡是桃花水，不辨仙源何處尋？」美法慈善賣物籌委會物品展覽的觀光記》，《大公報（香港版）》，1938 年 12 月 18 日，第六版。
〔註 910〕彬：《名人食譜》，《申報》，1939 年 4 月 13 日，第十四版。該逸聞前見 1937 年「三月一日」一條，由《時代生活（天津）》首刊，此復引用。

是年，於重慶避難時再次見到 1920 年由其帶領赴歐留學的部分女生，她們成為醫生、法官及紡織業的佼佼者，對鄭十分感激。〔註 911〕

1940 年，民國二十九年，庚辰，四十九歲

1941 年，民國三十年，辛巳，五十歲

七月，因魏道明受任國民政府駐法大使，由重慶乘飛機趕往香港，她曾於 1920 年帶往巴黎留學的女弟子們偕家眷送行。於香港搭乘麥迪遜總統號抵達舊金山，聽聞日軍已經佔領法屬印度支那，留在美國等候公開說明。〔註 912〕

下半年，始居美國，協助丈夫魏道明駐美大使的外交工作，廣事交遊，設宴招待美國政府高級官員，與美方建立良好的合作關係，與羅斯福總統夫人交好。〔註 913〕

十一月間，月初與夫魏道明由美赴古巴，中旬抵墨西哥，轉往巴拿馬及南美各國宣慰華僑。〔註 914〕

1942 年，民國三十一年，壬午，五十一歲

是年，居美。

十二月十日，《聯合畫報》刊駐美大使魏道明夫婦合照。〔註 915〕

1943 年，民國三十二年，癸未，五十二歲

是年，居美。出版英文自傳。〔註 916〕

1944 年，民國三十三年，甲申，五十三歲

是年，居美。

三月二十四日，《戲世界（上海）》刊鄭舊事逸聞，稱於上海地方審判廳長任上時與某職員關係親密，有「上海夫婦地方法院，南洋兄弟煙草公司」之聯；

〔註 911〕譯本自傳 2，第 127 頁。

〔註 912〕譯本自傳 2，第 127、218、219 頁。

〔註 913〕黃天邁：《鄭毓秀與魏道明——夫婦同是一代風雲人物》，《中外雜誌》，第 46 卷第 6 期，1989 年 12 月，第 15 頁。魏道明：《使美回憶錄（中）》，張源譯，《傳記文學》，第 36 卷第 4 期，1980 年 4 月，第 61 頁。魏道明由駐法大使轉為駐美大使，一說為宋子文力薦，參見宋素紅：《女性媒介：歷史與傳統》，中國傳媒大學出版社，2006 年版，第 134 頁。

〔註 914〕《魏道明赴美宣慰華僑》，《申報》，1941 年 12 月 5 日，第四版。

〔註 915〕《中國新任駐美大使魏道明博士暨夫人鄭毓秀女士》，《聯合畫報》，1942 年 12 月 10 日第 6 期，第 3 頁。

〔註 916〕即 Wei Yü-hsiu (Chêng): *My Revolutionary Years: The Autobiography of Madame Wei Tao-Ming*, New York: Charles Scribner's Sons, 1943. 漢譯本為鄭毓秀：《不尋常的玫瑰枝：鄭毓秀自述》，賴婷婷譯，中國法制出版社，2018 年版。

及後被彈劾，逃亡海外時魏道明隨行，後二人結婚，「魏道明得此妻財，誠可謂幸運之至矣」，滬上盛傳「便宜最是魏家兒，美女黃金兩得之」打油詩。〔註917〕

1945年，民國三十四年，乙酉，五十四歲

是年，居美，與杜魯門總統夫人交好。〔註918〕

十二月六日，《女群》雜誌刊文介紹鄭毓秀，稱讚其為「是中國婦女運動的領導者」，「她底生活是一篇中國近代史詩」，並首次把其「戀愛」情感與政治行動相聯繫，認為她是在「向學的知性高昂和失掉了愛人的孤獨的驅使」下赴國外深造。〔註919〕

1946年，民國三十五年，丙戌，五十五歲

二月十九日，致函陳永霖，催促其於五月二十日前遷出馬斯南路八十八號鄭宅。〔註920〕

三月十八日，《風光》刊鄭舊聞軼事，稱鄭王關係密切，「鄭利用王的地位，有求必應則有之」，但「曖昧之事是決不會有的」。〔註921〕

五月十八日，與美國女記者曼麗娜特由美抵滬。〔註922〕

六月八日，《快活林》刊鄭舊事逸聞，稱鄭、魏結婚後，「乃不復見其在政治上有所活動，蓋已一變其『女政治家』之作風，而為『賢妻良母』矣」，「一動一靜，前後判若兩人」，稱讚其為「婦女參政界之老前輩，亦女界之人傑也」。〔註923〕

〔註917〕磊磊：《名人軼事之六：鄭毓秀倒貼魏道明》，《戲世界（上海）》，1944年3月24日，第4034期，第1頁。

〔註918〕黃天邁：《鄭毓秀與魏道明——夫婦同是一代風雲人物》，《中外雜誌》，第46卷第6期，1989年12月，第15頁。魏道明：《使美回憶錄（中）》，張源譯，《傳記文學》，第36卷第4期，1980年4月，第61頁。

〔註919〕方策：《鄭毓秀博士》，《女群》，1945年12月6日，第4期，第13、14頁。

〔註920〕《魏道明夫人起訴：請令陳永霖讓屋》，《申報》，1946年10月4日，第六版。前情見1937年「是年」一條。

〔註921〕治山樵：《王寵惠與鄭毓秀的關係》，《風光》，1946年3月18日，第2期，第1頁。

〔註922〕《魏道明即將返國，顧維鈞有使美說，鄭毓秀昨自美抵滬》，《新聞報》，1946年5月19日，第二版。《魏使定今離美，返任否未定》，《大公報（上海版）》，1946年6月7日，第二版。《時人行蹤》，《申報》，1946年6月7日，第四版。《魏道明後日可抵滬》，《大公報（上海版）》，1946年6月12日，第二版。《上海鱗爪》，《大公報（上海版）》，1946年6月17日，第四版。

〔註923〕天聰：《鄭毓秀博士重來海上》，《快活林》，1946年6月8日，第19期，第4頁。

六月九日，《新上海》刊鄭舊事逸聞，稱 1928 年鄭赴歐美考察政治時，「抵達法國里昂，王氏（寵惠）聞訊，星夜從海牙乘車趕去相會」。〔註 924〕

六月十八日，下午六時十分，於滬機場接魏道明由美回國。〔註 925〕

七月九日，《吉普叢書》刊文，稱鄭結婚後，「不但在國內無聲無息，就是在美國交際場中也不大聽到她的活動，她是變了一種性質，實行在家庭裏做主婦」，諷刺鄭與王寵惠關係親密，「魏夫人情致纏綿，仍然對於王老博士以青眼相待，這種不忘舊交的戀愛道德和魏大使的寬宏大量，都是值得我國青年男女作模範的」。〔註 926〕

七月二十二日，與魏道明赴孫公館參加孫科生母盧太夫人八十大壽及孫與陳淑英女士結婚三十四週年雙紀念日慶祝會。〔註 927〕

八月，赴廬山避暑，為蓮花洞到牯嶺之小天地捐資修建鐵欄杆，以免遊客不慎失足。〔註 928〕

九月二十一日，《文飯》刊鄭舊事逸聞，稱鄭早年追求黃復生不成，情感陷入苦悶。〔註 929〕

九月末至十月初，鄭與妹慧琛向上海地方法院起訴陳永霖強佔房屋，要求其遷出。〔註 930〕

十二月三十日，《針報》刊文，稱「在我國法海名流中，人莫不知有鄭毓

〔註 924〕夏仲春：《王寵惠與鄭毓秀的密秘》，《新上海》，1946 年 6 月 9 日，第 25 期，第 8 頁。

〔註 925〕禹鼎：《鄭毓秀不忘舊交》，《吉普叢書》，1946 年 7 月 9 日，第 1 期，第 6 頁。

〔註 926〕禹鼎：《鄭毓秀不忘舊交》，第 6 頁。

〔註 927〕《四代同堂，雙重慶祝，孫院長寓邸賀客盈門》，《申報》，1946 年 7 月 23 日，第四版。

〔註 928〕宋誠甫：《鄭毓秀建欄小天地，彭學沛影印美歌手》，《快活林》，1946 年 8 月 20 日，第 26 期，第 6 頁。

〔註 929〕鏗：《愛黃復生而不得：鄭毓秀的苦悶時期》，《文飯》，1946 年 9 月 21 日，第 24 期，第 4 頁。

〔註 930〕《人物：鄭毓秀》，《見聞（上海）》，1946 年 10 月 1 日，第 1 卷 14 期，第 36 頁。《大使夫人無家可歸，鄭毓秀博士打房屋官司》，《新聞報》，1946 年 10 月 4 日。《魏道明夫人起訴：請令陳永霖讓屋》，《申報》，1946 年 10 月 4 日，第六版。原芳：《房客怕法學家：鄭毓秀官司勝利》，《快活林》，1946 年 10 月 14 日，第 34 期，第 2 頁。前情見 1937 年「是年」、1946 年「二月十九日」兩條。該案經上海地方法院、江蘇省高等法院二審，鄭均勝訴，判決執行時，房客酈復春、王福妹、王原貞三戶因房荒未能遵期遷出，因此鄭氏姊妹再度向上海地方法院起訴。

秀博士」。〔註931〕

1947年，民國三十六年，丁亥，五十六歲

三月二十三日，下午三時，於上海中行俱樂部參加國際婦女法學會中國分會籌備茶會，作演說詳述國外司法界婦女近況，被推定為該會會長。〔註932〕

四月二十七日，下午三時，於上海國際飯店十四樓舉辦國際婦女法學會中國分會成立大會，任大會主席，作致詞，「婦女組織團體之有國際性者，在司法界上乃係創舉，本會之得以成功，實有賴於諸位之踊躍參加」，「本人今有二點意見貢獻：一，我國憲法已制定，吾人必須盡全力求其徹底實踐，隨時隨地須提倡法治精神，使國家得步向繁榮，此乃吾輩學法律者之責任。二，世界不安定之原因，主要在乎法治問題，故欲鞏固世界和平，必須提倡法治精神。」〔註933〕

五月十五日，晨八時與魏道明於上海龍華機場乘中航 XT-T68 號飛機赴臺灣，上午十一時五分，至臺北松山機場。〔註934〕

五月十七日，上海市婦女會舉行會員大會，鄭被選為該會理事之一。〔註935〕

〔註931〕《許崇清有妹與鄭毓秀齊名》，《針報》，1946 年 12 月 30 日，第 63 期，第 1 頁。

〔註932〕《婦女法學分會四月廿日成立》，《申報》，1947 年 3 月 24 日，第四版。

〔註933〕《婦女法學會中國分會今日成立》，《大公報（上海版）》，1947 年 4 月 27 日，第四版。《國際婦女法學會中國分會昨成立，創中國司法界新紀元》，《申報》，1947 年 4 月 28 日，第四版。

〔註934〕《魏道明今由滬飛臺，臺省府明日正式成立》，《大公報（上海版）》，1947 年 5 月 15 日，第二版。《魏道明赴臺履新，臺北各界慶祝省府成立》，《申報》，1947 年 5 月 15 日，第一版。《魏道明昨抵臺》，《大公報（重慶版）》，1947 年 5 月 16 日，第二版。《魏道明蒞臺記，臺北十五日航訊》，《申報》，1947 年 5 月 19 日，第七版。亞洲社、中國社：《臺灣新疆人事更迭：新任臺灣省政府主席魏道明暨夫人鄭毓秀女士，五月十五日飛抵臺北留影。軍裝者為新任臺灣省警備司令彭孟》，《藝文畫報》，1947 年第 1 卷第 12 期，第 5 頁。1947 年臺灣「二二八」事件後，南京國民政府四月下旬宣布改組，隨即撤銷臺灣省行政長官的制度，組織省政府，任命魏為首任臺灣省政府主席，此去履新。

〔註935〕《市婦女會改選理監，婦女建設協會昨日成立》，《大公報（上海版）》，1947 年 5 月 18 日，第五版。《市婦女會改選理監》，《申報》，1947 年 5 月 18 日，第四版。上海市婦女會於 1940 年成立，主辦滬上婦女工作（見《滬婦女會理事長由鄭毓琇（秀）繼任，鄭博士刻在臺灣》，《法聲》，1947 年 6 月 16 日，第 85 期，第 1 頁）。

　　六月一日，傍晚於臺北賓館受《新民報》記者採訪，對於「臺灣婦女運動是否先從教育著手」問題作答，「臺灣的婦女受了五十多年日本統治者的壓迫，她們所應享有的一切完全被剝奪盡了，所以我們要重新教他做人，使她人士什麼是國家民族，對於這些都能明瞭，婦女運動就容易推動了，所以說婦女教育是婦女運動中極主要的一環，她是婦女運動的原動力！」；對於「如何解決地域婦女職業問題」作答，「目前省當局對於整個失業問題正積極統籌辦理，婦女的失業問題，亦在謀合理的解決，而我們婦女新生活運動知道委員會，想盡力設立婦女工廠，同時打算將編制大甲帽的技術改良，製成各式帽子，銷售到歐美各國去，一定會風行的，因為歐美女人個個都戴帽子，喜歡花樣新奇，同時她們更喜愛中國的東西，如果這個嘗試成功，將來的收穫是不可限量的，我想一定會成功的！」；對於「職業婦女托兒問題」作答，「我們一面想設法將北投原已設立的保育院使它充實起來，並且決定在每個工廠區公教人員服務區，普遍分區設立托兒所，收費盡可能低廉，或者免費而使每個職業婦女都能將子女送進托兒所，受合理的教養。」；對於「臺灣流浪兒童教育問題」作答，「流浪兒童的教養問題，我們很注意，因為他（她）們都是孩子，現在正由兒童福利會先設法收容，再進一步來教養他（她）們，使每個流浪兒童都能成為國家有用人才好」。最後對記者強調，「要開展婦女運動，先要著重婦女教育，省新運婦女知道委員會現在已開設國語補習班，讓許多家庭婦女，職業婦女都能先受到國語國文的訓練，和對祖國有深刻的認識，以後一切就好辦了。」〔註 936〕

　　六月四日，上海地方法院宣判馬斯南路八十八號房屋爭訟案鄭氏姐妹勝訴。〔註 937〕

　　六月十三日，上海市婦女會常務理事會，被推選為理事長。〔註 938〕

　　七月十九日，《人人週報（上海）》刊鄭毓秀漫畫形象及四言詩，介紹其事蹟：「粵峰毓秀，乃誕英雌。盈盈十三，東瀛驅馳。女權運動，首發奇姿。法京負笈，其學孜孜。和會巴黎，榮膺代表。游說寰球，強權誓掃。博士律

〔註 936〕　《臺灣婦運：新民報記者訪鄭主任委員毓秀記》，《新運婦女指導委員會九周紀念特刊》，1947 年，第 65、66 頁。

〔註 937〕　《思南路住屋爭訟，鄭毓秀姊妹勝訴》，《大公報（上海版）》，1947 年 6 月 5日，第四版。前情見 1946 年「九月末至十月初」一條腳注。

〔註 938〕　《簡訊》，《大公報（上海版）》，1947 年 6 月 14 日，第五版。《本市簡訊》，《申報》，1947 年 6 月 14 日，第四版。《滬婦女會理事長由鄭毓琇（秀）繼任，鄭博士刻在臺灣》，《法聲》，1947 年 6 月 16 日，第 85 期，第 1 頁。該會理事長本由錢劍秋擔任，因其「負責全國婦女總會任務」辭謝，轉由鄭任。

師，女中佼佼。受任法官，鬚眉傾倒。本號獨身，明亮天真。既壻魏子，郎作夫人。偕使北美，壯志獲伸。臺疆開府，再現精神。」漫畫形象中有「女權運動」四字。〔註939〕

七月二十三日，與魏道明飛抵福州，下午飛赴上海。〔註940〕

七月二十九日，晚七時於上海中正中路八三九弄八四一號參加上海市婦女會歡迎會。〔註941〕

八月三日，受剿共建國萬元勞軍大會籌備會宣傳處邀請，擬於八月七日下午七時四十五分至八時，在大西路七號上海電臺對全市市民廣播演講。〔註942〕

八月十二日，晚八時三十分，美國魏德邁（Albert Coady Wedemeyer）使團視察基隆港後，赴省長官邸拜謁鄭毓秀。〔註943〕

八月二十七日，上午於上海新生活俱樂部參加上海市婦女會理監事就職典禮，任大會主席並致詞，「上海為國際都市之一，一切客觀條件都可為全國領導，但婦女運動則甚遲緩，今後希婦女界奮發精進」，十一時宣誓就職該會理事長，十二時散會。〔註944〕

九月初，報名上海市立法委員暨國民代表大會代表競選。〔註945〕

九月七日，組織上海市婦女會縫紉隊、書寫隊赴江灣體育場等處，為過境軍人代寫家信、縫補等。〔註946〕

〔註939〕漢英、魏王：《人言：名人圖詠：鄭毓秀》，《人人週報（上海）》，1947年7月19日，第1卷11期，第2頁。

〔註940〕《魏道明抵滬，今日飛京述職》，《大公報（上海版）》，1947年7月24日，第二版。

〔註941〕《簡訊》，《大公報（上海版）》，1947年7月29日，第五版。《本市簡訊》，《申報》，1947年7月29日，第四版。

〔註942〕《萬元勞軍宣傳，續請首長廣播》，《申報》，1947年8月3日，第四版。

〔註943〕《魏德邁視察基隆，今晨飛高雄下午來滬》，《大公報（上海版）》，1947年8月13日，第二版。魏德邁（1897～1989），美國軍人，第二次世界大戰時於東亞服役，1944年底至1946年三月，擔任同盟軍中國戰區參謀長、駐中美軍指揮官。1947年奉美總統杜魯門命令組成調查團訪華。

〔註944〕《婦女會理監事昨日宣誓就職》，《申報》，1947年8月27日，第四版。《簡訊》，《大公報（上海版）》，1947年8月27日，第五版。《市婦女會理監事宣誓，鄭毓秀主席致詞》，《新聞報》，1947年8月27日，第四版。

〔註945〕《上海競選達三十人》，《申報》，1947年9月3日，第四版。《國民黨員參加競選，本市已有九十三人》，《申報》，1947年9月21日，第四版。

〔註946〕《上海市婦女會組縫紉、書寫隊，為過境軍人服務》，《申報》，1947年9月8日，第四版。

　　九月二十五日，上海市各界節約宣傳委員會擬於九月二十六日上午假亞爾培路體育館舉行節約宣傳大會，推鄭為主席團主席之一。〔註947〕

　　九月二十八日，上海市各界招待慰勞過境出征軍人委員會及上海市兵役協會擬於九月三十日舉行歡送本市三千志願兵入營懇親大會，推鄭為該會主席團成員之一。〔註948〕

　　十月十二日，上海市節約運動委員會決定擴大組織，加聘鄭等為委員。〔註949〕

　　十月二十五日，上午九時，與魏道明參加慶祝臺灣光復兩週年大會。〔註950〕

　　十月二十二日至十一月二十一日間，登記參加上海市立法委員區域選舉，由上海市選舉事務所審查通過予以公布。〔註951〕

　　十一月六日，下午三時，於上海市黨部會議廳參加上海市各界慶祝國父誕辰紀念大會籌備會，任大會主席團主席之一。〔註952〕

　　十一月八、九日，《鐵報》連載通訊《今日的臺灣》第五、六篇中，稱鄭毓秀左右臺灣政治經濟與職官任命，是「垂簾聽政」的「太上主席」，且操縱臺幣與法幣匯率、壟斷臺灣木材貿易等牟利，並遷移前臺北賓館陳列之四尺高紅珊瑚一株為己用。〔註953〕

〔註947〕《宣傳節約大會定於明晨舉行》，《大公報（上海版）》，1947年9月25日，第五版。

〔註948〕《志願兵入營，明日舉行歡送大會》，《大公報（上海版）》，1947年9月29日，第四版。《志願兵開始入營，明日舉行懇親會》，《申報》，1947年9月29日，第四版。

〔註949〕《節約運動會擴大組織》，《大公報（上海版）》，1947年10月12日，第四版。《切實推行節約，明開擴大會議，鄭毓秀等聘為委員》，《新聞報》，1947年10月12日，第四版。

〔註950〕《張群昨飛臺，臺灣今慶祝光復兩週年》，《大公報（上海版）》，1947年10月25日，第二版。

〔註951〕《立委候選登記定二十日截止》，《大公報（上海版）》，1947年11月18日，第四版。《選舉事務所今午審查會》，《申報》，1947年11月19日，第四版。《區域立委候選人名單複審公布》，《申報》，1947年11月21日，第四版。據報，《鐵報》發行人毛子佩亦參選，而不知何故，1948年正式競選時，毛並未列於候選人中。

〔註952〕《慶祝國父誕辰紀念，本市各界昨日集議，決定舉行紀念大會准定負責人》，《大公報（上海版）》，1947年11月7日，第四版。

〔註953〕《鄭毓秀控鐵報》，《大公報（上海版）》，1947年12月3日，第四版。《臺主席魏道明夫人控告鐵報妨害名譽，滬地檢處定後日偵訊》，《大公晚報》，

十一月十九日，任上海市各界剿匪戡亂暨推行大選宣傳大會主席團主席之一，擬上午九時赴西藏中路皇后大戲院參加大會。〔註954〕

十一月二十四日，《新聞報》登文稱「吳稚暉贊鄭毓秀為立委競選者中之一『奇人』」。〔註955〕

十二月初，鄭委託譚毅公、李謨兩律師向上海地檢處控告《鐵報》發行人毛子佩及特派臺灣記者吳崇文（筆名文獻）觸犯刑法第三百一十條「妨害名譽罪」，對其聲譽加以誹謗，是為「鄭訴《鐵報》案」。〔註956〕

十二月三日，上海地檢處就「鄭控《鐵報》案」開庭偵訊，被告毛子佩因法院傳票誤將其名寫作「毛文佩」而未接受傳訊，但派人到庭觀審，吳崇文因受派至香港工作不能到庭，原告鄭亦未到。〔註957〕

1947 年 12 月 16 日，第一版。毛子佩，國民黨黨員，抗日戰爭時在滬進行地下工作，曾受敵寇拘捕與酷刑，1947 年擔任國民黨上海市黨部委員兼處長、上海《鐵報》發行人，亦與鄭同為 1948 年國民政府上海立法委員區域選舉候選人（見 1947 年「十月二十二日至十一月二十一日間」一條腳注），據傳聞，《鐵報》及毛均為「CC 系」（《鐵報罵鄭毓秀》，《自由》，1948 年第 5 期，第 27、28 頁），因「CC 系」對親蔣者如鄭、魏（魏道明於報界被看作「太子系」紅人，鄭魏一直與孫科交好，且對蔣介石也一向親附，見《魏道明操守清廉，鄭毓秀生財有道》，《珠江報》，1948 年 12 月 18 日，新 29 期，第 2 頁）可能存有不滿，加之該系有爭奪立法委員作為勢力基礎之考量，故對鄭加以為難（有學者認為，1948 年民國「行憲」是蔣介石集團內部權力鬥爭演變的結果，「CC 系」本是蔣介石集團內一大派系，卻以立法院為基地挑戰蔣之權威，參見張皓：《蔣介石與 CC 系在〈中華民國憲法〉下的權力之爭》，《歷史檔案》，2008 年 5 月 15 日，第二期）。

〔註954〕《推行大選宣傳會今晨在皇后舉行，吳市長蔣視察員將應邀致訓》，《申報》，1947 年 11 月 19 日，第四版。

〔註955〕《鄭毓秀競選立委，吳稚暉譽為「奇人」》，《新聞報》，1947 年 11 月 24 日，第四版。此事後亦為《大公晚報》、《一四七畫報》登載，見《「奇人」——吳稚暉譽鄭毓秀》，《大公晚報》，1947 年 11 月 28 日，第一版。大号：《匕首：老佛爺鄭毓秀》，《一四七畫報》，1947 年第 17 卷第 8 期，第 2 頁。蘭言：《一月人物：立委競選中的「奇人」，鄭毓琇博士》，《世界月刊（上海 1946）》，1948 年第 2 卷第 7 期，第 39、40 頁。

〔註956〕《鄭毓秀控鐵報》，《大公報（上海版）》，1947 年 12 月 3 日，第四版。《本市簡訊》，《申報》，1947 年 12 月 4 日，第四版。《臺主席魏道明夫人控告鐵報妨害名譽，滬地檢處定後日偵訊》，《大公晚報》，1947 年 12 月 16 日，第一版。該刑法即 1935 年「新刑法」，見上海法學編譯社編：《中華民國刑法》，會文堂新記書局，1935 年 3 月版。

〔註957〕《鄭毓秀控鐵報誹謗，地檢處今開庭偵訊》，《新聞報》，1947 年 12 月 3 日。《簡訊》，《大公報（上海版）》，1947 年 12 月 4 日，第五版。《本市簡訊》，

十二月十一日，上海地檢處就「鄭訴《鐵報》案」已進行偵查，並至臺灣銀行滬分行調查《鐵報》所稱「鄭曾一次匯滬臺幣二十億」之事，但並未發現有此項大數目。〔註958〕

十二月十二日，中午於杏花樓招待上海新聞界，發表競選抱負，認為「凡法治國家，男女必須肩負同等之責任」，否則必至「半身不遂」，無以實現全民政治之理想及提高婦女地位。並發表競選主張六點，「一，確實保證人民自由，從速以法律詳定違法侵害人民自由或權利之公務員所負法律上責任，及國家對被害人所負擔損害賠償責任；二，督促政府迅速穩定金融，平抑物價，以某人民生活之安定；三，制定切實保障農民及勞工各項法律，以期耕者有其田，勞者厚其生；四，督促政府實行獎勵並保護國民生產事業及對外貿易，以期發展全國物力，鞏固國民經濟；五，督促政府實施普及強迫教育，務使全國文盲，迅速掃除；六，中央及地方政府各機關，應盡量給予婦女以工作機會」。就訴《鐵報》事，談「靜待法律裁判，現在不便多說什麼」，「和魏道明主席到臺灣後，是拿革命精神處理一切」。〔註959〕

十二月十八日，上海地檢處就「鄭訴《鐵報》案」復次開庭偵訊，《鐵報》發行人毛子佩到庭應訊，遞交免訴申請，稱其審查《今日之臺灣》時，認為「既有所指謫，亦係適當之評論，並無惡意可言」，檢察官勸庭外和解。〔註960〕

十二月二十二日，下午於上海金門飯店開茶會招待兩廣同鄉，請助力競選立法委員，並發表其競選抱負與主張，「處茲民主時期，政府係人民之政府，政府能盡職守與否，人民實負直接責任，故甚望人民勿放棄監督政府之權利，參加選舉，投選賢能，代表教政」，提出切實保障人民自由等六點，下午五時

《申報》，1947年12月4日，第四版。《「垂簾聽政」惹起官司，鄭毓秀控告上海鐵報：不該說她能左右臺灣政治，不該說魏道明力量不及她》，《大公晚報》，1947年12月5日，第一版。陳耀錦：《鄭毓秀控鐵報評述》，《大地週報》，1947年12月，第89期。

〔註958〕《鄭毓秀控鐵報案，地檢處進行偵查》，《新聞報》，1947年12月11日，第四版。陳耀錦：《鄭毓秀控鐵報評述》，《大地週報》，1947年12月，第89期。

〔註959〕《鄭毓秀競選立委，昨發表競選主張》，《大公報（上海版）》，1947年12月13日，第四版。《國代當選人選總限期呈報》，《申報》，1947年12月13日，第一版。《鄭毓秀發表競選立委主張》，《新聞報》，1947年12月13日，第四版。

〔註960〕《鄭毓秀控鐵報，法官勸和解》，《大公報（上海版）》，1947年12月19日，第四版。《鄭毓秀控鐵報案毛子佩狀請免訴》，《申報》，1947年12月19日，第四版。《鄭毓秀控鐵報案，地檢處昨庭訊，庭論雙方在外和解》，《新聞報》，1947年12月19日，第四版。

許散。〔註961〕

十二月二十三日，下午三時於愛棠路市黨部參加上海市婦女會議，任會議主席，被推為婦女團體勸募寒衣委員會常務理事之一，發起「五萬件寒衣運動」，擬定於十二月二十四至二十六日以卡車六輛舉行「勸募寒衣列車」遊行，並於二十四日起每晚七時到七時十五分廣播勸募。〔註962〕

十二月二十四日，上海地檢處就「鄭訴《鐵報》案」再次開庭審訊，被告毛子佩、吳崇文（筆名文獻）均到，鄭未到。〔註963〕

十二月二十六日，於麗都花園主持上海市婦女界籌募冬令難民寒衣運動討論會，並作報告，「籌募寒衣運動是由十二個婦女團體共同發起的，現在正是大冰凍的季節，街頭上的啼饑號寒的難民是多麼淒慘，大家應以救災如救火的精神，僅速的展開勸募工作。多捐一套棉衣，就是多救一個難胞。家裏沒有舊衣好捐的，可以每套二十五萬元的代價捐助現金」。〔註964〕

十二月三十日，下午二時，於麗都花園參加上海市冬令救濟婦女募集寒衣志願團第一次會議，任主席團主席之一，作致詞，「今年寒流來得早，而上海難民特別多，所以問題特別嚴重。對於救濟事情，上海每次都有熱烈表現，希望這種精神繼續下去，使全國苦難同胞都能感受到」，擔任勸募隊長之一，認募一億元。〔註965〕

〔註961〕《鄭毓秀競選立委，昨招待兩廣同鄉》，《申報》，1947年12月23日，第四版。

〔註962〕《婦女界定明天出動，預定募寒衣五萬件》，《大公報（上海版）》，1947年12月23日，第四版。《「五萬件寒衣運動」明日舉行列車遊行》，《申報》，1947年12月23日，第四版。《婦女界昨會商勸募寒衣辦法》，《大公報（上海版）》，1947年12月24日，第四版。

〔註963〕《鄭毓秀控鐵報案，地檢處昨再開庭》，《大公報（上海版）》，1947年12月25日，第四版。《本市簡訊》，《申報》，1947年12月25日，第四版。

〔註964〕《熱心婦女聯合一致，發動募集寒衣運動，組志願團市長夫人任總團長，將成立一百隊發動千人參加》，《大公報（上海版）》，1947年12月27日，第四版。

〔註965〕《發動廣泛勸募寒衣，婦女界今開會商討，將請各界領袖擔任贊助委員》，《大公報（上海版）》，1947年12月30日，第四版。《婦女界茶會商救濟問題》，《申報》，1947年12月30日，第四版。《麗都花園溫情一片，徵募寒衣成績卓越，發揚偉大母性之愛，指顧間得廿五萬萬》，《申報》，1947年12月31日，第四版。《救濟難民募集寒衣，婦女志願團昨成立，組織勸募隊即日開始工作，昨當場認募達廿五億餘元》，《大公報（上海版）》，1947年12月31日，第四版。截至1947年底，上海市婦女界勸募寒衣委員會首批募集寒衣鞋襪帽子達一萬件（《婦女勸募寒衣會募得衣履一萬件》，《申報》，1948年1月5日，第四版）。

是月，《鐵報》刊梁岱庵所寫《訟則終凶吟》，詩前小注：「訟則終凶，古有明訓，雖健於訟者，亦未必定能操勝券，蓋時代已瀕臨民主前夕，司法獨立，未可由任何人左右也。善泅者溺於水，可引以為誡，世猶有健訟者，詩以箴之。」詩為：「垂簾聽政學慈禧，氣焰囂張看一雌。興訟由來當膳食，起家本自仗官司。口碑無不嗟治績，會籍曾經除律師。勸爾且醒包攬夢，須知情勢異當時。」《鐵報》另稱該報被臺灣省府禁止入省，即向內政部訴願，並請求新聞界支持，但「被禁」一事遭臺省府否認。〔註966〕

1948年，民國三十七年，戊子，五十七歲

一月五日，下午三時於塘沽路上海市參議會參加戡亂建國動員委員會成立大會及第一次會議。〔註967〕「鄭訴《鐵報》案」被告記者吳崇文向上海地檢處遞交《新聞天地》、《現實新聞雙週刊》、《觀察》三本雜誌，稱其根據該三者內容而撰寫《今日之臺灣》中的批評文字，並非虛構事實。〔註968〕

一月六日，上海選舉事務所復次公布競選上海市立法委員暨國民大會代表候選人名單，鄭為非政黨提名之聲請登記候選人（即「簽署候選人」）之一。〔註969〕

一月十二日，吳鐵城、王寵惠為支持鄭毓秀競選山海區域立法委員，為其作小傳向公眾介紹。〔註970〕

〔註966〕陳耀錦：《鄭毓秀控鐵報評述》，《大地週報》，1947年12月，第89期。該詩諷刺鄭1931年被委託人羅步洲控告「收受公費而怠行職務」，險為上海律師公會開除會籍之事，及1933年「鄭楊案」被江寧地方法院通緝而避逃海外之事。關於《鐵報》是否被禁於臺灣，據《鐵報》稱：「本報曾於本月六日（1947年12月6日），及八日，先後接得臺北分銷處的兩個電報，同時十二月四日的臺灣《中華日報》刊一消息，為『《觀察週刊》及《鐵報》，省通令禁止售銷』，並認為這坐實了鄭「太上主席」的稱呼，「我們彷彿看見她的傲岸的影子在搖晃著，正像十數年前她炙手可熱的時候一樣。但，可喜的是時代終於面臨行憲的初步了。」（見《上海通訊：為了「垂簾聽政」的問題，鄭毓秀與鐵報之訟案》，《一四七畫報》，1948年第18卷第2期，第11頁）

〔註967〕《戡建動員委會昨日開會成立》，《大公報（上海版）》，1948年1月6日，第四版。

〔註968〕《鐵報否認誹謗，提證具狀答辯》，《申報》，1948年1月6日，第四版。

〔註969〕《國民大會代表立法院立法委員上海市選舉事務所公告：滬選（37）字第347號》，《申報》，1948年1月6、7、8日，分別第六、五、六版。《競選之群》，《申報》，1948年1月13日，第四版。

〔註970〕《鄭毓秀競選立委，吳鐵城等為其作傳》，《新聞報》，1948年1月12日，第四版。

一月十三日，於《新聞報》登競選立法委員廣告，分三部分，分別由黨政名人（印有孫科、吳鐵城、王寵惠、顏惠慶等 18 人親筆簽名）、兩廣旅滬同鄉會與上海廣肇公所、上海 41 家贊助社團具書推薦。〔註971〕

一月十四日，於《申報》登競選立法委員廣告，有孫科、王寵惠、顏惠慶、吳鐵城等名人簽名。〔註972〕鈕永建對記者談話，支持鄭毓秀競選，認為其「此次在本市參加立法委員候選人，是最合理想」。〔註973〕《鐵報》開始連載《我們需要鄭毓秀這樣的立委嗎？》一文，阻撓其競選立委。〔註974〕

一月十六日下午，國民黨中常會通過鄭毓秀為黨內提名之上海區域立委候選人之一（補葉秋原缺）。〔註975〕

一月十七日，上海市選舉事務所公告鄭毓秀補葉秋原缺，繼為國民黨提名候選人。〔註976〕

〔註971〕《選舉鄭毓秀博士為立法委員》，《新聞報》，1948 年 1 月 13 日，第七版。

〔註972〕《選舉鄭毓秀博士為立法委員》，《申報》，1948 年 1 月 14 日，第三版。

〔註973〕《鈕永建介紹鄭毓秀競選立委》，《新聞報》，1948 年 1 月 15 日，第四版。

〔註974〕《我們需要鄭毓秀這樣的立委嗎？》，《申報》，1948 年 1 月 14 日，第一版。《我們需要鄭毓秀這樣的立委嗎？》，《新聞報》，1948 年 1 月 14 日。《鐵報罵鄭毓秀》，《自由》，1948 年第 5 期，第 27、28 頁。《鄭毓秀將被拘傳》，《大地週報》，1948 年，第 99 期，第 3 頁。1948 年 1 月至 3 月，《鐵報》持續刊登批評鄭之文章，被稱作「廣告大戰」，有報刊認為，「鄭之措置，殊為失當，報紙攻擊，置之不理可也，何必興師動眾，弄得勢成騎虎，欲罷不能，實智者之所不為者，亦充分顯示出女人之偏狹心理」（毛錐子：《鄭毓秀毛子佩廣告之戰》，《大地週報》，1948 年，第 94 期）。而鄭與《鐵報》之官司，據傳影響到魏道明臺灣省政府主席之前途，「倘鄭女士不向法院控訴鐵報，也許魏道明在臺的壽命，可以多延長三個月至六個月時間，訟案既興，各方注目，中樞為了重視臺灣，乃不得不重行考慮適當的主臺人選，語云：訟終凶，鄭女士之好訟，竟自食其果」（《魏鄭毓秀與鐵報之訟》，《大地週報》，1948 年 1 月，第 92 期）。

〔註975〕《中常會昨通過黨員退讓原則》，《申報》，1948 年 1 月 17 日，第一版。關於鄭競選上海市區域立法委員資格問題，因「簽署候選人」（見 1948 年「一月六日」一條）資格須非政黨黨員方可具有，而國民黨中央隨後查出鄭為國民黨黨員（黨證為寧字三八五零號），國民黨中央遂決定取消其「簽署候選人」資格，而 1948 年 1 月 7 日，原國民黨提名之上海立委候選人葉秋原致函放棄競選，因鄭亦為國民黨員，故補該提名額，從「簽署候選人」改為黨內提名（見《鄭毓秀的得失：簽署人資格被取消，卻補上了政黨提名》，《大公報（上海版）》，1948 年 1 月 18 日，第四版）。據葉朋友回憶，其放棄是因寧滬競選名額加倍且進行自由競選，恐不堪其費，並非傳聞所稱鄭使出政治手段而造成（儲玉坤：《悼葉秋原先生（上）》，《申報》，1948 年 5 月 1 日，第七版）。

〔註976〕吳國楨：《國民大會代表、立法院立法委員上海市選舉事務所公告：滬選（三

一月十八日，上午九時，於雲南路天蟾舞臺參加上海各界戡亂建國動員大會，為主席團成員之一。〔註977〕旅滬兩廣同鄉會廣肇公所暨各社團邀請上海各界名流演講及舉行粵樂演奏，以支持鄭競選上海區域立委。晚八時十五分，於南京西路九八二號三樓，通過勝利電臺（周波二六KC）廣播發表競選演說——《憲政與立委》。〔註978〕

一月十九日，上海法政學院、上海法政律師同志會、上海法政同學會及上海法政學院全體學生四團體聯合登廣告，介紹鄭毓秀履歷，贊其「賦性正直、膽魄過人、見義勇為、當仁不讓」，請選民為其競選上海區域立委投票。〔註979〕

一月二十一日，上海市首次區域立法委員選舉正式開始，鄭毓秀著力宣傳「不遺餘力」、「不惜工本」，在上海國際飯店門首懸掛橫額及紫色大燈籠，於各處張掛布條標語及發動宣傳車，另著人開汽車在北四川路一帶沿街散發宣傳小冊，並散發小卡片以吸引行人。〔註980〕

七）字第三九四號》，《上海市政府公報》，1948年第5期，第84頁。及《國民大會代表、立法院立法委員上海市選舉事務所公告：滬選（37）字第394號》，《申報》，1948年1月18日，第六版。前情見上條腳注。

〔註977〕《戡亂建國動員大會昨晨在天蟾舞臺舉行，三千餘人參加情緒激昂》，《大公報（上海版）》，1948年1月19日，第四版。《戡建動員大會席上，難民痛陳共匪暴行，議長籲請市民集中國量、共赴時艱》，《申報》，1948年1月19日，第四版。

〔註978〕《一致擁護鄭毓秀博士為立法委員》，《申報》，1948年1月18日，第五版。《一致擁護鄭毓秀博士為立法委員》，《新聞報》，1948年1月18日。《駱清華鄭毓秀發表競選演說》，《申報》，1948年1月18日，第四版。據報，上海市內兩廣社團為鄭競選立委之主力（《選票的分布》，《大公報（上海版）》，1948年1月24日，第四版），所請名人包括王寵惠、李石曾、杜月笙、劉維熾、歐偉國、董乾文、唐季珊、鄭子良等十餘人。《憲政與立委》一文未見錄刊。

〔註979〕《請選舉鄭毓秀博士為立法委員》，《申報》，1948年1月19日，第五版。

〔註980〕《立委選舉今起投票，開始結束汽笛長鳴，選所吳主委鄭重親投第一票，一般揣測將選顏惠慶》，《申報》，1948年1月21日，第四版。《競選活動各盡其能》，《申報》，1948年1月22日，第四版。《立委選舉投票今為最後一天，競爭宣傳漸趨平靜》，《申報》，1948年1月23日，第四版。另據《大公報》，鄭於選舉開始之前即於上海市北京西路某廣東紙紮店定做一特大型走馬燈，上書「選舉鄭毓秀為立法委員」，其內燃燈，燈體可自由迴旋，價格高達二百五十萬元法幣之巨，足見鄭為此次競選立委極為重視（《鄭毓秀有噱頭，在滬競選立委別開生面》，《大公晚報》，1948年1月15日，第一版）。

一月二十三日，上海參議會議長潘公展夫人投票支持鄭毓秀競選上海區域立委。〔註 981〕

一月二十四日至二十八日，派人赴上海選舉事務所住宿，以監督開票。〔註 982〕

一月二十六日，上海市各界歡送健愈官兵重上前線慰勞大會籌備會議擬推選鄭毓秀為大會主席團成員之一。〔註 983〕

一月二十七日，上海地檢處就「鄭控《鐵報》案」再次傳訊吳崇文。〔註 984〕

一月二十八日，晚八時，以 152275 票（第二名）當選上海市區域立委。〔註 985〕

二月二日，赴吳公館慰問上海市長吳國楨。〔註 986〕上海市選舉事務所公布區域立委競選結果，正式公布鄭毓秀等七人當選。〔註 987〕

二月五日，下午於麗都花園參加婦女募集寒衣團結束大會，被推選為保

〔註 981〕《議長夫婦選舉顏鄭，市長夫人圈王新衡》，《申報》，1948 年 1 月 24 日，第四版。

〔註 982〕《立委選舉啟箱計票，區域開出十三萬張，今起決提早時間增加人員》，《申報》，1948 年 1 月 25 日，第四版。《立委選舉昨天開票：教育團體昨已開票完畢，區域開票所今天仍繼續工作》，《大公報（上海版）》，1948 年 1 月 25 日，第四版。《立委選舉開票第二日結果，七職業團體選票統計完竣》，《申報》，1948 年 1 月 26 日，第四版。《大學教員等七單位立委選舉票數檢清》，《大公報（上海版）》，1948 年 1 月 26 日，第四版。《職業團體立委選票，還剩工會沒有開出》，《大公報（上海版）》，1948 年 1 月 27 日，第四版。《工會立委票數檢清，區域選舉明日揭曉》，《大公報（上海版）》，1948 年 1 月 28 日，第四版。

〔註 983〕《歡送健愈官兵重上前線，各界明日舉行慰勞大會》，《申報》，1948 年 1 月 27 日，第四版。

〔註 984〕《鐵報被控案：傳訊吳崇文》，《申報》，1948 年 1 月 28 日，第四版。

〔註 985〕《立委選票提早檢清：王新衡等七人當選，全部選票一百二十餘萬張，為了票數最後曾發生糾紛》，《大公報（上海版）》，1948 年 1 月 29 日，第四版。《立委區域選舉計票總揭曉：王新衡當選第一》，《申報》，1948 年 1 月 29 日，第四版。

〔註 986〕《阿根廷大使昨慰問市長，市長續收慰問電》，《大公報（上海版）》，1948 年 2 月 3 日，第四版。

〔註 987〕《國民大會代表、立法院立法委員上海市選舉事務所公告：滬選（37）字第 418 號》，《申報》，1948 年 2 月 2、3、4 日，分別第五、一、五版。1948 年 5 月 3 日，該名單由國民黨中央通訊社正式公布（《區域立委當選名單》，《申報》，1948 年 5 月 4 日，第二版。及《當選區域立委，各省市名單昨公布一部》，《大公報（上海版）》，1948 年 5 月 4 日，第三版）。

管委員會委員之一，負責保管所徵募寒衣款項等。〔註988〕

二月十日，擬赴二〇後方醫院慰勞傷病軍士。〔註989〕

二月十九日，上海地檢處就「鄭控《鐵報》案」再次傳訊，被告毛子佩、吳崇文出庭應訊並補遞訴狀，認為此案「告訴乃論」（即出於告訴人本人意思表示），並指鄭曾因「鄭楊案」避逃海外，被江寧地方法院通緝，故提請責令原告親自到案質詢等。〔註990〕

三月八日，參加紀念婦女節活動。〔註991〕

三月二十六日，上海地檢處就「鄭控《鐵報》案」決定對毛子佩不予起訴，對吳崇文以妨害名譽罪起訴。〔註992〕

是月，《星期日畫報》稱鄭返臺陪同孫科進行「平原十日遊」。〔註993〕

四月二十一日，上海市地檢處將吳崇文妨害鄭毓秀名譽一案移送上海地方法院刑庭，開始法庭調查程序。〔註994〕

五月十五日，上海地方法院就吳崇文妨害鄭毓秀名譽一案開庭，鄭、吳

〔註988〕《婦女徵募寒衣團今日舉行結束會》，《申報》，1948 年 2 月 5 日，第四版。《未賣出物品將發動義賣勸銷，婦女志願團昨結束，未完成工作決組織保管委會，總共募得現款四十億餘元》，《大公報（上海版）》，1948 年 2 月 6 日，第四版。《婦女募集寒衣團昨舉行結束大會，市長議長夫人經募最多》，《申報》，1948 年 2 月 6 日，第四版。截至 1948 年 1 月 24 日，以鄭為隊長的第四隊募集到法幣三千零五十萬元（《婦女志願團經募報告：前日共收一億五千一百餘萬，連前共計二十五億七千餘萬》，《大公報（上海版）》，1948 年 1 月 26 日，第四版）。

〔註989〕《鼓勵軍民增強戡亂意識，各界擴大春節勞軍》，《申報》，1948 年 2 月 9 日，第四版。

〔註990〕《鐵報被控案：地檢處昨再傳訊，鄭毓秀仍未到庭》，《大公報（上海版）》，1948 年 2 月 20 日，第四版。《鐵報被控昨再傳訊》，《申報》，1948 年 2 月 20 日，第四版。《鄭毓秀將被拘傳》、，《大地週報》，1948 年，第 99 期，第 3 頁。《鐵報譏鄭詩：訟則終凶吟》，《大地週報》，1948 年，第 99 期，第 3 頁。

〔註991〕《各地紀念婦女節》，《申報》，1948 年 3 月 9 日，第一版。

〔註992〕《鄭毓秀控鐵報案，地檢處偵訊完畢》，《大公報（上海版）》，1948 年 3 月 27 日，第四版。《鐵報被控案，起訴吳崇文》，《申報》，1948 年 3 月 27 日，第四版。《鄭毓秀控鐵報案文獻提起公訴》，《新聞報》，1948 年 3 月 27 日，第四版。

〔註993〕《鄭毓秀又蒞臺灣》，《星期日畫報》，1948 年 3 月 14 日，第 13 期，第 2 頁。

〔註994〕《鄭毓秀控告鐵報臺灣特派員文獻（吳崇文）誹謗案》，《大公報（上海版）》，1948 年 4 月 23 日，第四版。

均未到，鄭之辯護律師提起附帶民事訴訟，要求被告將判決書登載京滬各大報三天並承擔其費用，放棄經濟賠償訴求。吳之律師要求法官延期，庭諭改期再訊。〔註 995〕

五月十八日，下午三時參加立法院第一次會議。〔註 996〕

五月二十日，參加上海市體育館舉辦慶祝蔣介石、李宗仁就職「行憲」（即實行民主憲政，總統制）後中華民國首任總統、副總統之活動。〔註 997〕

六月三日，上午九時，於亞爾培路上海市體育館參加各界紀念六三禁煙節大會，任主席團成員之一。〔註 998〕

六月五日，高雄市府擬將川田橋改名道明橋，魏道明謙辭，囑易名為成功橋，並親書橋名以備刻石，對臺北至淡水公路定名為鄭毓秀路事，亦加以否認。〔註 999〕

六月二十一日，在臺北省婦女會創立婦女沙龍，以提倡臺灣婦女正常娛樂，並擬為該會主委。〔註 1000〕

六月二十九日，下午女性立法委員舉行集會，決定向總統及監察院推薦鄭毓秀、錢劍秋為大法官。〔註 1001〕上海地方法院就吳崇文妨害鄭毓秀名譽

〔註 995〕《鄭毓秀控鐵報案，吳崇文的律師要求延期》，《大公報（上海版）》，1948 年 5 月 16 日，第四版。《鐵報記者被控案，開庭時雙方未到》，《申報》，1948 年 5 月 16 日，第四版。

〔註 996〕《會場花絮》，《大公報（香港版）》，1948 年 5 月 19 日，第二版。

〔註 997〕《首屆總統副總統就職，市體育館盛典，同慶國運昌隆，全市國旗飄揚爆竹之聲不絕》，《申報》，1948 年 5 月 21 日，第四版。

〔註 998〕《今日禁煙節各界將在體育館開會紀念，吳國楨方治均將廣播講演》，《大公報（上海版）》，1948 年 6 月 3 日，第四版。

〔註 999〕《魏道明不願名橋，鄭毓秀否認名路》，《新聞報》，1948 年 6 月 6 日，第一版。1948 年 5 月 31 日，《大公報》曾刊聞稱臺灣省政府為提倡國民體育，擬令北投至淡水間公路定名為「鄭毓秀路」（《鄭毓秀路》，《大公報（上海版）》，1948 年 5 月 31 日，第六版。《鄭毓秀路，臺灣省府築成》，《大公報（香港版）》，1948 年 6 月 1 日，第七版。及《新聞拾零》，《大公報（天津版）》，1948 年 6 月 2 日，第五版），此為鄭、魏加以澄清。

〔註 1000〕《鄭毓秀在臺北創立婦女沙龍》，《申報》，1948 年 6 月 22 日，第二版。《鄭毓秀在臺北創立婦女沙龍》，《女鐸》，1948 年第 33 卷 08 期。

〔註 1001〕《大法官及考試委員短期內尚難產生》，《大公報（上海版）》，1948 年 6 月 30 日，第二版。《女立委聯合推薦大法官考委人選》，《申報》，1948 年 6 月 30 日，第一版。《大法官等人選尚難正式決定，章士釗表示不願意幹》，《大公報（香港版）》，1948 年 6 月 30 日，第二版。《大法官及考試委員，婦女立委推薦人選》，《大公晚報》，1948 年 6 月 30 日，第一版。

一案開庭辯論，鄭僅委律師參加，仍未到庭。〔註1002〕

七月六日，上海地方法院就吳崇文妨害鄭毓秀名譽案作出判決，吳處有期徒刑兩月，罰金每日一萬元法幣，並由吳將該判決全文登載上海《中央日報》兩日。吳崇文為上海市小型報記者因誹謗報導而被判徒刑之第一人。〔註1003〕王寵惠受採訪，否認鄭毓秀提名為大法官。〔註1004〕

八月至九月初，《海濤》刊文稱鄭因未被提名大法官而高血壓病發，赴臺北草山休養。〔註1005〕

九月十日，晨九時於南京參加立法院秘密會議，聽取國民政府財經報告及經濟緊急處分令實施情形。〔註1006〕

九月二十三日，於西藏路皇后大戲院參加上海市各界推行勤儉建國運動宣傳大會。〔註1007〕

十月二十五日，下午三時於臺北介壽館參加臺灣博覽會開幕典禮，並親自剪綵，繼而參加介壽館成立暨國父銅像揭幕聯合典禮，慶祝臺灣光復。〔註1008〕

十一月一日，《內幕新聞》刊文批評鄭毓秀，稱其為臺灣的「太上皇」並

〔註1002〕《鄭毓秀控鐵報案：地檢處定下月六日宣判》，《大公報（上海版）》，1948年6月30日，第四版。《鐵報記者被控案定七月六日宣判》，《申報》，1948年6月30日，第四版。

〔註1003〕《鐵報被控案：吳崇文判徒刑兩月》，《大公報（上海版）》，1948年7月7日，第四版。

〔註1004〕《王寵惠談對日和會問題關鍵仍在蘇聯，我應以本身利益為前提，並否認鄭毓秀提名為大法官》，《新聞報》，1948年7月6日，第一版。

〔註1005〕《鄭毓秀的血壓》，《海濤》，1948年9月2日，新2期，第2頁。

〔註1006〕《立委質詢財經措施，翁文灝等出席報告》，《大公報（上海版）》，1948年9月11日，第二版。《立院聽取財經報告，對執行技術提改革意見，指責增加鹽稅，主張調整待遇》，《大公報（天津版）》，1948年9月11日，第二版。《立院舉行秘密會議，聽取政府財經報告，王財長稱預算可望平衡》，《申報》，1948年9月11日，第一版。

〔註1007〕《勤儉建國宣傳大會，各界昨在皇后戲院舉行》，《大公報（上海版）》，1948年9月24日，第四版。朱文德：《宣傳推行勤儉運動喚起市民身體力行，各界昨假皇后戲院舉行大會》，《申報》，1948年9月24日，第四版。

〔註1008〕《臺省光復三週年，臺北今舉行慶祝大會》，《大公報（天津版）》，1948年10月25日，第三版。《臺省光復三週年，今晨舉行紀念會，臺灣展覽會同日開幕》，《大公報（重慶版）》，1948年10月25日，第二版。《臺博覽會今揭幕，分十三類琳琅滿目》，《申報》，1948年10月25日，第二版。《慶祝三屆光復節，臺北盛況空前，閱兵儀式軍容雄壯，博覽會亦同日揭幕》，《申報》，1948年10月26日，第二版。《臺灣昨慶祝光復節，紀念會在臺北隆重開幕，博覽會揭幕》，《大公報（上海版）》，1948年10月26日，第二版。

非空穴來風，是因為其有「御夫術」，能控制魏道明：第一，比魏道明年長，第二，魏之仕途完全是鄭向王寵惠引薦的關係，有知遇之恩。〔註1009〕

十二月十八日，《珠江報》刊文批評鄭毓秀，將其與前臺灣行政長官陳儀之日本夫人對比，稱鄭之「豪華」與陳太太之簡樸「相差天壤」。〔註1010〕

是年，《新園林》刊文批評鄭毓秀，稱其「以前在上海主持司法的時候，法壇風氣，為之大變，而一般律師們提起了鄭博士，都稱為『雌老虎』」，以至於「談虎色變」。〔註1011〕

是年下旬，遼瀋、淮海戰役國民黨接連戰敗，鄭、魏出讓上海馬思南路房屋，與親友預備在臺灣久居，鄭之交際甚為頻繁。〔註1012〕

是年末，南京國民政府第三十三次中常會通過臺灣省政府改組案，任命陳誠接替魏道明任臺灣省政府委員兼主席。〔註1013〕

1949年，民國三十八年，己丑，五十八歲

一月初，魏道明正式卸任臺灣省政府主席，鄭於臺處理其帳目。〔註1014〕

一月八日，晨由基隆港搭乘太古公司盛京輪赴香港，其行李一百多件均由臺灣省政府顧問兼農林公司總經理楊宣和交通處處長陳德文護送上船。據傳其心情不悅，並向近人責備魏「都是這老糊塗，不知怎麼搞到這樣的」。〔註1015〕

一月九日，下午五時半，輪抵香港，隨行兩名女僕。與記者談，「在香港有兩三日的逗留，並且要住一兩天醫院，然後就要到廣州去」，並用英語說：

〔註1009〕孔生：《鄭毓秀博士的御夫術》，《內幕新聞》，1948年11月1日，第2期，第12頁。

〔註1010〕《魏道明操守清廉，鄭毓秀生財有道》，《珠江報》，1948年12月18日，新29期，第2頁。

〔註1011〕九公：《雌老虎鄭毓秀》，《新園林》，1948年第1期，第2頁。

〔註1012〕金瑞：《寒流來了！》，《大公報（香港版）》，1949年1月14日，第七版。文中稱鄭「長袖善舞，豪華的賓館中『座上客常滿』，連旅行社的圓山招待所亦住滿『主席的客人』」。

〔註1013〕金瑞：《寒流來了！》。據傳，鄭得知此事後「氣的大罵：『我們作的這樣好，換人也不先告一聲，真是老混蛋，老混蛋！』」（呂德潤：《紙幕臺灣》，《大公報（香港版）》，1949年5月28日，第七版）。

〔註1014〕《「老糊塗怎麼搞的」鄭毓秀離臺的感慨》，《大公報（香港版）》，1949年1月14日，第七版。一月五日，魏道明正式交卸臺府關防，並飛赴南京晉謁。由於二人在臺「帳目繁多」，據報刊稱，由侍從清理了十二天才告一段落。

〔註1015〕《鄭毓秀由臺赴港》，《新聞報》，1949年1月7日，第一版。《「老糊塗怎麼搞的」鄭毓秀離臺的感慨》，《大公報（香港版）》，1949年1月14日，第七版。

「廣東就是我的老家呀，不是嗎？」，記者問其入住什麼醫院，回答未定。登岸後，在香港政府保安人員保護下，出碼頭與親友乘「七九二四」號汽車離開，隨攜行李百餘件由旅行社代運。〔註1016〕

一月二十四日，《珠江報》刊鄭毓秀近況，稱其不欲與記者交談時局問題，抵港後「為避免應酬，對人表示將遷居西半山區之瑪利醫院靜養，以避繁囂」。〔註1017〕

一月至三月，與魏道明住九龍窩打老道一位朋友家裏，很少活動。〔註1018〕

三月三日，下午四時許與魏道明於香港皇后大道娛樂戲院附近出街購物娛樂。〔註1019〕

是年，在港期間，鄭曾受蔡孟堅夫婦拜訪並問及今後打算，答道：「你是蔣總統的人，又有官位在身，你們當然去臺灣，我們無官一身輕，在香港玩些時候，即去一個最安全最有發展的地方」。〔註1020〕不久後，與趙沛鴻等赴巴西經商。〔註1021〕

1950年至1952年，五十九歲至六十一歲

在巴西，鄭魏夫婦因語言不通及無營業經驗，故經商失敗。後輾轉到烏拉圭，欲投奔李石曾，最終未成。〔註1022〕

1953年，六十二歲

是年，鄭魏夫婦到洛杉磯，鄭以自己的博士身份和各種官職、經歷為資

〔註1016〕《鄭毓秀抵港，攜帶行李達百多件，豔妝登岸拈花微笑》，《大公報（香港版）》，1949年1月10日，第四版。《鄭毓秀抵港》，《新聞報》，1949年1月10日，第一版。謝銘新：《香港的泡沫》，《申報》，1949年1月13日，第七版。《鄭毓秀赴港盛況：帶了一百多件行李將作長期寓公》，《臺灣內幕》，1949年第2期，第6頁。

〔註1017〕《香港又添一貴婦：鄭毓秀抵港別紀》，《珠江報》，1949年1月24日，新65期，第5頁。

〔註1018〕《魏道明、鄭毓秀：逍遙香港看電影》，《新聞觀察》，1949年3月4日，第1卷第3期，第8頁。

〔註1019〕《魏道明、鄭毓秀：逍遙香港看電影》，第1卷第3期，第8頁。

〔註1020〕蔡孟堅：《懷念魏道明先生──從王亮老談魏說起並敘述海外生活及再婚返國重登政壇等經過》，《傳記文學》第39卷第5期，1981年11月，第71頁。

〔註1021〕蔡孟堅：《懷念魏道明先生──從王亮老談魏說起並敘述海外生活及再婚返國重登政壇等經過》，第72頁。

〔註1022〕蔡孟堅：《懷念魏道明先生──從王亮老談魏說起並敘述海外生活及再婚返國重登政壇等經過》，第72頁。

本進行活動，引起不少華人的關注，意圖藉此與臺灣當局取得聯繫，結識蔡孟堅的二女兒芸芸，通過其與蔡的通信來打探臺灣當局的態度，蔡勸說二人放下擔憂，盡快準備回臺事宜。〔註1023〕

1954年，六十三歲

是年，鄭魏夫婦從日本轉機到臺北，蔡孟堅請臺灣警備司令彭孟緝為二人發放入臺證時，蔣介石欲加阻礙，但經彭之手段仍舊得以入臺。居住於臺北蔡玄甫（魏道明表兄）家，並未出任官職，常有門生故舊到訪，曾與到訪的周蜀雲暢談旅美生活，感慨國事。〔註1024〕

1955年至1958年，六十四歲至六十七歲

鄭因查出左臂有癌症跡象，夫婦旋即赴美就醫，診斷為癌症，只得截肢保全。〔註1025〕

1959年，六十八歲

是年，鄭魏夫婦居洛杉磯，夫婦感情深厚，魏道明為鄭擦口紅、寇丹及梳頭。二人曾接待赴美考察的蔡孟堅，鄭用一條胳膊忙裏忙外，整理家務，晚飯後，魏蔡閒聊，蔡為夫婦二人赴南美而非盡早回臺的選擇感到惋惜：「鄭博士僅想保存一些珠寶死東西，而隨便丟掉一張『活』王牌（指上海立法委員一職），這是最大錯誤」。蔡趕赴紐約時，宋美齡亦曾向其打聽魏、鄭消息。〔註1026〕

十二月十六日，鄭毓秀因癌症擴散辭世。

〔註1023〕蔡孟堅：《懷念魏道明先生——從王亮老談魏說起並敘述海外生活及再婚返國重登政壇等經過》，第73頁。

〔註1024〕蔡孟堅：《懷念魏道明先生——從王亮老談魏說起並敘述海外生活及再婚返國重登政壇等經過》，《傳記文學》第39卷第5期，1981年11月，第73頁。秦孝儀主編：《革命人物志（第16集）》，臺北：中央文物供應社，1977年版，第314頁。

〔註1025〕蔡孟堅：《懷念魏道明先生——從王亮老談魏說起並敘述海外生活及再婚返國重登政壇等經過》，《傳記文學》第39卷第5期，1981年11月，第73、74頁。

〔註1026〕蔡孟堅：《懷念魏道明先生——從王亮老談魏說起並敘述海外生活及再婚返國重登政壇等經過》，第74頁。

附錄二 申新公三報披露鄭毓秀承辦律務情況表[註1]

執律時期（1926.6.4～1927.3.24；1929.8.20～1933.3.9）

編號	承辦業務	承辦（公告）時間	律所地址（滬法租界）	結 果
1926 年 6 月 4 日，於法租界會審公廨宣誓，正式獲得大律師資格。				
1	受聘沈儀彬常年法律顧問	1926.6.7	霞飛路霞飛巷八號	
2	受聘東華大戲院常年法律顧問	1926.6.7		
3	受聘法租界商業聯合會法律顧問	1926.6.12		
4	（擬）受聘菜市街商界聯合會法律顧問	1926.6.19		

[註1] 該表根據 1926 年至 1933 年《申報》、《新聞報》及《大公報（天津版）》，對三者披露的鄭毓秀任職律師期間所辦律務進行全部整理，關涉的材料在形式上包括鄭毓秀所登公告（廣告）及新聞報導兩類，其中僅見委託人前往聘請鄭毓秀，而未見鄭正式登報答覆的，以「（擬）」標識，材料出處參照《鄭毓秀年譜詳編》對應日期查找。所載全部律務中，受聘法律顧問 49 件，參與案件 23 件（編號 6、8、10、31、41、42、45、52、53、54、55、56、59、60、63、70、71、72、75、77、78、81、82），其他法律事務 11 件（5、11、17、22、23、39、58、64、66、68、76），婦女為委託人的案件 9 件（編號 8、10、41、54、63、70、71、78、82，占全部案件的 39.13%），涉外案件 3 件（編號 6、31、45，占全部案件的 13.04%），向法租界當局交涉的事務 3 件（編號 5、11、58，占全部其他法律事務的 27.27%）。另有文章稱鄭毓秀曾受聘孟小冬負責其與梅蘭芳離婚事務（林天宏：《中國青年報冰點週刊叢書‧起點》，北京：西苑出版社，2012 年版，第 151 頁。及楊如風主編：《他們，站在歷史的拐點》，團結出版社，2015 年版，第 227 頁），持此說者均未標明來源，而就筆者所查史料均未見此一說，且 1933 年《孟小冬緊要啟事》未提有委託鄭毓秀一事（《大公報（天津版）》，1933 年 9 月 5、6、7 日，分均第一版），鄭毓秀律所亦未公告，故筆者認為此說真實性存疑，此校。

5	代表法租界商業聯合會致函，申請其開會不須在四十八小時前函請法總巡捕。	1926.7		獲准
6	代表原告丁潤庠訴三俄人持槍滋擾東華大戲場案	1926.9.6		勝訴
7	受聘廣東寶安同鄉會常年法律顧問	1926.9.24		
8	代表汪秀芬女士聲明與其繼母唐楊氏脫離關係，婚姻自決	1926.9.25		
9	受聘道勝銀行上海清理處法律顧問	1926.11.5		
10	代表莊愛寶女士聲明與褚芝銘正式離婚	1926.11.14		
11	受聘法租界棧業聯合會常年法律顧問，代其向法公廨及法工部局申請通夜點燈及延長營業時間至凌晨二時	1926.12.23		獲准
12	受聘北洋儲備會常年法律顧問	1926.12.28		
13	受聘九江路廿二號中歐公司常年法律顧問	1927.1.1	愛多亞路九號萬國儲蓄會三樓	
14	受聘四川路二十九號大隆洋行（Rosenberg China Co.）常年法律顧問	1927.1.6		
15	受聘法大馬路十二號和平公司法律顧問	1927.1.11		
16	受聘郭希文常年法律顧問	1927.1.14		
17	受劉雲青等委託清理浴德增記公司財產	1927.1.14		
18	受聘江西路古玩書畫金石珠玉市場常年法律顧問	1927.1.16		
19	受聘五馬路商界聯合會常年法律顧問	1927.1.21		
20	受聘方子記常年法律顧問	1927.1.25		
21	受聘林小雲女士常年法律顧問	1927.1.26		
22	代表得和公記菜館招集債權人會議	1927.1.26		
23	代表隴海實業銀行股東兼董事長沈東生發布啟事	1927.2.8	四川路一百十二號上海銀行二樓	
24	受聘國聞通信社常年法律顧問。	1927.2.9		.
25	受聘上海雙輪牙刷公司常年法律顧問	1927.2.11		

26	受聘陶陸廣德女士常年法律顧問	1927.2.13	
27	受聘謝平風、謝雲翔二人常年法律顧問	1927.2.15	
28	受聘法租界朱葆三路二十六號捷發地產公司常年法律顧問	1927.2.20	
29	受聘陸雨生常年法律顧問	1927.3.1	四川路一百十二號三樓（上海銀行旅行部樓上）
30	受聘江西路五福里一百號廣記祥號及鄧國鍇常年法律顧問	1927.3.1	
31	（擬）代理裕昌絲廠訴百利洋行違約案	1927.3.4	
32	受聘老正和染廠魯廷建常年法律顧問	1927.3.5	
33	受聘華福興公司劉志俊常年法律顧問	1927.3.12	
34	受聘南京路十五號信平公司常年法律顧問	1927.3.16	
35	受聘陳林記常年法律顧問	1927.3.16	

1927 年 3 月 24 日受任上海審判廳廳長，將全部律務移交魏道明負責。1929 年 7 月辭去南京國民政府立法委員職務，同年 8 月 20 日起，重新執業律師。

36	受聘上海中國農工銀行常年法律顧問	1929.8.22	霞飛路三五四號（此為新設之總事務所。舊所改為分所，地址在南京路拋球場三馬路民慶里）
37	受聘朱松源法律顧問	1929.8.27	
38	受聘山東旅滬同鄉會常年法律顧問	1929.8.29	
39	委託華商益中拍賣行拍賣家具	1929.8.30	
40	受聘華成煤礦股份有限公司常年法律顧問	1929.8.31	
41	受聘李程佩彝女士常年法律顧問並代向其夫李根源發函，要求贍養費十萬元	1929.8.31	
42	於法租界會審公廨進行了一次法庭辯護	1929.8	不詳

1929 年 9 月 1 日，正式加入上海律師公會

43	代表委託人朱松源警告吳氏停止侵害朱父名譽權	1929.9.4	庭外和解
44	受聘輪船招商總局常年法律顧問	1929.9.4	霞飛路三五四號
45	（擬）受上海郵務公會委託，為潘貴全受三西人毆傷一案出庭辯護	1929.9.9	不詳
46	受聘上海中國賽馬會常年法律顧問	1929.10.3	

47	受聘遠東公共運動場常年法律顧問	1929.10.3		
48	受聘榮瑞馨夫人榮華淑宜女士法律顧問	1929.10.3		
49	受聘楊冠常法律顧問	1929.10.8		
50	受聘源大洋行常年法律顧問	1929.10.22		
51	受聘上海證券物品交易所第一百四十號經紀人王慈民常年法律顧問	1929.10.26		
52	受聘南京路福建路口致富里房客聯合會法律顧問，並代理其與大綸公司所涉遷屋案	1929.10.26		一審敗訴；二審撤銷一審判決，雙方進行庭外和解無果；最終勝訴
1929 年 10 月 28 日，成為上海律師公會收回法權運動委員會委員。				
53	受聘羅步洲律師，負責其反革命罪上訴案，並收取律師公費一千元，但除與李時蕊進行一次商議外，並未提供其他律師服務	1929.10		
54	代表原告陳印瑞嘉訴印林氏（其母）、印瑞鑫（其弟），追索印雪齋（其父）遺產案	1929.11	霞飛路三五四號	不詳
55	代表卞筱卿向江蘇省高等法院提出江寧縣政府對祥茂洋行訟案的管轄權異議，江蘇高院民二庭傳訊時未到庭	1929.11		不詳
56	代表陳叔如警告寶善堂朱某停止侵權	1930.1.1		
57	受聘利泰紡織公司暨總經理朱靜安常年法律顧問	1930.2.8		
58	受上海律師公會委託向法租界工部局查詢公會是否可予以免交巡捕捐	1930.2.10		
59	代表原告趙鐵橋訴李國傑侵佔公款、妨害公務及損害信用案	1930.2		因被告患病無定期改期，最後結果不詳
60	代表顧聯承聲明《申報》載「游筱漢為博遠齋古玩店收歇（即停業）啟事」一則不符事實，要求游某登報致歉停止侵害名譽	1930.3.4	江西路新康路四號三樓	
61	受聘張啟瑞常年法律顧問	1930.3.6		
62	受聘航海總公所主任王瑞龍、穆謁誼常年法律顧問	1930.3.17		

63	代表周陳氏聲明敏體尼蔭路英冊第一八二二號道契地房產出租權尚屬其享有，第三者與其遺腹子周澍私訂承租之契約恐因二人訴訟未判而承擔效力風險。	1930.3.20		
64	參與調解祥昌棉織廠與工人勞資糾紛案	1930.3		和解後作簽字證明
65	受聘劉敬禮常年法律顧問	1930.4.27		
66	受八仙橋蔭餘里房客聯合會委託，就租金過高問題與房東及英商德和洋行協商	1930.1 月至 4 月間		和解後作簽字證明
67	受聘上海大世界常年法律顧問	1930.5.19		
68	（擬）受聘江蘇省「區調回補習」區長聯合會律師，與省政府進行法律交涉	1930.7.18		不詳
69	受聘薛寶寶、薛顧巧林常年法律顧問	1930.10.13	辣斐德路口馬斯南路八十八號鄭公館內	
70	代表原告薛寶寶、薛顧巧林訴薛孫氏及其四子霸佔遺產案。	1930 年 10 月至 12 月		因查證原告請求不當，自請銷案
71	受聘鄒愛貞辯護律師，在唐惠玄控妻鄒愛貞與陳根偉通姦案中提供一審辯護，二審鄭均因故未到，由王德懿代為辯護	1930 下半年		一審勝訴，二審撤銷補偵，最後原告撤訴。
72	受聘姜吉貴辯護律師，在其涉嫌殺害曹步華並唆使劉子井暗殺巡長吳延堯案中擔任二審辯護	1930		二審改判殺人部分無罪，以持有槍彈罪處有期徒刑三年。
73	繼續受聘張子英常年法律顧問	1931.2.27		
74	受聘汪少丞常年法律顧問	1931.4.8		
75	受聘法租界磨坊街承志里（即前復興里）房屋房客代理律師，於法租界會審公廨起訴業主夏圭芳要求減租等	1931 年 4 月至 5 月		一審駁回
76	受聘厚生紗廠全體工友法律顧問，參與失業工友救濟團與資方交涉事	1931.6.30		不詳
77	受聘趙冠慶代理律師，向法租界會審公廨起訴貝潤生等不理怡盛莊墊款案	1931 年 5 月至 6 月		一審敗訴，提出上訴，最後雙方和解
78	受聘王連（蓮）香代理律師，向法租界會審公廨起訴其姘夫莊純甫重婚	1931 年 5 月至 6 月		不詳

	1931 年 7 月上旬，羅步洲向上海律師公會投訴鄭毓秀收受公費而怠行職務，7 月 20 日，公會派員調查，7 月 23 日，公會在席委員以多數表決通過將鄭毓秀呈報退會兼提付法院懲戒，8 月 21 日，江蘇省高等法院首席檢察官劉思默發宣示書，判令公會給予鄭退會處分之決定無效，函令該會撤銷處分，8 月 25 日，公會認為王思默宣示失當，但暫時恢復鄭毓秀會籍。			
79	受聘明星影片公司常年法律顧問	1931.10.22	辣斐德路口馬斯南路八十八號鄭公館內	
80	受聘陳省三常年法律顧問	1931.11.8		
81	代表明星影片公司聲明其享有《啼笑因緣》電影完全之攝製公映權，駁斥顧無為聲稱享有劇本著作權之說法	1931.11.9		
82	受聘徐陳氏代理律師，向法租界會審公廨起訴與其夫徐慶雲離婚	1931		雙方和解，協議離婚
	1931 下半年，鄭毓秀與李辛陽、朱文韶、王德懿、杜靈俊合辦「崇義法律事務所」，原鄭毓秀律師事務所併入。			
83	受聘徐馬氏常年法律顧問	1932.1.23	霞飛路呂班路口二百六十一號大廈三樓四十五號房間	
	1933 年 1 月 13 日，《申報》刊《高友唐彈劾鄭毓秀文》，「鄭楊案」爆發，2 月初，避逃離滬，3 月 9 日，以身體抱恙為由，致函上海律師公會申請退會，律師生涯結束。			

附錄三　鄭毓秀涉嫌侵佔案重支款目統計表

1933 年《高友唐彈劾鄭毓秀文》載侵佔案重支款目統計表（鄭任內）
〔註1〕

序號	重支時間			案　由	繳款人姓名	領款人姓名	數　額
	年（民）	月	日				
1	16	6	3	賬款	潘星魁	周錦富	470.000
2	16	6	17	賣地	龔金根	龔富根	350.000
3	16	6	17	房產	金志義	金志仁	470.000
4	16	6	24	抵押	陸志洵	殷錫筠	1500.000
		9	9				450.000
5	16	8	5	抵押	陳康侶	徐世澐	1000.000
6	16	8	16	借款	張濤	何大德	752.000
7	16	9	6	抵押	顧子勤	錢枚岑	796.000
8	16	9	6	欠款	洪子漁	趙桂芬	685.000
9	16	9	9	抵款	俞子斌	連志浩	500.000
10	16	9	13	抵押	趙雲清	趙澄清	1250.000
11	16	9	16	房產	程修明	程官園	1254.360
12	16	9	20	錢款	孫一善	胡景璩	611.670

〔註1〕數據來源：《高友唐彈劾鄭毓秀文》，《申報》，1933 年 1 月 13 日，第八版。

13	16	9	23	貨款	鄭鴻卿	沈金甫	961.208
14	16	9	30	欠款	許廷佐	軋雷跑夫	1000.000
15	16	10	21	基地	喬志卿	張樂遠	240.000
16	16	10	21	賠償	姚德和	胡德森	444.500
17	16	10	25	款項	嚴章氏	嚴章甫	277.374
18	16	9	27	債務	張順堂	張允之	845.470
		11	4				3448.000
19	16	11	8	債務	趙孝林	朱兆元	1465.142
20	16	11	8	貨款	童季通	盧玉歧	2431.920
21	16	11	8	拆屋	戴山樵	凌茂泉	499.500
22	16	11	13	欠租	蔣茂泉	羅懷山	800.000
鄭任內重支二十二戶，總計銀二萬二千五百零二元一角四分四釐							

1935 年江寧地方法院重核侵佔案重支款目統計表（鄭任內）[註2]

序號	重支時間			案 由	繳款人姓名	領款人姓名	數 額
	年（民）	月	日				
1	16	6	3	賬款	潘星魁	周錦富	470.000
2	16	6	17	賣地	龔金根	龔富根	350.000
3	16	6	17	地產	金志義	金志仁	470.000
4	16	6	24	抵款	陸志洵	殷錫筠	1500.000
		9	9			張永奎	450.000
5	16	7	8	墊款	周阿茂	蔡春華	1223.500
6	16	7	15	營業	鄒旺泰等	金玉靈	700.000
7	16	7	12	款項	俞子章	潘福堂等	919.500
8	16	8	5	抵款	陳康侶	徐世澐	1000.000
9	16	8	16	借款	張濤	何大德	752.000
10	16	9	6	抵款	顧子勤	錢枚岑	796.000
11	16	9	6	欠款	洪子漁	趙桂芬等	685.000
12	16	9	9	抵款	俞子斌	連子浩	500.000

〔註 2〕中國第二歷史檔案館編：《國民政府監察院公報‧14》，北京：檔案出版社，1992 年 8 月，第 111～113 頁。轉引自趙晨欣：《鄭毓秀的傳奇一生》，華中師範大學碩士學位論文，2016 年，第 51 頁。

13	16	9	13	抵款	張雲清	趙澄清	1250.000
14	16	9	16	造產	程修明	程官園	1254.360
15	16	9	20	錢易洋	孫一善		611.670
16	16	9	23	貨款	裘渭記	沈金甫	961.208
17	16	9	27	抵款	周康年	張順堂	845.470
		11	4			張元之	3448.000
18	16	9	30	款項	許廷佐	軋雷跑夫	1000.000
19	16	10	21	基地	喬志卿	張樂遠	240.000
20	16	10	21	賠償	姚德和	胡德森	444.500
21	16	10	25	款項	嚴章氏	嚴章甬	277.374
22	16	10	25	抵款	陳德僧	趙智銘	416.667
23	16	11	8	債務	趙孝林	朱兆元	1465.142
24	16	11	8	貨款	童季通	盧玉歧	2431.920
25	16	11	8	拆屋	戴山樵	凌茂泉	449.500
26	16	11	11	欠租	蔣茂泉	羅懷山	800.000
鄭任內重支二十六戶，總計銀二萬五千七百一十一元八角一分一釐							

參考文獻

一、報刊

1. *The North-China Daily News (1864~1951)*, June.8, 1926; April.25, 1927; April.26, 1927; Feb.28, 1928.

2. *The North-China Herald and Supreme Court & Consular Gazette (1870-1941)*, August.4, 1931.

3. 《立法院公報》，1930 年 2 月 11 日第 15 期。

4. 《申報》電子版：http://www.dhcdb.com.tw/SP/

5. 《新聞報》電子版：http://www.cnbksy.com/

6. 《大公報》電子版：http://192.168.129.38/tknewsc/tknewskm?@@631048414#

7. 《法律評論（北京）》，1933 年 1 月 22 日 10 卷 16 期；1933 年 4 月 16 日 10 卷 28 期。

8. 《法律雜誌》，1933 年 12 月 30 日第 2～3 期。

9. 《法聲》，1947 年 6 月 16 日第 85 期。

10. 《越國春秋》，1933 年 3 月第 9 期。

11. 《興華》，1930 年第 27 卷第 39 期.

12. 《時代公論（南京）》，1933 年 1 月 27 日第 44 期。

13. 《婦女雜誌（上海）》，1921 年 7 卷第 5 期；1920 年 6 卷第 4 期；1915 年 1 卷第 1 期。

14. 《人人週報（上海）》，1947 年 7 月 19 日第 1 卷 11 期。

15.《快活林》，1947 年 6 月 30 日第 66 期。

16.《北洋畫報》，1926 年 10 月 20 日第 30 期；1932 年 15 卷第 733 期；1933
年第 947 期。

17.《中外春秋》，1947 年第 29 期。

18.《青年戰線（南京）》，1933 年 1 月 21 日第 6 期。

19.《國聞畫報》，1928 年第 4 期 1928 年第 58 期。

20.《北京畫報》，1929 年第 2 卷第 54 期。

21.《針報》，1946 年第 63 期。

22.《上海新聞》，1931 年第 1 期。

23.《駱駝畫報》，1928 年第 28 期。

24.《鞭策週刊》，1933 年 5 月 5 日；第 3 卷第 3 期。

25.《中央週報》，1933 年 1 月 16 日第 240、241 期。

26.《旁觀》，1933 年 1 月 21 日第 9 期。

27.《中華週報（上海）》，1933 年 1 月 21 日第 60 期。

28.《循環》，1933 年第 3 卷第 3 期。

29.《天津商報畫刊》，1933 年第 7 卷第 37 期。

30.《女聲（上海 1932）》，1933 年第 1 卷 10 期。

31.《社會新聞》，1933 年 2 月 28 日第 2 卷 20 期；1933 年 9 月 24 日第 4 卷
28 期。

32.《大亞畫報》，1933 年 8 月 17 日第 394 期。

33.《婦人畫報》，1933 年第 1 期。

34.《女鐸》，1933 年第 21 卷第 12 期；1928 年第 16 卷第 11 期；1929 年第
17 卷第 12 期。

35.《戲世界（上海）》，1944 年 3 月 24 日第 4034 期。

36.《中國革命》，1933 年 11 月 25 日第 2 卷 18 期。

37.《禮拜六》，1933 年 8 月 26 日第 518 期。

38.《攝影畫報》，1933 年第 9 卷第 8 期。

39.《時代》，1930 年第 2 卷第 1 期。

40.《中央時事週報》，1933 年 5 月 13 日第 2 卷第 18 期。

41.《論語》，1933 年 2 月 1 日第 10 期。

42.《上海黨聲》，1935 年 7 月 27 日第 1 卷 26 期。

43.《婦女共鳴》，1929 年第 1 期。

44.《拒毒月刊》，1927 年第 14 期；1927 年第 15 期。

45.《女子國學報》，1912 年第 1 期。

46.《圖畫時報》，1926 年 12 月 12 日。

47.《文飯》，1946 年 9 月 21 日第 24 期。

48.《風光》，1946 年第 2 期。

49.《內幕新聞》，1948 年 11 月 1 日第 2 期。

50.《吉普叢書》，1946 年 7 月 9 日第 1 期。

51.《女群》，1945 年 12 月 6 日第 4 期。

52.《藝文畫報》，1947 年第 1 卷第 12 期。

53.《新運婦女指導委員會九周紀念特刊》，1947 年版。

54.《民治週刊》，1947 年 6 月 1 日第 1 卷 11 期；1947 年 10 月 19 日第 2 卷 8 期。

55.《海潮週報》，1947 年 6 月 30 日第 55 期。

56.《滬光》，1947 年 7 月 12 日革新第 11 期。

57.《人人週報（上海）》，1947 年 7 月 19 日第 1 卷 11 期。

58.《自由》，1948 年第 5 期。

59.《珠江報》，1948 年 12 月 18 日新 29 期。

60.《大地週報》，1948 年第 99 期；1947 年 12 月第 89 期；1948 年第 94 期。

61.《一四七畫報》，1947 年第 17 卷第 8 期。

62.《時事新聞》，1949 年第 11 期。

63.《海濤》，1948 年 9 月 2 日，新 2 期。

64.《中央日報》，1993 年 3 月 1 日，第二張第三版。

二、論文

1. Jane Trowbridge: Review: The Uses of Mass Communication: Current Perspectives on Gratifications Research. by Jay G. Blumler, Elihu Katz, *American Journal of Sociology*, Vol.81, No.6 (May, 1976), pp.1546-1548.

2. 趙晨欣：《鄭毓秀的傳奇一生》，華中師範大學碩士學位論文，2016 年。

3. 胡曉進：《自傳之外的鄭毓秀》，《書屋》，2017 年第 4 期。

4. 王慧姬：《近代中國第一位女法學博士暨律師鄭毓秀》，《僑光學報》，1997 年 10 月。

5. 李嚴成：《民國時期的律師懲戒制度與實踐——以鄭毓秀律師的退會處分為中心》，《社會科學戰線》，2016 年第 11 期。

6. 李嚴成：《「上海律師甚多敗類」：從一起名譽糾紛看民國律師形象》，《近代史研究》，2018 年第 1 期。

7. 王棟亮：《民國時期知識界對知識女性獨身問題的思考》，《安徽史學》，2018 年第 5 期。

8. 侯傑：《文本分析與中國近現代性別史研究》，《鄭州大學學報（哲學社會科學版）》，2009 年第 2 期，第 130 頁。

9. 周明暢：《九一八事變後的報界輿論及其政治訴求——〈申報〉〈大公報〉〈中央日報〉三報社論比較研究》，華中師範大學碩士學位論文，2014 年。

10. 韓秀桃：《近代中國對司法獨立的價值追求與現實依歸》，《中國法學》，2003 年第 4 期。

11. 劉昕傑：《以和為貴：民國時期基層民事糾紛中的調解》，《山東大學學報（哲學社會科學版）》，2011 年第 4 期。

12. 張琳：《報紙新聞語言的變化與規範路徑——基於新媒體的視角》，《出版廣角》，2017 年第 19 期。

13. 鄧正來：《法律和立法的二元觀———哈耶克法律理論的研究》，《中外法學》，2000 年第 1 期，第 3 頁。

14. 李擁軍：《法律與倫理的「分」與「合」——關於清末「禮法之爭」背後的思考》，《學習與探索》，2015 年第 9 期。

15. 張皓：《蔣介石與 CC 系在〈中華民國憲法〉下的權力之爭》，《歷史檔案》，2008 年 5 月 15 日，第 2 期。

16. 尤陳俊：《清代訟師貪利形象的多重建構》，《法學研究》，2015 年第 5 期。

17. 吳佩林：《清代地方社會的訴訟實態》，《清史研究》，2013 年第 4 期。

18. 侯欣一：《清代江南地區民間的健訟問題——以地方志為中心的考察》，《法學研究》，2006 年第 4 期。

19. 陳星：《庇護主義視角下的民進黨派系問題》，《臺灣研究》，2012 年第 1 期。

20. 鄭率:《1946～1947 年蔣介石行憲籌備活動述論》,《史學集刊》,2018 年第 3 期。

21. 蔡孟堅:《懷念魏道明先生——從王亮老談魏說起並敘述海外生活及再婚返國重登政壇等經過》,《傳記文學》,第 39 卷第 5 期,1981 年 11 月。

22. 張朋:《近代女性社會主體身份的自我建構——以康同璧為個案研究》,《淮北煤炭師範學院學報(哲學社會科學版)》,2009 年第 6 期。

23. 陳頎:《秋菊的困惑與解惑——「法律與文學」研究在中國》,《開放雜誌》,2019 年第 1 期。

24. 張仁善:《論中國司法近代化進程中的恥感情結》,《江蘇社會科學》,2018 年第 4 期。

25. 黃天邁:《鄭毓秀與魏道明——夫婦同是一代風雲人物》,《中外雜誌》第 46 卷第 6 期,1989 年 12 月。

26. 豐傑:《民國文學中的辛亥革命敘事(1912～1949)》,南京師範大學博士學位論文,2015 年。

27. 饒佳榮:《法與史的碰撞:對書稿〈羅建功的訴訟史〉的「審判」》,澎湃新聞 2018 年 7 月 16 日報導,https://www.thepaper.cn/newsDetail_forward_2265458

三、專著

1. Wei Yü-hsiu (Chêng): *My Revolutionary Years: The Autobiography of Madame Wei Tao-Ming*, New York: Charles Scribner's Sons, 1943.

2. 鄭毓秀:《中國比較憲法論》,上海:世界書局,1927 年版。

3. 鄭毓秀:《不尋常的玫瑰枝:鄭毓秀自述》,賴婷婷譯,中國法制出版社,2018 年版。

4. 唐冬眉:《穿越世紀蒼茫——鄭毓秀傳》,中國社會出版社,2003 年版。

5. 呂美熙、鄭永福:《中國婦女運動:(1840～1921)》,鄭州:河南人民出版社,1990 年版。

6. 張仁善:《司法腐敗與社會失控(1928～1949)》,社會科學文獻出版社,2005 年版。

7. 江照信:《中國法律「看不見中國」——居正司法時期(1932～1948)研究》,清華大學出版社,2010 年版。

8. 蔡登山：《民國的身影：重尋遺落的文人往事》，桂林：廣西師範大學出版社，2009 年版。

9. 王申：《中國近代律師制度與律師》，上海社會科學院出版社，1994 年版。

10. 李傑：《媒體新聞語言研究》，北京：中國傳媒大學出版社，2009 年版。

11. 彭聃齡主編：《普通心理學》，北京師範大學出版社，2001 年版。

12. 李在全：《法治與黨治：國民黨政權的司法黨化（1923～1948）》，社會科學文獻出版社，2012 年版。

13. 蘇力：《法治及其本土資源》，中國政法大學出版社，1996 年版。

14. 徐小群：《現代性的磨難：20 世紀初期中國司法改革（1901～1937）》，楊明、馮申譯，中國大百科全書出版社，2018 年版。

15. 陳志讓：《軍紳政權——近代中國的軍閥時期》，三聯書店，1980 年版。

16. 謝振民：《中華民國立法史（上）》，張知本校訂，中國政法大學出版社，1999 年版。

17. 李劍農：《最近三十年中國政治史》，臺灣學生書局，1930 年版。

18.〔美〕沃爾特·李普曼：《公共輿論》，閻克文、江紅譯，上海：上海人民出版社，2002 年版。

19.〔英〕亞伯納·柯恩：《權力結構與符號象徵》，宋光宇譯，金楓出版社，1987 年版。

20.〔美〕沃納·賽佛林、小詹姆斯·坦卡德：《傳播理論：起源、方法與應用》，郭振之等譯，北京：華夏出版社，2000 年版。

21.〔英〕哈耶克：《自由秩序原理（上）》，鄧正來譯，北京：生活·讀書·新知三聯書店，1997 年版。

22.〔美〕易勞逸著，王建朗等譯：《毀滅的種子：戰爭與革命中的國民黨中國（1937～1949）》，江蘇人民出版社，2009 年版。

23.〔美〕弗雷德里克·詹姆遜：《政治無意識》，王逢振、陳永國譯，中國社會科學出版社，1999 年版。

四、文史資料、回憶錄

1. 秦孝儀主編：《革命人物志（第 16 集）》，中央文物供應社，1977 年版。

2.《政府公報》，臺北：文海出版社，1971 年影印版。

3. 蔡鴻源：《民國法規集成（第五冊）》，合肥：黃山書社，1999 年版。

4. 上海律師公會常務委員會：《上海律師公會報告書》，1931 年第 29 期 1932 年第 30 期

5. 中國國民黨監察院編：《監察院公報》，1932 年第 16 期。

6. 中國國民黨中央宣傳部編：《建國大綱重要宣言·中國同盟會宣言》，1931 年版。

7. 熊月之主編：《上海名人名事名物大觀》，上海人民出版社，2005 年版。

8. 徐友春主編：《民國人物大辭典》，河北人民出版社，1991 年版。

9. 陳玉堂編：《中國近現代人物名號大辭典（全編增訂本）》，浙江古籍出版社，2005 年版。

10. 馬軍編：《中國近現代史譯名對照表》，上海書店出版社，2016 年版。

11. 中國社會科學院近代史研究所編：《胡適往來書信選（上）》，中華書局，1979 年版。

12. 中國第二歷史檔案館編：《國民政府監察院公報·14》，檔案出版社，1992 年版。

13. 凌其翰：《我的外交官生涯——凌其翰回憶錄》，中國文史出版社，1993 年版。

14. 陳克文著、陳方正編：《陳克文日記》，臺北：「中央研究院」近代史研究所，2012 年 11 月版。

15. 李晉口述、秦嶺雲筆錄、蔡登山編著：《民國政壇見聞錄·第五章·由王寵惠、鄭毓秀談到孫蓴齊》，臺北：獨立作家出版社，2014 年版。

16. 董竹君：《我的一個世紀（增訂版）》，三聯書店，2013 年版。

17. 顧維鈞：《顧維鈞回憶錄（第 1 分冊）》，中國社會科學院近代史研所譯，中華書局 1983 年版。

18. 吳鐵城：《吳鐵城回憶錄》，臺北：三民書局，1981 年版。

19. 徐志摩：《徐志摩未刊日記（外四種）·留美日記（1919）》，虞坤林整理，北京圖書館出版社，2003 年版。

20. 朱惺公：《惺公評論集》，機杼出版社，1933 年版。

21. 徐永昌：《徐永昌回憶錄》，團結出版社，2014 年版。

22. 徐永昌：《徐永昌日記》，臺北中研院近代史研究所，1991 年版。

23. 曹伯言整理：《胡適日記全集》第六、第八冊，臺北聯經，2004 年版。

24. 許雪姬主訪、曾金蘭記錄：《藍敏先生訪問紀錄》，臺北中研院近代史研究所，1995 年版。

25. 沈雲龍主訪、林泉記錄：《于潤生先生訪問紀錄》，臺北中研院近代史研究所，1985 年版。

26. 沈雲龍主訪、謝文孫記錄：《傅秉常先生訪問紀錄》，臺北中研院近代史研究所，1993 年版。

後　記

　　鄭毓秀的選題緣起於恩師侯欣一教授的短文——《集多種第一於一身的執業女律師》。鄭毓秀是近代女性法律職業者的典型代表，作為民國民法典五人編纂小組中的惟一女性，為提升女性法律地位、爭取男女平等殫精竭慮，其個體經驗的敘述、傳播和演繹無不折射出「變」的時代背景下法律與革命、政治、性別等諸多要素的複雜互動。本書力圖從以下兩個方面添補法學界與歷史學界對鄭毓秀研究領域的欠缺。

　　首先，以女性為研究主體和書寫對象，採用法律史學、社會史學、性別史學的交叉研究法，通過對鄭毓秀形象變遷的思考，探究女性個體在法制現代化變革與禮法傳統衝突演進中的地位與影響。當前法律史學界中，單純以「人」為研究對象的作品往往囿於解讀其個體思想的範疇，對於那些沒有傳達出「重要」法律思想、而又切實參與並深刻影響了法制現代化過程的「她」者來說，我們缺乏一種能將其個體生命與制度性變革有機結合、進而合理研究與探討的邏輯和方法。以形象變遷為楔子，是結合鄭毓秀個人經歷及文本特點，在思考上述缺憾時作出的一次嘗試。

　　第二，綜合運用諸多前人未曾涉及的史料，編訂一本盡可能詳細可靠的鄭毓秀年譜，以助於全面梳理鄭毓秀的功過得失，希望為相關研究提供參考和借鑒。

　　衷心感謝我的導師天津財經大學侯欣一教授、中國政法大學顧元教授、南開大學劉曉琴副教授，是他們的精心指引與教導，讓我粗略摸索出研究法史一科的門道，從模仿到研究，學術的樂趣是點點滴滴湧現出來的。「苦中作樂」是最平常的狀態，靜下心來翻查資料、閱讀校對、反覆打磨，方能得片刻

偕忘寵辱。

　　衷心致謝鄭毓秀自傳的譯者，劉中國教授、柳江南老師、賴婷婷等老師，是他們的辛勤工作為本書提供了基礎資料，感謝花木蘭文化事業有限公司的編輯老師們，是他們為本書面世帶來了希望。感謝南開大學岳純之教授、於語和教授及王彬教授、黃宇昕老師，他們的授課幫我夯實了理論基礎。此外，南開大學馬曉馳博士對我的行文思路啟發尤大，北京大學黃煒博士在臺灣為我搜集了諸多涉鄭史料。所有這些，此時想起，均感動難表。

　　考史不易，創論更艱，該書的寫作使我認識到自己的不足，尤其是限於不充裕的時間與有限的個人能力，鄭氏在文學文本中的形象未能著墨，不得不謂為遺憾。行筆至此，拙作雖將告一段落，但相關研究卻遠未結束，殷切期待專家與讀者朋友們批評指正。不勝感激，再致謝忱。